教育部哲学社会科学系列发展报告
MOE Serial Reports on Developments in Humanities and Social Sciences

# 中国能源发展报告2015

China Energy Outlook 2015

主　编　林伯强

北京大学出版社
PEKING UNIVERSITY PRESS

图书在版编目(CIP)数据

中国能源发展报告.2015/林伯强主编.—北京:北京大学出版社,2015.11
（教育部哲学社会科学系列发展报告）
ISBN 978-7-301-26515-4

Ⅰ.①中… Ⅱ.①林… Ⅲ.①能源发展—研究报告—中国—2015 Ⅳ.①F426.2

中国版本图书馆 CIP 数据核字（2015）第 269048 号

| | |
|---|---|
| 书　　　名 | 中国能源发展报告 2015<br>ZHONGGUO NENGYUAN FAZHAN BAOGAO 2015 |
| 著作责任者 | 林伯强　主编 |
| 责 任 编 辑 | 王树通 |
| 标 准 书 号 | ISBN 978-7-301-26515-4 |
| 出 版 发 行 | 北京大学出版社 |
| 地　　　址 | 北京市海淀区成府路 205 号　100871 |
| 新 浪 微 博 | @北京大学出版社 |
| 电 子 信 箱 | zpup@pup.cn |
| 电　　　话 | 邮购部 62752015　发行部 62750672　编辑部 62765014 |
| 印 刷 者 | 北京大学印刷厂 |
| 经 销 者 | 新华书店 |
| | 730 毫米×980 毫米　16 开本　17.75 印张　320 千字<br>2015 年 11 月第 1 版　2015 年 11 月第 1 次印刷 |
| 定　　　价 | 42.00 元 |

未经许可，不得以任何方式复制或抄袭本书之部分或全部内容。
版权所有，侵权必究
举报电话：010-62752024　电子信箱：fd@pup.pku.edu.cn
图书如有印装质量问题，请与出版部联系，电话：010-62756370

# 前　言

　　提高能源效率是能源发展的永恒目标,节能减排是中国现阶段经济发展和能源战略最主要的组成部分。国际能源署提出世界上在建筑领域有五分之四的潜力仍未被挖掘,而工业领域则有一半以上的潜力尚待开发。中国相对高能耗的粗放型经济增长,使得节能减排空间巨大。在"十三五"期间,关闭落后产能等行政措施的空间将大大缩小,节能减排需要系统性考虑能源效率,需要通过改革,完善能源要素市场,有效激发节能减排潜力。

　　首先是能源战略与规划问题,有人说中国能源和环境处于相对失控的状态,这不是说能源行业一片混乱,而是说能源战略与规划无法扭转过快的能源消费和环境污染的大趋势。以煤为主的能源结构意味着节能就可以减排。政府已经清楚地认识到能源与环境相关性,在"十二五"规划中,明确提出了能源强度和碳强度目标以及相应的减排量化指标。地方政府宏观上对降低能源强度和碳强度给予了必要的重视,但是如何具体节能,却是说得多做得少。事实上,节能的困难不能低估,通过经济结构调整来减少能源消费需要一个过程;现在倡导的许多降低能源强度的措施都需要相对比较长的时间实施和见效。

　　除了理解节能的必要性和困难性,还需要认识节能的可能性和所需要的努力。经过了三十多年的工业化进程,绝大多数行业已经基本完成了传统工业的现代化,"上大压下"空间很小。与之前的发展阶段相比,今后降低能耗更加困难。因此节能需要战略转变,包括增长方式和增长目标的认知和改变,寻找适合国情的能源消费方式和生活方式,对相应的经济发展政策和战略进行修改。

　　能源价格对单位GDP能耗有两方面影响:一是产出效应,在一个有效的市场中,能源价格上升会使需求减少。二是替代效应,如果能源相对于其他生产要素变得更贵,厂家会寻求替代或选择能效更高的技术,从而使能源强度下降。因此提高能源价格是抑制高耗能产业、促进节能和降低能源强度的最有效手段。但是,能源作为国计民生的重要基础产业和公用事业,既是生活资料也是生产资料,因此能源价格非常敏感,既影响经济发展也影响社会和谐。政府在能源价格问题上常常左右而顾之,举棋不定,从而影响能源价格改革进程和进度,在低能源价格政策和能源市场缺位的情况下,节能措施效果会被打折扣。

频繁出现的严重雾霾引起了社会的普遍关注。对各级政府而言,公众对治理污染的诉求使雾霾治理比能源强度和碳强度等考核目标更为直接和具体,也使得政府节能减排的目标更加具体化和更具可监控性。另外,雾霾也增加了公众的环境治理支付意愿,也有益于加快节能减排。雾霾治理将通过能源消费总量控制的行政手段以及提高能源成本的市场手段,来减少煤炭消费、大规模实现清洁能源替代。一直以来,由于资源禀赋和能源成本约束,中国采用了高排放的化石能源(煤炭),虽然能源利用效率随着技术进步不断提高,仍导致了高污染排放和碳排放。雾霾治理要求调整能源结构和控制煤炭消费,这将使碳强度大幅度减少。

中国粗放型的经济发展也意味着巨大的节能空间。但是,如果没有价格改革配合,简单提高能源效率不一定会使能源消费总量减少,节能导致的成本下降会引起能源需求的反弹,导致"过度"消费。因此,只有通过相应提高能源成本(能源价格改革),才能持续有效促进节能和降低能源强度。

能源市场化改革滞后于其他产品的市场化进程,能源要素市场普遍存在一定扭曲。理论上讲,能源价格扭曲会使粗放增长模式形成锁定效应,使本应被淘汰的下游落后产能仍然有利可图,低能源成本使企业可以增加能源投入获得利润,抑制通过研发和技术投资进行节能减排的动力,所以能源要素市场扭曲阻碍产业升级转型,影响能源效率提升。

政府掌握能源资源的初始分配权,在监督机制不完善的情况下,与政府"关系密切"的企业能够以更低的成本获得生产要素,关联带来的额外收益会抑制企业自身能力建设。要素市场的扭曲违背了市场优先将资源分配给高效率企业的原则。地方政府为了本地区的经济增长,倾向于将要素优先配给本地企业,这不利于地区间生产的分工。此外,地区间要素市场化的不同步,导致地区能源效率差异,使要素市场化程度较低的地区付出巨大的能源和环境代价。

因此,需要换个角度思考节能减排政策。相比以往以行政手段为主的节能减排措施,今后需要通过推动要素市场化改革,减少市场扭曲,使其配置资源的作用得到发挥,支持系统性能源效率提高。

城市化进程对节能减排是挑战也是机遇。城市化进程需要增加能源消费,但是城市化进程中提供能效更高的住房和交通设施,有利于大幅度减少能源消费。因此,将住房和公共交通能源效率纳入到城市建设规划中,是政府在节能减排方面可以大有作为的一个领域;比如,鼓励提高能源效率,制定和实施严格的工业标准、建筑标准和污染标准,以及加强监管和实施机制。除了政策支持,还需要要有反映在运行成本中的,具有财务意义的罚与奖。建立一个能使环境成本内部化的机制,严格执行环境标准,让造成环境污染的企业在法律上和财务上真正负责任。

清洁能源技术和开发清洁能源也是节能减排的主要环节。雾霾治理将大规模进行煤炭替代不是技术问题,困难主要是如何进行低成本替代,使清洁能源具有与煤炭成本竞争力还比较困难。我国石油、天然气、水电储量有限,但是具有巨大的清洁能源的潜力,包括风电太阳能等,清洁能源的潜力需要通过技术进步实现,因此减排也是技术进步的结果。

有效的节能有赖于提高能源环境意识,尤其是地方政府的能源和环境意识,以及对能源稀缺和环境保护措施的理解。往往地方政府的 GDP 目标明确,而能源强度和环境保护目标和措施模糊,贫困已经不是推迟环境保护的借口,"先经济发展后环境保护"观点需要改变,有效的节能必需与地方政府官员的政绩考核相联系。

能源价格是一个见效快,但社会经济影响比较大的节能减排工具。政府应尽可能采用市场手段解决能源环境外部性问题。政府应还原能源产品的商品属性,让能源价格反映出能源的稀缺性和环境成本,用价格指导配置资源,推动能源资源充分流动,以促进地区间的产业分工。

现阶段中国节能与减排具有一致性。今后政府将面临难度更大和成本更高的节能减排任务,包括转变经济发展方式、调整产业结构、发展替代能源、具体鼓励节能项目等等。政府应该将市场手段和行政手段结合起来,行政手段包括有步骤、有计划地制定和完成节能减排目标;市场手段指尽可能依靠市场力量,通过能源体制和能源价格改革,最低成本支持节能减排计划和目标。政府需要同时从需求侧和供给侧入手,供给侧包括鼓励节能减排政策和加强监管惩罚,需求侧通过提高能源成本,使节能减排对企业和个人具有财务意义,促进能源消费能源效率提高和节能减排。

因此,《中国能源发展报告 2015》以节能减排为题选择了行业节能进行研究。本报告运用计量经济学协整理论,构建中国各行业的能耗需求预测模型,并通过情景分析法计算中国各行业节能潜力。同时本书还利用对数平均迪氏指数分解的方法分析中国各行业二氧化碳排放变动的影响因素。限于篇幅限制以及不同行业数据质量特征,本书选取了农业、重工业、轻工业、建筑业、交通业、商业六个行业进行节能潜力和二氧化碳排放因素的分析,同时也对重工业中的高耗能行业,如冶金工业、化学工业、建材工业以及轻工业中的食品行业、造纸及纸制品行业等主要子行业进行了分析。具体而言,中国行业节能可以从以下方面着手:

首先,城市化可被作为降低中国各行业(特别是工业、建筑业)能源需求和实现节能的重要契机。在城市化快速推进的过程中,行业增长及部门能源利用的模式是粗放的,这意味着削减能耗及降低行业排放存在巨大潜力。政策制定者应当抓住这一机遇,进一步推进工业节能。同时在城市化进程中,提供能效更高的住房和交通设施，减少未来的能源消费。

其次，依托技术进步，实现能源效率的直接提升。利用技术进步来促进节能可以通过两种方式来实施：加速淘汰落后的产能，尤其是那些工艺技术落后、产品质量差、安全隐患大、环境污染严重的落后产能；二是增加科研投入，尤其是进一步提高科技研发的投入，一方面要对现有企业生产工艺及装备进行升级改造，另一方面要激励企业突破关键节能技术，充分发挥科技对降低能耗水平的支撑作用。此外，还要通过提高劳动力的教育和技术水平，尤其是高精技术人员的培养来提高行业劳动生产率。

再次，进一步推进所有制改革，打破体制对节能减排的束缚。通过所有制改革打破国有经济垄断，使能源成为企业必须面对的硬约束，进一步节约能源投入。此外，应该促进产业内企业的兼并重组，提高企业的自律性，实现资源的有效配置。

最后，要改革能源定价机制，发挥价格信号对节能的激励机制。高耗能行业特征导致了其能耗水平对能源价格水平变化较为敏感，因此提高能源价格对高耗能产业有较强的激励作用。中国能源价格在世界上处于中等偏下的水平。一方面，中国能源市场的市场化程度依然不充分，尤其是电力价格仍由政府主导；另一方面，地方政府处于自身利益的考虑，对部分高耗能产业采取电价优惠政策，这不仅会降低企业的节能投入，更会助长落后产能的建设。因此政府需要进一步推动中国能源价格体制的改革，逐步实现市场化定价。

与此同时，要满足减排约束，中国各行业还应注意：

第一，转变行业发展方式，提高企业运行效率与管理水平。本书研究表明，目前劳动生产率的提高是行业二氧化碳排放增长的主要因素，这主要是由于当前行业劳动生产率的提高主要依赖于规模扩大以及机器对人工劳动的替代。从长远看这种发展方式是不可持续的。可持续的发展应该是通过产业结构升级以及管理运营水平的提高来改进产业的劳动生产率，这样劳动生产率的提高对行业二氧化碳排放的作用就会由正变负。

第二，优化产业结构，促使产业升级。第二产业相对于第三产业而言，单位产值的二氧化碳排放要高出很多，这是由其能源密集的属性所决定的。对于中国而言，加快产业结构升级，大力发展高新技术产业以及促进低端行业向国外转移，既是在二氧化碳排放约束下保证经济增长的需要，也是在国际贸易体系中向上游转移，增强国家竞争力的必然要求。

第三，运用市场化的手段解决减排问题。发达国家的经验表明，相比于政府干预，用市场化的手段来解决节能减排问题更有效果。例如，污染排放权交易就是一种有效的基于市场的减排手段。从目前国际上比较通行的二氧化碳排放交易机制(CDM)来看,无论在理论上还是实践中,排污的产权化和排污交易市场对减排都有可持续的促进作用。当然,排污权交易也没有想象中那么容易,它需要相应的市场规则、有效的污染核算和监督。目前,可以先从一些比较重要的污染物开始,逐步建立交易市场。

《中国能源发展报告》系列获得教育部 2010 年教育部哲学社会科学研究(发展)报告资助,教育部连续提供了多年的资助。

本书得到新华都商学院的资助,新华都能源经济与低碳发展研究院在数据采集、分析处理、模型建立等方面提供了大力的支持。

本书是团队合作的结果。厦门大学能源经济与能源政策协同创新中心、厦门大学能源政策研究院、厦门大学中国能源经济研究中心的刘畅、谢春萍、龙厚印、李江龙、费日龙、刘鸿汛、谢璇、王爱伦、陈广玉、柳炜升、赵红丽、郑清英、雷晓婧、刘奎、田鹏、杜之利、谭睿鹏、欧阳晓灵、Shirley Lin 等博士研究生、硕士研究生参与了编写。特别感谢我的博士生刘畅所做的大量组织和协调工作。厦门大学能源政策研究院及中国能源经济研究中心的所有教师、科研人员、行政人员、研究生为本书编写提供了诸多的帮助。我们深知所做的努力总是不够,不足之处,望读者指证。

林伯强<br>
2015 年 5 月于厦门

# 目 录

第1章 中国农业节能潜力及二氧化碳排放研究 ……………………… 001
  1.1 中国农业能源消费情况 ……………………………………………… 001
  1.2 中国农业的节能潜力研究 …………………………………………… 003
  1.3 中国农业二氧化碳排放变化及分析 ………………………………… 012

第2章 中国重工业及子行业节能潜力及二氧化碳排放研究 ………… 018
  2.1 重工业 ………………………………………………………………… 018
  2.2 子行业——冶金工业 ………………………………………………… 037
  2.3 子行业——建材工业 ………………………………………………… 058
  2.4 子行业——化学工业 ………………………………………………… 077
  2.5 子行业——机械工业 ………………………………………………… 088

第3章 中国轻工业及子行业节能潜力及二氧化碳排放研究 ………… 101
  3.1 轻工业 ………………………………………………………………… 101
  3.2 子行业——食品行业 ………………………………………………… 121
  3.3 子行业——化纤行业 ………………………………………………… 139
  3.4 子行业——造纸及纸制品行业 ……………………………………… 157

第4章 中国建筑业节能潜力及二氧化碳排放研究 …………………… 179
  4.1 中国建筑业能源消费情况 …………………………………………… 179
  4.2 中国建筑业的节能潜力研究 ………………………………………… 183
  4.3 中国建筑业二氧化碳排放变化及分析 ……………………………… 193

第 5 章　中国交通运输业节能潜力及二氧化碳排放研究 …………… 200
　5.1　中国交通运输业能源需求情况 ………………………………… 200
　5.2　中国交通运输业的节能潜力研究 ……………………………… 202
　5.3　中国交通运输业二氧化碳排放变化及分析 …………………… 212
第 6 章　中国商业节能潜力及二氧化碳排放研究 …………………… 219
　6.1　中国商业能源消费情况 ………………………………………… 219
　6.2　中国商业的节能潜力研究 ……………………………………… 221
　6.3　中国商业二氧化碳排放变化及分析 …………………………… 231
附录 1　协整分析 ……………………………………………………… 238
附录 2　对数平均迪氏指数分解方法 ………………………………… 241
附录 3 A　2014 年国内能源大事记 …………………………………… 245
附录 3 B　2014 年国际能源大事记 …………………………………… 250
参考文献 ………………………………………………………………… 258

# 第1章  中国农业节能潜力及二氧化碳排放研究

## 1.1  中国农业能源消费情况

改革开放以来,中国政府实行的各种经济政策极大地解放和发展了中国不同部门与行业的生产力,极大地改善了人民的生活水平,推动了中国经济30多年来的快速发展。伴随着工业和服务业的快速发展,农业发展在中国也取得了极大的进步。中国的农业耕地大约占世界农业耕地的10%,但是却解决了多于世界上20%人口的温饱问题,这不能不说是农业史上一个成功的例子。在中国人口数量持续增加和耕地面积不断减少的情况下,中国的农业产值维持了5%左右的年平均增长率。与此同时,随着农业机械化和农业集约化的提高,化肥、农药、农膜等在农业生产中大量使用,中国农业能源消费呈现出逐年提高的趋势,农业发展呈现出"高投入,高产出,高污染"的趋势。随着工业化与城镇化进程的加快,中国传统农业也正在逐步向机械化与现代化方向发展,这在一定程度上也进一步加剧了环境污染和农业二氧化碳排放。尽管近些年来随着国家产业结构的调整,使得农业生产对GDP的贡献逐年减弱,但是农业能源消费总量却在逐年上升,这从侧面说明了中国农业生产中的能源利用效率不高,存在一定的节能空间。1980—2012年间,中国农业总产值从1524.13亿元人民币增长到9793.64亿元人民币(1978年为基年),与此同时农业能源消费从1980年的34.71Mtce(百万吨标准煤)增长到2012年的93.68Mtce,见图1-1。

中国一直以来是人口大国和农业大国,农业发展良好是全国其他行业健康稳定发展的前提。1982至1986年间,中国政府曾连续五年以一号文件的形式关注农业与农村问题。近些年随着中国经济的快速发展和城乡差距的加大,中国政府再次从2004年开始以1号文件的形式关注"三农"问题。随着农业科学技术的进步和农业机械化水平的提高,中国的农业产出连续数十年保持良好的发展形式,粮食产量稳步上升,农林牧渔产业结构不断改进,为中国社会和经济的快速发展奠定了良好的基础,为其他行业的良好发展提供了丰富的物质材料。但是,这也在一定程度上产生了负面的影响。

首先,中国目前能源供应出现紧张局势,农业的快速发展和农业机械化的大力推进加重了这一局势。中国城镇化与工业化正在快速发展,与此同时农业产业

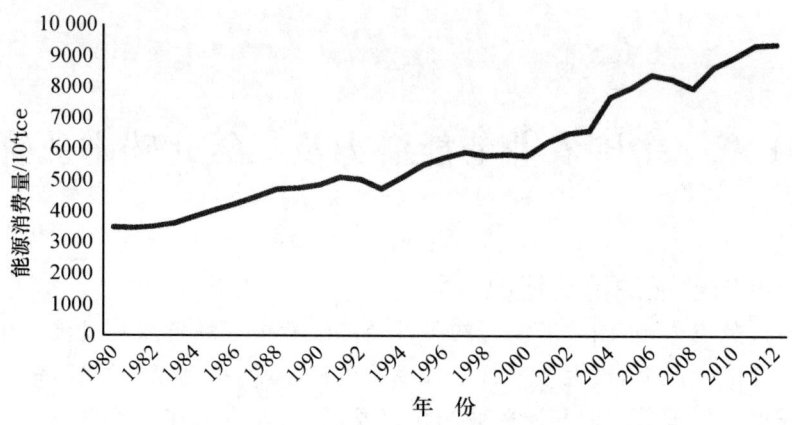

图 1-1　1980—2012 年中国农业能源消费情况

数据来源：能源消费数据根据历年中国能源统计年鉴整理得来。

结构也在不断优化，农业劳动力逐步由传统农业向第二三产业转移，在这一形势下农业机械逐步取代了大量的人力劳动。在一定程度上说，农业机械是现代农业生产力的代表，在改善农业劳动条件、促进农业产出、调整农业产业结构等方面都具有重要的作用。截至 2012 年，中国的农业机械动力已达到 $102\ 558.96\times10^4$ kW，各类农业机械设备发展迅速。根据中国统计年鉴的历年数据显示，中国农业机械动力近十年来的增长速度约为 6%，农业能源消费中的电力和石油制品的增长速度分别为 4% 和 5%。更为值得关注的是，农业的柴油消耗一直居高不下，约占全国柴油总的消费量的 10%。随着农业机械化水平的提高和农业技术的不断进步，可以预测中国未来的能源需求将会进一步提高。

其次，造成了农业环境污染。随着机械化作业程度的提高，农业化肥和农药等的高效率和高强度使用，农业领域的大气、土壤和水体等都造成了很严重的污染。中国每年由于化肥、农药和农膜等工业品的使用而受污染的耕地将近 $2000\times10^4$ ha（$1\ ha=10^4\ m^2$）。从目前的节能减排和农业可持续发展角度来说，能源投入对环境的污染也应该纳入政策考虑范围之内。然而，长期以来，中国农业政策制定是以提高农业产出和粮食产量作为主要目标的，对能源投入和环境方面考虑甚微。

在农业生产活动过程中，能源消费从投入方式上讲主要可以分为两类：第一类是直接能源消费方式，是指农业生产过程中由于农业机械使用所消耗的各类能源。第二类是间接能源消费方式，是指利用农业机械参与农业生产过程中所消耗的煤炭、石油制品和电力等。近十年来中国农业机械总动力的年均增长速度在 6% 左右。农业部发布的《全国农业和农村经济发展"十二五"规划》中提出了"扩大农机装备总量,优化农机装备结构"的政策方针。国家制定的农业机械化水平发展目标是:到 2020 年,中国的农业机械动力要实现 $12\times10^8\,kW$。农业机械动力的增加势必会增加更多的能源消费和二氧化碳排放。

## 1.2 中国农业的节能潜力研究

能源是现代农业生产过程中不可或缺的投入品之一,伴随着农业机械化和农业集约化的进展,农业领域的能源消费也逐年增加。为了研究中国农业生产能源需求的影响因素以及预测农业生产未来的节能潜力,我们选取中国 1980—2012 年的国内农业生产总值、农业产业结构、农业机械动力、农业财政支出以及反映能源价格水平的指标动力、燃料类价格指数作为解释变量来具体分析其对农业能源需求的影响。为了表述上的方便,对于上述指标分别用 $E$、$oup$、$str$、$mer$、$fis$ 和 $pr$ 表示。

### 1.2.1 中国农业能源消费的长期均衡关系

1. 数据来源及变量选择

(1) 农业能源需求($E$)。中国农林渔牧能源消费量来自历年《中国能源统计年鉴》。由于统计口径的变化,2008 年以后的能源消费数据按照 2008 年以前的统计口径进行了修正。

(2) 农业产出($oup$)。农业产出在这里用农林牧渔的产值来表示。由于农业产值在较大程度上反映了农村经济发展程度、人民生活质量等综合水平,进而影响农业能源消费,因此选取农业产出作为影响农业能源消费的一个重要的变量。以前的大多文献中表明,经济增长是能源消费的主要原因,因此选取农业产出作为影响能源消费的因素是可行的。历年农业总产值数据来源于各年的《中国统计年鉴》,并已折算成 1978 年不变价。

(3) 农业机械化动力投入($mer$)。农业机械化是农业现代化的重要特征,农业机械设备是能源消费的载体。电力、柴油和煤炭等能源是各类农业机械设备正常运转的保证。农业机械动力数据来源于历年《中国统计年鉴》。

(4) 农业产业结构($str$)。这里我们用农业中的种植业产值比农业总产值来表示农业经济结构。这里农林牧渔产值来自于历年《中国统计年鉴》,经济结构数据是经过计算得来的。

(5) 农业财政支出($fis$)。世界上先进国家的农业发展历史表明,国家财政支出对农业的支持是农业快速发展的重要原因,也是一个国家农业政策的重要组成部分。农业财政支出对于改善农业基础设施和扩大生产规模具有重要作用。生产规模的扩大将进一步扩大农业生产。农业财政支出历年数据来自《中国统计年鉴》,生产资料价格指数来自历年《中国农村统计年鉴》,数据是经过价格指数(1978=100)平减后的真实值。

(6) 能源价格（$pr$）。对于任何商品而言，价格都是影响其需求的重要变量，能源产品也不例外。由于能源产品众多，如石油、煤炭、电力、煤炭等。为了统一标准，我们选用燃料、动力类价格指数作为能源消费的价格成本。数据来源为中国统计年鉴，由历年类价格指数（环比）折算成 1978 年不变价获得。

为了消除变量量纲影响，减少异方差的可能影响，我们对以上变量的原始数据进行取对数处理。

2. 协整分析

协整分析前，我们要先对样本区间的时间序列进行单位根检验，我们通过分析 ADF 检验、PP 检验得出以上 6 个变量皆是一阶单整的，满足进行协整的条件，接下来我们进行协整分析。我们首先使用 Stata12.1 软件进行 Johansen-Juselius 协整秩检验，结果如表 1-1。

表 1-1 协整模型 Johansen 检验

趋势：有趋势 观测值个数＝33
样本区间：1980—2012 滞后阶数＝2

协整秩迹检验（Trace）

| 协整方程个数 | parms | LL | 特征值 | 迹统计量 | 5%置信水平 |
| --- | --- | --- | --- | --- | --- |
| 0 | 48 | 372.65282 | . | 148.8133 | 104.94 |
| 1 | 59 | 400.6399 | 0.83563 | 92.8392 | 77.74 |
| 2 | 68 | 418.76542 | 0.68944 | 56.5881 | 54.64 |
| 3 | 75 | 432.90269 | 0.59831 | 28.3136* | 34.55 |
| 4 | 80 | 441.60433 | 0.42959 | 10.9103 | 18.17 |
| 5 | 83 | 445.93814 | 0.24391 | 2.2427 | 3.74 |
| 6 | 84 | 447.05948 | 0.06979 | | |

最大特征值检验（Maximum Eigenvalue）

| 协整方程个数 | parms | LL | 特征值 | 最大特征值统计量 | 5%置信水平 |
| --- | --- | --- | --- | --- | --- |
| 0 | 48 | 372.65282 | . | 55.9742 | 42.48 |
| 1 | 59 | 400.6399 | 0.83563 | 36.2510 | 36.41 |
| 2 | 68 | 418.76542 | 0.68944 | 28.2745 | 30.33 |
| 3 | 75 | 432.90269 | 0.59831 | 17.4033 | 23.78 |
| 4 | 80 | 441.60433 | 0.42959 | 8.6676 | 16.87 |
| 5 | 83 | 445.93814 | 0.24391 | 2.2427 | 3.74 |
| 6 | 84 | 447.05948 | 0.06979 | | |

注：带 * 表示拒绝 0.05 显著性水平下的原假设。

包含常数项与时间趋势项的协整秩检验（Trace）结果表明，可以在 5%的置信水平上拒绝"协整秩是 0"的原假设(148.8133>104.94),存在三个线性无关的协整向量(表 1-1 中打星号者)。而最大特征值检验(Maximum Eigenvalue)也表明,可以在 5%的置信水平上拒绝"协整秩为 0"的原假设(55.97>42.48),但并不能拒绝"协整秩为 1"的原假设(32.21<36.41)。由于秩检验结果表明存在线性无关的协整向量,因此可以进行协整分析。首先建立由 $\ln E$、$\ln oup$、$\ln str$、$\ln mer$、$\ln fis$、$\ln pr$ 构成的 VAR 模型。接下来检验该系统所对应的 VAR 表示法(VAR representation)的滞后阶数,检验结果如表 1-2。

表 1-2　滞后阶数选择

样本区间:1980—2012 年观测个数=33

| 滞后阶数 | LL | LR | df | p | FPE | AIC | HQIC | SBIC |
| --- | --- | --- | --- | --- | --- | --- | --- | --- |
| 0 | 191.524 | | | | 7.1e-14 | 13.2517 | −13.1644 | −12.9662 |
| 1 | 368.962 | 354.88 | 36 | 0.000 | 3.1e-18 | 23.3544 | −22.7435 | 21.3561* |
| 2 | 421.086 | 104.25 | 36 | 0.000 | 1.5e-18 | 24.5061 | −23.3716 | −20.795 |
| 3 | 478.168 | 114.16* | 36 | 0.000 | 1.2e-18 | 26.012* | 24.3538* | −20.588 |

注:LR—似然比检验统计量;FPE—最终预测误差;AIC—Akaike 信息准则;SC—Schwarz 信息准则;HQ—Hannan-Quinn 信息准则。

表 1-2 中,根据 LL、LR、FPE(Final Prediction Error)、AIC、HQIC 和 SBIC 等准则选择滞后阶数皆为三阶(表中星号所对应的阶数表明该准则选择的滞后阶数)。在此基础上,我们根据标准化协整向量系数,可以建立相应的协整方程:

$$\ln E = 0.8888 + \underset{(0.0750)}{0.6232 \ln oup} + \underset{(0.0759)}{0.4191 \ln mer} - \underset{(0.0818)}{0.8898 \ln str}$$

$$- \underset{(0.0179)}{0.0776 \ln fis} - \underset{(0.0142)}{0.2619 \ln pr} \tag{1-1}$$

其中,括号内的值为估计量的标准差。从以上标准化方程(1-1)我们可以得到以下几个结论:

第一,协整方程表明了 1980—2012 年期间变量之间存在长期均衡关系;

第二,方程右边变量 $\ln oup$ 和 $\ln mer$ 系数为正,$\ln str$、$\ln fis$ 和 $\ln pr$ 的系数为负,这个结果验证了之前我们的判断,是符合社会经济现实的。

第三,中国近三十年来快速的农业经济增长和机械动力投入是带动中国农业能源需求量快速增长的主要原因。弹性系数表明,农业总产值每增长 1%就会导致农业能源需求量增加 0.6232%,农业机械动力每增加 1%可以增加农业能源需求 0.4191%。农业财政支出影响相对来说较小。

第四,农业生产结构中种植业的比例每下降 1%就会导致能源需求量增加 0.8898%,农业财政支出每增加 1%可以导致能源需求减少 0.0776%,农业产值和农业机械动力的弹性系数较大。尽管国家近些年在不断增加农业财政支出,但是相对于财政支出的比例不大,且增长速度也落后于财政收入。

第五,能源价格的弹性是负值,与常规的能源需求特点一致。价格弹性是 -0.2619,说明能源价格上涨1%的时候,农业生产的能源消费就会下降0.2619%。这说明,虽然近些年中国能源价格的市场化程度不高。但是在生产过程中,农业生产者还是对能源价格做出了理性的选择反映。

综上对模型结果的分析,我们认为该模型结果符合经济理论的预期,对中国农业经济的发展具有较好的解释能力。为了确保下一步预测的准确性,我们还需对模型的稳定性进行考察。

为了检验模型的预测功能,将1980—2012年农业产出、农业机械动力、农业产业结构、农业财政支出、能源价格的历史数据代入协整方程(1-1),得到过去33年对中国农业消费(对数值)的拟合值,如图1-2所示。将协整方程计算得到的拟合值与1980—2012年农业能源消费量的真实数据进行对比,偏差百分比较小,如图1-3。因此该协整模型具有良好的拟合效果,可以用来进行预测。

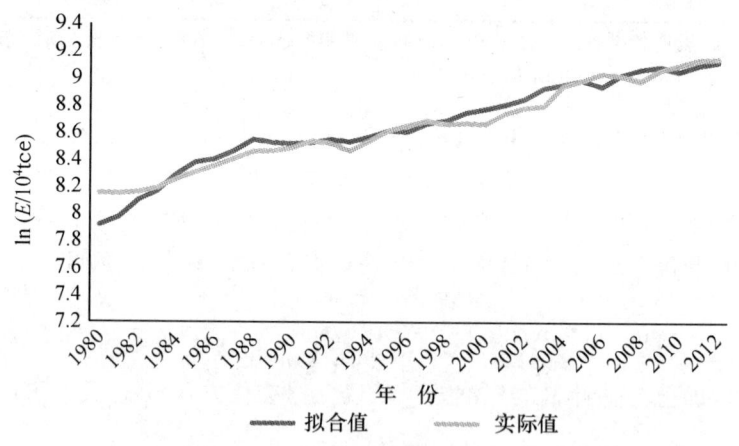

图1-2 农业能源需求量拟合图

### 1.2.2 中国农业能源需求预测及节能潜力

**1. 能源需求预测**

从长期均衡关系式可以知道,中国农业能源需求同国内农业生产总值、农业机械动力、农业经济结构、国家农业财政支出以及能源价格等变量密切相关。因此,要对中国农业未来的能源需求进行预测,首先就要对五个解释变量未来的取值进行预测。我们选择各变量在1980—2012年间的平均增长率作为一种基准情景,即假定2013—2030年间各变量仍然按这个平均增长率增长,以此来预测在这种基准情景下农业生产的能源需求量。

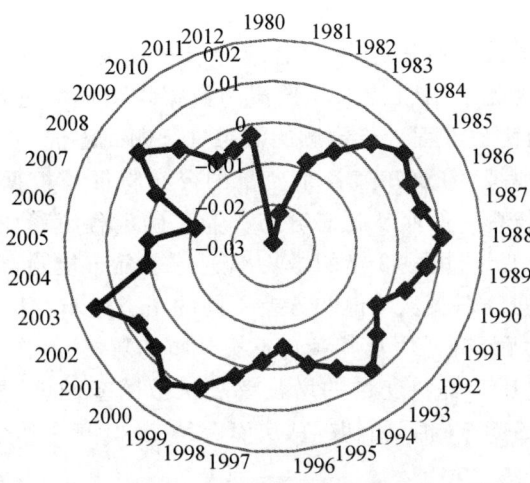

**图 1-3　拟合效果偏差百分比**

我们的预测时间区间设定为2013—2030年,原因在于该阶段是中国实现经济转型的关键时期,该预测可以为将来中国农业生产节能转变经济发展方式提供政策方向。在基准情景下,中国农业生产总值($oup$)、农业机械动力投入($mer$)、农业生产结构($str$)、农业财政支出($pis$)以及燃料零售价格指数($pr$)的年均增长率分别为4.7%、2.1%、6.2%、6.3%和8.7%,将这些数据带入计量方程。根据上述各变量的年均增长率和协整方程(1-1),我们预测得到2020年和2030年中国农业能源需求量分别为128.93Mtce和204.57Mtce(见图1-4)。

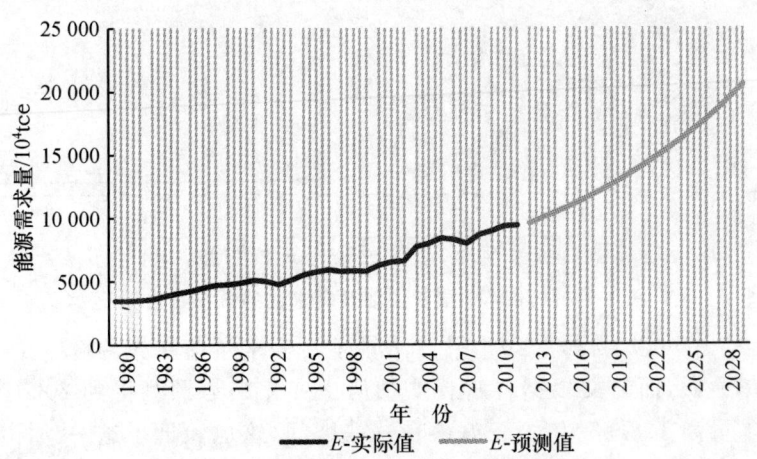

**图 1-4　2020—2030年农业能源需求量预测**

上面的结果,是基于各解释变量确定的增长率来预测的。事实上,经济发展过程中总是伴随着无法预知的人为或者非人为的影响因素,因此各影响因素在未来的增长率应该有很大的不确定性,更合理的预测应该是多个结果及其各个结果可能发生的概率。为此采用蒙特卡罗模拟的数据均值同标准情景下的预测值进行对比,对直接利用协整方程进行预测的效果进行侧面评价。

进行蒙特卡罗模拟,需要知道各个变量的分布特征。根据前人的研究经验,经济变量的对数增长率一般服从正态分布。为了确定各解释变量的分布,先运用 Stata 软件对各解释变量过去 33 年的增长率进行了分布检验,检验结果表明这五个变量的增长率序列分别服从均值和方差不同的正态分布。据此,我们使用 Stata 12.1 软件来生成各解释变量服从其各自正态分布的随机数,作为解释变量的增长率。在得到 5000 组历年解释变量的增长率随机数的基础上,根据这些随机数计算得到被解释变量的 5000 种可能取值,从而获得 2020 年中国农业生产能源需求量的概率分布。

根据蒙特卡洛仿真分析,得到 2020 年中国农业能源需求的分布直方图,如图 1-5。

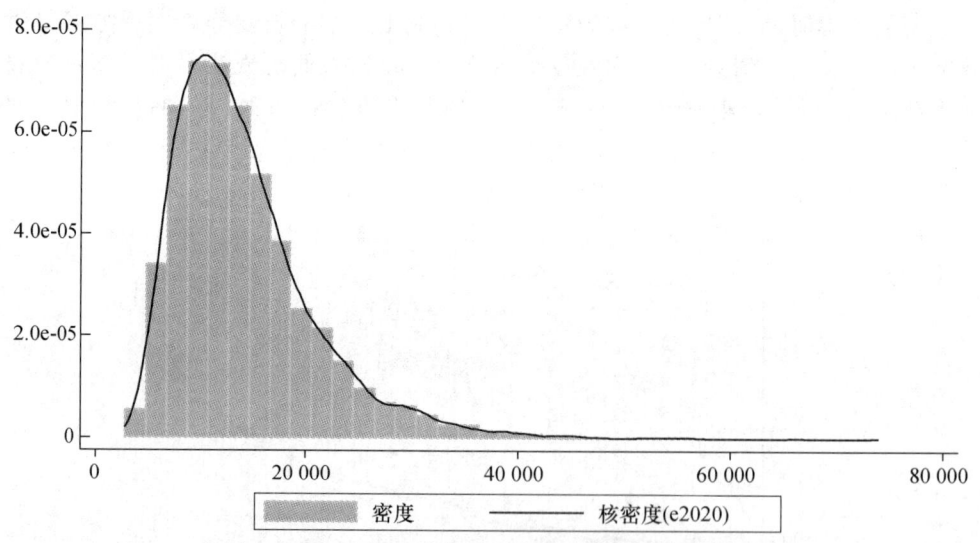

图 1-5  2020 年中国农业能源需求量的分布直方图

从图 1-5 中可以看出,2020 年中国农业能源需求量落在大约 80~140Mtce 区间段的概率最大,而前文根据各解释变量历史变化趋势预测得到 2020 年中国农业能源需求量为 128.93Mtce,正好落在这一区间,这也验证了这一预测结果的合理性。

2. 节能潜力分析

以下,我们再采用两种情景分析,研究各类节能政策对中国农业能源消费节能潜力的影响,相应的节能量也做了估算。其中,高级节能情景是在政府及其相关部门通过一定的政策激励下,使得各影响要素在经济现实约束下按最大限度节能的增长率发展;而中等节能情景是比较温和的节能情景,是以现实的经济发展规划为基础做出的假设,是介于基准情景与高级节能情景之间的状态,见表1-3。

表1-3 中国农业能源消费情景假设

| 变 量 | 基准情景/(%) | 中等情景/(%) | 高级情景/(%) |
|---|---|---|---|
| $oup$ | 4.7 | 5.5 | 5 |
| $str$ | 2.1 | 2.1 | 2.1 |
| $mer$ | 6.2 | 5 | 4 |
| $pis$ | 4.8 | 4.8 | 4.8 |
| $pr$ | 8.7 | 11.5 | 16 |

对于农业总产值的增长速度,2011年提出的《全国农业和农村经济发展"十二五"规划》中指出,在今后五年内农业总产值计划以5%的年均增长速度增长。但观察历年的发展规划与中国经济发展实情,发现这个增长速度过于保守。第十一个"五年计划"中提出的农业总产值年均增长目标是5%,然而实际的农业总产值年均增长也达到8.9%。考虑到中国仍处于经济快速发展的阶段,我们将5%这个农业总产值增长速度作为在高级情景下,严格按照发展规划执行,放缓经济发展的脚步,对能源消费施加约束的农业总产值增长速度。相应的,在中等情景下农业总产值年均增长速度更贴合经济现实,在基准情景与高级情景之间取值,设定为7%;对于林渔牧产值比重的增长速度,《全国农业与农村经济发展"十二五"规划》明确提出如下目标:畜牧业和渔业产值占农业总产值的比重分别达到36%和10%;农垦生产总值年均增长9%;总体比例基本持平略有提升。相对发达国家60%的水平来说,我们还略有差距,观察近十年的比例情况来看,此比值在50%上下浮动,没有表现出明显的变化趋势。基于此种情况,我们设定中等情景和高级情景情景下维持目前的增长速度,设定为2.1%;对于机械化水平,在"十二五"规划中国家提出扩大农机装备总量,优化农机装备结构。并且提出到2015年农机总动力达到$10 \times 10^8$ kW,农机化率提升到60%以上。"十一五"期间中国农业机械动力已经超过6%。鉴于现实情况的约束,我们将中等情景下的年均增长速度设定5%,相应的,在高级情景下年均增长速度设定为4%;对于农业财政支出,近年来,尽管中国农业财政支出有了显著提高,但是同比财政支出总的比例来说却呈现出下降的趋势。这意味着中国不可能在短时间内消除上述三大差距。因此需要财政支出更多地向农业与农村倾斜。我们认为农业财政支出的增长速度不能小于历史平均情况。鉴于现实情况的约束我们将中等情景和高级情景下年均增

长速度设定为4.8%;对于能源价格,根据经济学理论,能源价格对能源消费起到最直接的抑制作用。然而众多的研究成果表明,如果将能源消费的代际问题以及环境成本考虑在内,当前的能源价格绝大多数是被低估的。鉴于当前能源价格偏低以及能源价格能直接抑制能源需求的这两个方面考虑,我们将中等情景下的能源价格年均增长率设定为11.5%,在高级情景下这个年均增长率达到16%。

以上对各变量增长率分情景的设定充分结合了中国的实际国情和经济理论的判断,各变量在不同情景下的增长率都是合理并且可以实现的。根据前文协整方程的表达式以及上述对影响中国农业能源需求消费量的各个变量的增长率进行分情景设定,可以预测得到不同情景下未来中国农业能源需求量,如图1-6所示。

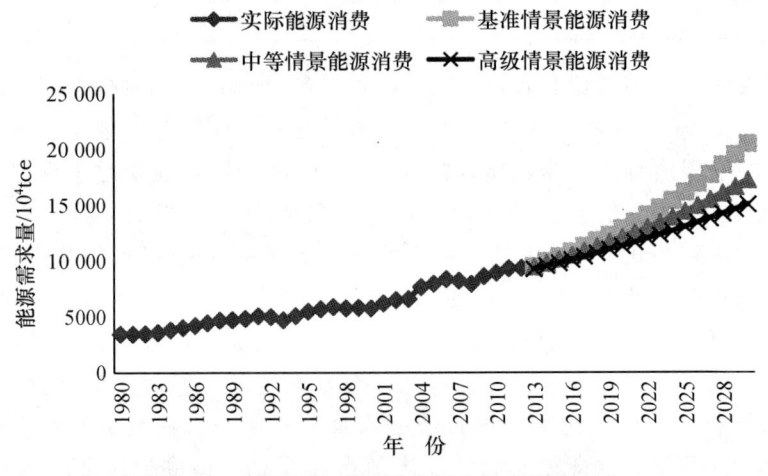

图1-6 中国农业能源需求量分情景预测对比

从表1-4中可以看到,2020在中等情景下中国农业生产能源需求量为12 097.15×10⁴tce,在高级情景下中国农业生产能源需求量为11 323.02×10⁴tce,相比较同年基准情景下的能源需求量分别下降了6.18%和15.77%。预测得到2030年在中等情景下中国农业能源需求量为17 232.26×10⁴tce,在高级情景下中国农业能源需求量为15 043.39×10⁴tce,相比较同年基准情景下的能源需求量分别下降了12.18%和26.46%。

表1-4 中国农业生产能源需求量预测　　　　　　　　　（单位:10⁴tce）

|  | 2020年 | 2030年 |
| --- | --- | --- |
| 基准情景 | 12 893.87 | 20 457.42 |
| 中等情景 | 12 097.15 | 17 232.26 |
| 高级情景 | 11 323.02 | 15 043.39 |

### 1.2.3 中国农业节能建议

本章节通过研究中国农业生产过程中能源消费的主要影响因素来分析未来农业部门的能源需求和节能潜力。为此，我们使用年度时间序列数据估计了1980—2012年农业生产总值、农业产业结构、农业机械动力、农业财政支出和能源价格等影响因素对中国农业生产过程中的能源需求的影响。我们应用协整分析和误差修正模型估计了中国农业生产过程中的能源需求量，并且考察了农业经济产值、农业产业结构、农业机械动力、农业财政支出和能源价格这五个影响因素对农业生产过程中的能源需求量的长期弹性。蒙特卡洛风险分析验证了模型的合理性，同时表明为提高中国农业生产过程中的能源利用效率，进一步缩小节能潜力，需要更为积极的节能政策。情景分析表明，在各种节能政策的推动下，未来农业能源需求量的上升幅度会越来越小，节能潜力会进一步缩小。实现一个特定行业的节能降耗不仅是一个技术问题，它也是一个包含价格、技术以及其他影响具体行业能源需求的各种因素的系统工程。根据前面的研究结论给出如下政策建议：

第一，除农业产值外，农业机械动力对农业生产的能源需求量的影响系数最高(0.6232)，这就决定了政府或相关部门在农业节能降耗中的政策重点和方向。因此，一方面国家要大力更新农业机械机器技术，淘汰落后的农业机械设备以降低能源消费；此外，要适当推广联合作业农业技术和少耕免耕等先进耕作技术。同时开发水能、风能、太阳能等可再生能源在农业机械上的应用。同时对于能耗较大的渔业方面，要淘汰落后渔船，提高利用效率，降低渔业油耗。

第二，农业经济结构方面，改革开放以后经过逐步调整，中国已经由传统农业(种植业)向现在农林牧渔业全面发展。随着居民消费需求和经济发展的需要，种植业的比例已经较改革开放初期下降了很多。特别是渔业自改革开放以后发展迅猛，中国自1989年起水产品总量一直居于世界首位，由于机动渔船的耗能量大，加剧了能源消费。然而，消耗能源较低的林业和牧业比例偏低，在国家的五年经济规划中，林业牧业的计划增速最大，但是每个阶段实现的效果都不理想。因此，国家应该进一步合理调整和优化农业产业结构，对消耗能源较低的牧业和林业进行必要的补贴。

第三，国家财政用于农业的支出方面，协整方程的弹性系数不大(0.07764)。农业财政支出对于农业的贡献主要是通过改善农业基础设施和提高农业科技投入来影响能源投入的。改革开放后，中国农业基础设施取得了很大的进步，但是家庭联产承包责任制下的农业生产方式比较分散。这样能源效率较低，能耗较大。因此，在这种情况下国家一方面要继续增加农业财政支出提高农业基础设施建设，另一个方面要在地区条件允许的情况下开展新型合作化组织，提高能源利用效率。

第四，尽管能源价格对农业生产过程中的能源需求量的弹性相对于 GDP 的弹性而言较小，但价格的刺激作用不容忽视。经济学理论告诉我们，价格反映稀缺，对供需关系起到最为直接的影响作用。然而中国的能源价格管制，使得能源价格对农业需求的抑制作用大为减弱。进一步改革中国当前的能源定价机制势在必行。

从实现农业节能的途径来看，以牺牲经济增长速度来实现能耗的降低是十分有效且迅速的，但是其成本无疑也是巨大的。而我们的实证结果为解决经济增长与降低能耗之间的矛盾提供了一定的帮助。相比牺牲经济增长，从农业技术更新、合作化组织、优化农业产业结构和提高能源价格等角度来实现农业的节能减排显然是可行且更为国家与公众所接受的。

## 1.3 中国农业二氧化碳排放变化及分析
### 1.3.1 中国农业二氧化碳排放情况

改革开放以后，中国政府提出了"集中精力把农业搞上去，逐步调整农业与工业的关系"等具体措施，为中国农业经济快速发展奠定了良好的基础。随着家庭联产承包责任制的推行和农业机械化的大力推广，农业生产力得到了空前的解放和极大的发展，农业机械化水平有了显著地提高。但是由此带来的农业能源消费和农业二氧化碳也在增加。

根据 IPCC 第四次评估报告，人类生产活动所产生的二氧化碳中农业生产活动的贡献大约占 13.5%。由于目前中国并没有具体的农业生产排放二氧化碳的统计数据，缺乏趋势性的时间序列研究。我们依据中国农业 1985—2012 年期间历年能源消费数据，利用各类能源的排放系数估算农业机械化进程中二氧化碳的排放。根据《中国能源统计年鉴》，将中国农业生产过程中的终端能源消费分为 10 类（电力、煤炭、焦炭、原油、燃料油、汽油、柴油、煤油、液化石油气和天然气），将这 10 类能源的消费总量乘以各自的二氧化碳排放系数，即得每一年的二氧化碳排放总量：

$$CO_2^t = \sum_{j=1}^{10} E_j^t \eta_j \qquad (1-2)$$

其中，$CO_2^t$ 是中国农业生产中由于能源投入所产生的二氧化碳排放总量，$E_j^t$ 是第 $j$ 种能源在第 $t$ 年的投入使用量；$\eta_j$ 为各种能源的排放系数。利用公式(1-2)，可以得出 1985—2012 年中国农业由于能源投入使用所排放的二氧化碳总量，进一步可以估算出农业生产中的二氧化碳排放强度、人均二氧化碳排放量以及单位机械动力二氧化碳排放等（见表 1-5）。

表 1-5  1985—2012 年中国农业生产中的二氧化碳排放情况表

| 年份 | $CO_2$ 排放总量 /$10^6$ t | 人均二氧化碳排放量/t | 二氧化碳排放强度/t | 单位机械动力二氧化碳排放/t |
|---|---|---|---|---|
| 1985 | 43.81567 | 0.144362 | 0.193789 | 0.209519 |
| 1986 | 46.44937 | 0.152453 | 0.198632 | 0.202394 |
| 1987 | 49.05697 | 0.158915 | 0.198282 | 0.197524 |
| 1988 | 51.42813 | 0.163494 | 0.200064 | 0.193521 |
| 1989 | 51.11509 | 0.157566 | 0.192867 | 0.182118 |
| 1990 | 52.1275 | 0.156368 | 0.182795 | 0.18158 |
| 1991 | 54.74783 | 0.160146 | 0.185134 | 0.186289 |
| 1992 | 53.2839 | 0.156547 | 0.169345 | 0.175806 |
| 1993 | 51.18741 | 0.153909 | 0.150911 | 0.160883 |
| 1994 | 54.57691 | 0.166951 | 0.148162 | 0.161458 |
| 1995 | 59.01225 | 0.182506 | 0.144457 | 0.163387 |
| 1996 | 62.12746 | 0.192581 | 0.139015 | 0.161174 |
| 1997 | 63.07953 | 0.193034 | 0.132283 | 0.150134 |
| 1998 | 64.57969 | 0.197937 | 0.127763 | 0.142851 |
| 1999 | 65.42924 | 0.198802 | 0.123683 | 0.13354 |
| 2000 | 68.33739 | 0.208362 | 0.124692 | 0.129984 |
| 2001 | 71.47953 | 0.220269 | 0.125168 | 0.129557 |
| 2002 | 76.22167 | 0.238263 | 0.127187 | 0.131576 |
| 2003 | 86.79553 | 0.27766 | 0.13926 | 0.143733 |
| 2004 | 101.1129 | 0.330478 | 0.150977 | 0.15792 |
| 2005 | 111.2855 | 0.371254 | 0.157261 | 0.162703 |
| 2006 | 116.1624 | 0.394863 | 0.155714 | 0.160175 |
| 2007 | 112.6611 | 0.39336 | 0.145404 | 0.147097 |
| 2008 | 106.4077 | 0.375156 | 0.129895 | 0.129465 |
| 2009 | 110.2577 | 0.392862 | 0.128676 | 0.126014 |
| 2010 | 115.4634 | 0.416914 | 0.129043 | 0.124448 |
| 2011 | 120.975 | 0.442234 | 0.129432 | 0.123779 |
| 2012 | 123.7544 | 0.456262 | 0.126221 | 0.120667 |

数据来源：根据统计年鉴计算整理。

其中，表 1-5 中的二氧化碳排放强度是指单位农业产出所消耗的能源所产生的二氧化碳排放。此指标主要用来估计能源消费产生的二氧化碳与农业产出之间的一个关系。在样本研究区间内，中国农业二氧化碳排放总量从 1985 年 43.81

×10⁶t 增加到 2012 年的 123.75×10⁶t；农业部门的人均二氧化碳排放量由 1985 年的 0.1443 吨碳/百人增加到 2012 年 0.4563 吨碳/百人。相比而言，农业二氧化碳排放强度从 1985 年的 0.1938 吨碳/万元下降到 2012 年的 0.1262 吨碳/万元，单位机械动力的二氧化碳排放由 1985 年的 0.2095t/(kW·h)下降到 2012 年的 0.1207 t/(kW·h)，整体上都呈现出下降的趋势。可以看出，尽管机械化水平的提高增加了农业生产过程中的二氧化碳排放量和人均二氧化碳排放量，但是降低了农业二氧化碳排放强度和单位机械动力二氧化碳排放，这说明中国农业机械化水平的提高有利于农业生产向低碳模式的方向发展。另外，从数字的变化趋势上看，中国农业机械化发展仍处在人均二氧化碳排放量和二氧化碳排放总量上升的阶段，但已经跨过了二氧化碳排放强度和人均机械动力二氧化碳排放的高峰阶段，这是农业现代化发展的必经阶段。中国农业现代化发展所处的阶段决定了农业二氧化碳排放在未来一段时间内还会持续增长。

### 1.3.2 中国农业二氧化碳变化因素分解

根据 LMDI 模型公式，对中国 1985—2012 年间农业机械化进程中二氧化碳排放变动的影响因素进行分解，以期分析各个影响因素对不同年份二氧化碳排放变动的贡献。从一定意义上说，这样的单元分解形式有利于帮助我们了解不同时期的农业二氧化碳排放的特点以及国家农业政策的执行效果。根据研究需要，我们依次将农业二氧化碳排放分解为二氧化碳排放系数、能源结构、能源强度、机械效率，机械化水平和农业劳动人口几个因素。遵循 LMDI 的分析框架，我们建立如下公式：

$$CO_2 = \sum_i \frac{CO_2^i}{E_i} \frac{E_i}{E} \frac{E}{Y} \frac{Y}{M} \frac{M}{P} P \tag{1-3}$$

其中，$CO_2$ 代表二氧化碳排放总量，$CO_2^i$ 代表第 $i$ 种类二氧化碳排放量，$E_i$ 代表第 $i$ 种能源的消费量，$E$ 代表总的能源消费量，$M$ 代表农业机械总动力，$P$ 代表从事农业生产的劳动人口数量。这样，令 $C_i = CO_2^i/E_i$ 代表农业生产过程中单位第 $i$ 能源的二氧化碳排放量，即是第 $i$ 种能源的二氧化碳排放系数，$STR = E_i/E$ 表示第 $i$ 类能源在农业机械生产中所消耗的能源比例，代表能源结构，$INY = E/Y$ 单位产出所需要的能源消费。$TEC = T/M$ 表示农业机械的技术效率，$MEC = M/P$ 表示人均机械动力。这样农业部门的二氧化碳变化就可以分解为二氧化碳排放强度效应($COE_{eff}$)，能源结构效应($STR_{eff}$)，能源强度效应($INT_{eff}$)，技术效率效应($TEC_{eff}$)，机械化水平效应($MEC_{eff}$)和劳动人口效应($POP_{eff}$)。

对数平均权重分解法将各影响因素看做是时间的连续可微函数，将(1-3)式取对数后，有

$$\ln CO_2 = \ln \frac{CO_2^i}{E_i} + \ln \frac{E_i}{E} + \ln \frac{E}{Y} + \ln \frac{Y}{M} + \ln \frac{M}{P} + \ln P \tag{1-4}$$

这样就将二氧化碳的排放量的变化分解为每种能源的二氧化碳排放强度、能源结构、能源强度、技术效率水平、机械化水平、劳动人口等几个因素共同作用的结果。如果某一因素的变化导致二氧化碳的排放量变化为正值,表示这个因素对农业生产的二氧化碳排放的影响是正向的,如果二氧化碳的变化为负值,则影响是反向的。根据 LMDI 方法将第 $t$ 期 $CO_2$ 的排放量相对于 0 期的变化表示为如下两种形式:

$$\Delta CO_{2all} = CO_2^t - CO_2^0$$
$$= \Delta COE_{eff} + \Delta STR_{eff} + \Delta INT_{eff} + \Delta TEC_{eff} + \Delta MEC_{eff} + \Delta POP_{eff}$$
(1-5)

$$VCO_{2all} = \frac{CO_2^t}{CO_2^0} = V(COE_{eff}) * V(STR_{eff}) * V(INT_{eff}) * V(TEC_{eff})$$
$$* V(MEC_{eff}) * V(POP_{eff})$$
(1-6)

公式(1-5)是计算相邻两期二氧化碳变动的差值,其中公式右侧分别表示二氧化碳排放强度、能源结构、能源效率、技术效率、机械化水平、劳动人口等因素的变化对农业生产过程中的 $CO_2$ 变化的贡献值,是有单位的实值;公式(1-6)是相邻两期二氧化碳变动的比值,其中公式右侧分别表示二氧化碳排放强度、能源结构、能源效率、技术效率、机械化水平、劳动人口等因素的变化对农业生产过程中 $CO_2$ 变化的贡献率,是没有单位的,如果值大于 1 说明促进了二氧化碳排放,如果值小于 1 则相反。

我们根据 LMDI 模型,对中国 1985—2012 年间农业机械化进程中二氧化碳排放变动的影响因素进行分解,以期分析各个影响因素对不同年份二氧化碳排放变动的贡献。

从上面的分解结果来看(图 1-7),农业发展的不同阶段,二氧化碳排放的驱动因素也各不相同。但是一个明显的共同特征是,机械化水平的提高是促进农业二氧化碳排放的主要驱动因素。在所有的样本区间里,它具有明显的促进农业二氧化碳排放的效应。特别是 2000 年以后,农业机械水平提高带来的二氧化碳排放效应明显增加,大约是以前的 2 倍。这是由于近些年随着农民收入的增加和国家惠农措施的实施,人均机械装备数量和人均机械动力都有了很大的提高,特别是 2000 年以后国家提出了"工业反哺农业,城市支持农村"的口号,减免农业税、对种粮农民进行各种补贴、实行农机具补贴等惠农措施,使得农业机械化水平有了显著的提高。但是与此同时这也在一定程度上带来了农业二氧化碳排放的总量增加。在 1985—2012 年样本区间内,总计增加农业二氧化碳排放 $135.8 \times 10^6 t$。

能源结构因素的影响效应上看,其效应总和为负数,但数值较小为 $-7.630 \times 10^6 t$,这说明中国农业能源结构的调整对二氧化碳排放的总体影响较小。样本区间内能源结构的调整在部分年份促进了农业二氧化碳排放,例如 1996—2005 年,

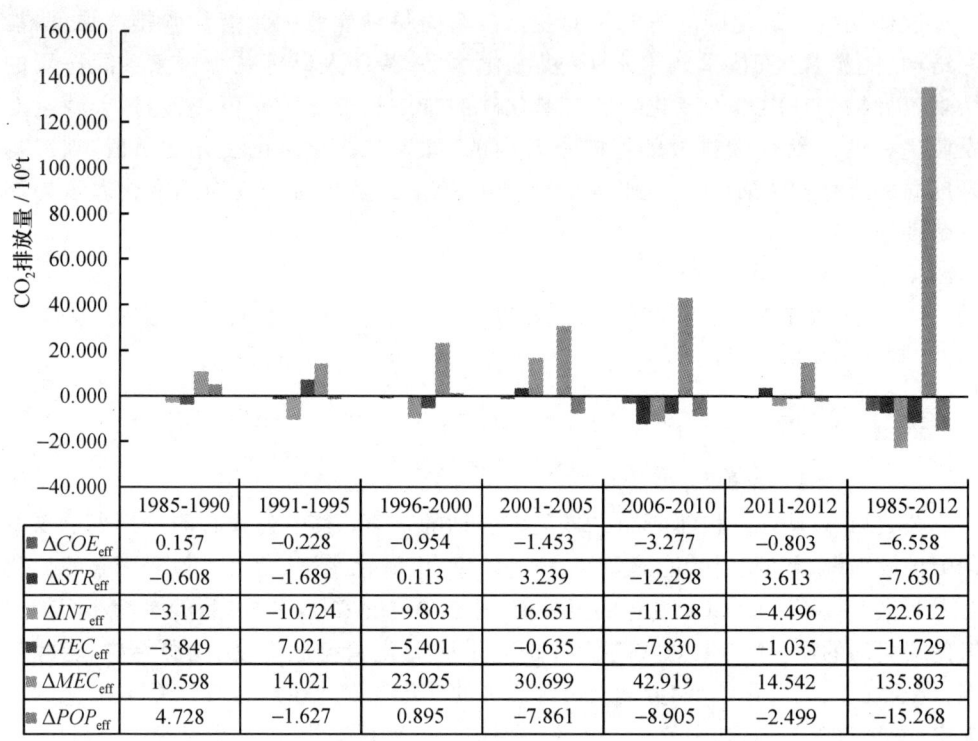

图 1-7　农业二氧化碳的加法分解（1985—2012）

注：$\Delta COE_{eff}$ 代表二氧化碳排放强度影响，$\Delta STR_{eff}$ 代表能源架构效应影响，$\Delta INT_{eff}$ 代表能源强度效应的影响，$\Delta TEC_{eff}$ 代表技术水平效应的影响，$\Delta MEC_{eff}$ 代表机械化水平效应的影响，$\Delta POP_{eff}$ 代表人口效应的影响。

在部分年份也具有抑制农业二氧化碳排放的作用，例如 1985—1995 年。中国农业机械消耗最高的三种能源依次是柴油、煤炭和电力，特别是 2000 年以后这三种能源的消费已经接近 90% 且相对比例比较稳定，其他能源消费一直较少。从目前的技术水平上看，这种比例结构在今后若干年内不会有很大的变化。能源结构因素的贡献值为正数，说明近些年农业能源结构的调整是以提高农业产出为首要目标，并没有将农业二氧化碳排放和环境污染纳入到考虑范围，因此近些年对二氧化碳排放的影响时常波动。

从能源强度的作用上来看，能源强度对农业二氧化碳排放的影响大部分年份是负的，有利于农业碳减排，这很多行业的研究结论一致。1985—2012 年间，能源强度的变化累积减少农业二氧化碳排放 $22.61 \times 10^6$ t。然而在"十一五"期间，它对农业二氧化碳排放的影响显著为正，促进二氧化碳排放 $16.65 \times 10^6$ t，一个可能的解释是农业柴油的大量使用造成的。

从技术水平因素的影响效应上看，总值为 $-11.729 \times 10^6$ t，总体上显著地降低了二氧化碳的排放。但是应该看出,技术水平的提高对二氧化碳排放影响的贡献值有时大部分是负的,说明农业机械效率因素对二氧化碳排放变动的影响是抑制的。仅有1991—1995期间,促进农业二氧化碳排放 $7.021\times10^6$ t。但是以后的年份持续促进农业碳减排,这一方面是由于农业能源结构的变化使得能源利用效率有很大提高,另一方面是由于中国政府提出了依靠科技进步发展高产、优质、高效农业;调整农业生产结构等政策,农业生产技术进步较快,能源利用效率得到极大改善。

从农业劳动人口的影响因素效应上看,总和为 $-15.268\times10^6$ t,说明农业人口规模变动对二氧化碳排放影响是负的。这是由于随着中国经济的快速发展和城镇化建设的不断推进,农民的收入水平也在逐年增加,农村高素质劳动力已经逐步在向城市转移,参与第二或者第三产业的生产活动,中国农业从业人口比例已经在逐年下降。

### 1.3.3 中国农业二氧化碳减排建议

研究农业二氧化碳的排放特征、变化趋势和不同因素对二氧化碳变动的影响,对发展低碳经济、减少温室气体排放具有重要意义,是制定农业二氧化碳减排战略和政策的基础。我们的研究结果表明:机械化水平的提高是这一时期二氧化碳排放的主要正向影响因素,技术水平的提高是这一时期二氧化碳排放的主要负向影响因素。依据研究结果,提出以下主要意见减少农业二氧化碳排放:

(1)农机机械化水平的大幅度提高虽然有助于提高农业劳动生产率,增加产出,但也消耗了更多的能源。从我们的研究结果可以看出农业机械化水平的提高是农业生产中二氧化碳排放最为重要的原因。因此中国农业机械化发展需要增加农业科技含量提高机械作业水平,由数量增加向质量提升转变。

(2)能源消费结构变动对农业二氧化碳减排作用并不明显,大部分时间有利于农业碳减排。目前,由于技术限制,中国农业机械主要消耗的能源是柴油、煤炭和电力,并且对他们具有一定的依赖性。考虑中国目前农业机械耗能主要以电力、煤炭和柴油为主,要保持能源结构因素对二氧化碳排放的效应为负值,要逐步考虑发展非化石清洁能源在农业生产领域的应用技术。

(3)技术水平是推进农业节能减排的重要载体,技术水平的提高有利于减少农业二氧化碳排放。但是,根据研究结果,农业技术对农业二氧化碳排放的影响有时候为正,有时候为负,具有一定的随机性。这是因为目前农业技术的主要目的是提高农业生产效率和农业收入水平,并没有较多地将提高环境质量和减少二氧化碳排放纳入考虑范围;对于这种情况政策制定者应该给予考虑和重视。

(4)随着中国经济快速的发展,农业劳动力逐步由传统农业转移到第二、三产业,第一产业的劳动人口比例逐渐下降,因此也进一步减少了农业二氧化碳的排放,但是整体影响较小。从人口角度考虑节能减排对策,一方面要注重优化人口结构,提高人口素质;另一方面应该积极倡导低碳生产和生活方式。

# 第2章 中国重工业及子行业节能潜力及二氧化碳排放研究

## 2.1 重工业

重工业指为国民经济各部门提供物质技术基础的主要进行生产资料生产的工业。具体而言,是指以能源原材料工业为基础、以高档耐用消费品、装备制造业、电子及电器机械工业、化学工业为主体的产业体系。它为包括工业部门本身在内的国民经济各部门提供原材料、燃料、动力、技术装备等劳动资料和劳动对象,是实现社会再生产和扩大再生产的物质基础。一个国家重工业的发展规模和技术水平,是体现其国力的重要标志。

统计数据是进行计量分析的基础,重工业数据的收集、处理和分析十分具有挑战性。因为大部分数据(除重工业总产值和增加值)不是按照"重工业"直接发布的,行业数据按照39个工业两位数行业进行统计和发布。按照国家统计局《轻重工业划分办法》,重工业大致包括其中的26个,所以数据的插补和口径调整的工作量都比较大。我们界定的重工业行业如表2-1所示,并按照能源消费将其分成高耗能和低耗能两个组别。

表 2-1 重工业内部行业结构划分

| 高能耗组别 | 低能耗组别 |
| --- | --- |
| 黑色金属加工 | 医药制造 |
| 化学原料及制品 | 塑料制品 |
| 非金属制品 | 电气机械制造 |
| 电力生产供应 | 橡胶制品 |
| 石油加工 | 非金属矿采选 |
| 煤炭采选 | 黑色金属采选 |
| 有色金属加工 | 水的生产供应 |
| 石油开采 | 有色金属采选 |
| 交通设备制造 | 木材加工 |
| 通用设备制造 | 燃气生产供应 |
| 金属制品 | 仪器仪表制造 |
| 计算机通信设备 | 其他采矿业 |
| 专用设备制造 | 废弃资源和废旧材料回收加工业 |

重工业在中国的地位十分重要。从新中国成立到改革开放初期,中国一直采取"重工业优先"的发展战略,将重工业看成是发展国民经济的重中之重,追求增长的高速度。在这样的历史背景下,重工业成为这一时期发展速度最快的产业,成为这一时期的主导产业。林毅夫(2006)[①]的研究表明,从1949年到1981年重工业年均增长速度达到15.3%,重工业在工业总产值中所占比重,也从1949年的26.4%迅速增长至48.6%[②]。改革开放之后,随着中国经济的迅速增长,重工业也迎来了新一轮的发展。这一段时期,重工业在工业总产值中所占比重先从1981年的48.6%增长到1991年的53.7%,再到2001年的60.6%,2011年这一比重为71.8%,重工业在中国工业结构中占据了绝对重要的比重。

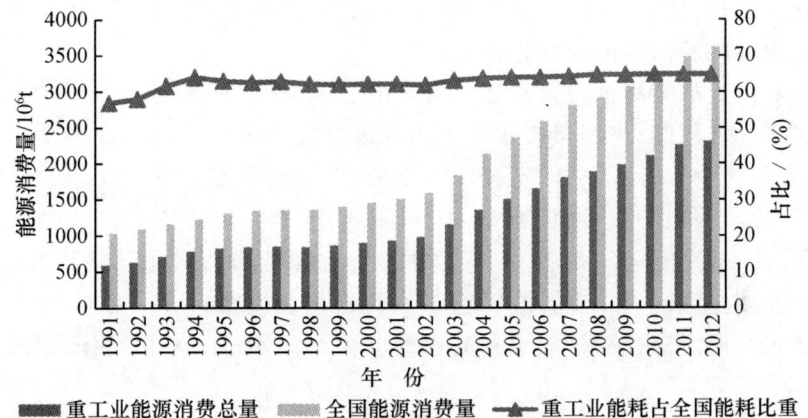

图 2-1　中国重工业能源消费量及全国能源消费总量

数据来源:中国能源统计年鉴,笔者根据前述重工业定义整理。

重工业的高速发展导致重工业能源消费总量不断增加。1991年重工业能源消费总量为 $58\,984\times10^4$ tce,2001年这一数字为 $93\,393\times10^4$ tce,2012年为 $230\,458\times10^4$ t,是1991年的3.9倍,其中1991年到2001年增长了58.3%,2001年到2012年增长了146.8%。能源消费总量增加的同时,重工业能源消费在全国能源消费中所占比重也呈上升趋势。全国能源消费总量中1991年重工业所占比重为56.8%,到1994年增长到63.8%。1995年到2000年,受国家调整产业结构的影响,重工业所占比重略微下降至62.1%。之后从2002年开始,这一比重开始不断增加,2006年达到63.9%,超过此前1994年达到的最高水平,而后不断保持增长趋势,至2012年这一比重达到64.8%,接近65%。

对中国而言,以煤炭为主的化石能源是中国主要的一次能源,煤炭更是占中

---

① 林毅夫,等.中国的奇迹:发展战略与经济改革.上海人民出版社 2006:71.
② 中国统计年鉴 1982.工业总产值中轻工业、重工业占的比重.

国一次能源消费总量的近70%,而化石燃料的燃烧是二氧化碳排放最主要的来源。重工业高速发展导致的能源消费总量增加,必然导致中国二氧化碳排放量的不断增加。当前全球气候变化问题日益严重,国际对二氧化碳排放问题十分关注,二氧化碳排放已经成为全球性的政治、经济和社会问题。中国不断增长的二氧化碳排放已经给中国带来了巨大的国际压力。

过去30年中,中国的二氧化碳排放一直在快速增长。BP数据显示,2006年中国超过美国成为世界上最大的二氧化碳排放国,2012年中国的二氧化碳排放大约占世界排放总量的28%。早在2009年,中国政府就提出了到2020年,GDP碳强度要在2005年的基础上下降40%~45%目标,2011年出台的"十二五"规划又细化了这一目标,要求到2015年单位GDP二氧化碳排放量比2010年水平降低17%。中国面临着巨大的碳减排压力。

重工业巨大的能源消费量导致了大量的二氧化碳排放。笔者计算显示,1991年到2011年20年间,中国重工业二氧化碳排放量迅速增长。1991年重工业二氧化碳排放量约为$15.23 \times 10^8$t,到2001年迅速增长到$23.94 \times 10^8$t,增长了57.2%;到2011年进一步增长到$58.16 \times 10^8$t,比1991年增长了281.9%,比2001年增长了142.8%。这20年当中,中国重工业二氧化碳排放量年均增长6.93%,高于同一时期全国二氧化碳排放年均6.42%的增长速度。这一时期,重工业二氧化碳排放占全国二氧化碳排放总量的比重也从1991年的60.2%逐渐增长至2011年的68.7%。

在全国节能减排的大环境下,重工业由于其巨大的能源消费量和二氧化碳排放量对完成中国政府提出的节能减排目标具有重要影响。在这种背景下,研究重工业节能潜力以及二氧化碳排放的影响因素具有重要意义。

**2.1.1 中国重工业的节能潜力研究**

重工业的能源消费是近年来中国能源总需求快速增加的一个重要原因。1980—2011年间重工业能源消费年均增长6.1%,高于全社会能源需求5.6%的增长率。节能是中国乃至全世界一项长期又紧迫的战略方针。而重工业因高能耗、高污染,一直在可持续发展方面备受诟病。因此,重工业领域的能耗需求预测和节能潜力就是一项重要而亟待研究的问题。

本书数据构造主要参考陈诗一(2011)的处理方法。尝试对中国工业行业39个两位数行业1980—2011年期间的能源、经济数据进行估算,然后根据轻重工业划分加总得到重工业数据。主要基于计量经济学协整理论,构建中国重工业能耗需求预测模型,并通过情景分析法计算中国重工业节能潜力,为中国重工业节能规划和政策设计提供数据依据,具有重要的现实指导和参考意义。

1. 中国重工业能源消费的长期均衡关系
(1) 数据来源及变量选择

重工业能源需求主要受到几个方面的影响:第一,重工业能耗主要是生产过程中投入的能源,因此重工业产值会对能耗水平造成影响。第二,中国能源效率相对较低,特别是对于工业而言,单位产值的能源消费量比较大,但是伴随着现阶段城市化、工业化的快速推进以及技术进步,中国工业能源效率有不断上升的趋势,通过行业间的技术外溢效应,将会影响重工业能源效率进而影响能源需求。第三,重工业内部的行业结构。中国经济是一个转型经济,经济结构的变化,特别是能源消费量大的高耗能行业在经济中占有很大的比例。重工业内部行业结构将对其能源需求产生影响。第四,能源价格影响生产过程中微观主体的投入优化选择,因此能源价格会对重工业能耗造成影响。

因此,我们构建重工业能耗需求预测系统主要考虑了 5 个变量:$Ene_t$、$Val_t$、$Eff_t$、$Ratio_t$ 和 $Pri_t$。其中,$Ene_t$ 为 $t$ 年的中国重工业能耗量;$Val_t$ 为 $t$ 年的中国重工业总产值,反映了重工业产出水平;$Eff_t$ 为工业能源效率,代表工业行业技术水平的变化;$Ration_t$ 为 $t$ 年的高耗能行业占重工业总体的比重,反映了重工业内部行业结构的变化;$Pri_t$ 为 $t$ 年的中国能源价格水平。

① 中国重工业终端能源消费量($Ene_t$)。中国目前尚没有权威有效的统计平台发布国内重工业所消耗终端能源的具体数据,而是以工业 39 个两位数行业分别进行统计和发布。也因此,重工业能耗量数据的缺失成为长期以来中国重工业能耗经济学研究的一大阻碍。我们根据表 2-1 中对于轻重工业的划分将两位数行业中重工业的能源数据进行加总得到重工业能耗数据。但是,大量行业只有 1994 年之后的完整数据,之前的数据缺失严重,同时,所有两位数行业能源数据均只统计到 1985 年,之前的分行业数据不可得。我们采用如下的方法进行插补:第一,依据 1994—2011 年的数据,采用 GM(1,1) 方法补全 1985—1993 年各个行业的数据。第二,加总 26 个属于重工业的分行业能源数据,分析补全后的 1985—2011 的数据可以发现,重工业能耗占全社会总能耗以及工业能耗的比重较为稳定,且有固定的时间趋势。第三,全社会的能源数据非常齐全,将第二步中得到的重工业能耗比重数据向前外推得到 1980—1984 的比重,乘以全社会能耗数据得到重工业 1980—1984 年的数据。据此,中国重工业能源消费量数据构造完成。

② 重工业二氧化碳排放($Emit$)。二氧化碳的排放主要来自化石燃料的燃烧,因此世界上温室气体的排放量一般是通过化石燃料消费量来进行推算。我们采用重工业的各类能源消费导致的二氧化碳排放量加总来估算其能源消费导致的二氧化碳排放。重工业的终端能源消费主要的三大类为煤炭、石油和电力。其中,电力消费本身不直接产生排放,但是中国电力 80% 来源于燃煤火电(coal-fired power),我们将重工业电力消费中火电部分按照发电煤耗系数与煤炭排放系数核算重工业电力消费间接引起的二氧化碳排放。

③ 重工业产出($Val_t$)。采用中国重工业总产值数据,数据来源于 CEIC 数据库。

④ 工业能源效率($Eff_t$)。我们选取"单位能耗的工业增加值"作为衡量中国工业能源效率的变量。其中工业能源消费量 1980—1984 数据缺失,采用工业与全社会能耗数据的比值外推进行插补。工业增加值数据来源于陈诗一(2011)中分行业数据的加总,2009—2011 年的数据采用工业总产值数据缩放得到。

⑤ 重工业内部行业结构($Ratio_t$)。中国经济是转型经济,经济结构的变化,特别是能源消费量大的高耗能行业在经济中占有很大的比例。重工业内部行业结构将对其能源需求产生影响。为了衡量重工业内部行业结构,利用上文构造的分行业能源消费数据,根据历年能耗总量由高到低进行排序,把 26 个重工业行业分为高耗能和低耗能两个行业组别(每组分别为 13 个行业),以前 13 个行业工业产值占重工业产值的比重作为衡量重工业内部行业结构的代理。

⑥ 能源价格水平($Pri_t$)。价格是影响商品需求的最主要因素之一。能源价格越高,能源使用成本越高,企业更有动力投入节能措施。目前并没有公认的能够度量整体能源价格的变量,一般采用能源行业的"工业品出厂价格指数"。这一指数分为煤炭、石油和电力价格指数。我们根据工业行业的终端能源使用的情况,根据这三种能源终端使用占比作为权数,将上述三个出厂价格指数进行加权平均,得到衡量终端能源使用价格变化的能源价格指数。

我们对上述变量取自然对数,则 $Lene_t$ 和 $Lemi_t$ 分别是能源消费的因变量;$Lval_t$、$Leff_t$、$Ratio_t$ 和 $Lpri_t$ 是解释变量。表 2-2 是上述六个变量的描述性统计特征(其中,$L$ 表示取自然对数)。

表 2-2 重工业能源需求影响变量的描述性统计分析

| | 均值 | 标准差 | 最小值 | 最大值 |
| --- | --- | --- | --- | --- |
| 重工业能源消费/Mtce | 849.5 | 507.3 | 298.5 | 2010.4 |
| 重工业总产值/(亿元,1990 年=100) | 104441.8 | 156741.5 | 2619 | 606569 |
| 能源价格指数/(1990 年=100) | 305.7 | 226 | 62.7 | 759.6 |
| 工业能源效率/(万元/吨标煤) | 0.18 | 0.12 | 0.09 | 0.52 |
| 重工业高耗能占比/(%) | 62.7 | 2.7 | 56.9 | 67.2 |

(2) 协整分析

重工业内部行业结构本身即是百分比数据,除此之外对各变量取自然对数,以减少可能存在的异方差,对数之间的线性关系的系数表示弹性。大量时间序列是非平稳的,这可能导致"伪回归"的偏误。而协整关系反映了非平稳时间序列之间的平稳关系,因此在确定是否需要进行协整分析之前,我们对时间序列的平稳性进行检验。常用的单位根检验方法有 ADF 检验和 PP 检验。两个检验的原假设都是"存在单位根",对立假设是"不存在单位根"。表 2-3 给出了单位根检验的结果。

表 2-3 单位根检验结果

| | ADF 检验(1979) | | | | PP 检验 | | | |
|---|---|---|---|---|---|---|---|---|
| | 原数据 | | 一阶差分 | | 原数据 | | 一阶差分 | |
| | $t$ 统计量 | $p$ 值 | $t$ 统计量 | $p$ 值 | $t$ 统计量 | $p$ 值 | $t$ 统计量 | $p$ 值 |
| 能源消费 | 0.962 | 0.9939 | −2.811 | 0.0568 | 0.508 | 0.9851 | −2.966 | 0.0382 |
| 重工业产生 | 0.612 | 0.9879 | −3.963 | 0.0016 | 0.391 | 0.9811 | −3.962 | 0.0016 |
| 能源价格 | −0.253 | 0.9319 | −3.607 | 0.0056 | −0.366 | 0.9173 | −3.641 | 0.0050 |
| 能源效率 | 1.586 | 0.9978 | −5.159 | 0.0000 | 2.906 | 1.0000 | −5.149 | 0.0000 |
| 重工业行业结构 | −1.050 | 0.7347 | −5.626 | 0.0000 | −1.076 | 0.7244 | −5.631 | 0.0000 |

注:从上表可以看出,原始数据 $t$ 值很大,均无法通过相应的检验,但一阶差分之后则全部可以在 10% 的置信区间通过相应的检验。

表 2-3 结果表明,五个时间序列都是一阶单整的,满足进一步进行协整关系检验的前提条件。对以上五个时间序列进行 Johansen 协整关系检验的结果见表 2-4。包含常数项与时间趋势项的协整秩迹检验结果表明,只有一个线性无关的协整向量(表中"*"所示);最大特征值检验也表明,可以在 5% 的水平上拒绝"协整秩为 0"的原假设(32.168>30.04),但无法拒绝"协整秩为 1"的原假设(17.738<23.8)。因此,重工业的终端能源需求与解释变量之间都存在唯一的协整关系。

表 2-4 Johansen 协整检验

协整秩迹检验(Trace)

| 协整方程个数 | parms | LL | 特征值 | 迹统计量 | 5%置信水平 |
|---|---|---|---|---|---|
| 0 | 25 | 119.385 | . | 69.858 | 59.46 |
| 1 | 34 | 135.469 | 0.658 | 37.690* | 39.89 |
| 2 | 41 | 144.338 | 0.446 | 19.952 | 24.31 |
| 3 | 46 | 150.021 | 0.315 | 8.585 | 12.53 |
| 4 | 49 | 153.989 | 0.232 | 0.648 | 3.84 |
| 5 | 50 | 154.314 | 0.021 | | |

（续表）

最大特征值检验（Maximum Eigenvalue）

| 协整方程个数 | parms | LL | 特征值 | 迹统计量 | 5%置信水平 |
| --- | --- | --- | --- | --- | --- |
| 0 | 25 | 119.385 | . | 32.168 | 30.04 |
| 1 | 34 | 135.469 | 0.658 | 17.738 | 23.8 |
| 2 | 41 | 144.338 | 0.446 | 11.367 | 17.89 |
| 3 | 46 | 150.021 | 0.315 | 7.937 | 11.44 |
| 4 | 49 | 153.989 | 0.232 | 0.648 | 3.84 |
| 5 | 50 | 154.314 | 0.021 | | |

为了对模型进行估计，需要确定模型系统的滞后阶数。我们分别建立由 $Lene_t$、$Lval_t$、$Leff_t$、$Ratio_t$ 和 $Lpri_t$ 构成的 VAR 模型，检验该系统所对应的 VAR 表示法的滞后阶数。检验结果如表 2-5 所示，所有准则下均显示选择滞后四阶。

表 2-5 Johansen 不同判别标准下最优滞后阶数

| 滞后阶数 | AIC | HQIC | SBIC |
| --- | --- | --- | --- |
| 0 | 2.4998 | 2.5726 | 2.7377 |
| 1 | −6.8698 | −6.4334 | −5.4424 |
| 2 | −6.9263 | −6.1264 | −4.3095 |
| 3 | −7.2082 | −6.0445 | −3.4019 |
| 4 | −10.577* | −9.0497* | −5.58118* |

注：*表示准则确定的最优滞后阶数。

基于以上分析，用 Johansen 估计法估计变量间的协整关系模型。重工业终端能源需求的协整方程为

$$\ln(Energy_t) = -1.9124 + 0.4904\ln(Output_t) - 0.0844\ln(Eprice_t)$$
$$\phantom{\ln(Energy_t) = -1.9124 + 0.4904\ln(Output_t)}(0.0084)\phantom{\ln(Output_t) - 0.084}(0.0174)$$
$$-0.3745\ln(Eeff_t) + 0.0157 Stru_t \qquad (2\text{-}1)$$
$$\phantom{-0.3745\ln(Ee}(0.0358)\phantom{\ln(Eeff_t)}(0.0021)$$

其中，括号内的值为估计量的标准差。据此可以推断：重工业产值对重工业能耗的长期弹性为 0.490，即当重工业产出水平上升 1 个百分点，中国重工业能耗需求量将增加约 0.5 个百分点左右；中国重工业能耗的能源价格弹性为 −0.084，当能源价格上涨 1%，能耗将下降 0.084%，虽然在统计意义上显著，这一弹性在经济意义上比较小，说明现阶段的重工业能耗比较刚性；工业能效的长期弹性为 −0.375，可见随着技术水平的进步，当工业能源效率增加 1 个百分点，重工业能耗需求将下降 0.375%；从重工业内部的行业结构来看，高耗能行业产出占比增加 1%，能耗将增加 0.016%。

为使上述解释更具说服力,我们进一步对 $Lval_t$、$Leff_t$、$Ratio_t$ 和 $Lpri_t$ 四个变量与 $Lene_t$ 的关系进行 Granger 因果检验,结果见表 7。Granger 因果检验的结果显示,在 5% 显著性水平下,$Lval_t$、$Leff_t$、$Ratio_t$ 和 $Lpri_t$ 四个变量均是中国重工业能耗量 $Lene_t$ 的格兰杰原因($P$-value=0.000)。可见,以上四个因素均对重工业能耗量影响显著。

表 2-6 格兰杰因果检验

| 方程 | 不包括 | Chi2 | df | Prob>Chi2 |
|---|---|---|---|---|
| $Lene_t$ | $Lval_t$ | 205.93 | 4 | 0.000 |
| $Lene_t$ | $Leff_t$ | 105.24 | 4 | 0.000 |
| $Lene_t$ | $Ration_t$ | 69.87 | 4 | 0.000 |
| $Lene_t$ | $Lpri_t$ | 146.16 | 4 | 0.000 |
| $Lene_t$ | $All$ | 426.56 | 4 | 0.000 |

为说明各自变量对因变量的关系,我们进行了脉冲响应分析(见图 2-2),分析结果与上述协整关系一致。可见,基于 Johansen 方法的模型估计结果符合经济理论和现实情况,并且完全通过数据统计检验,对中国重工业能耗的长期需求具有很好的解释能力。

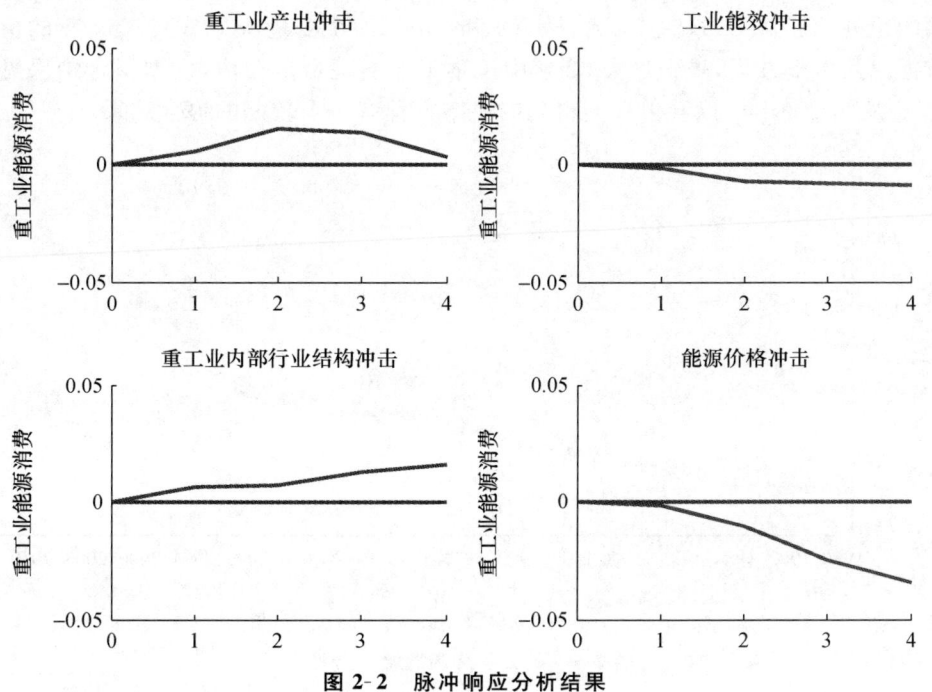

图 2-2 脉冲响应分析结果

为说明模型的稳定性,我们对前面所述的协整方程进行特征根平稳性检验,结果见表2-7。伴随矩阵的所有特征值均小于1,没有特征根落到单位圆之外,可见协整方程所代表的协整模型满足稳定性条件。

表2-7 特征根平稳性检验

| 特征值 | 系 数 | 特征值 | 系 数 |
| --- | --- | --- | --- |
| 1 | 1 | $0.635+0.496i$ | 0.806 |
| 1 | 1 | $0.635-0.496i$ | 0.806 |
| 1 | 1 | $-0.601+0.350i$ | 0.695 |
| 1 | 1 | $-0.601-0.350i$ | 0.695 |
| $0.531+0.718i$ | 0.893 | $-0.610+0.166i$ | 0.633 |
| $0.531-0.718i$ | 0.893 | $-0.610-0.166i$ | 0.633 |
| $0.877+0.058i$ | 0.879 | $-0.366+0.513i$ | 0.63 |
| $0.877-0.058i$ | 0.879 | $-0.366-0.513i$ | 0.63 |
| $0.015+0.823i$ | 0.824 | $-0.112+0.593i$ | 0.604 |
| $0.015-0.823i$ | 0.824 | $-0.112-0.593i$ | 0.604 |

2. 中国重工业能源需求预测及节能潜力

我们的目的是基于中长期能源需求预测,研究重工业的节能潜力。为检验模型的预测功能,将 $Lval_t$、$Leff_t$、$Ratio_t$ 和 $Lpri_t$ 四个变量从1980—2011年的历史数据代入协整方程,得到过去32年中国重工业能耗量拟合值,模型拟合结果见图2-3。从图2-3中可以看出我们得到的协整方程有一个较好的拟合结果。

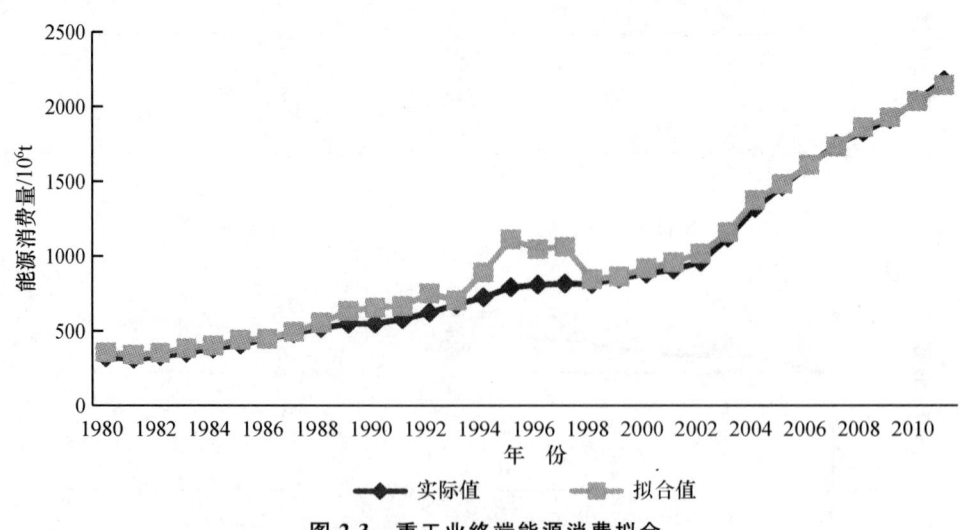

图2-3 重工业终端能源消费拟合

接下来我们对重工业中长期的能源需求进行预测，预测区间截至 2030 年。我们设置了以下三种情景：基准情景，温和节能情景和高度节能情景。基准情景作为政策基准，其他两种情景为实施进一步的重工业节能政策之后的情景。在高度节能情景下，各变量在经济现实约束下以最大限度节能的方式发展，而在温和节能情景中，各变量的增长速度则介于基准情景与高度节能情景之间。

参考 Lin and Xie（2013），我们采用 1980—2011 年的平均增长率作为能源价格预测和行业结构预测的基准。但是随着中国经济增长的放缓以及能源效率提升空间越来越小，采用历史增长率作为重工业产出预测和能源效率预测的基准情景可能并不合适。《工业转型升级"十二五"规划》对工业产出和能源效率进行了预测，我们采用中国政府的规划值作为重工业产出和能源效率未来预测的基准情景。因此，在基准情景下，重工业总产出，能源效率和能源价格的年均增长率分别为 11%，8% 和 3%，高耗能行业占重工业的比重每年增加 0.4%。

前已论及，温和节能情景和高度节能情景是通过政策激励和限制等实现节能减排。与 Lin et al.（2012）类似，我们采用 2000 年以来的能源价格的历史最高增长率作为高度节能情景。至于能源效率，我们放松了能源效率改进越来越难的设定，采用历史平均增长率作为高度节能情景下能源效率的增长速度。随着政府层面控制能源消费总量等节能政策的出台以及对未来中国经济整体增速放缓的预测①，我们预计重工业总产值增速将会有一定程度的下降。结合现有的化工、电力等重工业主要行业未来发展规划，设定在高度节能情景之下重工业总产值年均增长率为 7%，能源价格的年增长率为 16%，能源效率的增长率为 6%，高耗能行业占重工业的比重每年增加 0.12%。温和节能情景中各变量的增长率设定为基准情景和高度节能情景的中间值。三种情景设定的取值见表 2-8。

表 2-8　中国重工业能源需求情景设定

|  | 基准情景/(%) | 温和节能情景/(%) | 高度节能情景/(%) |
| --- | --- | --- | --- |
| 重工业总产出 | 11 | 9 | 7 |
| 工业能效 | 3 | 4.5 | 6 |
| 能源价格 | 8 | 12 | 16 |
| 高耗能行业占比 | 0.4 | 0.26 | 0.12 |

基于协整方程和表 2-8 所示情景设定，对 2020 年和 2030 年中国重工业能源需求进行预测。预测结果见表 2-9。

---

① 2015 年 1 月，中国科学院发布《2015 中国经济预测与展望》，预计 2015 年中国 GDP 增速为 7.2%。根据中国社科院宏观经济运行实验室 2014 年 10 月对中国未来宏观经济发展的预测，"十三五"期间中国 GDP 增长率在 5.7%～6.6%之间，2020—2030 年 GDP 增长率在 5.4%～6.3%之间。

表 2-9　不同情景下中国重工业的能源需求（Mtce）

| 年　份 | 标准情景 | 温和节能情景 | 高度节能情景 |
|---|---|---|---|
| 2020 | 2937.6 | 2793.8 | 2697.3 |
| 2030 | 3672.1 | 3492.3 | 3372.4 |

从表中 2-9 可以看出，温和节能情景下，中国重工业在 2020 年和 2030 年的能源需求分别为 2793.8Mtce 和 3492.3Mtce，比标准情景下要低 143.8 和 179.8Mtce。而高度节能情景下，中国重工业在 2020 年和 2030 年的能源需求分别为 2793.8Mtce 和 3492.3Mtce，比标准情景下要低 240.3 和 299.7Mtce。

3. 中国重工业节能建议

目前普遍认为节能是各种途径中潜力最大、最为直接有效的缓解能源紧张、解决社会经济发展与能源供应不足矛盾的措施。对能源需求有一个比较准确的理解和预测，是测算节能潜力、实现节能目标的必要前提。我们基于计量经济学协整理论构建了中国重工业能耗需求的预测模型，并通过情景分析法计算得出中国"十二五"和"十三五"期间的重工业节能潜力。研究发现：

① 与预期一致，中国重工业能耗量与产出水平、工业能效水平、行业结构以及能源价格因素显著相关。从弹性系数来看，其中，产出因素对重工业能耗的影响力最大，当产出增长 1 个百分点，重工业能耗将增长 0.5 个百分点。此外，当能源价格上涨 1%，能耗将下降 0.072%，虽然在统计意义上显著，这一弹性在经济意义上比较小，说明现阶段的重工业能耗比较刚性。

② "十二五"和"十三五"为中国能源战略转型和城镇化进程推进的关键时期。根据我们预测结果，期间中国重工业能耗需求总量将持续上升，重工业能耗占全社会终端能耗总量的比重较之近年来的水平变化幅度不大。按照基准情景，2011—2020 年中国重工业能耗年均增长率为 3.73%，小于 1980—2020 年的历史水平 6.1%。结合中国国家能源和经济规划目标，预计到 2020 年，中国重工业能耗比例将接近总能耗的 60% 左右。

③ 十八届三中全会提出全面深化改革要求，并且能源将是重点改革领域。中国长期电力价格受政府控制，低于应有的市场价格。我们基于未来不同电力价格变化速度，计算了两种节能情景下的中国重工业节能潜力。然而，现阶段中国重工业能耗呈现刚性需求特征，可见，节能的实现除了依靠有效的价格政策（例如"阶梯电价"）外，还需通过改进技术、压缩高耗能产业等途径。只有将有效的经济手段和技术手段相结合，才能真正抑制重工业能耗量的快速增长。

### 2.1.2 中国重工业二氧化碳排放变化及分析

工业在中国经济结构中有着十分重要的地位,且由于其能源密集属性,重工业能源消费在全国能源消费总量中占有很大的比重,也因此贡献了十分巨大的二氧化碳排放。在某种程度上,重工业能否顺利完成减排任务,关系到"十二五"规划中提出的降低二氧化碳排放目标能否顺利实现。

在全国节能减排的大环境下,重工业由于其巨大的二氧化碳排放量对完成"十二五"规划提出的减排目标具有重要影响。过去的一段时间内,政府也采取了一些旨在降低二氧化碳排放的政策,这些政策执行效果的效率关乎到下一阶段的减排措施。在这种背景下,研究重工业二氧化碳排放的影响因素,并对减排政策进行评价具有重要意义。从理论基础、适用性、简易性等方面出发,我们选用对数平均迪氏指数分解的方法分析中国重工业二氧化碳排放变动的影响因素①。

1. 中国重工业二氧化碳排放变化因素分解

从理论基础、适用性、简易性等方面出发,我们选用对数平均迪氏指数分解的方法分析中国重工业二氧化碳排放变动的影响因素。

1989 年,日本学者 Yoichi Kaya 在联合国政府间气候变化委员会研讨会上提出了著名的 Kaya 恒等式:

$$C = \frac{C}{E} \cdot \frac{E}{\text{GDP}} \cdot \frac{\text{GDP}}{P} \cdot P$$

左侧表示二氧化碳的排放量,右侧将排放的基本因素分解为几个因子相乘的形式:其中 $C/E$ 代表能源的二氧化碳排放强度;$E/\text{GDP}$ 表示能源利用效率,即生产单位产值所消耗的能源数量;$\text{GDP}/P$ 代表了人均收入;$P$ 代表人口数量。根据 Kaya 恒等式,能源消费的二氧化碳排放量主要是由单位能源的二氧化碳排放强度、能源利用效率、人均产值和人口数量等几个因素决定的。

考虑到重工业二氧化碳排放的特点,我们对 Kaya 等式进行了调整,我们将 kaya 恒等式中的 GDP 用行业总产值代替,人口用就业人数替代,并将等式改写为

$$C = \frac{C}{E_f} \cdot \frac{E_f}{E} \cdot \frac{E}{Y} \cdot \frac{Y}{w} \cdot w \qquad (2\text{-}2)$$

其中,$C$ 表示中国重工业总的二氧化碳排放量;$E_f$ 代表行业消费的化石能源总量;$E$ 代表行业消费的能源总量;$Y$ 代表中国重工业总产值;$w$ 指的是重工业的就业人口数量。

方程(2-2)中的各个乘法因子代表了不同的含义,表 2-10 给出了每个因子所代表的经济意义。

---

① 该部分行业二氧化碳排放变动的影响因素分析方法见附件三.

表 2-10　各因子代表的经济意义

| 乘法因子 | 缩写 | 含义 |
|---|---|---|
| $C/E_f$ | CI | 碳强度影响 |
| $E_f/E$ | ES | 能源结构影响 |
| $E/Y$ | EI | 能源强度影响 |
| $Y/w$ | LP | 劳动生产率影响 |
| $w$ | IS | 行业规模影响 |

其中:碳强度影响是二氧化碳排放量同化石能源消费的比值,由于各个能源品种的排放系数不一样,因此各能源消费比例的变动将导致碳强度的变化;能源结构影响的数值代表了行业能源总消费中化石能源的占比,由于在计算行业二氧化碳排放的总量时,我们没有考虑电力和热力消费的影响,因此,化石能源消费的变动将导致排放的变动;能源强度影响是单位产出的能源消费量,能源强度的变动反应了技术水平的变动;劳动生产率影响是指每单位劳动力所带来的产值,劳动生产率对二氧化碳排放的影响有两种可能,正向影响(增加排放)和负向影响(减少排放),影响的方向主要取决于行业提高劳动生产率所采取的方法;行业结构影响指的是行业中对能源消费产生直接影响的劳动力数量。

对方程(2-2)进行改写,我们可以得到如下式子:

$$C = CI \cdot ES \cdot EI \cdot LP \cdot IS \tag{2-3}$$

利用对数平均迪氏指数分解法,我们可以将 $t$ 年时二氧化碳排放的累计变动表示成五个部分:

$$\Delta C = C_t - C_0 = \Delta C_{CI} + \Delta C_{ES} + \Delta C_{EI} + \Delta C_{LP} + \Delta C_{IS} \tag{2-4}$$

根据上述等式,我们即可对重工业的二氧化碳排放进行分解分析,求得各影响因素对二氧化碳排放的作用。

由于数据的可获得性,我们选取的样本区间为 1991—2011 年。文中所用能源消费数据来自中国能源统计年鉴,行业总产值、就业人数数据来自中国工业经济统计年鉴及中国经济数据库(CEIC)。

由于数据的可获得性,重工业能源消费总量中各能源品种的结构采用重工业终端能源消费的能源结构推测而来。根据现有文献,重工业总的二氧化碳排放量可以通过对各能源品种的能源消费量乘以该品种的二氧化碳排放系数的所得值进行加总而来。

各能源品种的二氧化碳排放系数如表 2-11 所示。

表 2-11 各能源品种二氧化碳排放系数

| 能源品种 | 原煤 | 洗精煤 | 其他洗煤 | 焦炭 | 焦炉煤气 | 其他煤气 | 其他焦化产品 | 原油 |
|---|---|---|---|---|---|---|---|---|
| 二氧化碳排放系数 | 1.980356 | 2.495249 | 1.107727 | 3.046316 | 9.294696 | 7.76149 | 3.135913 | 3.409916 |
| 单位 | 万吨/万吨 | 万吨/万吨 | 万吨/万吨 | 万吨/万吨 | 万吨/亿立方米 | 万吨/亿立方米 | 万吨/万吨 | 万吨/万吨 |
| 能源品种 | 汽油 | 煤油 | 柴油 | 燃料油 | 液化石油气 | 炼厂干气 | 其他石油制品 | 天然气 |
| 二氧化碳排放系数 | 3.044655 | 3.198454 | 3.174568 | 3.04218 | 3.022209 | 3.617395 | 3.35 | 20.90427 |
| 单位 | 万吨/万吨 | 万吨/万吨 | 万吨/万吨 | 万吨/万吨 | 万吨/万吨 | 万吨/万吨 | 万吨/万吨 | 万吨/亿立方米 |

资料来源:IPCC 2006[①]。

为分析中国重工业二氧化碳排放的阶段性变化情景,我们将样本区间按照重工业二氧化碳排放增速的不同划分为1991—1995、1996—2002、2003—2005以及2006—2011四个子区间,并以每个区间中的第一年为基年,计算了各个区间中二氧化碳排放的变化情况及各个因素的贡献。各区间二氧化碳排放量及二氧化碳排放增速如表2-12所示。

表 2-12 各子区间二氧化碳排放量及平均增速

| 区间 | 年份 | 期初二氧化碳排放量/Mt | 期末二氧化碳排放量/Mt | 区间内平均增速/(%) |
|---|---|---|---|---|
| 第一区间 | 1991—1995 | 1523.56 | 2156.36 | 9.10 |
| 第二区间 | 1996—2002 | 2204.80 | 2521.15 | 2.30 |
| 第三区间 | 2003—2005 | 2979.24 | 3952.70 | 15.20 |
| 第四区间 | 2006—2011 | 4328.36 | 5816.43 | 6.10 |

从表2-12及图2-4中均可以看出,各个子区间内重工业二氧化碳排放量均有一定程度的增加,但增长幅度及增长速度不尽相同。1991—1995年增幅为$6.32 \times 10^8 t$,平均增速为9.1%;1996—2002年增幅为$3.16 \times 10^8 t$,平均增速为2.3%;2002—2005年增幅为$9.73 \times 10^8 t$,平均增速为15.2%,2006—2011年增幅为$14.88 \times 10^8 t$,增幅为6.1%。从重工业二氧化碳排放的影响因素来看,各个时期之间也存在较大的差异性。

---

① IPCC. IPCC guidelines for national greenhouse gas inventories. In: Eggleston HS, Buendia L, Miwa K, Ngara T, Tanabe K, editors. Prepared by the national greenhouse gas inventories programme. Japan: IGES; 2006.

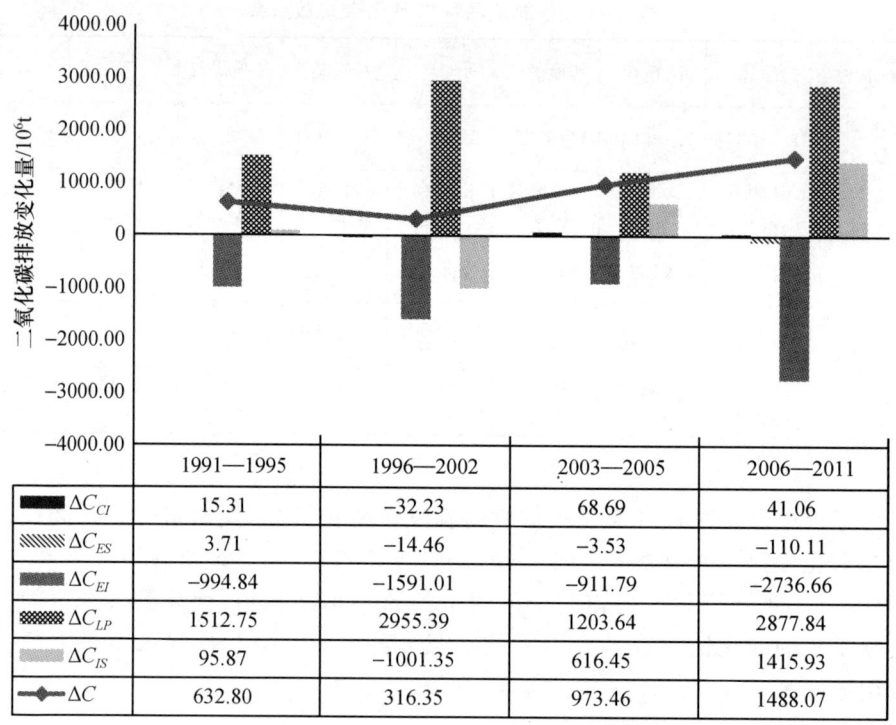

**图 2-4　各子区间二氧化碳排放增量及因素影响分解**

注：$CI$ 代表碳强度影响，$ES$ 代表能源结构影响，$EI$ 代表能源强度影响，$LP$ 代表劳动生产率影响，$IS$ 代表行业规模影响。更为具体的碳分解方法本书在附录三中做出了详细介绍。

1991—1995 期间，二氧化碳排放量增加的 $6.32\times10^8$ t 中，由于劳动生产率因素导致的二氧化碳排放增量为 $15.12\times10^8$ t，由于能源强度导致的二氧化碳增量为 $-9.95\times10^8$ t，由于行业规模增加导致的二氧化碳排放增量为 $0.96\times10^8$ t，由于能源结构和碳强度导致的二氧化碳排放增量分别为 $0.04\times10^8$ t 和 $0.15\times10^8$ t。从数值上看，这一时期造成行业二氧化碳排放增加的主要原因是行业劳动生产率提高。涂正革等（2006）[①]研究发现，19 世纪末到 20 世纪初，人均固定资产净值增加是这一时期中国工业劳动生产率提高的主要原因，人均固定资产净值增加的一个很重要原因即大型机器设备对人工劳动力的替代，这就导致了工业部门能源消费量及由此导致的二氧化碳排放量的增加，重工业的此种效应尤为明显。行业规模的增加和能源结构变化也是这一时期重工业二氧化碳排放增加的一个原因，但二者影响均较小，分别为 $0.96\times10^8$ t 和 $0.04\times10^8$ t，说明这一区间内重工业行业规模并未显著扩大，且以煤炭为主的化石能源在重工业能源结构中所占的比重有

---

① 涂正革，肖耿. 中国工业增长模式的转变. 管理世界，2006，(10)：57—68.

所增加,导致二氧化碳减排的因素当中,能源强度则是重工业减排的主要动力,贡献 $7.63\times10^8$ t 的二氧化碳减排份额,说明在这一区间内重工业能源强度有了明显提高,单位产值能耗有了较大程度的下降。

在对其他时期进行了相应的分析之后,我们发现五个影响因素在不同时期作用既有共性又存在一定的差异性。首先是劳动生产率,在各个时期劳动生产率都对重工业二氧化碳排放存在正向作用且影响十分明显,分别为 $12.91\times10^8$ t、$21.08\times10^8$ t、$27.09\times10^8$ t 和 $20.73\times10^8$ t;其次是能源强度,在各个时期均对二氧化碳排放存在负向影响且作用明显,造成的减排值分别为 $7.63\times10^8$ t、$11.00\times10^8$ t、$19.21\times10^8$ t 和 $23.94\times10^8$ t;再者,碳强度在各个时期也均对重工业二氧化碳排放产生了正向影响,且整体上看影响程度逐年增大,分别为 $0.73\times10^8$ t、$2.41\times10^8$ t、$1.37\times10^8$ t 及 $7.17\times10^8$ t;此外,能源结构在各个时期均对重工业二氧化碳排放产生了负向的影响,但影响程度均不明显,只能做定性分析。

**存在差异性的是行业规模对重工业二氧化碳排放的影响。** 从图2-4中可以很明显看出,1991—1995年、2001—2005年、2006—2010年三个时期,行业规模均对重工业二氧化碳排放产生了正向的影响,但在1996—2000年之间却存在负向作用且影响较大,造成的减排值为 $8.55\times10^8$ t,造成的减排作用较为明显。

为了深入分析中国重工业二氧化碳排放的变化情况及各因素对重工业二氧化碳排放的影响、影响程度的大小以及出现这种程度的原因,我们分别计算了每年的二氧化碳排放增量及各因素对二氧化碳排放增量的影响。各影响因素对重工业二氧化碳排放的累计贡献如图2-5所示。

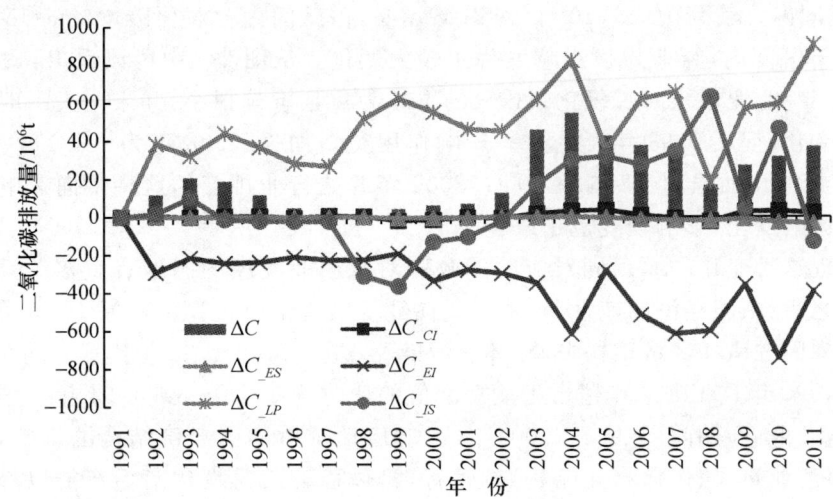

图2-5 区间内每年二氧化碳排放增量及因素影响分解

第一,研究区间内中国重工业能源强度对二氧化碳排放的影响一直处于负向递减的状态,且从整体上看这一作用趋势不断增强。这说明重工业的能源强度在不断下降,即单位产值的能源消费不断降低。王秋彬(2010)[①]使用非参数估计的DEA(Data Envelopment Analysis)方法测量了中国工业行业的能源效率及变动趋势,结果表明工业部门尤其是一些重工业行业的能源利用效率同发达国家相比差距较大,但从趋势上看工业部门中的主要耗能行业能源效率大体上在上升,即能源强度在不断下降,这从另一方面印证了我们的结论。

第二,1991—2011期间,中国重工业劳动生产率对二氧化碳排放变动的影响一直为正且除个别年份外整体上成增长趋势,而对同一期间重工业的劳动生产率进行分析后我们发现劳动生产率的数值也一直在不断增加。劳动生产率同累积贡献之间的正相关关系说明重工业在提高劳动生产率时过分注重机器设备的投入。从经济研究中对生产函数的定义可以知道,产出取决于投入的劳动与资本,而资本包括了机器在内的所有非劳动类的投入。劳动生产率的提高除了依靠提高工人技术熟练程度、技术进步等方式之外,还可以采取机器对劳动进行替代的方式。方式的不同直接导致了劳动生产率对二氧化碳排放影响的不同,如果劳动生产率的提高主要依靠提高工人技术熟练程度、技术进步的方式时,劳动生产率就会对二氧化碳排放产生负向的影响,反之,劳动生产率就会对二氧化碳排放产生正向的影响。

第三,研究区间内,行业规模对重工业二氧化碳排放的影响变化较大。1991—1995年行业规模对重工业二氧化碳排放造成了正向影响,但影响程度较小,子区间内贡献了 $0.95 \times 10^8$ t 二氧化碳增量,占区间内二氧化碳增量的15.2%。第二个子区间内,行业规模影响发生了较大变化。从图2-5中可以看出,1996年和1997年,行业规模对二氧化碳排放的贡献为负且影响很小,并未同上一时期发生明显变化,但从1998年开始这一影响作用突然加强,1998年为 $-3.11 \times 10^8$ t,1999年进一步加强到 $-3.64 \times 10^8$ t。2000年开始行业规模的这种负向影响逐渐向正向影响变化,影响程度也越来越大。

出现这种变化的原因同对应时期政府对重工业发展的态度有直接关系。改革开放之后,中国经济高速发展,重工业在经济结构中所占比例不断上升,由此带来一系列问题诸如经济结构失调、环境污染等,进入20世纪90年代这一问题更加严重。1990年重工业总产值占工业总产值的比重为50.6%,到1994年已增长至53.7%。"九五"期间(1996—2000)年,政府启动了对中国经济结构的调整,提出了"调整产业布局、优化产业结构"的目标,具体而言就是淘汰落后产能以降低高

---

① 王秋彬.工业行业能源效率与工业结构优化升级.数量经济技术经济研究,2010,(10).

能耗、高污染的重工业在经济结构中所占的比重。这一政策取得了明显的效果,1995年当年即遏制住重工业增长的趋势,重工业总产值比重降至52.6%,1996年和1997年分别继续下降至51.9%和51.0%。因此我们认为,"九五"期间淘汰落后产能提高了重工业整体的能源利用效率,大大减少了单位产值的二氧化碳排放。因此行业规模因素在这一时期对二氧化碳排放产生了负向作用,1998年爆发的金融危机进一步扩大了这种负向作用,重工业行业规模在金融危机期间下降明显。2000年之后,中国重工业化的趋势重新开始加强,到2010年,中国重工业在工业总产值中所占比例已上升到了71.3%,重新开始"产业结构重型化"的过程。这其中2008年国际金融危机再一次爆发,出口导向型的中国工业体系尤其重工业生产受到了严重影响,导致2009年行业规模对重工业二氧化碳排放产生了负向影响。因此我们可以得出结论,重工业行业规模的扩大将显著增加二氧化碳排放。

第四,1991—2011年期间重工业能源消费以煤炭为主的情况没有得到根本性的改变。样本期间,行业碳强度对二氧化碳排放的累积影响虽然存在着一定的波动,但是相比当年的二氧化碳排放量而言几乎可以忽略不计,只能做定性分析。而能源结构对重工业二氧化碳排放的影响一直处于负向水平,且在1996—2000年和2006—2010年两个时期负向影响比较明显。这说明中国整体的能源结构在逐渐优化,尽管从整体上看优化程度不够明显,但是上述两个时期能源结构优化对减少重工业二氧化碳排放仍起到了积极作用。1996—2000年,政府大规模淘汰落后产能,由于落后产能一般都是高耗能、高排放,因此政府此次治理对优化重工业能源结构也起到了积极作用;2006—2008年,中国已经开始面临着巨大的控制能源需求增长和碳减排压力,因此这一时期的产业结构调整也起到了一定的积极作用。我们认为,相较于1996—2000年的产业结构调整,此次调整主要以产业升级为主,因为并未看到像上一时期那样由正变负的规模效应。

我们的分析结果同已有的部分文献较为一致。查建平等(2012)[①]基于2003—2010年省级工业面板数据,利用序列DEA与方向性距离函数构造了二氧化碳排放绩效动态指数TCPt测算了中国工业二氧化碳排放绩效,并从规模、工业结构、能源结构、要素禀赋、技术、环境规制及外资等七个方面对中国二氧化碳排放的影响因素进行了分析,认为工业企业规模、技术水平等因素对工业二氧化碳排放绩效会起到显著的正向影响,而重工业比重及煤炭消费比重对工业二氧化碳排放绩效起到显著负面影响,环境规制对工业二氧化碳排放绩效的影响微乎其微。

---

① 查建平,唐方方,郑浩生.什么因素多大程度上影响到工业碳排放绩效——来自中国(2003—2010)省级工业面板数据的证据.经济理论与经济管理,2013,(1):79—95.

曹孜等（2011）[①]对工业行业二氧化碳排放的研究结果也我们研究结果相符。根据曹孜的计算，工业二氧化碳排放量总体上呈持续增长的态势，按阶段分析1990—1995年总体二氧化碳排放量逐年上涨，1996—2001年二氧化碳排放量微弱下降，2002—2008年又呈快速增长的趋势。究其原因，1990—1995年市场化改革正式在各地举行，许多行业都迎来一轮繁荣发展的潮流。1996—2001年碳排量略有下降的主要原因是在生产没有大规模扩张的前提下，能源转化和利用效率比以往有所提高。2002年之后伴随着新一轮重工业大发展，基础设施建设加快，固定资产投资规模不断扩张，导致对煤炭、钢铁、有色、石化产品等需求增长过快，同时重工业部门电力和煤炭需求占总体能源份额有较大增长，从而带动能源强度反弹，增加了二氧化碳排放量，这一阶段的特点是以重工业二氧化碳排放量上升为主导因素带动了总体二氧化碳排放量的急剧增加。

2. 中国重工业二氧化碳减排建议

随着经济的发展，中国重工业今年的能源消费总量和二氧化碳排放量也在不断上升。从Kaya恒等式出发，我们利用LMDI方法首次对1991—2010年间中国重工业的二氧化碳排放情况进行了分解，实证结果表明能源效率和劳动生产率是影响重工业二氧化碳排放的两大关键因素，前者的提高二氧化碳排放减少的主要原因，而后者的提高是二氧化碳排放增加的主要原因，这主要是由于中国劳动生产率的提高主要依靠机器设备代替人工劳动，从而会消耗更多的能源进而导致二氧化碳排放增加。行业规模也是影响重工业二氧化碳排放的一个重要因素，行业规模扩大导致二氧化碳排放量增加，1991—2011年实证研究的结果证明了这一结论，当行业规模因某种原因缩小则会导致二氧化碳排放量负向增长。此外在我们的研究区间内，碳强度与能源结构对二氧化碳排放都有负向影响，但作用相对较小。能源结构升级以及能源效率的提高会显著降低二氧化碳排放，这一结论也得到了证明。整体上看，1991—2011年能源结构的升级还是有效的，尽管这一作用并不是很明显。如何在保证中国重工业发展的同时降低行业的二氧化碳排放，根据研究，我们认为可以从以下几个方面入手。

第一，从二氧化碳排放因素分解结果来看，劳动生产率的提高和行业规模扩大是重工业二氧化碳排放增加最主要的原因，其中劳动生产率的提高是重工业二氧化碳排放增加最主要的来源，在各个时期劳动生产率都对重工业二氧化碳排放存在正向作用且影响十分明显；这主要是由于当前重工业劳动生产率的提高主要依赖规模的扩大以及机器对人工劳动的替代。在我们研究的四个区间，由于劳动生产率的提高所导致的重工业二氧化碳排放增量分别为$15.12 \times 10^8 t$、$29.6 \times$

---

[①] 曹孜,彭怀生,鲁芳. 工业碳排放状况及减排途径分析. 生态经济,2011(9):40—45.

$10^8$ t、$12×10^8$ t 和 $28.8×10^8$ t,作用十分明显。

第二,研究区间内,行业规模对重工业二氧化碳排放的影响变化较大。出现这种变化的原因同对应时期政府对重工业发展的态度有直接关系。改革开放之后,中国经济高速发展,重工业在经济结构中所占比例不断上升,1990年重工业总产值占工业总产值的比重为50.6%,到1994年已增长至53.7%。"九五"期间(1996—2000),政府启动了对中国经济结构的调整,具体而言就是淘汰落后产能以降低高能耗、高污染的重工业在经济结构中所占的比重,政策取得了明显的效果,1995年重工业总产值比重降至52.6%,1996年和1997年分别继续下降至51.9%和51.0%。淘汰落后产能提高了重工业整体的能源利用效率,大大减少了单位产值的二氧化碳排放。2000年之后,中国重工业化的趋势重新开始加强,到2010年,中国重工业在工业总产值中所占比例已上升到了71.3%,重新开始"产业结构重型化"的过程,一些传统高耗能产业重新出现产能过剩、落后的情况。从2004年6月开始,中国政府开始对一些行业执行差别电价政策,试图通过这种措施抑制这些高耗能产业产能过快增长,淘汰落后产能,促进技术创新和产业升级,而这些行业大多属于重工业的范畴。这种针对性的政策会对重工业发展规模以及能源消费产生比较大的影响,并进一步影响到重工业的二氧化碳排放。

第三,2014年中国经济增长下降至近24年来最低,比上一年增长7.4%。在全国经济放缓的大背景下,中国重工业的发展面临巨大压力。但从另外一个角度来看,经济增长的"新常态"可以倒逼传统重工业实现产业升级,部分技术效率低下的落后产能因此遭到淘汰,有利于产业可持续发展及实现节能减排的大目标。

## 2.2 子行业——冶金工业

冶金工业对整个工业的发展水平以及节能水平影响巨大。冶金工业是国民经济的支柱产业,它是对金属矿物的勘探、开采、精选、冶炼以及轧制成材的工业部门。包括黑色冶金工业(即钢铁工业)和有色冶金工业两大类。钢铁冶金又分为炼铁和炼钢,炼铁又可分为高炉炼铁和非高炉炼铁,炼钢主要有转炉和电炉;有色冶金分为重、轻、稀、贵金属冶金。冶金工业的特点是企业规模大,原材料耗费极多,从而产量大,产品种类多,所以冶金工业的生产情况对其他工业部门影响较大。

从1985年至2011年以来,中国冶金行业的工业总产值逐年增加,2010年为79 952.6亿元,2011年为99 973.8亿元。钢铁工业的总产值一直占冶金工业总产值的60%以上,2011年占到了64.08%,达到了64 066.98亿元,有色金属业达到了35 906.82亿元。

随着钢铁和有色金属工业的不断发展,中国冶金工业的能源消费也会随着产值的增长而逐年递增。冶金企业生产过程中需要消耗大量的原材料和能源,钢铁生产和有色金属冶炼所用的能源有炼焦煤、动力煤、燃料油和天然气等,而生产工艺主要使用的是焦炭、电力、气体燃料和蒸气等。总之,冶金企业是高污染、高排放的"双高"企业。

表 2-13 所示的是六大高耗能行业的能源消费量以及能耗比重,从表中可以看出,六大高耗能行业能耗占能耗总量的 45% 左右,而冶金工业所包含的钢铁和冶金工业均在列,合计能耗比重在 20% 以上。并且冶金行业的能源消费逐年增长,2012 年已经达到 74 497.11×$10^4$ tce,占全国能耗量的 20.59%,具有能耗总量大、比重高的特点。因此,冶金工业部门的能源利用,效率提升以及节能技术等对中国工业发展都有着重要的意义。

表 2-13 高耗能行业能耗量及其所占比重

| 行业 | 2010 年能耗量 ($10^4$ tce) | 占总耗能比重/(%) | 2011 年能耗量 ($10^4$ tce) | 占总耗能比重/(%) | 能耗增长率/(%) |
|---|---|---|---|---|---|
| 总量 | 324 939.15 | | 348 001.66 | | 7.10 |
| 黑色金属冶炼及压延加工业 | 57 533.71 | 17.71 | 58 896.58 | 16.92 | 2.37 |
| 化学原料及化学制品制造业 | 29 688.93 | 9.14 | 34 713.14 | 9.97 | 16.92 |
| 非金属矿物制品业 | 27 683.25 | 8.52 | 30 014.96 | 8.62 | 8.42 |
| 石油加工、炼焦及核燃料加工业 | 16 582.66 | 5.10 | 17 057.01 | 4.90 | 2.86 |
| 有色金属冶炼及压延加工业 | 12 841.45 | 3.95 | 13 991.13 | 4.02 | 8.95 |
| 煤炭开采和洗选业 | 10 574.43 | 3.25 | 11 566.47 | 3.32 | 9.38 |

数据来源:历年《中国统计年鉴》。

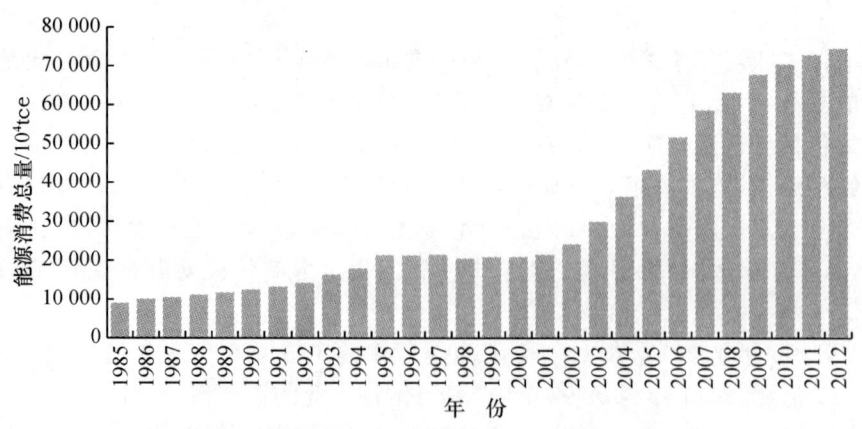

图 2-6 1985—2012 年冶金行业能源消费总量

数据来源:历年《中国统计年鉴》。

钢铁行业是高消耗、高污染的"大户"。在1985到2012年间,钢铁工业部门的总能源消费量从$7640×10^4$tce上涨到$59670×10^4$tce,年均增长率为7.9%(图2-6)。钢铁部门的能源消费占全国能源消费量的比例由1985年的9.96%上涨到2012年的16%。在国家政策的指引和全社会的共同努力下,全国重点钢铁企业节能减排工作取得显著成效。2012年,中国钢铁行业累计总能耗和吨钢综合能耗指标,较2011年同期均有所降低,并且"三废"指标均比上年有所降低,说明"节能"减排、污染治理都取得了一定成效。

有色金属也是中国工业耗能大户之一,在1985年到2012年的28年中,中国有色金属工业的能源消费量增长了近10倍。由于技术、产业机构、体制等原因,中国有色金属工业的单位能耗普遍低于国际先进水平,中国平均每生产一吨有色金属消耗3.13tce,单位平均能耗要比国际先进水平高15%左右。以电解铝为例,2013年中国仅电解铝消耗的电力就达$3039×10^8$(kW·h),占全社会用电量的6%左右,国内电解铝平均每吨直流电耗为13 084(kW·h),比目前国际先进水平低10%左右。为降低有色金属工业能耗,中国出台了有色金属工业能源消费限额,提出了构建有色金属产业循环型体系等多项措施,目前有色金属单位能耗已经大幅下降,逐渐接近国际先进水平。虽然近年来部分产品单位能耗略有降低,但预计未来有色金属工业的能源消费总量还会继续增加。

综合来看,冶金工业是一个高耗能、高污染的产业,也是节能减排潜力较大的行业之一。目前国家对生态环保的重视已上升到空前高度。中国《节能减排"十二五"规划》提出,"十二五"时期实施节能减排重点工程需投资约23 660亿元。可以预见,冶金工业节能减排领域具有广阔的增长空间。中国近年来,对节能减排提出了更加严格的指标。2013年中国发布《能源发展"十二五"规划》,提出了2015年能源发展的主要目标,要求实现能源消费强度和能源消费总量双控制,要求能源消费总量控制在$40×10^8$tce,单位国内生产总值能耗比2010年下降16%,国家对有关领域、行业的节能减排提出了明确的任务和要求,这对包括冶金行业在内的高耗能产业发展提出了更高的要求。

### 2.2.1 中国冶金工业的节能潜力研究

本部分采用宏观经济学的方法分析中国冶金工业的节能潜力。从技术、所有制结构、能源价格及行业集中度的角度探讨这些宏观因素对能源强度的影响机制,为预测中国冶金工业未来的节能潜力,本部分以能源强度为研究对象,中国冶金工业的能源强度越高,能源利用效率越低,则行业的节能空间越大,节能潜力也就越大;相反,随着技术进步、经济结构的调整等节能政策的推动,能源利用效率提高,能源强度下降,则节能空间缩小,节能潜力也就越小。此外,还需要区别的是节能量的概念。本部分的节能量是指,相对于冶金工业自身而言,不同的节能政策所导致的节能量。

1. 中国冶金工业能源消费的长期均衡关系

(1) 模型设定

为研究中国冶金工业的节能潜力,我们可以先来考察整个行业的能源强度,在我们中将冶金工业的能源强度 $EI$ 定义为:行业能源消费量与冶金工业增加值的比。从而第 $t$ 年冶金工业的节能潜力可以表示为

$$E_t = (EI_t - EI_{\min}) \times \mathrm{VA}_t \qquad (2\text{-}5)$$

其中,$E_t$ 表示第 $t$ 年中国冶金工业的节能潜力,$EI_t$ 表示第 $t$ 年冶金工业的基准能源强度,$EI_{\min}$ 表示第 $t$ 年行业能够达到的最低能源强度,$\mathrm{VA}_t$ 为当年的行业工业增加值。

我们对于能源强度的模型推导,以 Fisher-Vanden(2004)的研究为基础,假设中国冶金工业成本函数为 Cobb-Douglas 成本函数:

$$C(P_K, P_L, P_E, P_M, Q) = A^{-1} P_K^{\alpha_K} P_L^{\alpha_L} P_E^{\alpha_E} P_M^{\alpha_M} Q \qquad (2\text{-}6)$$

其中,$P$ 表示价格;$K, L, E, M$ 分别表示资本、劳动、能源和原材料四种投入要素;$\alpha_i$ 表示要素 $i$ 的弹性;$Q$ 表示产出;$A$ 表示生产率因素。

根据 Shephard's lemma,一种要素的需求量就等于成本函数关于该要素价格的偏导数,从而对能源价格求偏导数,可得

$$E = \frac{\alpha_E A^{-1} P_K^{\alpha_K} P_L^{\alpha_L} P_E^{\alpha_E} P_M^{\alpha_M} Q}{P_E} \qquad (2\text{-}7)$$

在这里我们可以做出合理的假设,产品价格是由投入要素价格及要素份额构成,从而有

$$P_Q = P_K^{\alpha_K} P_L^{\alpha_L} P_E^{\alpha_E} P_M^{\alpha_M}$$

其中,$\sum \alpha_i = 1$。

根据上面式子,可以推导得到

$$E = \frac{\alpha_E A^{-1} P_Q Q}{P_E},$$

或者可以表示为

$$\frac{E}{Q} = \frac{\alpha_E A^{-1} P_Q}{P_E}$$

等式两边同时取对数,可以得到

$$\ln\left(\frac{E}{Q}\right) = \alpha + \beta \ln A + \gamma \ln\left(\frac{P_E}{P_Q}\right) + \varepsilon \qquad (2\text{-}8)$$

通过上式可以看出,能源强度的变动可以分解分相对价格的变化和生产率的变化。并且,为了研究冶金部门分类能源强度的变化,我们引入煤炭、石油以及电

力三种能源的价格,分别用 $P_c$、$P_o$ 和 $P_{el}$ 表示煤价、油价和电价,并用 $E_c$、$E_o$ 和 $E_{el}$ 表示煤炭、石油和电力的投入量。能源价格的分解可以表示为

$$P_E^{\alpha_E} = P_c^{\alpha_c} P_o^{\alpha_o} P_{el}^{\alpha_{el}} \qquad (2-9)$$

根据上文所述方法,应用 Shephard's lemma,可以得到

$$\frac{E_c}{Q} = \frac{\alpha_c A^{-1} P_Q}{P_c} \qquad (2-10)$$

假定

$$\ln(\hat{P}_Q) = \frac{\ln(P_Q) - \alpha_c \ln(P_c) - \alpha_o \ln(P_o) - \alpha_{el} \ln(P_{el})}{1 - \alpha_c - \alpha_o - \alpha_{el}},$$

$\hat{P}_Q$ 可以理解为去掉能源要素投入成本后的产品价格。

对上式两边同时取对数,整理,可得

$$\ln\left(\frac{E_c}{Q}\right) = \alpha + \beta \ln A + (\alpha_c - 1)\ln\left(\frac{P_c}{\hat{P}_Q}\right) + \alpha_o \ln\left(\frac{P_o}{\hat{P}_Q}\right) + \alpha_{el} \ln\left(\frac{P_{el}}{\hat{P}_Q}\right) + \varepsilon_o \qquad (2-11)$$

根据对称性,我们同样可以得到石油和电力消费的模型:

$$\ln\left(\frac{E_o}{Q}\right) = \alpha + \beta \ln A + (\alpha_o - 1)\ln\left(\frac{P_o}{\hat{P}_Q}\right) + \alpha_c \ln\left(\frac{P_c}{\hat{P}_Q}\right) + \alpha_{el} \ln\left(\frac{P_{el}}{\hat{P}_Q}\right) + \varepsilon_o \qquad (2-12)$$

$$\ln\left(\frac{E_{el}}{Q}\right) = \alpha + \beta \ln A + (\alpha_{el} - 1)\ln\left(\frac{P_{el}}{\hat{P}_Q}\right) + \alpha_c \ln\left(\frac{P_c}{\hat{P}_Q}\right) + \alpha_o \ln\left(\frac{P_o}{\hat{P}_Q}\right) + \varepsilon_o \qquad (2-13)$$

在以上各式中,$A$ 表示影响能源强度的生产率因素。根据以往的研究,生产率因素可以由很多方面构成,例如外国资本进入(FDI)、产业结构、研发投入、工业结构等。在 Fisher-Vanden 的研究中,用了研发投入、产业结构、时间变量以及地区虚拟变量对生产率因素进行了刻画。何晓萍(2011)在对中国工业能源利用效率的研究中,用行业集中度、所有制结构、行业开放度以及时间变量来描述技术外因素。根据冶金工业的自身特点,我们将选取行业研发投入、所有制结构、行业集中度以及时间变量来考察除相对价格之外的生产率因素对能源强度的影响。

① 研发投入。技术进步常常被认为是影响节能最重要的因素之一。一般意义上讲,技术进步与研发投入有着密切的联系(Georg 和 Gunter,2007)。中国 1985 年到 2011 年冶金产业的研发投入费用如图 2-7 所示,冶金工业科技研发投入虽然存在一定的波动,但从整体上看,仍保持着明显的上升趋势。尤其是国家在提出控制高耗能行业发展的政策之后,整个行业的研发投入有了明显的提高。Lin&Zhang(2011)研究了有色金属工业能源强度的影响因素,实证结果表明,研发投入对于能源强度的降低有显著的影响。因而我们将研发投入费用作为重要的变量纳入模型之中,并用 $RD$ 来表示。

② 所有制结构。国有企业的特点是政策性负担重,产权模糊,与私营企业相比更易获取财政和金融资源预算软约束和缺乏有效激励机制是国有企业效率低

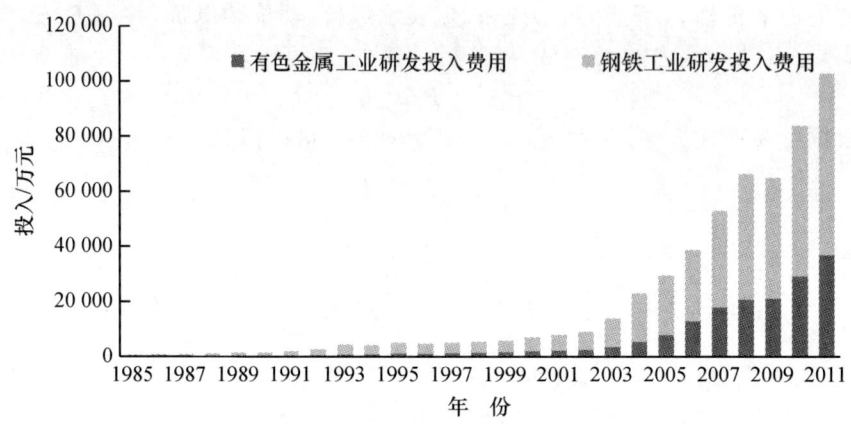

图 2-7 中国冶金工业 1985—2011 年研发投入值
数据来源：历年《中国统计年鉴》。

下的根本原因,企业产权的逐步清晰和多元制发展是中国市场化改革的一个重要内容。中国的企业改革既包括在保留国有企业称号的前提下对企业进行管理控制权的改革,也包括国有部门之外各种类型所有制的快速发展。体制和机制改革会带来管理和运营效率的提高,也会对能源效率提高产生积极影响(刘红玫,陶全,2002)。Sinton(2000)也指出,外资企业通常比国有企业效率更高,且单位产出所消耗的能源较少。因此用行业国有企业工业总产值与行业工业总产值的比作为衡量所有制结构的指标,并将该指标作为能源强度的一个解释变量,用 $Own$ 来表示,并假设两者之间正相关。从图 2-8 中可以看到,冶金工业的国有比重始终高于整个工业部门的平均水平,而从行业内部的情况来看,钢铁产业的国有比重始终高于有色产业,而有色产业已经逐渐接近工业部门的平均水准,因此冶金工业尤其是钢铁行业的产权结构还有待进一步的深化调整。

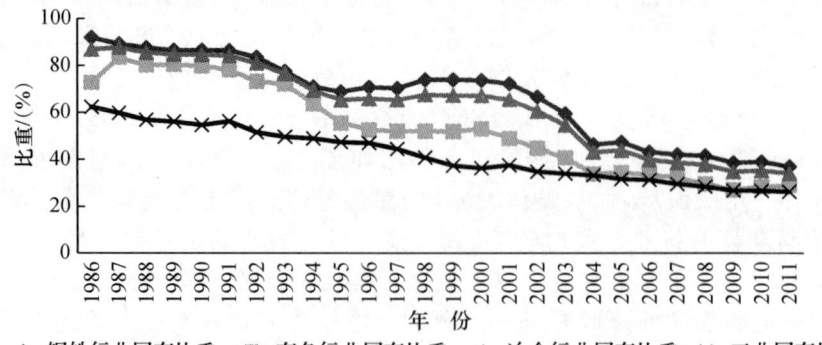

图 2-8 中国冶金工业 1986—2011 年国有工业产值比重
数据来源：历年《中国统计年鉴》。

③ 行业集中度。工业存在着规模经济效应,企业规模的扩大有利于提高设备和能源的利用效率。企业规模还将通过管理层对节能技术和未来外部风险信息的理解影响企业决策,进而影响企业生产。冶金工业自身特点更有利于发挥规模效应,从而行业集中度高(如图2-9所示),尤其是钢铁行业。近几年来冶金工业持续进行整合,企业数量逐年减少,而行业产值却大幅度增加,从而行业集中度也不断提高,这种现状也说明了冶金工业集中度的增强更有利于发挥规模效应。另一方面,从冶金工业内部结构来看,国有企业的规模普遍更大,如果不将行业集中度因素从所有制结构中分离出来,对其加以控制,可能造成正负效应的混同。我们用行业工业总产值除以企业个数来衡量冶金工业的集中度,并用 IS 表示。

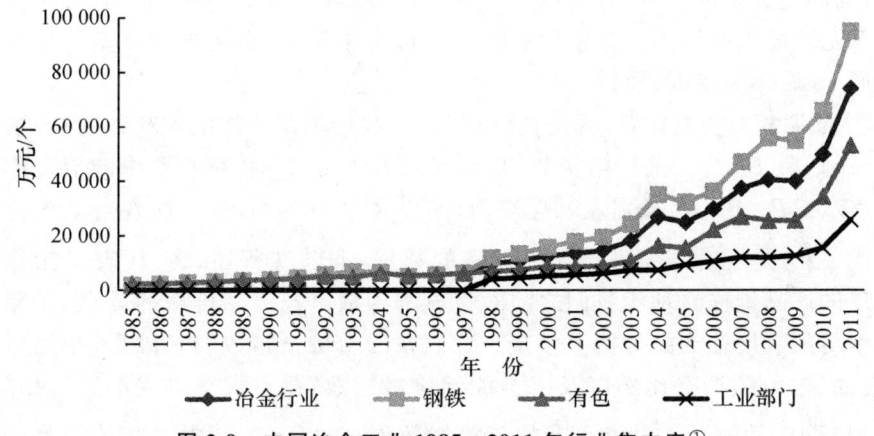

图 2-9　中国冶金工业 1985—2011 年行业集中度[①]

数据来源:历年《中国统计年鉴》。

对于影响冶金工业能源强度的生产率因素,除上述三个解释变量,还加入一个时间趋势变量 Trend 以能源强度的动态变化。

从而 $A$ 用以上变量表示,可以得到

$$A = \exp(\varphi_1 \ln RD + \varphi_2 Own + \varphi_3 \ln IS + \varphi_4 Trend) \quad (2\text{-}14)$$

根据上文推导,可以得到最终的回归模型:

$$\ln\left(\frac{E}{Q}\right) = \alpha_0 + \alpha_1 \ln\left(\frac{P_E}{P_Q}\right) + \alpha_2 \ln RD + \alpha_3 Own + \alpha_4 IS + \alpha_5 Trend + \varepsilon \quad (2\text{-}15)$$

$$\ln\left(\frac{E_c}{Q}\right) = \alpha_0 + (\alpha_c - 1)\ln\left(\frac{P_c}{P_Q}\right) + \alpha_o \ln\left(\frac{P_o}{P_Q}\right) + \alpha_{el} \ln\left(\frac{P_{el}}{P_Q}\right)$$
$$+ \alpha_2 \ln RD + \alpha_3 \ln Own + \alpha_4 IS + \alpha_5 Trend + \varepsilon_c \quad (2\text{-}16)$$

---

① 由于数据所限,工业部门的行业集中度数据范围是 1998 年到 2011 年。

$$\ln\left(\frac{E_o}{Q}\right) = \alpha_0 + (\alpha_o - 1)\ln\left(\frac{P_o}{\hat{P}_Q}\right) + \alpha_c \ln\left(\frac{P_c}{\hat{P}_Q}\right) + \alpha_{el} \ln\left(\frac{P_{el}}{\hat{P}_Q}\right)$$
$$+ \alpha_2 \ln RD + \alpha_3 \ln Own + \alpha_4 IS + \alpha_5 Trend + \varepsilon_o \quad (2-17)$$

$$\ln\left(\frac{E_{el}}{Q}\right) = \alpha_0 + (\alpha_{el} - 1)\ln\left(\frac{P_{el}}{\hat{P}_Q}\right) + \alpha_o \ln\left(\frac{P_o}{\hat{P}_Q}\right) + \alpha_c \ln\left(\frac{P_c}{\hat{P}_Q}\right)$$
$$+ \alpha_2 \ln RD + \alpha_3 \ln Own + \alpha_4 IS + \alpha_5 Trend + \varepsilon_{el} \quad (2-18)$$

（2）数据来源

① 能源强度。$\frac{E}{Q}$、$\frac{E_c}{Q}$、$\frac{E_o}{Q}$ 和 $\frac{E_{el}}{Q}$ 分别表示冶金工业总的能源强度，以及行业煤炭、石油和电力强度。分别用行业的能源消费总量以及煤炭、石油、电力消费量除以冶金工业的工业增加值。使用数据均来自于历年的《中国统计年鉴》，且工业增加值按照1985年为基期进行折算。

② 能源相对价格。$P_E$ 为总能源的价格，我们采用历年的燃料、动力价格购进指数来衡量；$P_Q$ 为产品价格指数，我们利用工业品出厂价格指数中的冶金产品指数来表示。$P_c$、$P_o$、$P_{el}$ 分别表示煤炭、石油以及电力价格，我们用各自出厂价格指数替代。$\hat{P}_Q$ 是一个需要进行人为调整的数据，如前文所述，$\hat{P}_Q$ 代表了扣除能源投入外的产品价格。基于我们之前对于成本函数以及产品价格的假设，能源投入的成本份额直接在产品价格上呈现。我们在冶金价格指数的基础上，按照历年煤炭、石油、电力的消费比例以及三类能源价格指数，赋予权重对成本进行扣除，从而得到对 $\hat{P}_Q$ 的估计。以上所有的价格指数均来自历年的《中国统计年鉴》，并以1985年为基期对价格指数进行调整。

③ 冶金工业的研发投入用钢铁和有色行业的研发投入加总得到；所有制结构用冶金工业国有企业的工业总产值除以冶金工业的工业总产值来衡量；行业集中度用工业总产值除以企业个数表示。以上数据来自于《中国统计年鉴》或《中国工业统计年鉴》。

（3）实证结果分析

对于得到的时间数据序列，我们首先对其进行单位根检验。结果如表2-14所示。

表 2-14 平稳性检验结果

| 变量 | ADF 检验 | PP 检验 | 变量 | ADF 检验 | PP 检验 |
| --- | --- | --- | --- | --- | --- |
| $\ln(E/Q)$ | −0.299 | −0.478 | $D.\ln(E/Q)$ | −3.753*** | −3.722*** |
| $\ln(E_c/Q)$ | −0.664 | −0.798 | $D.\ln(E_c/Q)$ | −4.087*** | −4.112*** |
| $\ln(E_o/Q)$ | 1.022 | 1.004 | $D.\ln(E_o/Q)$ | −3.977*** | −3.933*** |

(续表)

| 变量 | ADF 检验 | PP 检验 | 变量 | ADF 检验 | PP 检验 |
|---|---|---|---|---|---|
| $\ln(E_{el}/Q)$ | −0.890 | −1.131 | $D.\ln(E_{el}/Q)$ | −3.906*** | −3.897*** |
| $\ln(P_E/P_Q)$ | 0.452 | 0.265 | $D.\ln(P_E/P_Q)$ | −4.691*** | −4.693*** |
| $\ln(P_o/\hat{P}_Q)$ | 0.724 | 0.437 | $D.\ln(P_o/\hat{P}_Q)$ | −3.813*** | −3.773*** |
| $\ln(P_0/\hat{P}_Q)$ | 0.432 | 0.210 | $D.\ln(P_0/\hat{P}_Q)$ | −3.635*** | −3.579*** |
| $\ln(P_{el}/\hat{P}_Q)$ | −0.876 | −1.092 | $D.\ln(P_{el}/\hat{P}_Q)$ | −3.758*** | −3.739*** |
| $\ln RD$ | −1.429 | −1.673 | $D.\ln RD$ | −3.666*** | −3.755*** |
| $Own$ | 0.171 | −0.033 | $D.Own$ | −3.594*** | −3.628*** |
| $\ln IS$ | 0.799 | 0.492 | $D.IS$ | −2.977** | −3.033** |

其中，$D.$ 表示该变量的一阶差分形式，*** 和 ** 分别表示在1%和5%的显著水平下拒绝存在单位根的原假设。从而通过单位根检验我们可以看到，所有变量均为一阶单整的。

在此基础上，由上述模型建立过程可知，我们需要对联立方程组的各个系数进行估计。我们采用似不相关法对方程组进行回归，具体回归结果如表 2-15 所示。

表 2-15　回归结果表

| | 总能源强度 $\ln(E/Q)$ | 煤炭强度 $\ln(E_c/Q)$ | 石油强度 $\ln(E_o/Q)$ | 电力强度 $\ln(E_{el}/Q)$ |
|---|---|---|---|---|
| $\ln(P_E/P_Q)$ | −0.4993*** (−2.71) | | | |
| $\ln(P_c/\hat{P}_Q)$ | | 0.2819 (1.28) | 0.4413** (2.15) | −0.3705*** (2.65) |
| $\ln(P_o/\hat{P}_Q)$ | | 0.0956 (0.43) | −0.6223*** (3.46) | 0.1447 (1.33) |
| $\ln(P_{el}/\hat{P}_Q)$ | | −0.4372* (1.74) | 0.3883 (1.44) | −0.3819* (1.63) |
| $\ln RD$ | −1.0101*** (−5.39) | −1.0435*** (−4.41) | −0.5411*** (−2.72) | −0.8727*** (−5.20) |
| $Own$ | 0.4146** (2.17) | 0.4845** (2.49) | 0.3288*** (−2.47) | 0.2533* (1.91) |
| $\ln IS$ | −0.9287*** (−4.57) | −0.8543*** (−4.19) | −0.4189*** (−2.87) | −0.8731*** (−6.52) |
| $Trend$ | −0.1171*** (−3.69) | −0.1772*** (−5.18) | −0.1187*** (−4.14) | −0.7642*** (−2.91) |
| $Aj\text{-}R^2$ | 0.9884 | 0.9748 | 0.9949 | 0.9821 |

Brush-pagan 检验 $p$ 值为 0，故可以在 1% 的显著水平下拒绝各个方程的扰动项相互独立的假设，因此使用似不相关比最小二乘法估计更有效率。

① 从自身价格与能源强度的关系来看，对于冶金工业总能源强度来说，系数显著为负，说明能源价格上涨对冶金工业能源强度的下降有明显的促进作用。并且根据杭雷鸣（2006）的计算，能源价格对整个制造业能源强度的弹性约为 $-0.2688$，而我们计算的冶金工业弹性值要比制造业平均值高 85.8%，说明冶金工业能源强度对于价格变动的反映更加敏感。而从分类能源强度来看，电力自身价格弹性的系数为负，但仅在 10% 的显著水平下显著，说明电力相对价格的提高会明显降低冶金工业的电力使用强度。石油强度的自身价格弹性达到了 $-0.6223$，明显高于煤炭和电力的自身价格弹性，且非常显著。说明三类能源中，石油价格的变动对自身能源强度的影响是最大的，一方面石油定价的市场机制最完善，石油价格是三类能源中最能反映市场价格的，因而在生产端的反应也最直接；另一方面，冶金工业中石油的使用量相对较小，可替代性强，因而相对价格上涨可能导致生产者大量减少石油的使用，从而分类能源强度变动明显。相比之下，煤炭价格的变动对自身能源强度的影响并不是负的，但结果并不显著。一种可能的解释为煤炭价格扭曲。中国的煤炭价格一直很低，煤炭行业长期处在微利和亏损的状况。从 1981 到 2001 年的 21 年中，有 20 年国有重点煤矿整体亏损（林伯强，2005）。中国煤炭的定价方式一路从计划到半市场化，即市场价格与部分电煤的国家调控价并存。煤炭价格长期的扭曲可能会导致无法准确判断对煤价上升对冶金工业煤炭强度的影响。

② 根据交叉价格弹性来看，电力相对价格对煤炭强度的弹性为 $-0.4372$，而煤炭相对价格对电力强度的弹性为 $-0.3705$，且二者均显著为负，说明对于冶金行业来说，两类能源是互补的。而两类能源对于石油强度均为正，虽然显著性不强，但仍然可以说明，在冶金工业煤炭和石油是相互替代的。从生产工艺的角度来讲，煤炭和电力是冶金行业的主要投入能源品种，分别主要用在冶炼和制造端，石油的使用量非常小，多起助燃作用。

③ 从其他因素来看，技术研发和行业规模投入对于能源强度的降低有显著的促进效应，而所有制改革对于能源强度下降具有显著的正面影响。表明随着国有经济比重下降，能源强度明显下降。正如 Fisher-Vanden（2004）所发现的，外资企业的能源利用效率要高于国有企业；集体企业和港澳台地区的企业的能源利用效率通常也高于国有企业。

最后，我们需要验证上文模型的拟合精度。为此将 1985—2011 年各参数实际值代入方程，我们得到了 1985—2011 年的冶金工业总能源强度以及分类能源强度的拟合值与实际值之间的误差。图 2-10 中可以看出，90 年代之前能源强度

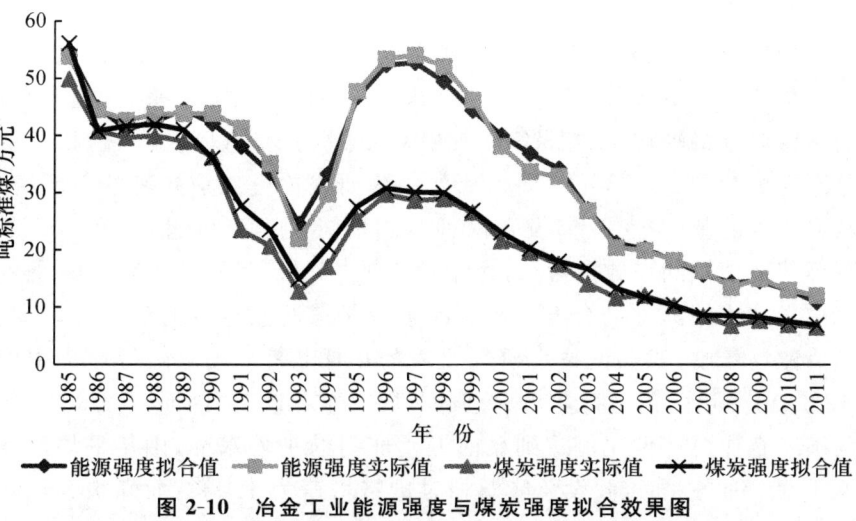

图 2-10　冶金工业能源强度与煤炭强度拟合效果图

逐渐下降,这主要是由于当时能源较为匮乏,冶金这样的能源密集型产业只能依靠劳动力和资本去替代能源,而随着能源逐渐充沛,冶金行业也更加依托能源投入,并在90年代末达到能源强度高峰。图 2-11 的拟合结果表明,模型有着良好的拟合精度,可用于预测中国未来中长期冶金工业能源强度。

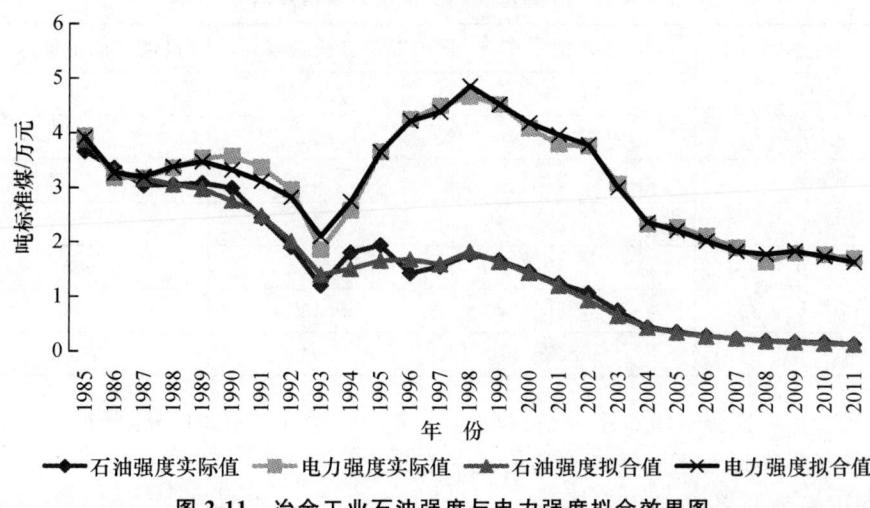

图 2-11　冶金工业石油强度与电力强度拟合效果图

2. 不同情景下的节能潜力分析

(1) 情景设置

为了预测能源强度,我们首先要预测方程组中各个外生变量的未来趋势。

我们取1985年到2011年各变量的平均增长率作为一种基准情景。在过去27年间，技术研发投入和行业集中度每年平均增长14.85%和8.92%，国有冶金企业生产总值比例平均每年下降2.04%，而从相对价格方面来看，近十年以来，总的能源相对价格平均年增长率为2.28%，煤炭、石油以及电力的相对价格增长率分别为2.39%、4.85%以及0.88%。为研究冶金工业未来的节能潜力，在以上基准情景的基础上，我们设置两种节能情景：中等节能情景和高等节能情景。高等节能情景的设置参考《有色金属工业"十二五"发展规划》和《钢铁工业"十二五"发展规划》，并结合各个影响因子近年来所能达到的最大平均增长率。在高等节能情景中，我们设技术研发投入的年增长率为35%，行业集中度增长率为12%，由于目前钢铁行业正着重进行国有企业改革，因而假设2015年钢铁行业的国有企业总产值比例达到目前工业部门的平均水准，则年平均增速需要达到4.1%。价格方面，假设总能源相对价格增速为4.2%，而煤炭、石油、电力相对价格增速分别为4.5%、6%以及3%，并取这两种情景下的变量增长率平均值作为中等情景。

我们采用情景分析法，研究在上述三种情景下预测中国冶金工业的能源强度。

表2-16　中国冶金工业能源强度情景假设

| 变量 | 历史情景/(%) | 中等节能情景/(%) | 高度节能情景/(%) |
| --- | --- | --- | --- |
| $RD$ | 14.85 | 17.43 | 20 |
| $IS$ | 8.92 | 10.45 | 12 |
| $Own$ | 2.04 | 3.07 | 4.1 |
| $P_E/P_Q$ | 2.28 | 3.24 | 4.2 |
| $P_c/\hat{P}_Q$ | 2.39 | 3.45 | 4.5 |
| $P_o/\hat{P}_Q$ | 4.85 | 5.43 | 6 |
| $P_{el}/\hat{P}_Q$ | 0.88 | 1.94 | 3 |

表2-16对各变量增长率分情景的设定充分结合了中国的实际国情和经济理论的判断，各变量在不同情景下的增长率都是比较合理的。

根据模型的表达式以及上述对影响中国冶金工业能源强度的各个变量的增长率进行分情景设定，可以预测得到不同情景下未来中国冶金工业的总能源强度以及各分类能源强度，如表2-17所示。

表 2-17　中国冶金工业能源强度预测　　（单位：吨标准煤/万元）

| | 年　份 | 历史情景 | 中等节能情景 | 高度节能情景 |
|---|---|---|---|---|
| 总能源强度 | 2020 | 8.442 | 7.697 | 6.437 |
| | 2030 | 6.127 | 5.041 | 3.456 |
| 煤炭强度 | 2020 | 3.843 | 3.529 | 3.376 |
| | 2030 | 2.280 | 1.904 | 1.734 |
| 石油强度 | 2020 | 0.032 | 0.030 | 0.017 |
| | 2030 | 0.008 | 0.006 | 0.002 |
| 电力强度 | 2020 | 1.259 | 1.189 | 0.876 |
| | 2030 | 0.982 | 0.871 | 0.457 |

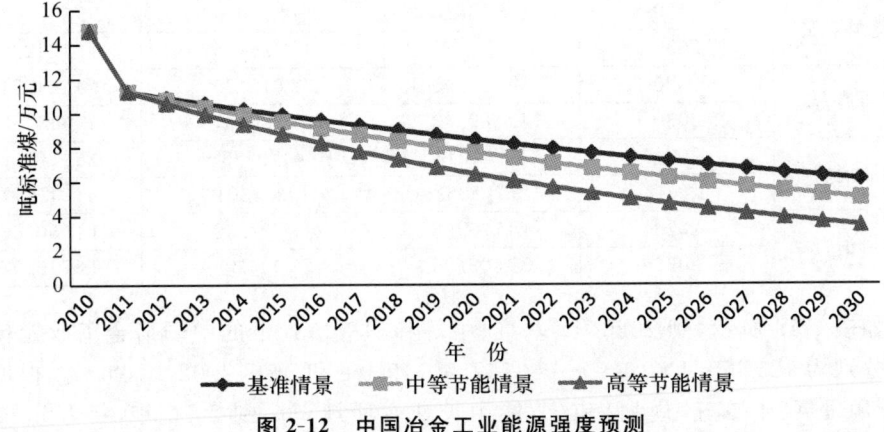

图 2-12　中国冶金工业能源强度预测

从图 2-12 中可以看出，冶金工业能源总强度和分类能源强度都在下降。中等节能情景下，中国冶金工业在 2020 年和 2030 年的能源强度为 7.697 吨标煤/万元和 5.041 吨标煤/万元，比历史情景下分别要低 0.746 和 1.087 吨标煤/万元。而高度节能情景下，中国冶金工业在 2020 年和 2030 年的能源需求分别为 6.437 吨标煤/万元和 3.456 吨标煤/万元，比历史情景下要低 2.01 和 2.67 吨标煤/万元。在分类能源中，可以看到，由于冶金工业主要能源消费来自煤炭和电力，从而二者的强度的变动更大。

（2）节能量预测

在分析了节能潜力之后，我们进一步分析冶金工业的节能量。为此，首先预测了行业未来的工业增加值。从 2007 年到 2011 年，整个行业工业增加值的平均增长率为15.3%,根据《有色金属工业"十二五"发展规划》和《钢铁工业"十二五"发展规划》要求,"十二五"期间钢铁和有色金属工业增加值增长速度维持10%以上,而2020年到2030年冶金工业增加值增速设为8%,因此可以估算2020年和2030年的冶金行业工业增加值(以1985年价格为基期),如表2-18所示。

表2-18  中国冶金行业工业增加值预测　　　　　　　　　　(单位:亿元)

| 年　份 | 2020 | 2030 |
| --- | --- | --- |
| 冶金行业工业增加值 | 14 909.43 | 32 188.35 |

从而,根据能源强度以及工业增加值的预测,我们可以得到未来冶金工业的总能源以及分类能源消费量,结果如表2-19所示。

表2-19  中国冶金工业能源消费预测　　　　　　　　　　(单位:万吨标准煤)

| | 年　份 | 历史情景 | 中等节能情景 | 高度节能情景 |
| --- | --- | --- | --- | --- |
| 总能源消费 | 2020 | 125 865.4 | 114 757.9 | 95 972.02 |
| | 2030 | 197 218 | 162 261.5 | 111 242.9 |
| 煤炭消费 | 2020 | 57 296.95 | 52 615.39 | 50 334.24 |
| | 2030 | 73 389.43 | 61 286.61 | 55 814.59 |
| 石油消费 | 2020 | 477.1018 | 447.283 | 253.4604 |
| | 2030 | 257.5068 | 193.1301 | 64.37669 |
| 电力消费 | 2020 | 18 770.98 | 17 727.32 | 13 060.66 |
| | 2030 | 31 608.96 | 28 036.05 | 14 710.07 |

如表2-19所示,到2020年,基准、中等和积极情景下的中国冶金工业能耗需求量分别为125 865.4×$10^4$ tce、114 757.9×$10^4$ tce和95 972.02×$10^4$ tce。根据中国《能源发展"十二五"规划》和《节能中长期专项规划》,到2020年,每万元GDP(1990年不变价)能耗下降到1.54tce。按照"十八大"提出到2020年中国GDP比2010年翻一番的发展目标计算,到2020年,中国能源消费总量目标设定为50×$10^8$ tce。由于近30年,中国终端能源消费占全社会能源消费总量比重稳定在95%左右波动极小。依此,按照我们的预测结果,在基准情景下,2020年中国冶金工业能耗比重接近25.17%;在中等节能情景下,2020年中国冶金工业能耗比重为22.95%;在高度节能情景下,2020年中国冶金工业能耗比重为19.19%。在高度节能的情况下,冶金工业部门在2020年和2030年可节约能耗分别达到29 893.4×$10^4$ tce和85 975.1×$10^4$ tce。由此可见,在积极的节能政策下,中国冶金工业具有非常大的节能潜力。

从分能源来看,在高度节能的情况下,2020年煤炭消费量最大可节约6962.71×$10^4$ tce,电力可节约5710.31×$10^4$ tce;2030年两类能源的节能潜力分

别为 $17\,574.8\times10^4\,\text{tce}$ 和 $16\,898.9\times10^4\,\text{tce}$。因此,良好的节能政策还可以有利于引导中国能源消费结构的改善。

3. 中国冶金工业节能建议

首先,中国冶金工业是典型的资源、能源和技术密集型生产部门。该部门的技术生产率提高得益于中国的工业化和机械化过程。依托技术进步,实现能源效率的直接提升,一方面要对现有企业生产工艺及装备进行升级改造,另一方面要激励企业突破关键节能技术,充分发挥科技对降低能耗水平的支撑作用。

其次,我们可以看到,冶金工业国有比重的下降无论是对总能源强度,还是分类能源强度的下降都有显著的促进作用。这说明为降低冶金工业部门的能源消费,中国需要进一步推进工业企业的所有制改革,促进企业的私有化在提高企业生产效率的同时,还能降低工业能源消费,实现节能减排与成本控制。

另外,研发强度和产业集中度也是中国冶金工业节能的重要影响因素。冶金企业还需要继续增加技术投入,进一步扩大研发支出比例。在"十二五"期间,研发支出方向要集中在关键的节能技术上,比如高压干熄焦技术、煤调湿技术、余热回收和冶金渣利用技术等。此外,研发支出还应该服务于优化产品结构,生产更多高附加值产品,降低冶金工业整体的单位产出能源消费量。对于政策制定者,政策调整的目标应放在消除落后产能和促进企业兼并上面,同时对大型企业的技术设备升级和节能投资提供财政支持。

最后,要完善能源定价机制,发挥价格信号对节能的激励机制。冶金工业的高耗能特征导致了其能耗水平对能源价格水平变化较为敏感,因此提高能源价格对冶金工业高耗能产业有较强的激励作用。目前,中国的煤炭价格已经放开,由市场的供给和需求决定煤炭价格。然而中国的工业电价仍然受政府控制,和发达国家相比,中国的工业电价仍然处于较低水平。因此,短期内,政府需要取消能源密集型工业的优惠电价政策,促进工业节能实践。在比较长的时间内,政府还需要进一步促进能源价格体系改革,向能源价格市场化方向努力。

## 2.2.2 中国冶金工业二氧化碳排放变化及分析

改革开放以来中国经济的快速增长导致了能源需求的急剧增加,能源消费带来的二氧化碳排放和气候变化问题已经越来越引起人们的重视。根据国际能源署(IEA,2012)估计,2010年中国二氧化碳排放总量为$833\,550\times10^4\,\text{t}$,占世界排放量的25.1%。随着中国经济的快速发展,二氧化碳排放不可避免地还会出现一定幅度的增加。因此,如何全方面的控制和减少中国二氧化碳排放的问题成为国内外讨论的热点问题之一。

2009年11月25日中国政府提出"到2020年非化石能源占一次能源消费比重达到15%左右、单位GDP二氧化碳排放比2005年下降40%~45%的目标",并将其作为约束性指标纳入国民经济和社会发展中长期规划。2011年12月1日，国务院下达关于印发《"十二五"控制温室气体排放工作方案》的通知,提出到2015年全国单位国内生产总值能耗比2010年下降16%,全国单位国内生产总值二氧化碳排放量比2010年下降17%,并且在"十二五"期间要加快建立温室气体排放统计核算体系及二氧化碳排放交易市场。长期以来中国的能源消费以煤为主,煤炭占一次能源消费量的70%左右,在短时间内很难改变,碳减排目标对中国来说是一个巨大的挑战。为完成碳减排目标,我们有必要对各个行业和部门的二氧化碳排放量进行估计,并且对二氧化碳排放变动进行深入分析,特别是高耗能的工业部门。

在全国节能减排的大环境下,冶金工业由于其巨大的能源消费量对完成"十二五"规划提出的减排目标具有重要影响。

钢铁工业作为主要的能源消费部门之一,由此产生了化石能源燃烧带来的二氧化碳排放问题。在世界性碳减排压力下,欧盟、日本和韩国等主要钢铁生产国和地区均制定了相应的减排计划和技术措施。在中国,钢铁部门的二氧化碳排放占全国的15%左右,是仅次于化工和建筑工业之后的第三大工业二氧化碳排放源(徐匡迪,2010)。2011年10月24日工业和信息化部颁布了《钢铁工业"十二五"规划》,提出"十二五"期间,钢铁工业单位工业增加值能耗和二氧化碳排放量均要降低18%的目标,对钢铁工业的节能减排提出了新的挑战。

2013年2月,国家工信部发布了《关于有色金属工业节能减排的指导意见》,意见中提出到2015年底,有色金属工业万元工业增加值能耗要比2010年下降18%左右,其中,累计节约标煤达$750×10^4$t,二氧化硫排放总量减少10%,污染物排放总量和排放浓度全面达到国家有关标准,有色金属冶炼的主要产品综合能耗指标达到世界先进水平。

在这样的大背景下,研究冶金工业二氧化碳排放的影响因素,并对减排政策进行评价具有非常重要的意义。

1. 中国冶金工业二氧化碳排放情况

基于下文在区间划分时的考虑,我们选取的样本区间为1985—2010年。文中所用的冶金行业的能源消费数据来自于《中国统计年鉴》,行业工业增加值及就业人数来自于中国经济数据库(CEIC)。

如图2-13所示,从冶金行业的能源消费特点来看,煤炭和电力占到了总能耗的90%以上,近几年更是达到了97%左右,其中煤炭占到了能源消费的近60%,电力消费占比约为40%。煤炭之中,焦炭是主要的消费品种,这也是冶金行业在冶炼过程中最主要的能源消费品种。相比之下,冶金行业对于石油、天然气及热力等能源需求较小,合计只有能耗总量的3%左右,而且在这25年中各自的消费比例也比较固定。

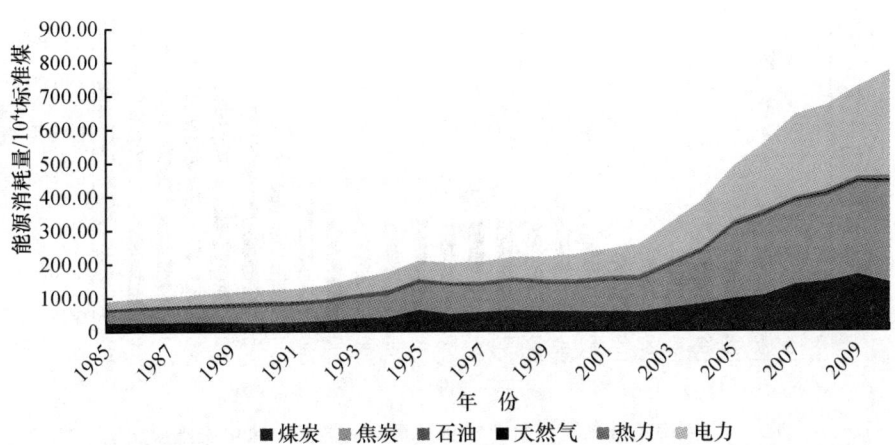

图 2-13　1985—2010 年中国冶金行业能耗构成
数据来源：中国能源统计年鉴。

计算行业二氧化碳总排放时，我们先用各能源品种的消费数量乘以该品种的二氧化碳排放系数（IPCC，2006[①]）求得各品种的排放量，再对各品种的排放量进行加和求得所需数据。图 2-14 是中国冶金行业二氧化碳排放的计算结果，通过数据可以发现，1985 年到 2010 年这 25 年间，冶金工业二氧化碳排放量迅速增长。1985 年冶金工业二氧化碳排放量约为 $1.92 \times 10^8$ t，到 1995 年迅速增长到 $4.24 \times 10^8$ t，增长了 120%；到 2010 年进一步增长到 $12.9 \times 10^8$ t，比 1995 年增长了 205%。这 25 年当中，中国冶金工业二氧化碳排放量年均增长 7.91%，高于同一时期全国二氧化碳排放年均 5.92% 的增长速度。这一时期，冶金工业二氧化碳排放占全国二氧化碳排放总量的比重也从 1985 年的 9.7% 逐渐增长至 2010 年的 15.5%。

### 2. 中国冶金工业二氧化碳排放变化因素分解

根据对数平均迪氏指数加法分解方法对变量的要求，以及冶金工业自身的特点，我们将行业二氧化碳排放分解为几个驱动因素，来分析近年来冶金工业二氧化碳排放的主要因素以及变化特点。

$$C = \sum_{i=1}^{8} C_i = \sum_{i=1}^{8} \frac{C_i}{E_i} \cdot \frac{E_i}{E} \cdot \frac{E}{Q} \cdot \frac{Q}{w} w \qquad (2-19)$$

---

[①] IPCC. IPCC guidelines for national greenhouse gas inventories. In: Eggleston HS, Buendia L, Miwa K, Ngara T, Tanabe K, editors. Prepared by the national greenhouse gas inventories programme. Japan: IGES; 2006.

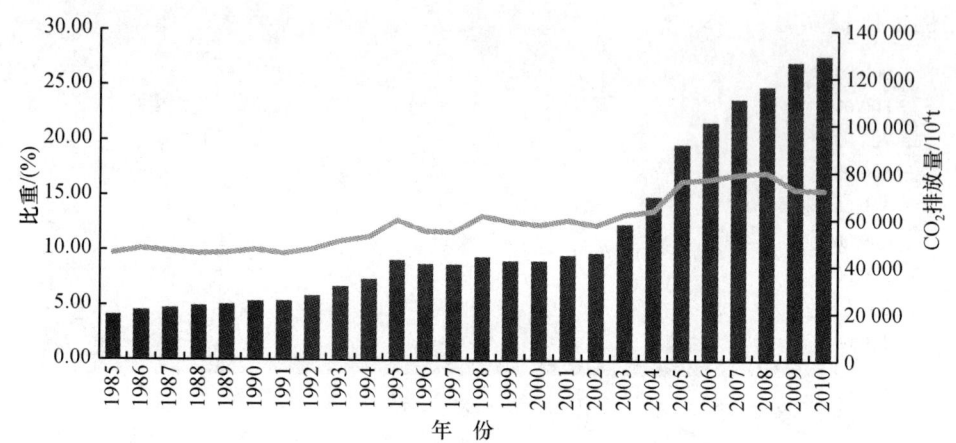

**图 2-14　中国冶金工业二氧化碳排放量及占全国二氧化碳排放比重**
数据来源：中国能源统计年鉴。

其中，下标 $i=1,2,\cdots,8$ 分别为上文所述的八种冶金工业主要能耗品种，$C_i$ 代表该期冶金工业 $i$ 种能源消费所产生的二氧化碳排放量，$E_i$ 代表该期冶金工业第 $i$ 种能源品种消耗量，$Q$ 代表 $i$ 期冶金工业的工业增加值，$w$ 代表该期就业人口数量。进一步地，公式(2-19)可表示为如下(2-20)：

$$C = CI \times ES \times EI \times LP \times IS \tag{2-20}$$

其中，$CI=C_i/E_i$ 代表各能源品种的二氧化碳排放系数，$ES_i=E_i/E$ 代表各能源品种占冶金工业能源消费总量的比重，$EI=E/Q$ 代表冶金工业的能源消费强度；$LP=Q/w$ 指劳动生产率，是每单位劳动力所带来的产值，劳动生产率对二氧化碳排放的影响有两种可能，正向影响（增加排放）和负向影响（减少排放），影响的方向主要取决于行业提高劳动生产率所采取的方法，$IS=w$ 即就业人口数量，代表了冶金工业的生产规模。基于此，利用对数平均迪氏指数加法分解方法，中国冶金工业二氧化碳排放变化可分解为(2-21)所示五个驱动因素：

$$\Delta C = C_t - C_0 = \Delta C_{CI} + \Delta C_{ES} + \Delta C_{EI} + \Delta C_{LP} + \Delta C_{IS} \tag{2-21}$$

为了分析中国冶金工业二氧化碳排放的阶段性变化情景，我们首先将样本区间依照中国政府的规划工作分成了 1986—1990、1991—1995、1996—2000、2001—2005 以及 2006—2010 五个子区间，并以每个区间中的第一年为基年，利用 LMDI 方法计算了各个区间中二氧化碳排放的变化情况及各个因素的贡献。图 2-15 给出了中国冶金行业在各个阶段的二氧化碳变动情况。从中可以看到，行业的二氧化碳排放在此期间一直呈现出递增的趋势。

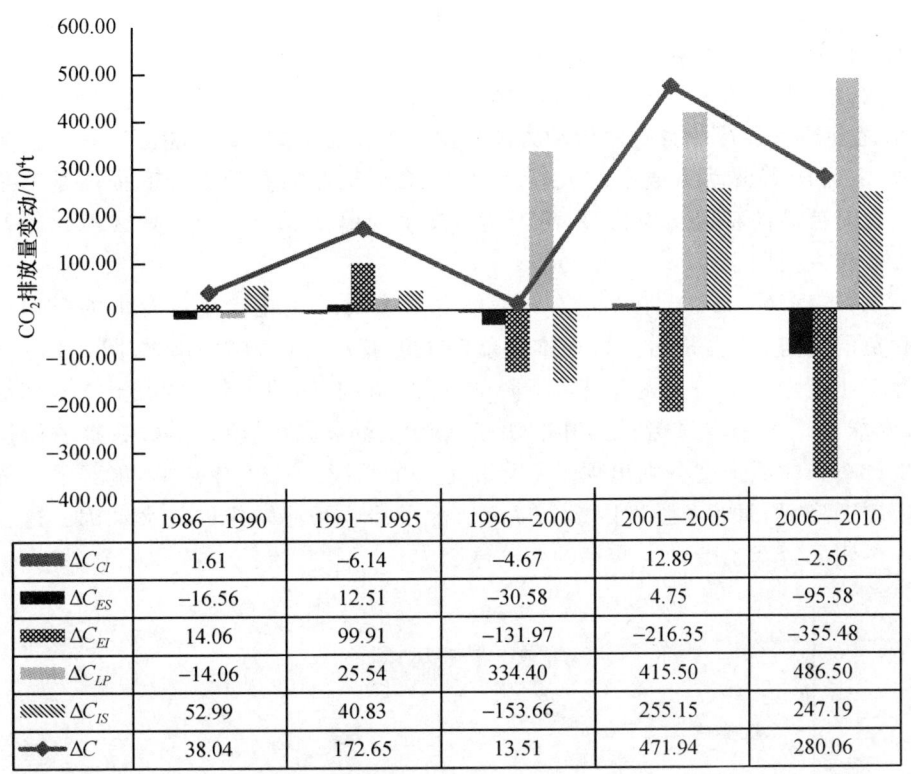

图 2-15  中国冶金工业二氧化碳分解情况

注：CI 代表碳强度影响，ES 代表能源结构影响，EI 代表能源强度影响，LP 代表劳动生产率影响，IS 代表行业规模影响。

1986—1990 期间，二氧化碳排放增量为 $3804\times10^4$ t，其中由劳动生产率因素导致的二氧化碳排放增量为 $-1406\times10^4$ t，由能源强度因素导致的二氧化碳增量为 $1406\times10^4$ t，由行业规模因素导致的二氧化碳排放增量为 $5299\times10^4$ t，由能源结构因素导致的二氧化碳排放增量为 $-1656\times10^4$ t，由碳强度因素导致的二氧化碳排放增量为 $161\times10^4$ t。从数值上看，期间造成行业二氧化碳排放增加的主要原因是规模效应。同时，能源结构的变动对行业二氧化碳排放变动的影响也比较显著，而碳强度因素对二氧化碳排放虽然存在一定的影响，但影响程度很小，几乎可以忽略。

通过对五个阶段的二氧化碳排放因素分解我们可以看到，劳动生产率因素除了在第一阶段为负数之外，在 1990 年之后的四个阶段都是正数，并且显著的扩大。成为冶金行业二氧化碳排放增长的最主要因素。从冶金行业的劳动生产率情况来看，在最初的几年中，行业的劳动效率并没有明显的变化，甚至个别年份出现了下降,这也就解释了为什么在第一阶段劳动生产率的变动会对冶金行业的二氧化碳排放产生负影响。而随着冶金行业的技术发展,机械化水平的提高,冶金工业的劳动生产率也大幅度提高,从数据来看,2010年的劳动生产率是1986年的13倍之多。冶金行业本身对劳动力的依附性并不强,基本属于能源和资本密集型产业,并且随着劳动力成本的大幅度提高,冶金工业的劳动生产率提高基本是通过机器对劳动的替代实现的,从而劳动生产率的提高成为冶金工业二氧化碳排放增长的最主要因素。

第二,1986—2010期间,冶金行业能源强度对二氧化碳排放变动的影响呈先正后负的趋势,这也是冶金行业本身能源强度变动直接影响的。如图2-16所示,冶金工业碳强度是一个先上升再下降的趋势。在起初的十年中,由于技术相对落后,产能的增长基本靠劳动力和能源投入的堆积来取得,所以导致在这一阶段劳动生产率和能源强度分别出现了下降和上升的情况。1995年之后,能源强度开始大幅度下降,从而能源强度因素也逐渐成为了冶金行业减排的最大动因。这也从另一个侧面解释了劳动生产率的变动原因。

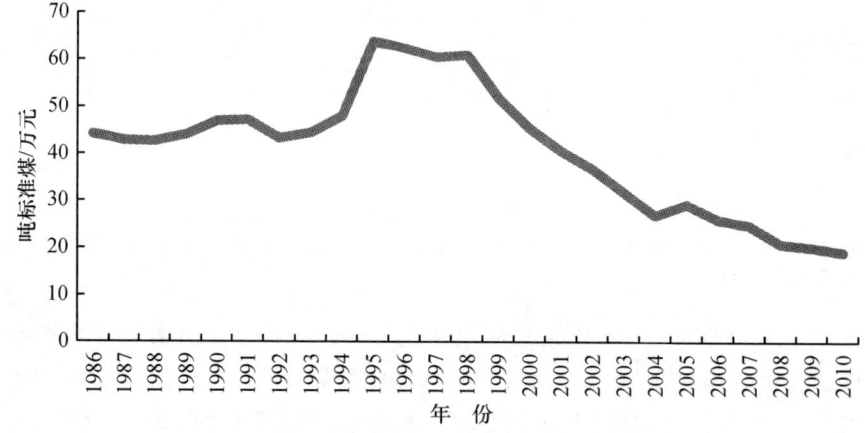

图 2-16 中国冶金工业能源强度变动

数据来源:历年《中国统计年鉴》。

第三,图2-15显示,行业规模对二氧化碳排放变动的影响在最初的几年并不如之后的明显,并且除了1996—2000年阶段,其他均为正数。第三阶段行业规模对冶金工业二氧化碳排放的贡献为$-15\,366\times10^4$t,而在2006—2010年阶段,行业规模的贡献已经达到$24\,719\times10^4$t。现实中,中国政府从1995年开始启动对冶金行业的结构调整,淘汰了大批包括工艺技术落后、设备陈旧的机器、生产线和企业在内的产能。从图2-17可以看到,从1996年到2001年,冶金行业劳动力人数减少幅度超过了35%,而在此期间企业数量也大幅减少。我们认为正是在这一阶段冶金工业的大幅结构调整使得 1996—2000 阶段行业规模对二氧化碳变动的影响呈现负向变化,原因在于落后产能的淘汰提高了行业的能源利用效率,大大减少了单位产值的二氧化碳排放。而在其他时间,行业规模因素则同其他学者的研究结果一样,同二氧化碳排放之间存在着正向的关系,即行业规模的增加将增加二氧化碳的排放。

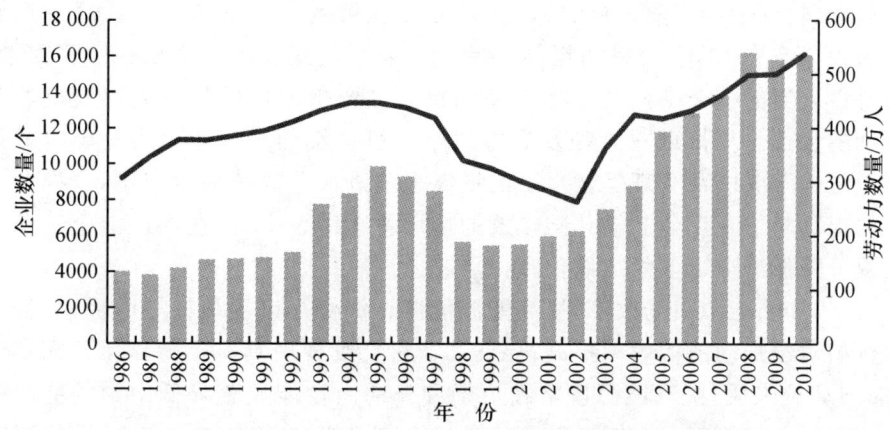

**图 2-17　1986—2010 年中国冶金工业企业及劳动力数量**
数据来源:历年《中国统计年鉴》。

第四,整体来看,中国冶金行业能源结构对二氧化碳排放的影响基本为负,并且影响逐渐增大。对照行业能源消费结构来看,我们发现,由于冶金行业的能源依赖程度很高,能源成本基本上占到行业总成本的近 60%,而煤炭又是能源消费的主要品种,近二十年来,最大的变化在于煤炭比例在逐渐降低,而电力消费比例从最初的 24% 提高到了目前的 40% 左右,这也一定程度上减少了冶金行业的二氧化碳排放。

第五,各个阶段中国冶金行业的二氧化碳排放系数基本变化不大,二氧化碳排放系数基本上可以理解成是化石能源消费结构的变化,从这一点来看,冶金工业变动很小,石油制品和天然气总计占到化石能源的比例目前只有不到 2%,并且在二十几年中也在不断的变化波动,本身冶金行业对二者的需求弹性很大,更主要的是受到价格影响。从而整体来看,二氧化碳排放系数的影响对冶金工业二氧化碳的影响基本上可以忽略不计。

总体来说,冶金行业二氧化碳排放增长的最大动因就是行业规模的扩大以及劳动生产率的提高,更准确的说应该是机器代替劳动力的增长方式。相对来说,促进行业二氧化碳排放减少的主要动因来自于能源强度的提高以及能源结构的改变。

### 3. 中国冶金工业二氧化碳减排建议

环境约束下的经济发展一直是学界和社会关注的焦点,随着全球气候变化的不断加剧,二氧化碳减排将越来越成为经济增长的一个约束条件。如何在保证中国冶金工业发展的同时降低行业的二氧化碳排放,根据本节内容的分析,我们认为可以从以下几个方面入手:

第一,转变冶金工业发展方式,提高企业运行效率与管理水平。通过上面的研究可以发现,劳动生产率的提高是冶金工业二氧化碳排放增长的主要因素,这主要是由于当前冶金工业劳动生产率的提高主要依赖规模的扩大以及机器对人工劳动的替代。从长远看这种发展方式是不可持续的。可持续的发展应该是通过产业结构升级以及管理运营水平的提高来改进产业的劳动生产率,这样劳动生产率的提高对冶金工业二氧化碳排放的作用就会由正变负,在保证冶金工业发展的前提下降低冶金工业的二氧化碳排放。

第二,加快能源市场改革,提高能源价格。价格是市场最核心的因素,合理的能源价格对于推动能源效率提高,保证产业可持续发展具有重要作用。胡宗义等(2008)[①]研究表明,提高能源价格在短期和长期内均能显著降低中国的能源强度以及优化产业结构,对第二产业尤其是冶金工业的能源消费具有很强的调节作用。现阶段中国能源价格仍然受到管制,政府出于经济发展的需要维持较低的能源价格。而一旦能源价格放开,能源价格上升导致的成本增加必然给重工提高足够的动力,促使其提高能源效率,降低能源强度。

第三,优化产业结构,促使产业升级。冶金工业相对于服务业等第三产业而言,单位产值的二氧化碳排放要高出很多,这是由其能源密集的属性所决定的。对于中国而言,加快产业结构升级,大力发展高新技术产业以及促进低端行业向国外转移,既是在二氧化碳排放约束下保证经济增长的需要,也是在国际贸易体系中向上游转移,增强国家竞争力的必然要求。

## 2.3 子行业——建材工业

建材工业是中国的支柱产业,其工业增加值每年贡献了中国近1%的GDP。2014年,建材工业的主营业务收入达到566 461.4亿元,占整个工业部门主营业务收入的5.17%(CEInet,2015)。特别地,建材工业大力地支持了当前中国迅速发展的城市化进程,因为该发展阶段推动了城市公共基础设施以及城市住宅等的建设,进而拉动了大量的水泥需求。作为世界上最大的水泥消费国,2013年,中国消

---

[①] 胡宗义,蔡文彬,陈浩.能源价格对能源强度和经济增长影响的CGE研究.财政理论与实践,2008,29(152).

费了2452t的水泥。如此大量的水泥只能在国内进行生产,因为没有其他国家能够提供如此大规模的原材料。另外,中国建材工业的增长,还被公共基础设施增加以及国家在国际金融危机以后的"保增长"的政策所驱动。建材工业的增加值在过去30年中,由1985年的207.9亿元飞速增长至2012年的3189.62亿元(1990年不变价格)。在1990年至2012年期间,建材工业增加值的年均增长率为12.93%,这远高于GDP的年均增长率。以水泥生产为例:自1985年以来,中国一直保持着世界最大水泥生产国的地位。水泥产出由1985年的$144.28 \times 10^6$ t,增长至2012年的$2184.04 \times 10^6$ t,等价于1413.66%的增长。建材工业的其他产品,如平板玻璃制品和陶瓷制品等产量也一直在世界首屈一指。作为世界第三大高耗能制造业,2010年建材工业占据全球工业交付能源消费量(Delivered Energy Consumption)①的7%(EIA,2013)。因此,调查探究该部门电力需求量的决定性因素、未来电力消费的发展趋势和节电潜能是至关重要的。

在中国城市化进程中,建材工业对节能和低碳转型起着不容忽视的作用。中国城市化进程预计在2020年告一段落。在加速的城市化进程中,中国的建设活动以更快的速度扩张。城市化主要通过下述两个渠道影响建材工业:第一,从农村到城市的转移推动了城市居民住房建设;第二,食物、原材料和制造业产品需要被运输至人口密集的区域,因此要求铁路、公路和机场等基础设施建设。近年来,中国建筑活动明显扩张。作为一个提供基础建设核心原材料的产业,建材工业的产出与能源消费都受到城市化的驱动。该行业2012年能源消费量为$294.01 \times 10^6$ tce,占工业能源消费的8.13%。

电力是建材工业生产过程中的主要能源之一。考虑到水泥工业占据建材工业能源消费的70%~85%(EIA,2013),本节以水泥工业为例来解释。水泥生产中的能源需求可以被划分成两类:热能和电能。热能通常在燃烧过程中被利用,这些热能主要由煤炭、石油、天然气以及其他化石燃料产生;电能主要用作水泥研磨(Junior,2003)。具体来说,电能通常被应用于操作原材料设备(33%)和熟料破碎及研磨设备(38%)并且运行辅助设备,例如烧窑电动机、燃烧鼓风机和燃料供应等(22%)以维持高温过程(Madlool,2011)。建材工业主要消费九种能源:1990—2012年期间,煤炭占80.85%,焦炭占1.78%,原油占0.29%,燃料油占3.25%,汽油占0.51%,煤油占0.02%,柴油占1.98%,天然气占0.88%,电力占7.36%;除了天然气和电力以外,其他能源品种占该行业总能源消费的比重均呈现下降的趋势。煤炭在该部门能源消费中的比例由1985年的88.50%下降至2012年的80.55%;与此相反的是,电力消费的比例由3.40%增长至11.95%。此外,1990

---

① 交付能源消费是经济中一次能源消费和四大主要部门(居民,商业,工业和交通)的电力消费量。

年至2012年期间,建材工业电力消费的年均增长率(10.62%)远高于煤炭消费的年均增长率(4.47%)。热能和电能之间的替代主要通过节能技术来实现,例如,更新最新的能效设备。举例来说,当代最先进的干法水泥生产窑炉的燃料消费就是相对高效的,干法窑炉生产过程中所使用的电力也比湿法窑炉生产过程中所使用的电力要少。

对于建材工业,电力是继煤炭之后占总生产成本比例第二的能源品种。拿水泥成本举例来说,能源成本通常占直接生产成本的50%~60%。在中国,煤炭和电力分别占据水泥生产成本的32%和27%。节约电能的主要方式是提高生产效率和高效利用余热发电。从经济学的角度,"节电"意味着成本的降低。在水泥生产制造过程中,任何能源消费的减少都会提高混凝土产业的竞争情况,并且会进一步减少全球建筑的整体耗能(Fog 和 Nadkarni,1983)。从成本最小化和可持续发展的视角来看,在能源稀缺,能源价格持续增长和气候变化所带来的各种挑战期间,降低工业部门的电力消费是十分重要的。

### 2.3.1 中国建材工业的节能潜力研究[①]

建材工业的能源消费增加是近年来中国能源总需求快速增加的一个重要原因。1985—2012年间重工业能源消费年均增长5.57%。节能是中国乃至全世界一项长期又紧迫的战略方针。2010年,中国建材工业的耗电量为$2448.5 \times 10^8$ (kW·h),相当于荷兰和波兰同年的总耗电量。同时,该年中国建材工业耗电量占全国工业用电量的7.93%,全社会用电量的5.84%和全球用电总量的1.33% (EIA,2013)。调查探究该部门电力需求量的决定性因素、未来电力消费的发展趋势和节电潜能是至关重要的,因此,建材工业领域的电力需求预测和节电潜力是一项重要而亟待研究的问题。

本部分我们主要基于计量经济学协整理论,构建中国建材工业电力需求预测模型,并通过情景分析法计算中国建材工业节电潜力,为中国建材工业节电规划和政策设计提供数据依据,具有重要的现实指导和参考意义。

1. 中国建材工业能源消费的长期均衡关系

(1) 变量选择

① 部门电力消费(EC)。在本章的协整模型中,中国建材工业的电力消费量作为因变量。EC呈现出总体的上升趋势,从1990年的$330.8 \times 10^8$(kW·h)下降至2012年的$2951.26 \times 10^8$(kW·h),相当于增长了801%。EC在1990—2012年

---

[①] 本小节在参考Boqiang Lin & Xiaoling Ouyang 已发表在2014年8月Energy Policy 上的文章 *Electricity demand and conservation potential in the Chinese nonmetallic mineral products industry* 基础上进行了修改和完善。

期间的年均增长率为 10.69%。

② 人均GDP($IN$)。人均GDP为协整模型的解释变量之一,其被定义为实际国内生产总值与全国总人口之比。$IN$反映了经济发展的水平,并且通常被用于衡量一个国家的生活水平。在本书中,引入该指标主要有以下两个原因:对于转型经济体而言,工业部门的电力需求与经济活动的水平紧密相连;建材工业的绝大多数产品被应用于基础设施建设,该部门的产品产出和能源消费主要受到经济增长的驱动。由于国际金融危机的影响,2008年至2010年为全球经济低迷期,其对水泥产业的严重冲击便可作为最好的例证。如图2-23所示,中国的人均GDP从1990年的1654元上升至2012年的12 233.64元(1990不变价格),相当于增长了640%。中国人均GDP的年均增长率在1990年至2010年期间为9.54%。

③ 人均行业增加值($VPW$)。该指标被定义为建材工业的工业增加值与行业员工数量间的比例(1990年不变价格)。依据定义,$VPW$的增长是由于建材工业的行业增加值的增长率高于行业就业人口的增长率。一方面,行业增加值的上升,意味着在给定的投入水平下,可以生产出更高水平的产出(假设建材工业部门的生产过程中,有四种投入:劳动力,资本,能源和生产材料)。换句话说,就是该行业的全要素生产率得以提升。另一方面,劳动生产力的进步会带来更高的能源效率(Mukherjee,2008)。这样的现象可以解释如下:首先,劳动生产力的进步有利于产出的增加(Schurr,1983);其次,管理水平的提高有利于减少生产过程中的能源浪费;最后,熟练的劳动力有更好的利用能源的知识,从而可以更恰当地利用节能科技。

④ 部门研发强度($RDI$)。该指标的定义为:建材行业科技研发支出占行业营销收入的比例。Tang和Tan(2013)表明,科技创新可以遏制电力资源的浪费。例如,电力部门能效的提高可以通过采用最新生产技术和更新节能设备。研究与开发的支出可以被看做是科技进步的指标(Georg和Gunter,2007),这是由于新科技的发展需要持续不断的研发投资。中国建材工业科技研发支出总量已经从1990年的5.55亿元增长至2012年的163.57亿元,$RDI$的平均增长率在1990—2012年期间大概为0.21%。

⑤ 燃料动力价格指数($EP$)。燃料动力价格指数在本章中用作工业用电价格的代理变量。使用该指标的合理性可概括如下:第一,燃料动力价格指数能够更好地反映出中国化石燃料价格的变迁。近年来,电力价格因受到政府宏观调控的影响而较为稳定,然而煤炭和原油的价格却受到市场供需的影响而上下波动。第二,煤炭在中国能源结构中占据主导地位(80%)。如前所述,煤炭和电力是建材工业生产过程中主要的能源品种(92%)。考虑到较小的替代效应,采用化石燃料价格的综合指标是合理的。第三,电价的调整是依据燃料价格的变化,而燃料成

本占据约中国发电成本的70%～75%。除此之外,在缺乏足够的时间序列数据的情景下,其他研究也采用该指标作为工业电价的代理变量(Chouaábi 和 Abdessalem,2011;Zhao 等,2012)。中国燃料动力价格指数1990—2012年的年均增长率为6.52%。

(2) 数据来源

本章实证预测所采用的数据是1990年至2012年期间的年均时间序列。被解释变量为建材工业的电力消费量($EC$);解释变量为人均GDP($IN$)、人均行业增加值($VPW$)、行业研发强度($RDI$)和化石燃料价格指数($EP$)。中国建材工业电力需求的变量如表2-20所示。

表2-20 中国建材业电力需求的变量

| 变量 | 缩写 | 衡量指标 | 单位 | 数据来源 |
|---|---|---|---|---|
| 行业电力消费量 | $EC$ | 建材工业电耗 | $10^6(kW \cdot h)$ | 中国能源统计年鉴(2013) |
| 人均GDP | $IN$ | 实际国内生产总值/全国人口 | 千元/人(1990不变价格) | CEIC 中国经济数据库(2015) |
| 人均行业增加值 | $VPW$ | 实际部门增加值/部门雇佣人数 | 万元/劳动者(1990不变价格) | CEIC 中国经济数据库(2015) |
| 行业研发强度 | $RDI$ | 行业研发投入占行业营业收入的比例 | % | 中国科技统计年鉴(1990—2013) |
| 化石燃料价格指标 | $EP$ | 中国化石燃料价格指数 | 1990=100 | 中国能源统计年鉴(2013) |

(3) 电力需求的影响因素与协整分析

在以往的研究当中,协整分析中国能源及电力需求的函数为总量需求函数的形式。根据现有的文献,本节认为行业电力消费量($EC_t$)是人均GDP($IN_t$),行业人均增加值($VPW_t$),行业研发强度($RDI_t$)和化石能源价格指数($EP_t$)的函数,也即

$$EC_t = f(IN_t, VPW_t, RDI_t, EP_t) \tag{2-22}$$

依据 Medlock 和 Soligo(2001)的理论,本节假定建材工业电力需求的形式是 $EC_t = AIN_t^{b1} EP_t^{b2}$。对该需求函数取对数,可转换为

$$\ln EC_t = \alpha_0 + b_1 \ln IN_t + b_2 \ln EP_t \tag{2-23}$$

在此方程中,$EC_t$ 为建材工业的电力消耗;$IN_t$ 为人均GDP;$EP_t$ 表示工业电价。

为了研究劳动生产率和科技进步对建材工业电力消耗的影响,本章在公式(2-23)中引入"行业人均增加值($VPW$)"和"部门科研强度($RDI$)"。因此,建材工

业的长期电力需求函数转变为

$$\ln EC_t = \alpha_0 + b_1 \ln IN_t + b_2 \ln EP_t + b_3 \ln VPW_t + b_4 \ln RDI_t \qquad (2-24)$$

本节采用 ADF,PP 和 KPSS 方法,检验模型中变量的稳定性。单位根的检验结果如表 2-21 所示。

**表 2-21  变量的单位根检验 a**

| 序列 | ADF 检验 | | PP 检验 | | KPSS 检验 | |
|---|---|---|---|---|---|---|
| | 无趋势 | 有趋势 | 无趋势 | 有趋势 | 无趋势 | 有趋势 |
| $\ln EC$ | 0.217495 | -4.467895 | 0.073191 | -1.510373 | 0.679688** | 0.132820* |
| $\ln IN$ | -0.894451 | -3.113020 | -0.176334 | -1.625141 | 0.687173** | 0.101299 |
| $\ln VPW$ | -1.126510 | -5.3112*** | -1.082266 | -2.016563 | 0.6838** b | 0.088199 |
| $\ln RDI$ | -2.908631* | -2.733191 | -2.9086* | -2.733191 | -2.908631 | -2.733191 |
| $\ln EP$ | -2.693709 | -4.16283** | -2.507563 | -2.328694 | 0.632410** | 0.102545 |
| $\Delta \ln EC$ | -2.385930 | -2.239936 | -2.487357 | -2.356943 | 0.110931 | 0.087295 |
| $\Delta \ln IN$ | -2.267606 | -2.197904 | -2.429644 | -2.377975 | 0.102451 | 0.104248 |
| $\Delta \ln VPW$ | -3.1720** | -2.684605 | -3.174*** | -3.24922*** | 0.108663 | 0.087929 |
| $\Delta \ln RDI$ | -5.0524*** | -5.14622*** | -5.089*** | -5.190*** | 0.182521 | 0.082340 |
| $\Delta \ln EP$ | -2.761035 | -3.044457 | -2.761035 | -3.042608 | 0.247697 | 0.110654 |
| $\Delta^2 \ln EC$ | -3.4809** | -3.324363* | -3.0054** | -2.796788 | 0.181481 | 0.12342* |
| $\Delta^2 \ln IN$ | -5.197*** | -4.9972*** | -5.247*** | -5.0897*** | 0.117683 | 0.089585 |
| $\Delta^2 \ln VPW$ | -7.0701*** | -7.1894*** | -8.324*** | -7.649*** | 0.230474 | 0.257*** |
| $\Delta^2 \ln RDI$ | -8.0057*** | -7.7813*** | -23.75*** | -23.22*** | 0.413358* | 0.407** |
| $\Delta^2 \ln EP$ | -5.9633*** | -5.7862*** | -6.885*** | -6.2888*** | 0.176625 | 0.151377 |

注:a. 本章采用 EViews 8 实现检验过程,$\Delta$ 表明时间序列的一阶差分,$\Delta^2$ 表明时间序列的二阶差分;b. ***,** 和 * 分别表明在 1%,5% 和 10% 水平下的统计显著性,在 5% 显著性水平下,ADF 检验无趋势和有趋势的临界值分别为 -3.030 和 -3.674;在 1% 显著性水平下,ADF 检验无趋势和有趋势的临界值分别为 -3.832 和 -4.533(MacKinnon 等,1999)。PP 检验的临界值来自于 Phillips 和 Perron(1988)。在 5% 显著性水平下,KPSS 检验无趋势和有趋势的临界值分别为 0.463 和 0.146;在 1% 显著性水平下,KPSS 检验无趋势和有趋势的临界值分别为 0.739 和 0.216(Kwiatkowski 等,1992)。

如表 2-21 所示,存在单位根的原假设不能被拒绝。总的来说,三种方法的检验结果是一致的,尤其是 ADF 和 PP 检验。结果表明,存在单位根的原假设在二阶差分中被明显拒绝。因此,本节认为五个变量为二阶差分平稳,其满足协整检验的要求。

本节需要构建一个由 $\ln EC$,$\ln IN$,$\ln VPW$,$\ln RDI$ 和 $\ln EP$ 构成的无限制自

回归向量(Unrestricted Vector Autoregressive, VAR)来分析变量间的协整关系。因此,本章需要选择最优滞后阶数。在本节中,利用(The Akaike Information Criterion, AIC)、(Schwarz Information Criterion, SC)、(Sequential Modified LR Test Statistic, LR)、(Final Prediction Error, FPE)和(Hannan-Quinn Information Criterion, HQ)得出滞后阶数为2。

表 2-22　VAR 滞后阶数选择的准则 a

| 滞后阶数 | LL | LR | FPE | AIC | SC | HQ |
| --- | --- | --- | --- | --- | --- | --- |
| 0 | 58.61040 | NA | 2.44e-09 | −5.643200 | −5.394663 | −5.601138 |
| 1 | 185.8532 | 174.1217* | 5.77e-14 | −16.40560 | −14.91438* | −16.15322 |
| 2 | 218.7431 | 27.69680 | 5.10e-14*b | −17.23612* | −14.50221 | −16.77343* |

注:a. 内生变量为 $LnEC$, $LnIN$, $LnVPW$, $LnRDI$ 和 $LnEP$,外生变量为 $C$;样本区间为1990—2010 年,包含 19 个观察值。b. * 表明通过上述准则选择的滞后阶数。

如表 2-22 所示,FPE、AIC 和 HQ 准则均选择滞后阶数为 2 的标准。

接着,我们使用迹统计量和最大特征值,来估计协整关系的数量和标准化协整系数。Johansen 协整有关 $\ln EC$, $\ln IN$, $\ln VPW$, $\ln RDI$ 和 $\ln EP$ 的秩检验结果见表 2-23。

表 2-23　Johansen 协整检验

| 假定的 CE 数[a] | 特征值 | 迹统计量 | 5%临界值 | 概率** |
| --- | --- | --- | --- | --- |
| 无* | 0.937217 | 142.7736 | 76.97277 | 0.0000 |
| 至多一个* | 0.866323 | 84.64396 | 54.07904 | 0.0000 |
| 至多两个* | 0.602739 | 42.38500 | 35.19275 | 0.0071 |
| 至多三个* | 0.482137 | 22.99860 | 20.26184 | 0.0205 |
| 至多四个* | 0.354110 | 9.179661 | 9.164546 | 0.0497 |
| 假定的 CE 数[b] | 特征值 | 最大特征统计量 | 5%临界值 | 概率**[d] |
| 无*[c] | 0.937217 | 58.12960 | 34.80587 | 0.0001 |
| 至多一个* | 0.866323 | 42.25897 | 28.58808 | 0.0005 |
| 至多两个 | 0.602739 | 19.38640 | 22.29962 | 0.1215 |
| 至多三个* | 0.482137 | 13.81894 | 15.89210 | 0.1030 |
| 至多四个 | 0.354110 | 9.179661 | 9.164546 | 0.0497 |

注:a. 迹检验表明在 5%临界值存在 4 个协整方程;b. 最大特征检验表明在 5%临界值存在 2 个协整方程;c. * 表明在 5%显著性水平下拒绝原假设;d. ** 表明 MacKinnon-Haug-Michelis(1999) $p$ 值。

如表 2-23 所示,迹检验和特征根检验的结果均表明,在 5%显著性水平下,

"不存在协整方程"的原假设被拒绝。

表 2-24　标准化协整系数 a

| lnEC | lnIN | lnVPW | lnRDI | lnEP | C |
| --- | --- | --- | --- | --- | --- |
| 1 | −2.094596 | 0.449578 | 0.217246 | 0.093823 | −8.415896 |
|  | (0.15441)[b] | (0.08428) | (0.07553) | (0.06239) | (0.24136) |

注:a. 对数似然值:195.0600;b. 标准化的协整系数(括号内为标准差)。

根据表 2-24 中标准化的协整系数,协整方程可以写为

$$\ln EC = 2.094596 \ln IN - 0.4495781 \ln VPW - 0.217246 \ln RDI \\ - 0.123459 \ln EP + 8.415896 \qquad (2\text{-}25)$$

依据方程(2-25),本节可以得出以下结论。

首先,1990 年至 2012 年期间,各变量之间存在长期协整关系。其次,人均 GDP($IN$)对于建材工业电力消费的长期弹性系数为正。意味着,中国人均收入水平的提高将正向推动建材工业的电力消费。换言之,弹性系数表明,国民收入水平每提高 1%,将推动建材工业的电力消费量相应提高 2.09%。与此相反的是,建材工业人均工业增加值($VPW$),建材工业研发强度($RDI$)和化石燃料价格($EP$)的长期弹性系数为负。这表明上述变量的提高有利于降低建材工业的耗电量。建材工业人均工业增加值、建材工业研发强度和化石燃料价格每提高 1%,将分别使得建材工业的耗电量下降 0.44%,0.22% 和 0.09%。最后,与化石燃料价格以及建材工业人均增加值相比,行业的研发强度,将在更大程度上推动建材工业电力消费量的降低。燃料价格变动能够捕捉一些价格对于建材工业电力消费的影响。因此,可以慎重地得出下述结论:科技进步和能源价格的提高是工业能源消费降低的驱动因素。除此之外,行业人均增加值在降低行业电力需求中也起到重要作用。

2. 中国建材工业电力需求变动的分析

(1) 变量假定

在预测中国建材工业的电力需求之前,有必要衡量回归结果预测的准确性。基于此原因,我们将历史数据被代入到协整方程(2-25)。在 1990—2012 年,建材行业电力消费量的拟合值,如图 2-18 所示。拟合值和实际值之间的平均误差为 −9.52381E-08,表明协整方程具有较高的预测精度。

基于上述讨论,本章利用协整 VAR 模型,来预测未来建材行业的电力需求。类似的研究还有 Amarawickrama 和 Hunt(2008),Lin 和 Ouyang(2013)等等。

1990 年以来,众多学者和分析人员基于计量模型,对诸如气候变暖、燃料需求、水资源紧缺和土地利用等问题,进行了量化的情景分析。总的来说,情景包括对于问题边界的定义,对驱动因素变化的描述以及对于关键的不确定因素和未来

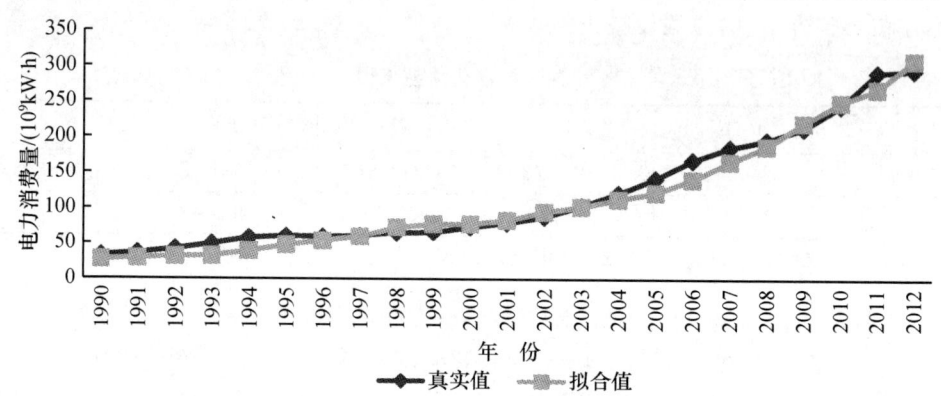

图 2-18　1990—2012 年建材工业电力消费量的实际值与拟合值

情景的识别(Swart 等,2004)。定量场景分析适用于短期的模拟。尽管协整模型建立了变量间的长期协整关系,但在更长时间范围内,由于复杂性和不确定性因素的增加,模型的预测能力将下降。然而,情景分析法可以作为预测规划和决定执行之间的纽带(Huss,1988)。因此,本节进行情景分析的目的,并非为了提供未来中国建材工业电力需求的精确估计,而是为了阐明主要的经济变量如何在未来影响该行业的电力需求,进而为战略决策制定者提供政策建议。

(2) 场景设计与分析

本节选择 2020 年至 2030 年来作为未来情景的研究阶段。本节将设置三个情景,主要的原因有两个。第一,建材工业电力需求的决定性因素可以被分为两类:① 对建材工业电力需求有积极影响的因素和对建材工业电力需求有消极影响的因素;② 人均 GDP 是建材工业电力消费方程中唯一的具有积极影响的因素。第二,2014 年,中国国内生产总值同比增长 7.4%。2015 年 1 月,中国科学院发布《2015 中国经济预测与展望》,预计 2015 年中国 GDP 增速为 7.2%。根据中国社科院宏观经济运行实验室 2014 年 10 月对中国未来宏观经济发展的预测,"十三五"期间中国 GDP 增长率在 5.7%~6.6% 之间,2020—2030 年 GDP 增长率在 5.4%~6.3% 之间。据此,我们设定 2015 年 GDP 增速为 7.2%,2016—2020 年 GDP 年均增长率为 6.2%,2021—2030 年 GDP 年均增长率为 5.8%,从而计算得到预测区间(2015—2030 年)内的 GDP 变量序列数据。

此情景的设置为后文节电潜力的分析做了铺垫。在 1990—2012 年期间,对建材工业电力需求具有消极影响的变量的平均增长率作为"情景 1";在 2006—2012 年期间,对建材工业电力需求具有消极影响的变量的平均增长率作为"情景 2";将 2011—2012 年,对建材工业电力需求具有消极影响的变量的增长率作为"情景 3"。类似的设置同样可以在 Bazilian 等(2012),Ma 等(2012),Lin 等

(2012),Lin 等(2012)等文献中发现。

以下三个原因可支持该情景设置的合理性：第一，假设与变量的历史发展趋势一致，因为假设的设定是基于变量的历史发展趋势。第二，所有的情景都是可以实现的，因为情景的设置都遵循所有变量的历史演变规律。第三，三个"情景"都捕捉到了变量的长期和短期发展趋势，使得其能够较为全面的估计中国未来建材工业能源需求的形势。此外，变量近期的发展趋势，对于情景估计而言，更加具有实用性。例如，在 1990—2012 年期间，建材工业"科技研发支出占营业收益的比值"为 0.57%，这可能无法反应出近年来的实际变化。考虑到中国政府为减轻"高耗能产业"的能源消费，而设置的高能源效率标准，中国建材工业对于能源效率的研发强度将有所加大。因此，情景 3 的设置是有必要的，并且也是合理的。建材工业电力消耗的情景设置如表 2-25 所示。

表 2-25 建材工业电力需求的情景设置

|  | 情景1/(%) | 情景2/(%) | 情景3/(%) |
| --- | --- | --- | --- |
| VPW | 19.36 | 15.96 | 2.5 |
| RDI | 0.21 | 1.72 | 3.2 |
| EP | 6.8 | 4.3 | 9.1 |

（3）能源需求的情景分析

根据解释变量的历史及现实的发展趋势以及协整方程(2-25)，本节预测 2020 年及 2030 年建材工业电力需求在三个情景中，分别为 $3683.7\times10^8(kW\cdot h)$、$3711.7\times10^8(kW\cdot h)$ 和 $4944.4\times10^8(kW\cdot h)$，分别占到中国 2020 年电力总消费的 4.89%，4.93% 和 6.57%。相应地，2030 年建材工业电力需求在三个情景中，分别为 $5059\times10^8(kW\cdot h)$，$5145.9\times10^8(kW\cdot h)$ 和 $12\,349\times10^8(kW\cdot h)$，分别占据中国电力总消费量的 4.59%，4.68% 和 11.22%（见表 2-26）。

表 2-26 建材工业电力需求的预测值

| 年份 | 情景1 /$10^9(kW\cdot h)$ | 占社会总用电量比例/(%)[a] | 情景2 /$10^9(kW\cdot h)$ | 占社会总用电量比例/(%) | 情景3 /$10^9(kW\cdot h)$ | 占社会总用电量比例/(%) |
| --- | --- | --- | --- | --- | --- | --- |
| 2020 | 368.37 | 4.89 | 371.17 | 4.93 | 494.44 | 6.57 |
| 2030 | 505.9 | 4.59 | 514.59 | 4.68 | 1234.9 | 11.22 |

注：a. 中国建材工业 2020 年行业电力消费占全国电力消费的比值的估算，依据何晓萍等(2009)的预测值。其研究表明，在保守增长情景下，2020 年中国电力消费总量将达到 $75\,273\times10^8$ (kW·h)。2030 年行业电力消费占全国电力消费的比值估算，依据新华新闻 http://news.bjx.com.cn/html/20121024/396652-2.shtml，2030 年中国电力消费总量预测值为 $11\times10^{12}$(kW·h)。

依据预测结果,本节可以得出以下结论。首先,中国建材工业的电力需求在未来中长期内,仍将持续增长。其次,在城市化进程中,国民收入水平的提高,将通过对建筑材料需求的增加,成为推动建材工业部门能源消费量的主要驱动因素。

3. 中国建材工业的节电潜力

为了估计未来建材工业的电力节约量,本节进一步设置了行业电力节能的两个情景。在保守节电情景下,行业电力消费由情景3(行业电力需求的最高水平)转换为情景2(行业电力需求的中等水平);相应地,在激进节电情景下,行业电力消费由情景3(行业电力需求的最高水平)转换成情景1(行业电力需求的最低水平)。如前所述,以上的两个情景是可实现的,因为情景设计的依据是各个变量的历史发展趋势。需要说明的是,行业节电潜力的评估,主要依据三个变化因素——人均行业增加值、行业研发强度和化石燃料价格,这三个因素均对建材工业行业电力消费有消极影响。

根据中国建材工业行业不同经济增长情景下电力消费的预测,行业节电量以及其对于中国电力需求的影响估算如下。结果如表2-27所示。

表2-27  2020—2030年建材工业节电量及其占中国总电力需求的比重

| 年份 | 保守节电情景 | | 激进节电情景 | |
| --- | --- | --- | --- | --- |
| | 节电量/$10^8$(kW·h) | 占社会总用量比例/(%) | 节电量/$10^8$(kW·h) | 占社会总用量比例/(%) |
| 2020 | 902.64 | 1.19 | 1273.20 | 1.69 |
| 2030 | 6153.76 | 5.59 | 7373.45 | 6.70 |

如表2-27所示,中国建材工业存在较大的电力节约潜力。2020年,行业节电潜力在"保守节电情景"下有望达到$902\times10^8$(kW·h);该值接近2012年阿拉伯联合酋长国全年的总耗电量[$932.84\times10^8$(kW·h)](EIA,2015);行业节电潜力在"激进节电情景"下将达到$1273\times10^8$(kW·h),此电耗值接近瑞典2012年全年的总耗电量[$1305.12\times10^8$(kW·h)]。除此之外,建材工业节电潜力占中国电力总需求的比值在"保守节电情景"和"激进节电情景"下分别达到1.19%和1.69%。

2030年,行业节电潜力在"保守节电情景"下将达到$6153.8\times10^8$(kW·h),该值超过非洲2012年电力总消费量[$5999.651\times10^8$(kW·h)];行业节电潜力在"激进节电情景"下将达到$7373.4\times10^8$(kW·h),该值与2012年中东地区电耗总和相近[$7924.29\times10^8$(kW·h)]。此外,在"保守节电情景"和"激进节电情景"下,行业电力节约量占中国总电力需求的比值分别为5.59%和6.70%。

本小节可以得出下述两点:第一,城市化是建材工业节能的重要契机。一方面,行业能源消费增长率在城市化阶段是最高的;另一方面,相对粗放的增长模式和行业能源利用,意味着在城市化阶段,该行业具有更大的节能潜力[①]。第二,如果中国政府实施积极的节能政策,建材工业的电力节约量可能会更高。本小节的结论论证了以下观点:如果行业人均增加值、行业科技研发支出占销售收入的比重以及能源价格增长率提高更大幅度,行业节能潜力也就越大。

4. 中国建材工业节能建议

城市化可被作为降低中国工业能源需求和实现节能的重要转机。本节结果表明,中国建材工业人均工业增加值、行业研发程度和化石燃料价格均可降低中国建材工业的电力消耗,而国民收入水平会提高建材工业的电力消费量,这明确了今后政策制定者在建材工业节能方面的思考方向,具体而言:

首先,进一步加大建材工业的科技投入,使用先进科技和技术,提高建材工业的单位劳动生产率,提高建材工业人均行业增加值。科学技术是第一生产力,先进的生产工艺可以减少生产过程中的固定资产折旧,增加营业盈余。比如,水泥工业作为建材工业的重要子行业之一,目前使用先进的电气自动化技术的企业仍然偏少,今后一段时间内水泥行业应进一步提升其电气自动化水平,优化水泥生产过程(莫正选,2013)。

其次,进一步推进能源价格改革。经济学理论告诉我们,价格反映稀缺水平,对供需关系起到最为直接的影响作用。然而中国的能源价格管制,导致了能源浪费现象和能源利用效率低下,建材工业也不例外,当能源价格能够真实反应其成本,建材工业的能源效率就会相对容易得到提高。

### 2.3.2 中国建材工业二氧化碳排放变化及分析[②]

以化石能源为主的能源结构直接导致了中国建材工业巨大的二氧化碳排放,基于行业的历史数据,我们计算了 1985—2011 年中国建材工业的二氧化碳排放情况(指来自化石能源的直接排放)。建材工业产出的增长,导致该行业能源消费量的迅速增加。1985—2010 年期间,化石燃料能源消费(包括电力)从 77.47Mtce 增长至 244.63Mtce。相应地,与能源相关的二氧化碳排放,由 $185.05 \times 10^6$ t 增长至 $507.29 \times 10^6$ t,相当于上涨了 174.14%。中国建材工业 1985—2010 年间,化石燃料能源消费和二氧化碳排放的趋势如图 2-19 所示。

---

① 建材工业仍然存在较大的落后产能需要被淘汰。由于基于湿法水泥熔炉的较旧的资本设施,以及小型垂直窑炉等原因,中国水泥行业的生产效率仍然相对落后。此外,尽管在 1998—2000 年期间,大量的小型生产企业被兼并和收购,2010 年建材工业仍然有 34 793 个企业。总体而言,中国建材工业仍然存在较多的小型生产企业。

② 本小节在 Boqiang Lin & Xiaoling Ouyang 已发表在 2014 年 2 月 Energy 上的文章 *Analysis of energy-related carbon dioxide emission and reduction potential in the Chinese non-metallic mineral products industry* 基础上进行了修改和完善。

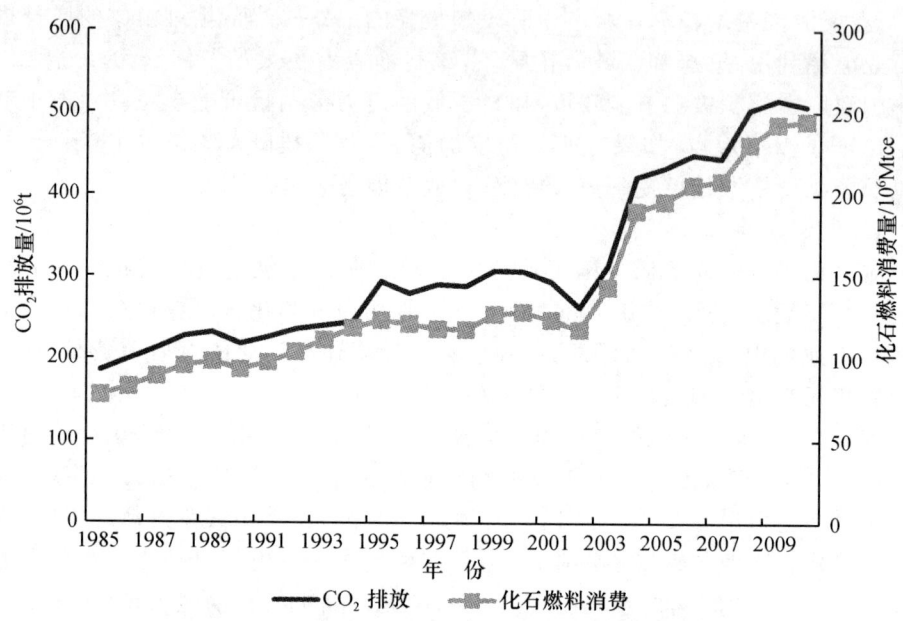

图 2-19 建材工业化石燃料消费及其二氧化碳排放趋势
资料来源：国家统计局.中国能源统计年鉴 2012.CEIC 中国数据库.

1985—2010 年期间,建材工业化石能源消费的年均增长率为 4.98%,与能源相关的二氧化碳排放每年以 4.49% 的增长率增长。值得注意的是,在 2002 年中国城市化进程加快以后,建材工业化石能源消费及其与能源相关的 $CO_2$ 排放呈现飞速增长的趋势。2003—2008 年期间,建材工业化石能源消费的年均增长率达 12.41%,其推动与能源相关的 $CO_2$ 排放达到 12.08% 的年均增长率。

如图 2-20,2000—2002 年间,受工业结构转型的影响,数量众多的小型企业破产,建材工业的煤炭消费量急剧下滑。然而,在 2003 年后,由于固定资产投资增长以及过热的房地产产业,建材工业的煤炭消费量再次回升。煤炭是导致建材工业 $CO_2$ 排放增长的始作俑者,继煤炭之后,对建材行业二氧化碳排放贡献最大的是燃料油和焦炭。1985—2011 年期间,煤炭消费所产生的 $CO_2$ 排放占中国建材工业 $CO_2$ 排放总量的 90.60%。燃料油和焦炭消费产生的 $CO_2$ 排放,占建材工业能源消费所导致的二氧化碳总排放的比率分别为 3.49% 和 2.52%。

从图 2-20 可以看出,煤炭在中国建材工业 $CO_2$ 排放总量中起到决定性作用。在本节的研究阶段,建材工业绝大多数 $CO_2$ 排放的增长,源于煤炭消费的增长和以"煤炭为主"的能源结构。类似现象的反例也验证了该结论。2000—2002 年阶段(中国工业转型时期),建材工业 $CO_2$ 排放的减少,正是由于煤炭消费量出现下降。能源品种的多样性,有利于降低煤炭在行业能源消费结构中的比例。天然气

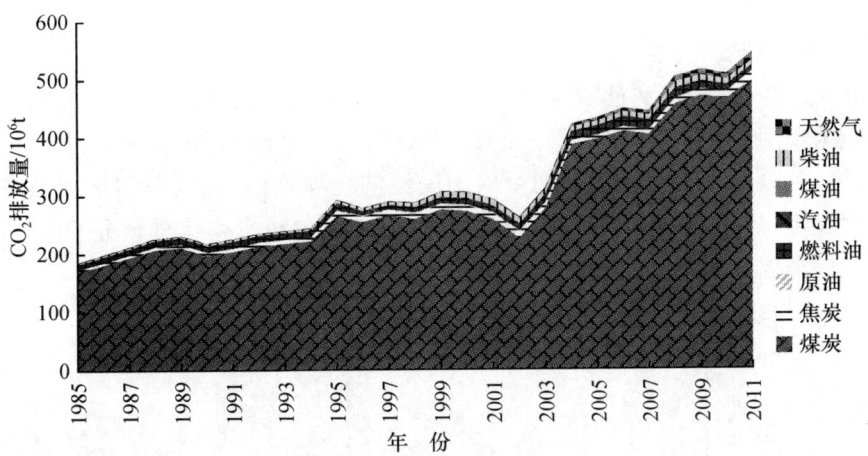

**图 2-20　中国建材工业能源消费所导致的二氧化碳排放**

资料来源:国家统计局.中国能源统计年鉴 2012.

消费在 2004 年后快速上升,2004—2011 年期间,建材工业天然气消费的平均增长率高达 67.57%。在同一时期,电力消费的增长达到了 13.68%。

### 1. 中国建材工业二氧化碳排放变化因素分解

为了研究探讨各个阶段中国建材工业由能源消费所产生的二氧化碳排放变化情况及其几个主要影响因素对该变化的贡献值。根据对数平均迪氏指数加法分解方法对变量的要求,结合建材工业能源消费和二氧化碳排放特征,我们将中国建材工业二氧化碳排放量分解为如下几个因素:

$$CO_2 = \frac{CO_2}{TOE} \times \frac{TOE}{GDP} \times \frac{GDP}{POP} \times POP \tag{2-26}$$

其中,$TOE$ 表示能源消费总量;$GDP$ 表示国内生产总值;$POP$ 表示人口数。进一步地,公式(2-26)可表示为式(2-27)

$$CO_2^t = \frac{CO_2^t}{EFF^t} \times \frac{EFF^t}{TOE^t} \times \frac{TOE^t}{IVA^t} \times \frac{IVA^t}{IS^t} \times IS^t = CI \times S \times EI \times IA \times IS \tag{2-27}$$

其中,$CI$ 代表单位化石燃料消费所产生的 $CO_2$ 排放,$S$ 代表化石燃料占总能源消费的比值,$EI$ 代表单位工业增加值的能源消费量,$IA$ 即人均工业增加值,$IS$ 为建材工业雇用人数。基于此,利用对数平均迪氏指数加法分解方法,中国建材工业二氧化碳排放变化可分解为 5 个驱动因素:① $CI$(单位化石燃料的二氧化碳排放,碳强度效应 $CI_{eff}$)变化的影响;② $S$(化石燃料占据能源消费总量的比值,替代效应 $S_{eff}$)的变化;③ $EI$(单位工业增加值的能源消费量,能源强度效应 $IS_{eff}$)的变化;④ $IA$(单位人均增加值,工业活动效应 $IA_{eff}$)的变化;⑤ $IS$(雇佣人数,工业结构效应 $IS_{eff}$)的变化。

分解分析能够量化"能源消费所产生的 $CO_2$ 排放的变化"的每一个决定性因素的影响程度。在本节中,1986—2010 年划分为五个时间段,主要基于以下两个原因:第一,以五年为一个周期的中国国民经济规划,对宏观经济和能源系统均产生重大影响;第二,在五年时间区间内,可以捕捉和比较影响建材行业 $CO_2$ 排放变化的每一个因素。

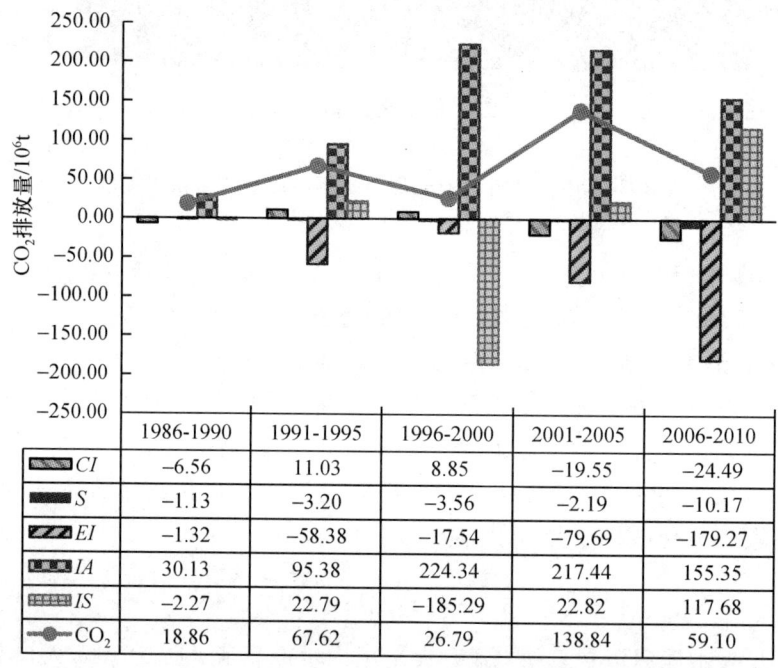

图 2-21 建材工业能源消费所导致的二氧化碳排放的因素分解

注:$CI$ 代表碳强度效应,$S$ 代表替代效应,$EI$ 代表能源强度效应,$IA$ 代表工业活动效应,$IS$ 代表工业结构效应。

结果表明,在过去的 26 年期间,中国建材工业 $CO_2$ 排放具有显著的变化。分析 $CO_2$ 排放变化的原因,有利于制定减缓 $CO_2$ 排放增长的相关政策。如图 2-21 所示,工业活动($IA$)效应是建材工业 $CO_2$ 排放增长的主要驱动因素,然而,能源强度($EI$)效应是建材工业 $CO_2$ 排放降低的主要推动因素。工业规模($IS$)对建材工业 $CO_2$ 变化的影响,在上述时间间隔内呈现不稳定的状态。总的来说,其促进了行业 $CO_2$ 排放量的增长。然而,由于国家工业结构调整,1996—2000 年期间,工业规模效应($IS$)大大推进了建材工业的 $CO_2$ 减排。在此期间,大量私人、小型民营企业和国有企业破产倒闭,导致大批工人失业。工业规模的缩减,导致建材工业能源消费和相应的 $CO_2$ 排放显著下降。此外,燃料替代效应促进了行业 $CO_2$ 排放的降低,尽管其减小的幅度甚微。1986—2010 年期间,能源碳强度效应($CI$)对于建材工业 $CO_2$ 排放变化的影响呈现上下波动的趋势。然而,该效应是建材行业 $CO_2$ 排放减少的原因。以上结论与 Ang(1999)的研究相一致,这表明能源强度(能源消费量/GDP)效应对与能源相关的 $CO_2$ 排放的冲击力,远大于能源碳强度($CO_2$ 排放/能源消费量)效应。

为了展开更加深入的分析,本节进一步分析每个效应在每个五年期间内,对建材工业 $CO_2$ 排放的影响程度。可以发现,对于行业 $CO_2$ 排放增长的最大驱动因素是工业活动($IA$)效应,分别在 1996—2000 年和 2001—2005 年,导致行业二氧化碳排放量增加 $224.34\times10^6$ t 和 $217.44\times10^6$ t $CO_2$。在整个研究的时间区间内,上述增量是行业最高的二氧化碳排放增量。尽管工业活动 1996—2000 年的时间段显示下降趋势,工业活动效应仍然是推进中国建材工业 $CO_2$ 排放的主导因素。能源强度效应是行业二氧化碳减排的主要推动者,其贡献呈现上升趋势,例如:其减少的 $CO_2$ 排放由 1996—2000 年的 $-17.54\times10^6$ t,进一步提高至 2006—2010 年的 $179.27\times10^6$ t。能源强度效应在 2006—2010 年时间段,对于建材工业二氧化碳减排的作用显著。2009 年,中国政府承诺,到 2020 年,国家能源强度将比 2005 年下降 40%~45% 的目标。该目标被分解为三个时间段的规划——2009—2010 年,2011—2015 年和 2016—2020 年。因此,可以预计,能源强度将在中国建材工业 $CO_2$ 的减排中,起到更加重要的作用。工业规模效应,是导致建材工业二氧化碳排放增长的第二大影响因素,其造成了 2006—2010 年期间行业 $117.68\times10^6$ t 的 $CO_2$ 排放增量。

本节的结果表明,工业活动效应和能源强度效应是中国建材工业 $CO_2$ 排放增长的主要驱动力。为了研究影响行业 $CO_2$ 排放变化的可能因素,为减轻行业 $CO_2$ 排放提供政策指导,并且在低碳经济背景下,为中国建材业低碳经济规划发展战略,本节继续对行业二氧化碳排放变化的因素,进行了更深层次的分析。

中国建材工业二氧化碳排放的增加,主要受到工业活动效应的制约。如图 2-21 所示,由工业活动效应贡献的行业 $CO_2$ 排放量的增加,在整个五年为区间的研究阶段,呈现倒"U"形趋势。此现象背后的逻辑是十分清晰明确的。伴随中国城市化的推进,由公共基础设施建设所带动的原材料需求与日俱增。因此,建材工业的产出和工业增加值在城市化阶段飞速增长。在 2003 年以前,建材工业的工业增加值和 $CO_2$ 排放曲线的斜率均相对平缓(图 2-22)。1985—2002 年期间,建材行业工业增加值的年均增长率为 10.05%,这使得由于能源消费产生的 $CO_2$

排放以 2.29% 的速度逐年增长。

值得注意的是,2002 年后加速的城市化进程,推动了建材行业工业增加值的快速增长,然而这并未使得该行业与能源相关的 $CO_2$ 排放的飞速增长。建材工业增加值的年均增长率在 2003—2010 年期间高达 18.71%,然而,由能源消费所导致的 $CO_2$ 排放,在同期的增长率却仅为 9.18%。这主要是因为同期工业结构转型和能源强度的降低。在 1996—2000 年和 2001—2005 年期间,由于工业活动效应的作用,建材工业的 $CO_2$ 排放呈现惊人增长,分别达到 $224.34 \times 10^6$ t 和 $217.44 \times 10^6$ t。然而,工业增长和 $CO_2$ 排放的去耦(也称"脱钩"),由于能源强度的强制性指标,使得工业活动效应对于行业二氧化碳排放的作用得以减弱。2006—2010 年期间,工业活动对于 $CO_2$ 排放的影响进一步降低至 $155.35 \times 10^4$ t。

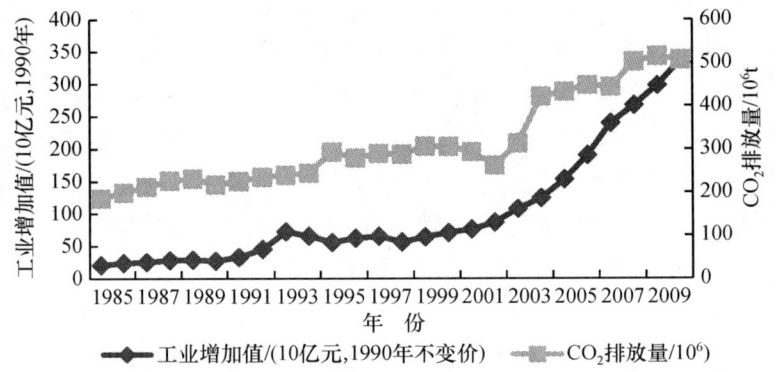

图 2-22 建材工业 $CO_2$ 排放和工业增加值趋势的比较
数据来源:国家统计局.中国统计年鉴 2012.

在研究时间区间内,能源强度效应,对于行业 $CO_2$ 排放的下降的贡献,总体呈现上升的趋势。1996—2000 年期间,由于中国政府实行工业转型,使得能源强度对于行业 $CO_2$ 排放的下降作用减弱。在工业转型过程中,大量私营企业及国有企业破产重组,导致行业产出和工业增加值的增长减缓。

2006—2010 年期间,能源强度效应对于行业 $CO_2$ 减少,产生了显著的影响。这主要由于国民经济"第 11 个五年计划(2006—2010 年)"提出目标,"到 2010 年,中国的能源强度将比 2005 年下降 20%"。然而,中国降低能源强度,并非通过优化能源结构,提高能源利用效率和推进能源价格改革等积极的计划得以实现的。事实上,该目标是通过在 2010 年对水泥、钢铁工业等高能耗工业,实施"拉闸限电"来实现的。除此之外,从某种程度来说,2008 年的全球金融危机也有利于中国工业部门能源强度的减弱。因此,2006—2010 年期间,受能源强度作用而减少的行业 $CO_2$ 排放,主要依赖于淘汰高能耗工业的落后产能。中国政府随即又提出了双向指标,即规定,到 2020 年,能源强度和碳强度均较之 2005 年下降 40%~45%。"碳强度"指标包含两个含义:第一,能源结构的修正;第二,燃料结构趋向多元化和碳含量较低的燃料。因此,2011—2020 年期间,能源强度对于行业 $CO_2$ 排放增长方面的消极影响,预期将会更加显著。

基于时间区间计算影响建材工业二氧化碳排放的影响因素,可能会导致某些重要信息的缺失。为了避免这样的问题,本章进一步计算各个影响因素对于中国建材工业二氧化碳排放变化的逐年累计效应。以 1986 年为基准年份,本章计算了影响建材工业二氧化碳排放的逐年累计效应。计算结果如图 2-23 所示。

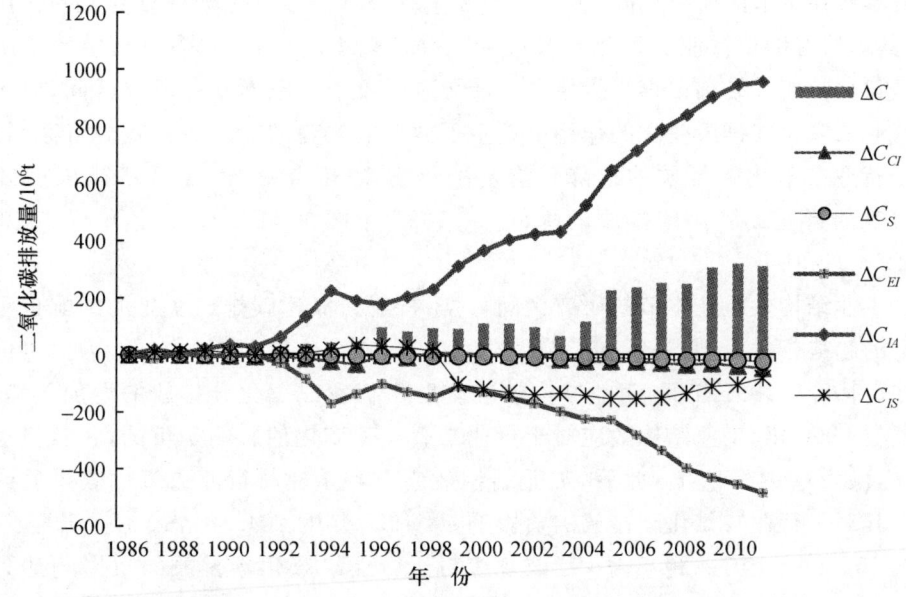

图 2-23 建材工业与能源相关的 $CO_2$ 排放的累积效应

注:CI 代表碳强度效应,S 代表替代效应,EI 代表能源强度效应,IA 代表工业活动效应,IS 代表工业结构效应。

如图 2-23 所示,中国建材工业与能源相关的二氧化碳排放的变化由 1987 年的 $13.64 \times 10^6$ t,上升至 2010 年的 $308.48 \times 10^6$ t,相当于增长了 2162.40%。自 2002 年以来,由于中国快速推进的城市化进程,建材工业二氧化碳排放的变化逐年增大。城市化进程带动基础设施的大规模建设,从而推动水泥和其他建筑材料需求的增长。不可避免地,建材工业产出的增加将导致与能源消费相关的二氧化碳排放的增加。结果是,2003—2010 年间,中国建材工业二氧化碳排放以每年 26.28% 的速度增长。

工业活动效应是建材工业二氧化碳排放增加的主要贡献力量。与基年1986年相比，由工业活动所推动的行业二氧化碳排放增量由1987年的$0.80\times10^6$t，上升至2010年的$953.36\times10^6$t。1986—2010年期间，由工业活动所推动的行业二氧化碳排放增量的增长量为121.73%。与此同时，推动行业二氧化碳排放下降的主要动力则是能源强度效应。其对于行业二氧化碳排放降低的贡献由1986年的$15.25\times10^6$t，上升至2010年的$486.46\times10^6$t。然而，由能源强度所推动的行业二氧化碳排放降低的速度，比由工业活动所推动的行业二氧化碳排放上升的速度要慢，其在1986—2010年期间的年均增长量为109.22%。

尽管在本节的研究期间，燃料替代效应对于行业二氧化碳排放变化的作用较小，其仍然有助于行业二氧化碳排放的下降。较小的燃料替代效应，主要是由于中国建材的能源结构以煤炭为主导。能源碳强度效应在本章的研究区间，对于建材行业二氧化碳排放变化的作用呈现上下波动的趋势，然而，从总体上而言，其有助于行业二氧化碳排放的下降。与基准年份1986年相比，由能源碳强度效应所贡献的行业二氧化碳排放的降低，由1987年的$1.42\times10^6$t，上升至2010年的$49.09\times10^6$t。

工业结构效应在本节的研究区间，对于行业二氧化碳排放变化的影响也呈现波动的趋势。然而，其是所有影响因子当中，影响力位居第三的变量，因而也值得关注。1987—1997年间，工业结构效应有助于行业二氧化碳排放的增加。然而，即便在1990年，工业结构效应对于行业二氧化碳变化的影响是负的，其数值也非常小，仅为$0.94\times10^6$t。此后，工业结构效应有利于建材行业二氧化碳排放的下降。其对于行业二氧化碳排放的负影响，从1998年的$104.10\times10^6$t，上升至2005年的$155.59\times10^6$t。2005年，是该效应对于行业二氧化碳排放的负影响达到峰值；其后，工业结构效应对于行业二氧化碳排放的负影响下降至2010年的$83.47\times10^6$t。工业结构效应对于建材工业二氧化碳排放增加的负面影响，主要是因为行业整合，以及淘汰落后产能，这都有利于节能和降低能源的使用量。

总结来说，影响中国建材工业二氧化碳排放变化的主要因素是：工业活动效应和能源强度效应。工业结构效应在本章的研究区间呈现变动趋势，但其在1998—2010年期间，对于行业的二氧化碳排放具有负面影响。尽管影响的力度较小，能源碳强度和燃料替代效应均有利于建材行业二氧化碳排放的降低。

2. 中国建材工业二氧化碳减排建议

本小节的结果表明：工业活动效应是建材工业二氧化碳排放增加的主要因素，而能源强度效应则是建材工业二氧化碳排放降低的主要贡献力量。与此同时，燃料替代效应和能源碳强度效应也可以使建材工业二氧化碳排放下降，工业

规模效应对建材工业的二氧化碳排放呈现出上下波动的趋势。这些都有利于形成中国建材工业的二氧化碳减排策略,具体而言:

首先,控制建材工业的单位人均增加值,可以通过使用更加先进的生产工艺和技术,减少生产过程中的固定资产折旧,雇用素质更高的工人来提高单位劳动生产率,这些方法可以使人均工业增加值降低。

其次,建材工业能源强度的降低有利于二氧化碳排放的减少。目前,中国建材工业的规模已经够大,水泥等子行业已经存在产能过剩问题,下一步,应该进一步淘汰落后产能,并且关闭一些生产技术落后,污染环境严重的小型企业。中国工业化和城市化阶段即将告一段落,对建材工业的产品需求开始逐渐下降,这正是调整建材工业的产能结构的好时机。

再次,燃料替代效应和能源碳强度效应也起到减少建材工业二氧化碳排放的作用。要利用好这两种效应都必须减少建材工业生产过程中的化石燃料的使用比例。中国建材工业目前大多数二氧化碳排放是由煤炭使用引起的,这与中国煤多价低的资源禀赋相关。在当前治理雾霾的大背景下,建材工业应该抓住时机,开始调整工业内的能源消费结构。减少煤炭并增加清洁能源的使用,但这些都必须有政府制定的环境标准和约束指标配合,所以,政府在调整行业能源消费结构方面扮演着重要角色,与此同时,建材工业也要开始研发使用新能源的生产设备。

## 2.4 子行业——化学工业

中国化学工业发展历史比较悠久,是世界上最早使用化工技术进行改善生活方式的国家。1949年之前,中国化学工业还是相当落后,只有几个比较发达的城市比如大连、重庆、吉林等才有少数几个化工厂,而且产品比较单一、低端,主要生产油漆、染料、医药和橡胶制品等加工产品。1949年全国化学工业生产总值只有1.77亿元,占全部工业总产值的1.6%。

改革开放后,通过引进国外先进技术,消化吸收再到创新,提高了中国化学工业的生产水平。比如中国20世纪80年代引进壳牌工业技术生产合成氨;1983年与日本三井公司、东洋公司合作,建立了$14\times10^4$t聚丙烯和$20\times10^4$t乙二醇设备。

现阶段中国化学工业产品门类比较齐全,基本上可以生产所有化工产品。并且在2010年化工系统生产总值达到5.2万亿元人民币,按照当年汇率换算为7700亿美元,超过美国7340亿美元成为全球第一。在2013年全部化工系统总资产达到10.2万亿元,主营业务收入13.2万亿元,利润0.82万亿元,其中化学原料与化学制品制造业占到中国整个化工系统的主导地位,各项指标达到60%左右。

中国化学工业近几年发展迅速。2010年,中国化学工业总产值为7700亿美元(5.23万亿),超过美国7340亿美元,化工经济总量达到世界第一。化学工业工业总产值和增加值一直处于增长阶段,但是总产值比增加值增长速度快,可以看出中国化学工业仅仅是规模扩大,比较高端高附加值的产品比较少。

高速发展的化学工业需要能源进行支撑,如图2-24给出了化学工业历年能源使用量和二氧化碳排放量。可以看出二氧化碳排放量和能源总量有着相同的趋势。

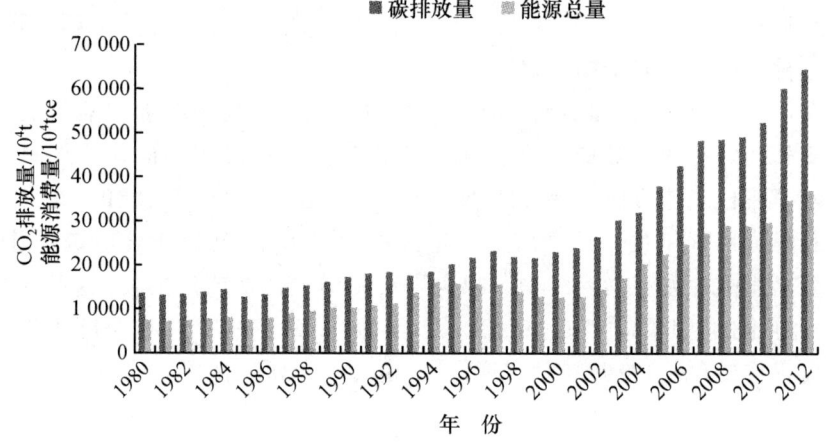

图2-24 化学工业二氧化碳排放量(万吨)和能源消费量(万吨标煤)
数据来源:中国能源统计年鉴,经作者制表.

### 2.4.1 中国化学工业的节能潜力研究[①]

#### 1. 中国化学工业能源消费的长期均衡关系

作为高耗能行业,化学工业能源消费是近年来促进中国能源总需求快速增加的一个重要组成部分。本部分我们将利用协整模型和误差修正模型刻画化学工业能源消费同能源效率、化学工业总产值、能源结构以及能源价格的长期和短期均衡关系,从而能够对化学工业能源需求和节能可能性的进行预测估计。

(1) 数据来源与变量选择

影响一个行业能源需求的因素有很多,我们主要从经济含义和数据的可得性两个方面考虑,选用了1981—2011年间化学工业总产值($IS$)、燃料类价格指数($P$)、能源效率($EE$)、劳动生产率($LP$)作为解释变量以分析其对同期化学工业能

---

① 本小节在参考文献"Boqiang Lin, Houyin Long. How to promote energy conservation in chemical industry? Energy Policy,2014,73:93—102."基础上进行了修改和完善。

耗的影响。各变量的说明如下。

① 化学原料及化学制品业化石能源消费量($E$)。我们选用《中国统计年鉴》和《中国能源统计年鉴》中历年化学工业的能源消费量作为对应年份的化石能源需求总量。

② 化学工业总产值($IS$)。化学工业对能源的需求的增加,主要因为化学工业的发展。反映化学行业发展程度的变量很多,比如化学工业总产值、化学工业销售收入和化学工业增加值等一系列变量的综合指标。这里选用化学工业总产值作为变量,主要因为它能反映化学工业的全部发展情况,化学工业销售收入并不能完全代表此年的全部产量,工业增加值也不能反映中间投入情况。总的说来,工业总产值越高,对化工产品的需求越高,相应的能源需求就越高,即能源需求同化学工业总产值存在正相关关系。文中工业总产值的数据来源于《中国统计年鉴》。

③ 燃料类价格指数($P$)。对于任何商品而言,价格都是影响其供给和需求的重要变量,能源产品也不例外。能源价格是影响着能源的消费最重要的经济变量,故也影响着节能。由经济学的需求理论可以预知:能源需求同燃料类价格指数之间存在负相关关系。当能源价格走低时,化工企业就会消费更多能源;当价格走高时,企业就会节约用能来减少成本。虽然中国的能源价格受到政府的管制,无法完全体现资源的稀缺性和能耗的真实成本,但是我们还是引入了能源价格变量,希望能够从中获取一些信息,为未来中国的能源政策制定提供一定的指引。由于能源产品众多,如石油、煤炭、电力、煤炭等,为了统一标准,我们选用燃料类价格指数作为能源消费的价格成本。数据来源为《中国统计年鉴》。

④ 能源效率($EE$)。能源效率是指单位能源所生产的产值。能源效率与能源的消费量密切相关,呈现负相关关系。能源效率的提高,同样产量下能源消费量减少,反之亦然。目前中国化学工业粗放型的经济增长方式导致了低效的能源利用率。我们引入能源效率变量,用工业增加值/工业的一次能源消费量表示。数据来源于《中国工业统计年鉴》和《中国统计年鉴》。

⑤ 化学行业劳动生产率($LP$)。我们中劳动生产率的定义为

$$劳动生产率 = \frac{工业增加值}{行业从业人员人数}$$

劳动生产率同行业能耗需求之间的关系比较复杂。通过研发和引进先进设备,减少了劳动投入,则在产出不变时,劳动生产率的提高预示着能源需求的增加,能源需求同劳动生产率之间存在正相关关系。但是,随着工人技术的变化,提高了劳动生产率,则劳动生产率的提高预示着产出不变时,能源需求的减少及劳动生产率同能源需求之间存在负相关关系。但是即使这样,与没有引进先进技术

时相比，单位产值的能源需求提高了。我们引入行业劳动生产率变量的目的在于透过劳动生产率同化学工业能源需求之间的关系，窥探当前中国化学工业在研发投入和设备投入之间的行为选择。行业增加值和行业从业人数的数据来源于《中国工业统计年鉴》。

为了更好地反映这五个变量之间的关系，我们选用格兰杰检验进行分析。结果表明，除了价格变量外，其余解释变量都是能源消费总量的格兰杰原因。这主要因为中国政府控制着能源价格，使得能源价格不能反映市场供求、能源的稀缺性、能源生产的真实成本。但是我们依旧把能源价格放在里面。

中国化学原料及化学制品业能耗函数可以用下式表示

$$E = f(EE, LP, IS, P) \tag{2-28}$$

式中，$E$ 表示化学工业能源消费量，$IS$ 表示化学工业总产值，$LP$ 表示化学工业劳动生产率，$P$ 表示燃料类价格指数，$EE$ 表示能源效率。

我们选择的生产函数形式与 Lin et al.（2011）相同，基于以上分析，我们就可以获得生产函数的形式：

$$\ln E = \theta_1 + \theta_2 \ln EE + \theta_3 \ln LP + \theta_4 \ln IS + \theta_5 \ln P + \varepsilon_t \tag{2-29}$$

我们定义中国化学原料及化学制品业的节能潜力是基准情况下化学工业能源消费与节能情况的差值。可以用以下公式表示：

$$PE_t = E_t - E_{\min} \tag{2-30}$$

式中，$PE$ 表示节能潜力，$E_t$ 表示 $t$ 年中国化学原料及化学制品业的化石能耗，$E_{\min}$ 表示节能情况下中国化学原料及化学制品业能耗水平。运用以上等式，可以推导出中国化学工业的节能潜力。

（2）实证结果

下面我们选用 PP 检验来检验变量的平稳性。

表 2-28  单位根检验

| 变量 | PP 平稳性检验 |
| --- | --- |
| $\ln E$ | −2.095155 |
| $\ln EE$ | −1.103864 |
| $\ln LP$ | −1.882045 |
| $\ln IS$ | 0.181877 |
| $\ln P$ | −2.127856 |
| $\ln E$ | −4.418465*** |

(续表)

| 变量 | PP 平稳性检验 |
|---|---|
| ln*EE* | −5.338928*** |
| ln*LP* | −5.207944*** |
| ln*IS* | −4.227339** |
| ln*P* | −3.750123** |

注：a. 我们使用 EViews6.0 做检验，Δ 表示一阶差分；b. PP 检验在 5%和 1%的置信区间下临界值为 −3.562882 和 −4.28458；c. ***，** 和 * 表示在 1%，5%和 10%下有意义。

如表 2-28 所示，对于这 5 个变量，测算结果显示每个变量都有单位根。再者，变量的一阶差分结果显示一阶差分后各个变量都没有单位根。因此可以知道这些变量都是一阶单整的。下面，我们使用 EG 两部法进行检验。

首先，我们对变量 $E, EE, LP, IS$ 和 $P$ 进行 OLS 估计，估计结果如表 2-29 所示。

表 2-29 OLS 回归结果

| 变量 | 系数 | 标准误差 | 检验 | P 值 |
|---|---|---|---|---|
| ln*EE* | −1.075677 | 0.027114 | −39.67290 | 0.0000 |
| ln*LP* | 0.082801 | 0.029107 | 2.844750 | 0.0082 |
| ln*P* | −0.121987 | 0.021798 | −5.596253 | 0.0000 |
| ln*IS* | 1.065996 | 0.019309 | 55.20779 | 0.0000 |
| $R$ 平方 | 0.996388 | 被解释变量均值 | | 9.536616 |
| 调整后 $R$ 平方 | 0.996001 | 被解释变量方差 | | 0.479383 |
| 回归标准差 | 0.030316 | Akaike 准则 | | −4.037791 |
| 残差平方和 | 0.025734 | Schwartz 准则 | | −3.854574 |
| 对数似然估计 | 68.60465 | H-Q 准则 | | −3.977060 |
| D-W 检验值 | 2.818192 | | | |

从表 2-29 可以看出，每个参数在 5%的置信区间下 $t$ 检验都是有意义的。并且每一个参数值得正负号都是满足期望和实际经济规律的。

其次，我们对残差序列进行平稳性检验。

检验结果表明残差序列是平稳序列。因此，$EC, EE, LP, IS$ 和 $P$ 具有协整关系，协整方程如下：

$$\ln E = \underset{(-39.67290)}{1.075677}\ln EE + \underset{(2.844750)}{0.082801}\ln LP - \underset{(-5.596253)}{0.121987}\ln P + \underset{(55.20779)}{1.065996}\ln IS$$

(2-31)

其中，括号里表示 $t$ 值。

这个方程表明这五个变量在区间 1980—2011 年有着长期均衡关系。在方程的右边，变量能源效率和价格的系数符号为负数，其余都为正数。这就表明提高能源效率和能源价格可以减少能源消费量，反之，提高劳动生产率和行业规模都会增加能源消费量。

从各个系数看以看出，当能源效率和能源价格每提高 1% 就会引起能源消费量减少 1.08% 和 0.122%。相反，当劳动生产率和工业规模提高 1% 时，就会引起能源消费总量提高 0.083% 和 1.066%。

能源效率的系数为负且值最小，换句话说，当国家制定节能政策时，要把提高能源效率作为重中之重。同样，行业规模的系数为正的且最大，这表明行业规模的扩张才是能源消费量提高的主要原因。劳动生产率的系数表明中国化学工业通过安装更多设备，提高了机械化程度，也提高单个工人的产量，但这就需要使用更多的能源支撑。能源价格的系数为负，这与经济学理论相符合。但是这个值的绝对值比较小，这说明中国能源市场的价格被低估，能源市场扭曲。扭曲的能源价格表明中国政府间接补贴企业，鼓励企业多消耗能源。

总之，此协整方程的结果既符合经济理论又符合中国目前的能源市场的状态，对中国化学工业节能政策的制定有着重要的指导作用。

下面我们对模型的拟合好坏进行评价。从拟合优度 $R$ 来看，拟合效果还是比较好的。这里我们把这些变量 1980—2011 年的数据带入模型，计算出能源需求的预测值并与真实历史数据进行比较，如图 2-25。通过将预测值与真实值比较，可以发现此模型的拟合效果还是比较不错的，可以用它进行能源需求预测和节能分析。

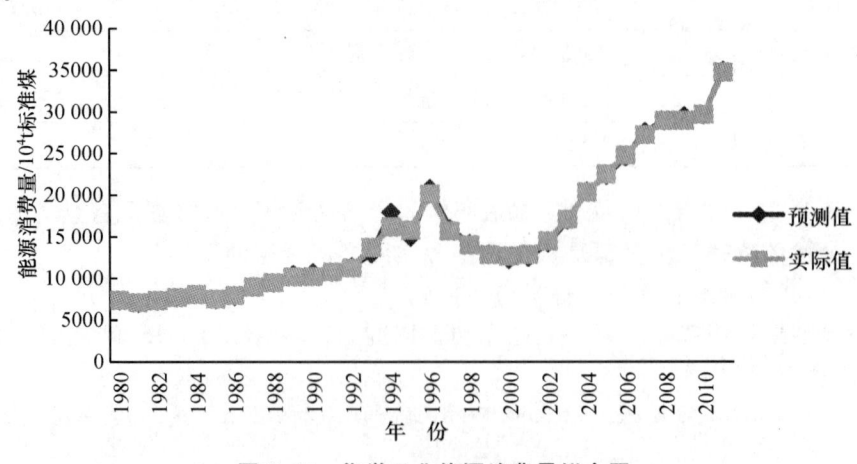

图 2-25　化学工业能源消费量拟合图

### 2. 中国化学工业能源需求预测及节能潜力

能源节能潜力是以历史发展规律为基础。因此我们将1980—2011年的各个变量的历史增长率作为基础情景来预测能源需求量。

在基础情景下,能源效率的增长率为8.3%,劳动生产率的增长率为9.78%,能源价格的增长率为7%,行业规模的增长率为13.8%。

基于以上分析和协整方程(2-31),可以得到中国2012年化学工业能源需求量为$3.67×10^8$tce,而实际2012年化学工业能源消费量为$3.699×10^8$tce,预测基本准确,可信度比较大。预测结果如图2-26所示。

为了分析能源的节能潜力,我们需要使用情景分析方法来设定分析的目标。我们设定了4个情景:正常发展(情景2),中等发展1(情景3),中等发展2(情景4),激进发展(情景5)。通过每个情景与基础情景比较,来获得化学工业的节能潜力。

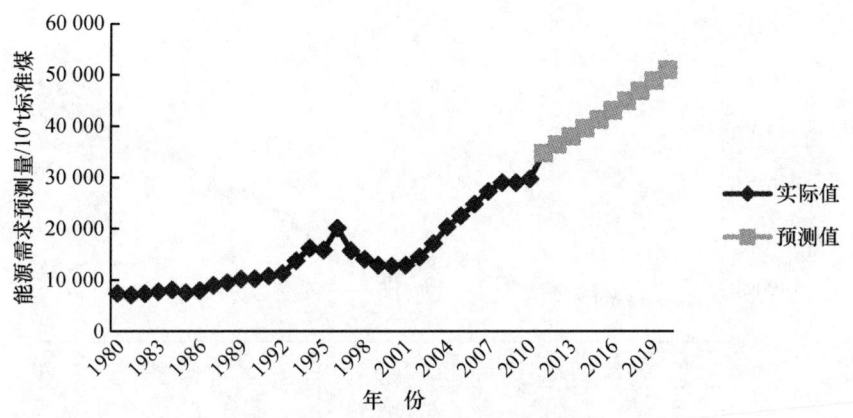

图2-26 化学工业能源需求预测量

根据化学工业的"十二五"规划和历年各个变量的发展增长率,我们对5个情景进行分析,每个情景的具体参数设定见表2-30。

工业规模的增长率源于"十二五"规划;价格的增长率来源Lin et al.(2012)的设定;假设中国化学工业的能源效率和劳动生产率能到2020年达到日本的水平。目前中国这两项与日本的差距分别为3.57倍和1.078倍。

根据以上分析,可以获得在情景5下每个变量的增长率:行业规模增长率($IS$)为13%,能源效率($EE$)为9.8%,劳动生产率($LP$)为8.4%,能源价格($P$)为20%。根据各个变量的历史最大增长率来看,这些变量的增长率都小于其最大增长率,因此这些增长率都可以实现。在这个政策下,政府需要制定一系列积极的政策来督促工业部门能够完成。根据基准情景和情景5,我们设定了其他情景,如

表 2-30。

表 2-30　5 个情景

|  | IS | EE | LE | P |
| --- | --- | --- | --- | --- |
| 基准情景/(%) | 1.138 | 1.0826 | 1.0978 | 1.07 |
| 情景 2/(%) | 1.136 | 1.08645 | 1.07535 | 1.0925 |
| 情景 3/(%) | 1.134 | 1.0903 | 1.0529 | 1.115 |
| 情景 4/(%) | 1.132 | 1.09415 | 1.03045 | 1.1375 |
| 情景 5/(%) | 1.13 | 1.098 | 1.08 | 1.16 |

根据各个情景下的增长率,我们可以获得各个情景下的能源需求量,如图 2-27。

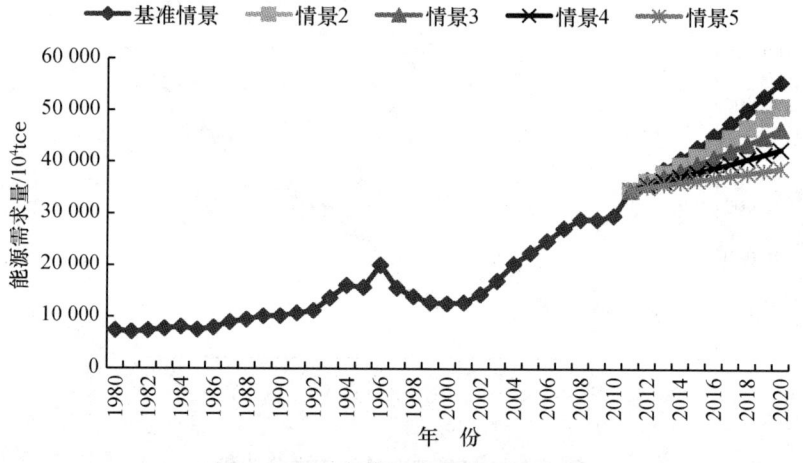

图 2-27　各个情景下的能源需求量

根据各个情景下化学工业的能源需求量,我们来计算能源节约量。现在,我们使用每个情景都与基础情景进行比较,来获得各个情景下的节能量。比如使用情景 2 下的能源需求量与基础情景下的能源需求量做差,从而获得情景 2 下的节能潜力。

为了分析化学工业的节能量在中国全社会需求量的比重,这里选用 Jiang and Lin(2012) 对中国全社会能源使用量的预测为标准来进行分析,他们同样使用协整和情景分析方法预测了中国一次能源需求量,选用他们情景 2 下的一次能源消费量作为标准。结果显示到 2015 年和 2020 年全社会一次能源需求量为 $40.2 \times 10^8$ tce 和 $48.63 \times 10^8$ tce Jiang and Lin(2012)。

各个情景下的节能量已经在表 2-31 列出,节能量占全国总量的比例也列出。

表 2-31　各个情景节能量和所在全社会一次能源使用量的比例

| 年份 | 情景 2 | | 情景 3 | | 情景 4 | | 情景 5 | |
|---|---|---|---|---|---|---|---|---|
|  | 节能量/Mtce | 比例/(%) | 节能量/Mtce | 比例/(%) | 节能量/Mtce | 比例/(%) | 节能量/Mtce | 比例/(%) |
| 2015 | 16.7 | 0.417 | 32.8 | 0.82 | 48.2 | 1.2 | 63.0 | 1.56 |
| 2020 | 47.7 | 0.98 | 91.1 | 1.87 | 130.8 | 2.69 | 167.2 | 3.44 |

在表 2-30 可以看出,每个情景下的节能量是不一样的。在情景 5 下节能量最多,但是情景 2 下节能量最少。

3. 中国化学工业节能建议

根据前面的研究结论我们给出如下政策建议:

第一,研发新设备。中国化学工业经过了三十多年的改革开放,发展形势大好,其工业产值已经超过美国,但是还是没有自己的品牌,没有自己的专利,仅仅靠引进模仿,再加工出口等。化工装备相比开放前期有了进步但是与世界的差距还是比较大的。在发展先进设备制造业时,需要两条腿走路,自己研发与技术引进。要像中国高铁首先自己研发,由于某些技术不过关,通过引进消化吸收,再创新,发展成目前自己的品牌。突破限制中国化学工业发展先进技术装备,实现产品结构升级。加强与美国通用和 IBM,日本三菱,法国阿尔斯的合作。

第二,调整产品结构,化学工业作为中国六大高耗能、高排放行业之一,也是中国节能减排重点治理行业。中国化学工业的投资出现盲目性,造成大量产能过剩。以及合成氨到 2015 年产能利用率比 2014 年还有下降到 76%,磷肥产能利用率为 77%,电石产能利用率为 56.%,烧碱为 58% 等。以电石为例,2013 年淘汰落后产能为 $96.5 \times 10^4$ t,累计淘汰产能量为 $680 \times 10^4$ t。中国只是低端化学产品产能过剩,但是高端产品比较少,还需要大量进口。以氟化工为例,氟化铝、氟橡胶等低端产品全球产量最高,但深加工产品却需要进口。

## 2.4.2　中国化学工业二氧化碳排放变化及分析[①]

1. 中国化学工业二氧化碳排放变化因素分解

为研究探讨各个阶段中国化学工业由能源消费所产生的二氧化碳排放变化情况及几个主要影响因素对该变化的贡献值。根据对数平均迪氏指数加法(LMDI)分解方法对变量的要求,结合化学工业能源消费和二氧化碳排放特征,我们对中国 1980—2011 年间化学工业二氧化碳排放变动的影响因素进行分解,以期分析各个影响因素对不同年份二氧化碳排放变动的贡献。根据研究需要,我们考虑

---

① 本小节在参考文献"Boqiang Lin, Houyin Long. Promoting carbon emissions reduction in Chinese chemical process industry. . Energy,2014,77:822—830."基础上进行了修改和完善。

了化学工业的化石能源消费量、总能源消费量、化学工业增加值、化学工业年平均人数对二氧化碳排放量的影响。

一般情况下 Kaya 公式把一个国家二氧化碳排放分解为碳强度、能源强度、人均收入和人口。本节考虑到是研究产业部门的二氧化碳排放，这里对 Kaya 公式进行改进。驱动因素变为以下五个因素：

① 二氧化碳排放系数效应。指二氧化碳排放量与化石能源消费总量的比值。由于各个化石能源二氧化碳排放系数的不同和化石能源种类的改变，就会引起系数改变。

② 能源结构改变。指化石能源消费量与总能源消费量比例。我们主要考虑的是化学原料与化学制品制造业直接排放，也就是说这里认为电力为清洁能源。对于电力消费带来的间接排放这里不考虑。

③ 能源强度效应。指能源消费量与产业总产值的比例。这个指标反映化学原料与化学制品制造业技术进步情况。

④ 劳动生产率效应。指工业总产值与从业人口的比值。一般情况劳动生产率越大能源消费量越大，二氧化碳排放量越大；反之亦然。

⑤ 产业规模效应。指从业人口数。产业规模一般用从业人口、企业销售收入等表示，我们选用从业人口。

根据以上分析可以得出化学原料与化学制品制造业二氧化碳排放 Kaya 公式的分解：

$$C = \frac{C}{E_i} \cdot \frac{E_i}{E} \cdot \frac{E}{Y} \cdot \frac{Y}{P} \cdot P \tag{2-32}$$

这里 $C$ 代表化学原料与化学制品制造业二氧化碳排放总量；$E_i$ 表示其化石能源消费量；$E$ 代表其能源消费总量；$Y$ 代表其工业总产值；$P$ 代表其从业人口总数。

在方程(2-32)中，对于各个因素的检查和表示的各个效应如表 2-32 所示。

表 2-32　各个表量代表因素

| 各个变量 | 简　写 | 代表因素 |
| --- | --- | --- |
| $C/E_f$ | CI | 二氧化碳排放系数效应 |
| $E_f/E$ | EM | 能源结构效应 |
| $E/Y$ | EI | 能源强度效应 |
| $Y/w$ | IA | 工业发展效应 |
| $w$ | IS | 工业规模效应 |

现在我们把方程(2-32)改写为

$$C = CI \times EM \times EI \times IA \times IS \tag{2-33}$$

选用1980年为基年,使用LMDI方法对式(2-33)进行分解如下:

$$\Delta C = C_t - C_0 = \Delta C_{CI} + \Delta C_{EM} + \Delta C_{EI} + \Delta C_{IA} + \Delta C_{IS} \quad (2-34)$$

式中,$\Delta C_{CI}$、$\Delta C_{EM}$、$\Delta C_{EI}$、$\Delta C_{IA}$和$\Delta C_{IS}$分别表示各因素变化对人均二氧化碳排放量变化的贡献值,它们是有单位的实值。

以上数据来源于《中国统计年鉴》《中国能源统计年鉴》《中国化学工业统计年鉴》,数据跨度从1980—2011年。对于各种能源的二氧化碳排放系数的计算基于IPCC(2006),主要计算直接排放。对于产业总产值的调整采用1980年不变价。

根据前文的方法和数据,我们对中国化学行业二氧化碳排放排放量变化的进行分析,得出结论如图2-28所示。

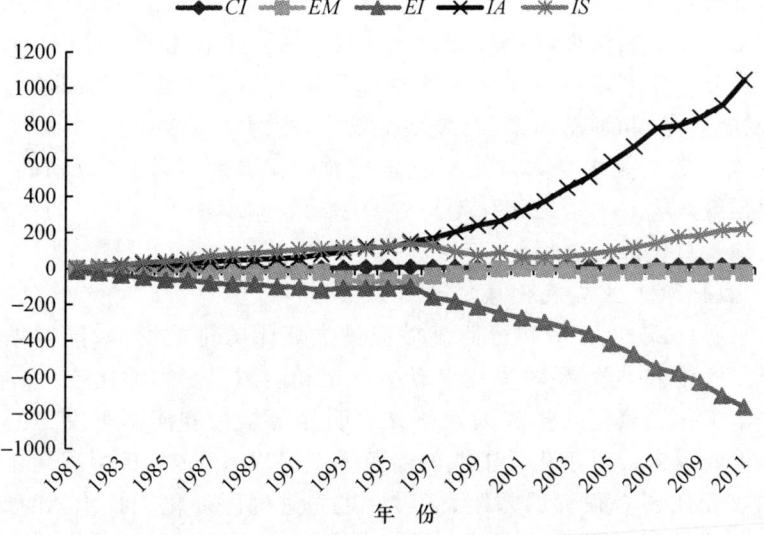

图2-28　1980—2010年各个因素的贡献度

注:CI代表二氧化碳排放因子效应,EM代表能源结构效应,EI代表能源强度效应,IA代表工业发展效应,IS代表工业规模效应。

从图2-28可以看出,影响化学原料及制品制造业二氧化碳排放量五个因素的关系。

二氧化碳排放因子效应(CI)对于二氧化碳排放的影响基本为零。主要因为每种能源的每单位排放量基本是个不变量,但是每一年的能源结构略有变化,这就会产生二氧化碳排放系数效应略大于或小于0,正如图2-28所示。

能源结构效应(EM)对于二氧化碳排放的增加起到抑制作用,但是作用相对较小。主要是因为化学工业化石能源占总能源的比例基本维持不变,化石能源占总能源消费比例的75%,电力为25%。

能源强度效应(EI)是化学原料及制品制造业促使二氧化碳排放减少最大的

因素。能源强度作为能源利用效率的一个重要指标,能源强度下降意味着能源效率提高,单位产出人均二氧化碳排放量减少,因此能源强度对人均二氧化碳排放起到负向驱动效应。

工业发展效应($IA$)是化学工业二氧化碳排放增长的主要因素,起到拉动作用。以1980年不变价来计算,2011年中国化学工业部门总产值是1980年55.7倍。众所周知,经济发展会促进能源消费增加。随着化学工业的发展,此部门对能源的消费也在增加。同时技术的进步,使得资本代替更多劳动力,劳动力增长没有部门规模扩张的快,从而二氧化碳排放会增加。

工业规模效应($IS$)是化学工业二氧化碳排放增长的另一个主要拉动因素。这个因素主要表明化学工业规模的扩张,对二氧化碳排放起到拉动作用。也就是说随着化工企业不断增加,能源的消耗也增加,从而二氧化碳排放也增加。

进一步分析各因素对二氧化碳排放的贡献率,我们可以将各因素分成拉动因素(工业发展效应)和抑制因素(能源结构效应、能源强度效应)。其中工业发展效应和能源强度效应是影响人均二氧化碳排放的主要因素,两者驱动的方向相反。如果能源强度效应对人均二氧化碳排放的驱动效应小于工业发展的驱动效应,从而化学人均二氧化碳排放增加,反之亦然。

2. 中国化学工业二氧化碳减排建议

总体来看,劳动生产率和行业规模促进二氧化碳排放增加;能源结构和能源强度使得二氧化碳排放减少;其中劳动生产率和能源强度影响比较大。

从化学工业二氧化碳排放因素研究表明能源结构和能源强度是减少二氧化碳排放最重要因素。对于化学工业的能源强度可以看出,由于中国化工技术与国外发达国家相比还有很大的差距,通过引进先进的国外化工技术,比如生物化工装备,降低能源强度。在石油化工设备、大型化肥设备等大型设备配套能力和生产装置的能力较差。对于能源结构方面,改变目前中国化工产品结构,中国炼油、化肥、农药、甲醇、电石、氯碱等产品产量位于世界前列,但是新型化工产品精细化、生物化工还比较低。

## 2.5 子行业——机械工业

机械工业,亦称"机械制造工业",或称"机器制造工业",是制造机械产品的工业部门。主要包括非金属矿物制品业,黑色金属冶炼和压延加工业,金属制品业,通用设备制造业,专用设备制造业,汽车制造业,铁路、船舶、航空航天和其他运输设备制造业,电气机械及器材制造业,仪器仪表制造业等制造工业。机器制造业为农业、工业、交通、运输、国防等提供技术装备,是整个国民经济和国防现代化的硬件基础。因此,机械工业的发展水平是衡量一国经济发展水平与科学技术水平的真正标志。机械工业的发展为其他经济部门的发展提供生产手段,是一切经济部门发展的基础。机械工业的发展水平直接决定了一个国家的工业化程度。

2010年,中国机械工业增加值占国内生产总值的比重已超过9%;机械工业总产值从2005年的4万亿元提高到2010年的14万亿元,平均每年增速超过25%,机械工业在全国工业中的比重从16.6%增加到20.3%。

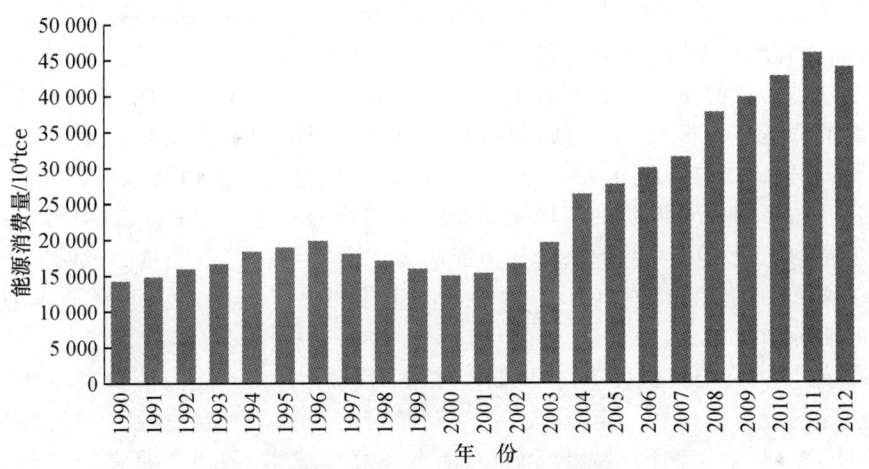

图2-29　1990—2012年中国机械工业能源消费量

数据来源:中国统计年鉴,我们整理制图。

从图2-29可以看出,机械工业能源消费量总体呈现上升趋势,1990年能源消费量为 $14\,245 \times 10^4$ tce,由于受到1997年东南亚金融危机影响,在其后的几年能源消费量呈现暂时的递减趋势。进入21世纪后,机械工业的能源消费量数额很大且增加较快。机械工业作为高耗能部门,我们研究机械工业的能源问题,具有重要的现实意义。

### 2.5.1　中国机械工业的节能潜力研究

本节我们利用协整理论构建中国机械工业能源需求模型,并对不同情景下中国机械工业未来的能源需求和节能潜力进行了预测。

1. 中国机械工业业能源消费的长期均衡关系

(1) 数据来源与变量选择

影响一个行业能源消费的因素有很多。我们主要从经济意义和数据实现的可能性两个方面考虑,选用了1982—2012年间中国的燃料类价格指数($FP$)、国内生产总值($GDP$)、机械工业的劳动生产率($LP$)、机械工业的企业规模($ES$)作为解释变量以分析其对同期中国机械工业能源消费的影响。

这是因为中国机械工业的能源消费主要受到几个方面的影响:第一,能源价格是影响能源需求的最根本因素,价格对能源消费有着不可或缺的影响。第二,国民经济的快速发展,特别是基础设施建设需要机械产品进行实施,近年来汽车的需求也是逐年增加,经济的发展和人民生活水平的提高增加了社会对各种机械产品的需求,因此,我们把国内生产总值作为影响机械工业能源需求的一个重要因素。第三,劳动生产率对能源的消费有不可忽略的影响,较高的劳动生产率可以节约劳动成本,而节约的劳动成本既可用来对能源替代,也有可能产生反弹效应,增加能源的消费,至于究竟是替代效应还是反弹效应占主导地位,分析之前并不确定,所以,我们也考虑了劳动生产率对能源消费的影响。第四,企业规模也会对能源消费量产生影响,一方面,规模扩大,产生规模效应,节约生产成本,也会节约能源。另一方面,规模扩大,势必造成投入产出增加,会增加能源消费量。

我们的目的在于说明中国机械工业能源消费与一些变量的长期均衡关系,从而实现对中国机械工业能源消费和节能潜力的预测估计。各变量的说明如下:

① 机械工业能源消费($E$)。我们选用历年机械工业的能源消费量作为对应年份的能源消费量。

② 燃料类价格指数($FP$)。燃料类价格对机械工业的能源消费有重要影响。尽管中国的能源价格在一定范围内上受到政府的管制,不能完全由市场供求来决定,未能完全体现资源的稀缺性和能源消费的真实成本,但也不是完全不变,只是波动幅度相对较小。由于能源产品众多,如煤炭、石油、天然气、电力等,为了数据的一致性,我们选用燃料类价格定基指数(以 2000 年为基期)作为能源的价格。根据经济学常识:能源消费同燃料类价格指数之间存在负相关关系,即燃料类价格指数的提高会降低行业对能源的消费。

③ 国内生产总值($GDP$)。机械工业对能源的消费取决于机械工业的供给性生产,而前者的消费在很大程度上影响着后者的供给。GDP 的增长无疑会增加对机械产品的消费。我们把 GDP 按 2000 年为基期将其折算为实际 GDP。

④ 劳动生产率($LP$)。我们中劳动生产率的定义为:

$$LP=机械工业增加值/机械工业全年从业人员平均人数$$

一般来说,在其他条件不变的情况下,劳动生产率的提高有助于减少能源消费,但也有可能劳动生产率的提高加速了企业对资本劳动的投入,从而加大了能源的消费,提高了总产出,进而导致了能源消费量与劳动生产率的正相关关系。

⑤ 企业规模($ES$)。企业规模定义为主营业务收入(产品销售收入)除以行业公司个数。当一个企业具有一定的规模时,会产生规模效应,降低成本,提高能源综合利用效率,减少能源消费。

以上数据来源于《中国能源统计年鉴》《中国统计年鉴》《中国机械工业年鉴》《中国价格统计年鉴》,部分数据参考了陈诗一(2011)估算数据的方法。对中国机械工业的能源、早期的经济数据进行估算,然后根据机械工业的子行业的分类加总得到。

（2）协整分析

我们利用向量误差修正模型研究变量间的长期均衡关系，在这之前，需要对各变量的平稳性进行检验。表 2-33 给出了利用 eviews8 软件在三种不同方法下求得的变量平稳性的检验结果。

表 2-33　单位根检验

| 序列 | ADF 检验 | | PP 检验 | | DFGLS 检验 | |
| --- | --- | --- | --- | --- | --- | --- |
| | 无趋势项 | 带趋势项 | 无趋势项 | 带趋势项 | 无趋势项 | 带趋势项 |
| $\ln E$ | −0.844 | −2.069 | −0.505 | −1.713 | −0.397 | −2.091 |
| $\ln FP$ | −0.697 | −1.145 | −0.680 | −1.503 | −0.670 | −1.277 |
| $\ln GDP$ | 0.036 | −4.877*** | −0.752 | −2.185 | 0.185 | −4.595*** |
| $\ln LP$ | 1.566 | −2.336 | 1.177 | −2.485 | 0.276 | −1.431 |
| $\ln ES$ | −0.179 | −2.473 | 0.24 | −2.369 | 0.510 | −2.427 |
| $\Delta\ln E$ | −3.446** | −3.357* | −3.416** | −3.324* | −3.496*** | −3.511** |
| $\Delta\ln FP$ | −4.588*** | −4.583*** | −4.622*** | −4.566*** | −4.186*** | −4.613*** |
| $\Delta\ln GDP$ | −4.409*** | −4.302** | −2.550** | −2.574 | −4.475*** | −4.343*** |
| $\Delta\ln LP$ | −3.583** | −4.246*** | −3.510** | −4.246** | −3.581*** | −4.343*** |
| $\Delta\ln ES$ | −5.340*** | −5.271*** | −6.004*** | −6.016*** | −5.438*** | −5.448*** |

注：*、** 和 *** 分别表示 10%、5% 和 1% 的显著性水平下拒绝存在单位根的原假设，即接受该序列是平稳的备选假设。

如表 2-33 所示，综合三种方法的检验结果，五个时间序列的对数都是一阶单整的，满足进一步进行协整关系检验的前提条件。接下来检验变量之间是否存在协整关系。

我们采用 Johansen 秩检验法进行协整检验，以确定变量是否在协整关系以及线性无关的协整向量的个数。表 2-34 给出了利用 Stata 软件求得的协整秩迹检验结果。

表 2-34　协整秩迹检验

| 秩 | 特征值 | 迹统计量 | 5%临界值 |
| --- | --- | --- | --- |
| 0 | | 90.074 | 68.52 |
| 1 | 0.67174 | 57.7693 | 47.21 |
| 2 | 0.61335 | 30.2129 | 29.68 |
| 3 | 0.45096 | 12.8249* | 15.41 |
| 4 | 0.30012 | 2.4764 | 3.76 |
| 5 | 0.08185 | | |

注：* 表示存在协整关系的个数。

协整秩迹检验结果,表明变量之间存在协整关系。故下面可以利用燃料类价格指数、国内生产总值、劳动生产率与企业规模作为解释变量对机械工业的能源消费进行长期均衡分析,建立协整方程。

首先,我们利用 Stata 软件检验了该系统所对应的滞后阶数,基于大多数准则我们选择了四阶滞后。

表 2-35 VAR 滞后阶数检验

| 滞后阶数 | FPE | AIC | HQIC | SBIC |
| --- | --- | --- | --- | --- |
| 0 | 4.6E-07 | −0.398477 | −0.327121 | −0.158507 |
| 1 | 1.5E-11 | −10.7734 | −10.3453 | −9.33362 |
| 2 | 1.5E-11 | −10.9873 | −10.2023 | −8.34759 |
| 3 | 6.1E-12 | −12.5308 | −11.3891 | −8.69126 |
| 4 | 6.7E-14* | −18.7705* | −17.272* | −13.7311* |

注:FPE 是最终的预测标准误,反映了一步向前预测的均方误差;AIC,HQIC 和 SBIC 分别代表赤池、Hunnan-Quinn 和施瓦兹信息准则。

进一步,我们给合秩迹检验和滞后阶数选择的结果,对变量的长期均衡关系进行估计。

中国机械工业终端能源消费的协整方程为

$$\widehat{\ln E} = 0.158 - \underset{(0.006)}{0.121 \ln FP} + \underset{(0.009)}{0.883 \ln GDP}$$

$$+ \underset{(0.003)}{0.167 \ln LP} - \underset{(0.007)}{0.249 \ln ES} \quad (2\text{-}35)$$

由此,我们得出结论:

第一,协整方程表明了 1982—2012 年期间各变量之间存在长期均衡关系。

第二,中国经济的飞速发展和机械工业的现代化,导致了机械工业对能源的刚性消费,在政府对能源价格的管制下,价格对能源消费量有一定的影响。若能放开能源价格,使之按市供求规律变化,在中国也就意味着能源价格上涨,也能够减少能源消费。

第三,方程右边变量 lnGDP 系数符号为正,随着 GDP 的增长,国家对基础设施建设的大量投入,会增加社会对机械产品的消费,进而带动机械工业能源消费量的增加。弹性系数表明,GDP 每增长 1% 就会导致机械工业能源消费量增加 0.883%。GDP 的弹性系数较大,说明中国近三十年来经济的高增长是带动中国机械工业能源消费量快速增长的一个主要原因。

第四,劳动生产率的弹性系数为正。一方面,如果保持产量不变,劳动生产率的提高会减少能源消费,另一方面,劳动生产率的提高会导致其他投入要素与产量的增加,进而引发能源消费的增加,产生反弹效应。机械工业的劳动生产率的系数为正,这说明了提高劳动生产率,增加了对机械工业的能源的消费。

第五,企业规模的系数为负,企业规模每增加 1%,会导致能源消费减少 0.249%,因此,扩大企业规模,势必能够提高能源利用效率,产生规模效应,减少能源消费。

综上对模型结果的分析,我们认为该模型结果符合经济理论的预期,对中国机械工业的能源消费具有较好的解释能力。

2. 中国机械工业能源需求预测及节能潜力

通过对我们所采用的能源价格指数历史数据进行分析可以发现,2010—2013 年燃料价格的平均增速约为 6.2%,而整个样本区间内该变量的平均增长率约为 9.34%,考虑到当年中国各能源品种实际价格水平与变化趋势,我们对预测区间内燃料价格的增长速度设定三种情景:基准情景下燃料价格的增速设为 6.2%,中等节能情景下燃料价格按 2000—2012 年平均速度增长 7.2%,强化节能情景下按 1992—2012 年平均增长 9.2%。

2013 年,中国国内生产总值同比增长 7.7%。2014 年,中国国内生产总值同比增长 7.4%。2015 年 1 月,中国科学院发布《2015 中国经济预测与展望》,预计 2015 年中国 GDP 增速为 7.2%。根据中国社科院宏观经济运行实验室 2014 年 10 月对中国未来宏观经济发展的预测,"十三五"期间中国 GDP 增长率在 5.7%~6.6%之间,2020—2030 年 GDP 增长率在 5.4%~6.3%之间。据此,我们设定 2015 年 GDP 增速为 7.2%,2016—2020 年 GDP 年均增长率为 6.2%,2021—2030 年 GDP 年均增长率为 5.8%,从而计算得到预测区间(2015—2030 年)内的 GDP 变量序列数据。

进入 21 世纪后,中国从机械工业大国向机械工业强国转变,劳动生产率得到很大提高,2000—2012 年的年均劳动生产率的增长率约为 18.2%,故我们将其设为强化情景。2010—2012 年机械工业的年均劳动生产率的增长率约为 4.5%,我们将其设为基准情景。中等情景是根据两者的平均值得到约为 11.4%。

类似的我们设定机械工业企业规模 2000—2012 年的平均增速为基准情景,1992—2012 年的平均增速为强化情景,我们取两者的平均值 18.6% 作为中等节能情景。

表 2-36　中国机械工业能源需求相关变量情景假设

| 变　量 | 基准情景/(%) | 中等情景/(%) | 强化情景/(%) |
| --- | --- | --- | --- |
| FP | 6.2 | 7.2 | 9.2 |
| LP | 4.5 | 11.4 | 18.2 |
| ES | 13.5 | 18.6 | 24.2 |

我们采用情景分析法,研究在上述三种情景下预测中国机械工业的能源消费量与节能潜力。

根据前文协整方程的表达式以及上述对影响中国机械工业能源需求量的各个变量的增长率进行分情景设定,可以预测得到不同情景下未来中国机械工业的能源需求量如表 2-37 所示。

表 2-37　中国机械工业能源需求量预测　　　　　　　（单位：$10^4$ tce）

| 年　份 | 基准情景 | 中等情景 | 强化情景 |
| --- | --- | --- | --- |
| 2020 | 80 811.7 | 79 911.4 | 77 500.1 |
| 2030 | 97 063.6 | 94 647.4 | 88 342.5 |

从表 2-39 中可以看出,在中等情景下,中国机械工业在 2020 年的能源需求量为 79 911.4×$10^4$ tce,与基准情景相比,节约能源 900.3×$10^4$ tce,2030 年的能源需求量为 94 647.4×$10^4$ tce,比基准情景节约能源 2416.2×$10^4$ tce;在强化情景下,2020 年的能源需求量约 77 500.1×$10^4$ tce,比基准情景节约能源 3311.6×$10^4$ tce,2030 年的能源需求量为 88 342.5×$10^4$ tce,比基准情景节约能源 8721.1×$10^4$ tce。

3. 中国机械工业节能建议

首先,能源价格的上升减少了机械工业对能源的消费,能源价格每上升 1%,会导致能源消费量减少 0.121%,在中国,能源行业基本上属于国有垄断性行业,能源价格也是由政府制定的,中国政府对价格的管制造成了资源配置的扭曲,增加了能源消费,若能放开价格,使之由市场供求决定,也就意味着价格上涨,就必然会倒逼机械工业企业加大研发投入,提高能源利用效率,达到节约能源的目的。

其次,国内生产总值对能源消费的影响最大,国内生产总值每增加 1%,会导致能源消费量增加 0.883%。近些年来,伴随着中国经济的迅猛发展,社会对机械产品的消费日益增加,进而增加了机械工业对能源的消费,这种快速的发展直接导致了机械工业的粗放型增长,高消耗、高排放,忽略了环境污染的外部性。政府应当对机械工业设计能源消费税,提高机械工业使用能源的成本,促进资本和劳动对能源的替代,减少能源的消费。

再次,劳动生产率的提高增加了能源的消费。这是由于当前中国仍处于快速发展期,劳动生产率的提高节约了劳动成本,由于中国基础设施建设的不断推进和日益扩大的城镇化,导致了社会对机械产品的持续刚性消费,加上能源价格的低廉,造成了能源的过度使用,产生反弹效应,但这只是阶段性的,随着将来中国机械工业的进一步发展,这种现象会得到扭转。

最后,企业规模的扩大也能促进能源消费量的减少,企业规模每扩大 1%,能源消费量就会减少0.249%,这是因为企业规模的扩大能够产生规模效应,能够提高全要素生产率,更加合理地配置资源,提高能源综合利用效率,减少能源消费。因此政府应该鼓励机械工业的企业行业内兼并,淘汰落后的能源利用效率低的小企业,进行行业内的兼并重组,扩大企业规模,有效降低能源消费。

总之,通过价格、财政、税收、金融等手段制定促进机械工业节能减排的激励政策,对购买高效节能降耗机械工业产品的终端用户给予适当补贴,可以刺激机械制造企业节约能源。此外,建立淘汰落后机械设备,推广先进机械设备的节能市场环境,加大对节能技术、清洁能源的利用,也将有效降低机械工业的能源消费。

### 2.5.2 中国机械工业二氧化碳排放变化及分析

在全国节能减排的大环境下,机械工业由于其巨大的能源消费量对完成"十二五"规划提出的减排目标具有重要影响。2012年中国机械工业的能源消费量约为 $43\ 904\times10^4$ tce,二氧化碳排放量约为 $102\ 726\times10^4$ t,并且呈快速上升趋势。这对中国当前的能源供给和环境治理造成巨大压力。在这样的大背景下,研究机械工业二氧化碳排放的影响因素,并对减排政策进行评价具有非常重要的意义。

图2-30是中国机械工业能源消费量与二氧化碳排放量之间的关系,从该图可以看出,二氧化碳的排放量与能源消费量有大致相同的增长趋势,尤其是近十年,增速非常迅猛。

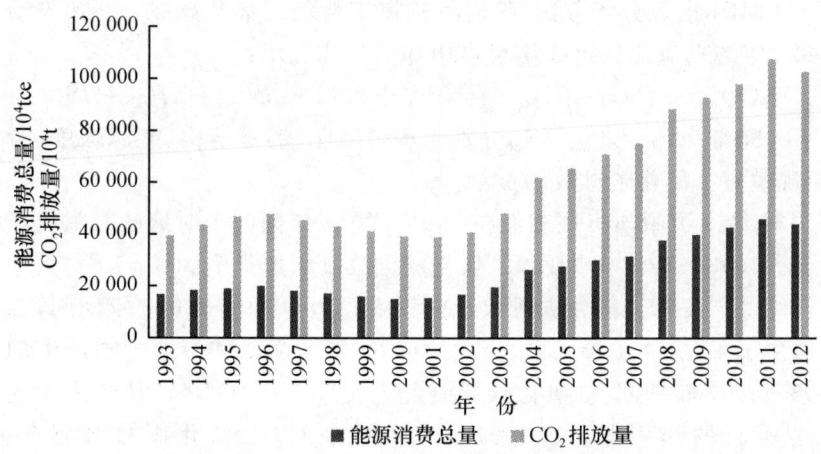

图2-30 中国机械工业的能源消费量与二氧化碳排放量

数据来源:中国统计年鉴、《省级温室气体清单编制指南》(发改办气候[2011]1041号),我们计算整理制图。

### 1. 中国机械工业二氧化碳排放变化因素分解

为研究探讨各个阶段中国机械工业由能源消费所产生的二氧化碳排放变化情况及其几个主要影响因素对该变化的贡献值。根据对数平均迪氏指数加法分解方法对变量的要求，结合机械工业能源消费和二氧化碳排放特征，我们对中国1993—2012年间机械工业二氧化碳排放变动的影响因素进行分解，以期分析各个影响因素对不同年份二氧化碳排放变动的贡献。我们首先将样本区间分为1993—1997年、1998—2002年、2003—2007年以及2008—2012年四个子区间，计算了各个区间中二氧化碳排放的变化情况及各个因素的贡献。我们所用的数据来源于《中国统计年鉴》《中国机械工业统计年鉴》《中国能源统计年鉴》。

从一定意义上说，这样的单元分解形式有利于帮助我们了解不同时期的机械工业二氧化碳排放的特点以及国家机械工业节能减排情况。根据研究需要，我们考虑了机械工业的化石能源消费量，总能源消费量，机械工业增加值，机械工业年平均人数对二氧化碳排放量的影响。我们建立如下公式

$$CO_2 = \frac{CO_2}{FE} \cdot \frac{FE}{TE} \cdot \frac{TE}{YM} \cdot \frac{YM}{NE} \cdot NE \qquad (2\text{-}36)$$

式中，用 $CI = CO_2/FE$ 表示碳强度，$ES = FE/TE$ 表示能源结构，$EI = TE/YM$ 表示能源强度，$LP = YM/NE$ 表示劳动生产率，$IS = NE$ 表示行业规模。于是(2-36)可改写成

$$CO_2 = CI \cdot ES \cdot EI \cdot LP \cdot IS \qquad (2\text{-}37)$$

利用LMDI指数分解方法，我们将机械工业的二氧化碳排放的变化分解为5部分。第 $t$ 年的二氧化碳排放增量可用如下公式表示：

$$\Delta CO_{2t} = CO_{2t} - CO_{2t-1} = CI_{eff} + ES_{eff} + EI_{eff} + LP_{eff} + IS_{eff} \qquad (2\text{-}38)$$

其中，$CI_{eff}$、$ES_{eff}$、$EI_{eff}$、$LP_{eff}$、$IS_{eff}$ 分别表示碳强度、能源结构、能源强度、劳动生产率、行业规模对二氧化碳排放的贡献。

图 2-31 给出了中国机械工业在 1993—2012 年间四个时期的二氧化碳排放的变化情况。1993—1997 年期间，二氧化碳排放量增加了 $74.03\times10^6$ t，其中由劳动生产率和能源强度对二氧化碳排放量的影响很大。1998—2002 年期间，二氧化碳排放量减少了 $45.28\times10^6$ t，其中劳动生产率、能源强度和行业规模产生的作用很大。2003—2007 年期间，二氧化碳排放量增长 $341.74\times10^6$ t，其中劳动生产率和能源强度所起的作用很大。2008—2012 年期间，二氧化碳排放量年均增长 $277.85\times10^6$ t，其中能源强度、劳动生产率和行业规模所起的作用很大。从数值上看，各个时期二氧化碳排放量增加的主要原因是能源强度、劳动生产率、行业规模因素的变化对二氧化碳排放的影响比较大。

第一，在 1993—2012 年期间，中国机械工业劳动生产率对二氧化碳排放变化

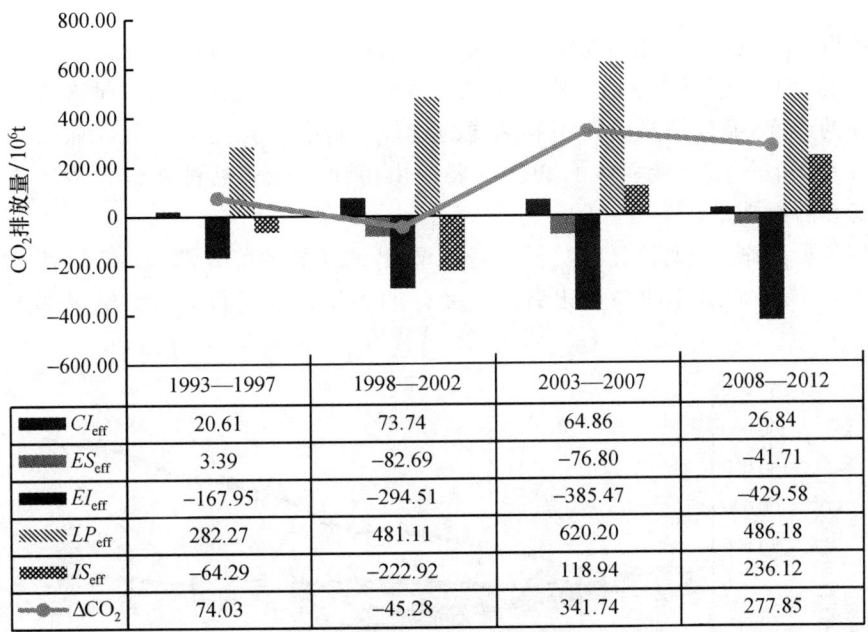

图 2-31 中国机械工业的二氧化碳排放分解分析

注：CI 代表碳强度影响，ES 代表能源结构影响，EI 代表能源强度影响，LP 代表劳动生产率影响，IS 代表行业规模影响。

的贡献为正向作用，而且一直在增加，而对同一期间中国机械工业的劳动生产率进行分析后我们发现劳动生产率的数值也一直在不断增加。劳动生产率同其导致的二氧化碳排放之间的正相关关系，这说明劳动生产率的提高导致了更多能源的使用，进而排放了更多的二氧化碳。

第二，1993—2012 年期间，中国机械工业能源强度对二氧化碳排放变化的贡献大致处于负向递减的状态，而对机械工业能源强度逐年变化的情况进行分析后可以发现机械工业的能源强度也基本处于逐年减少的状态，行业能源强度同其导致的二氧化碳排放之间呈现负相关关系。能源强度下降，意味着能源特别是化石能源消费量减少，会相应减少二氧化碳的排放。其背后所蕴含的经济意义十分直观，能源强度的下降说明单位工业增加值能耗减少，相应也就减少了二氧化碳的排放。

第三，行业规模对二氧化碳排放变动的影响也很明显，1993—2002 年期间，行业规模对二氧化碳的排放是负向递减的关系，行业规模扩大，减少了二氧化碳的排放，但随后，2003—2012 年期间，行业规模与二氧化碳的排放呈正相关关系。行业规模越大，能源消费量越大，排放的二氧化碳也越多，即行业规模的增加将增加二氧化碳的排放。

第四，中国机械工业的能源结构对二氧化碳排放的影响相对较小。

第五，1993—2012年期间中国机械工业能源消费以煤炭为主的情况没有得到根本性的改变，而且煤炭的使用有递增的趋势。行业碳强度对二氧化碳排放的影响一直是正向作用。碳强度的变化主要是由各化石能源品种在消费中所占的份额的变动所造成的。

为了更清晰、直观的分析机械工业二氧化碳排放的变化状况，我们对1993—2012年中国机械工业的二氧化碳排放变化的累积效应进行分析。结果如图2-32所示。

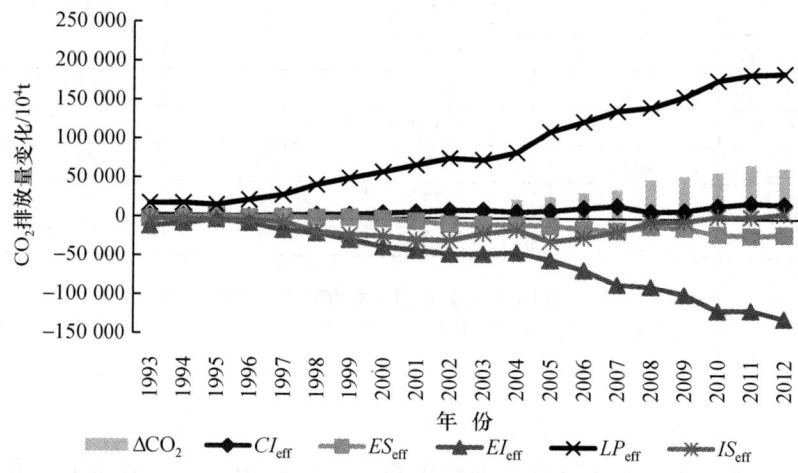

图2-32　中国机械工业二氧化碳排放变化的累积效应

注：$CI$代表碳强度影响，$ES$代表能源结构影响，$EI$代表能源强度影响，$LP$代表劳动生产率影响，$IS$代表行业规模影响。

从图2-32可以看出，1993—2012年间，中国机械工业的能源强度对二氧化碳排放变动的累积贡献一直起着负向的作用，也是贡献二氧化碳排放变化最重要的因素。能源强度因素导致的二氧化碳排放从1993年的$12\,157\times10^4$ t到2012年的$127\,751\times10^4$ t。

能源结构效应对二氧化碳排放变化的累计贡献基本起着负向的作用，但能源结构效应对二氧化碳排放变化的贡献很小，这也和目前中国机械工业仍然主要以煤炭和电力为主，而电力有80%左右属于火电，并且在较长时间内很难有大的调整。

劳动生产率效应对二氧化碳排放变化一直起着正向的作用，也是贡献增加二氧化碳变化最重要的因素。劳动生产率贡献的二氧化碳排放从1993年的17 119

$\times 10^4$ t,到 2012 年的 $186\,976\times 10^4$ t。

行业规模效应对二氧化碳排放变化的累计贡献作用的方向比较复杂,在 1993—2002 年,行业规模对二氧化碳排放的变化总体起着负向的作用。自 2003 年起至 2004 年,行业规模对二氧化碳排放总体起着正向的作用。这种现象可以解释为前期的负向作用,是由于规模扩大,产生规模效应,节约能源,减少二氧化碳排放,而后期的正向作用,是因为国民经济的迅猛发展,加剧了对机械产品的过度消费,相对于集约型增长,粗放型增长占主导地位,粗放型增长和集约型增长相互制约,所以从总体上看,行业规模对二氧化碳排放的贡献作用不是很大。

碳强度效应对二氧化碳排放变化的累计贡献一直起着正向的作用。碳强度的变化主要是由各化石能源品种在消费中所占的份额的变动所造成的。研究发现,1993—2012 年期间,机械工业碳强度的年均变动很小,相比当年的二氧化碳累积增量而言几乎可以忽略不计,这也说明中国机械工业以煤炭和电力为主的能源消费结构在长期内并未得到根本性的改变。

2. 中国机械工业二氧化碳减排建议

我们认为减少机械行业的二氧化碳的排放可以从以下几方面入手。

首先,转变机械工业的发展方式,提高机械工业企业的运行效率与管理水平。改变机械工业的能源消费结构。中国机械工业来源于煤炭排放的二氧化碳占有非常高的比重,尤其是从 2003 年到 2012 年的十年,中国机械工业来源于煤炭直接排放的二氧化碳,近二十年平均为 $369.6\times 10^6$ t,从 2002 年的 $225.62\times 10^6$ t 到 2007 年的 $395.22\times 10^6$ t,再到 2012 年的 $568.99\times 10^6$ t,上升幅度很大。中国机械工业所消费的电力从 1993 年的 $1034.58\times 10^8$ (kW·h)到 2012 年的 $6358.57\times 10^8$ (kW·h),近二十年呈指数级递增趋势,然而,中国的电力结构基本上以火电为主,火电所占比例约为 80%,火电的大量使用无疑也会间接排放大量二氧化碳。中国机械工业的能源消费是以化石能源为主,尤其是煤炭的消费占比很大。因此,政府还需通过补贴等财政政策以及价格机制调整等手段刺激社会对清洁能源的消费热情。

其次,加强机械工业的技术创新和技术进步,技术的创新和进步有利于提高机械工业企业各部门的能源使用效率,减少单位机械工业增加值的能耗,降低中国机械工业的能源强度,进而有力地促进二氧化碳的减排。要继续进行机械工业产业结构调整,淘汰落后的机械生产设备及企业,提高单位投入的产出水平,降低机械工业的能源强度,促进减排。中国已经是机械工业大国,但是能源强度居高不下,与当前中国面临的能源、资源、环境的压力有很大冲突,中国机械工业的能源强度与美日欧相比还有下降的空间和余地,所以中国必须由机械工业大国向机械工业强国转变,从数量扩张转变为质量和效率提高,尤其是提高化石能源的使用效率，依靠研发投入促进机械工业的技术进步，从而降低能源强度，减少以煤炭为主的化石能源消费，进而达到减少机械工业二氧化碳排放的目的。

再次，优化机械工业产业结构，促使机械工业产业升级。机械工业相对于服务业等第三产业而言，单位增加值的二氧化碳排放量要高出很多，这是由其能源密集的属性所决定的。对于中国而言，加快机械工业产业结构升级，大力促进机械工业向高、精、尖方向发展，把低端机械工业向国外转移，既是在二氧化碳排放约束下保证机械工业发展的需要，也是在国际贸易体系中增强国家机械工业竞争力的必然要求。

最后，由于机械工业是高耗能行业，能源价格的提升将会显著增加机械工业的生产成本。合理的能源价格对于推动机械工业能源利用效率，保证机械工业可持续发展具有重要作用。

# 第3章 中国轻工业及子行业节能潜力及二氧化碳排放研究

## 3.1 轻工业

轻工业与人们的生活息息相关,按照最终产品的用途,与生产生产资料的重工业和化工业相对而言,轻工业是对生产生活消费品的工业部门的总称,主要包括:纺织、食品饮料、造纸、家用电器、家具等众多子行业。经济的发展使得人们的消费结构发生了较大的变化,对生活消费品的倾向也越来越精细化、多样化,给轻工业能源消费的总量和结构带来了较大的影响。此外,轻工业包括了照明、家用电器等子行业,这些行业的产品在使用的过程中进一步消费电能。在节能减排政策目标下,研究轻工业的能耗和二氧化碳排放具有一定的现实意义。

2012年,轻工业全部企业的累计总产值达到22万亿元,其中规模以上企业总产值突破了18万亿元,规模以上的工业企业数量占到全国水平的28.7%,工业总产值占全国比重达到19.6%,出口额占全国的24.8%[①]。2000年轻工业的能源消费为$1.15×10^8$ tce,随后能源消费增加较快,2012年轻工业总的能源消费约为$1.8×10^8$ tce(电热当量计算法),在全国的能源消费中所占比例约为9%,其中纺织、造纸、农副食品加工、塑料和橡胶业耗能较大。2012年轻工业的能源消费,从结构来看,煤炭约为$6000×10^4$ tce,油品消费约为$823×10^4$ tce,天然气约为$559×10^4$ tce,热量约为$246×10^4$ tce,电力约为$8329×10^4$ tce,可以看出各种能源消费中占比重最多的是电力和煤炭。此外,近年来电力的消费呈现出快速增加的趋势,在2000年时的消费仅仅相当于$2613×10^4$ tce,2005年消费约为$4553×10^4$ t,2010年的消费达到$7124×10^4$ t,年均增幅巨大。

中国轻工业年鉴将轻工业划分为:造纸工业、自行车工业、缝纫机械工业、钟表工业、陶瓷工业、搪瓷工业、日用玻璃工业、眼镜工业、照明电器工业、香料香精工业、化妆品工业、洗涤用品工业、口腔清洁护理用品工业、油墨工业、电池工业、制盐工业、制糖工业、烟草工业、罐头工业、白酒工业、啤酒工业、葡萄酒工业、酒精工业、乳制品工业、饮料工业、食品添加剂和配料工业、生物发酵工业、焙烤食品糖

---

① 资料来源:中国轻工业年鉴2013。

制品工业、皮革工业、塑料加工工业、文教体育用品工业、制笔工业、文房四宝工业、乐器工业、少数民族用品工业、工艺美术工业、玩具和婴童用品工业、轻工机械工业、衡器工业、日用杂品工业、室内装饰工业、家具工业、五金制品工业、感光材料工业等。由于不能够直接从能源统计年鉴中获得上述细分行业的能源消费情况，轻工业整体的能源消费情况也无法获得完整的数据，只能通过对轻工子行业数据进行加总从而得到总体能耗。从中国能源统计年鉴的统计数据出发，参考相关文献的分类标准，作为轻工业子行业的有：农副食品加工业、食品制造业、饮料制造业、烟草制品业、纺织业、纺织服装、鞋、帽制造业、皮革毛皮羽绒及其制品业、木材加工及木、竹、藤、棕、草制品业、家具制造业、造纸及纸制品业、印刷业和记录媒介的复制、文教体育用品制造业、塑料制品业、仪表仪器及文化办公用机械制造业、工艺品及其他制造业，另外通信设备、计算机及其电子设备制造业有一半属于轻工业。

轻工业主要是提供生活消费品和制作手工工具的工业，根据1996—2012年的统计数据，轻工业终端能源消费占到中国工业部门全部能源消费的10%～17%。20世纪90年代中期，轻工业的能源消费出现了短期的下降，在1997年受当时亚洲金融风暴的影响，达到阶段性的低点，随后能源消费逐步回升。除了20世纪90年代中期之外的其他时间段外，中国轻工业的能源消费量大体上呈现逐年上升的趋势，近年来增长缓慢，能源消费的增加主要体现为用电量的增加。此外，煤炭的消费量在2000—2004年增加较为缓慢，2004—2009年基本维持在同样的水平上，而与此同时电力的消费量却快速增加，2008—2009年金融危机之后，煤炭的消费量出现了明显下跌，减少的煤炭消费部分则主要由电力进行了补充，这背后体现了金融危机之后，由于传统的出口导向型产业受到阻碍，外向型经济遭遇严重冲击，倒逼国内轻工业产业结构的调整，从较为落后的生产技术向更先进的自动化、电气化改进。此外，一些落后的产能被淘汰，这些行业的变化反映在能源消费方面，表现为消费结构的变化。由于雾霾等天气的影响，政府鼓励清洁化石能源天然气的使用，也在一定程度上替代了减少的煤炭。热力的消费量在近些年呈现出稳定的态势，基本上没有出现大的变动；石油及石油制品的消费也出现了少量的下降，尤其是在2008年全球金融危机发生之后。

图3-1反映了1996—2012年轻工业能耗的变化情况及其在整个工业部门的比重变动。

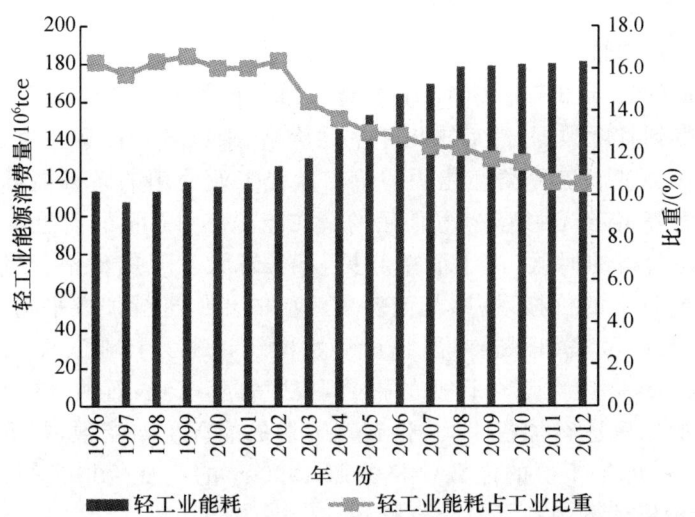

图 3-1　轻工业终端能耗变化及其在工业部门所占比重

资料来源：中国能源统计年鉴，我们计算制图。

### 3.1.1　中国轻工业节能潜力研究

本部分旨在从经济学的角度出发，利用相应的经济计量模型找寻中国轻工业的能源消费同相关经济变量之间的关系；在此基础之上，探索有效的节能途径与方法。利用协整模型刻画中国轻工业能源消费同相关经济变量的长期均衡关系，接着对中国轻工业未来能源消费和节能潜力进行估计，在此基础上提出政策建议。

**1. 中国轻工业能源消费的长期均衡关系**

（1）数据来源及变量选择

从传统经济理论出发，影响能源强度的变量有很多，如：能源价格、节能投资、企业规模、劳动生产率等，由于轻工业包含众多子行业，考虑到数据的易得性，这里选取直觉上对轻工业的能源强度影响最大的四个关键变量：能源价格（$EP$）、化石能源消费占总能源比例（$ES$）、劳动生产率（$LP$）和人均 GDP（$PER$）。

① 能源价格（$PE$）。能源价格是影响行业能源强度的关键变量。根据经济学基本理论，能源价格的提高将会产生降低能源消费的激励，在长期中有助于降低能源强度，能源价格和能源强度之间一般呈现相反的变动趋势。Lin et al. (2014a,b)对钢铁行业、非金属矿物制品业进行研究，发现能源强度和能源价格存在负向的关系。轻工业各子行业的能源消费包括煤炭、石油、天然气、电力等，数据从中国能源统计年鉴中取得，其中天然气的消费量相对较少，在总能耗中所占比例不超过 3.5%，为了计算的简化，我们这里仅计算煤炭、石油、电力的消费量。

接下来，我们将各个子行业的不同类型能源消费量分别进行加总得到每个年度行业整体的能源消费量。

能源价格的计算，2006—2012年煤炭、石油、电力的价格可以从CEIC中国经济数据库中得到月度数据，然后求出年平均价格，乘以各种能源折算标煤的系数，得到每吨标煤当量下各种类型能源的价格。轻工业使用的各种能源主要包括煤炭、石油、电力等，各年份中天然气使用的量在能源使用总量的比重不超过3.5%，因此计算能源价格的时候，为了简单起见，不考虑天然气的价格。将各种类型能源每吨标煤当量下的价格，按照其消费量对应的比例进行加权平均，得到轻工业能源的价格，具体做法如下。中国统计年鉴中统计了分行业工业品出厂价格指数，选取煤炭、石油、电力三个行业的指数，按照每年煤炭、石油、电力在轻工业能源消费量中的比重进行加权平均，得到轻工业的能源价格指数，根据能源价格指数和能源价格，将各年份的能源价格按照1990年的不变价格进行折算，得到以1990年不变价格计算的各年份能源价格。

② 化石能源消费占总能耗比例（ES）。化石能源消费比例代表了行业能源消费结构的变化，在一定程度上反映了行业内部产业结构的升级换代以及变化情况。Lin et al. (2014b)对中国化学工业的能耗情况进行研究，发现能源结构与能源消费在长期中存在着稳定的关系。轻工业消费的能源主要可以分为化石能源和电力两大部分，近些年来，随着轻工业行业结构变化和产业的升级换代，家用电器、绿色照明等行业发展较快，而纺织、造纸这些耗能较高的产业发展相对落后，从而使得行业整体的能源消费中化石能源消费比例呈现出不断下降的趋势，电力消费占比则呈现出快速增加的态势。

化石能源消费占比的下降反映了轻工业产业内部产业结构的调整以及产业的升级换代，意味着单位能耗带来更高的增加值。从而，化石能源消费占比降低，背后反映的是电力消费占比的快速增加，与能源强度的下降具有强烈的相关性。

③ 劳动生产率（LP）。能源效率的提高取决于全要素生产率的增长（Boyd and Pang, 2000）。Mukherjee(2008)从全要素生产率的理论框架出发，运用数据包络分析发现了，由于各种投入要素之间的替代作用，劳动生产率的提高将会导致更好的能源效率。Lin et al. (2011a)通过协整模型，研究了中国钢铁行业能源强度与劳动生产率等因素的关系，发现长期中能源强度的下降伴随着劳动生产率的提高，二者存在稳定的关系。需要指出的是劳动生产率与能源强度之间的关系也可能存在着同向的关系，即劳动生产率的提高与能源强度的增加呈现一定程度的正相关，这种现象的原因可能在于，劳动生产率提高可能是使用了更多的机器设备，从而消费更多的能源所造成的。

与Mukherjee(2008)和Lin et al. (2011)一样，这里我们采用行业增加值与劳动力的比值,即单位劳动力的行业增加值来表示劳动生产率。

④ 人均 GDP(PER)。人均 GDP 指的是一个国家 GDP 与全国人口的比,能够恰当比反映出一国经济发展的情况和人们的生活水平。模型引入此变量的原因有两个:一是,在经济的不同发展阶段,能源强度一般呈现出不同的情景,发展初期依赖于投入增加获得的产出扩大一般伴随着较高的能源强度,而后随着环境和资源的约束,经济增长更多的依赖于知识和创造,此时往往具有较小的能源强度。二是,轻工业主要是指生产消费资料的工业部门,人均 GDP 是对人们生活水平的良好度量,其变化可以间接反映出轻工业行业结构等的变化。

我们选取的数据区间从 1980—2012 年,轻工业各子行业的能源消费量来自中国能源统计年鉴,各种能源的价格来自 CEIC 中国经济数据库,轻工业从业人数来自中国工业经济统计年鉴和劳动力统计年鉴,其他数据来自中国统计年鉴。价格数据均按照 1990 年的不变价格进行折算。需要注意的是,能源消费量数据存在几个异常点,为了结果的可靠和稳定,我们采用插值法来处理这些异常值。

(2) 协整分析

根据协整关系的定义,在建立模型之前,需要先对各变量进行平稳性检验。利用 Stata 软件,表 3-1 表给出了计量方程中五个变量及其一阶差分变量的单位根检验结果。

表 3-1　平稳性检验

|  | ADF 检验 | PP 检验 | DF-GLS 检验 | KPSS 检验 |
| --- | --- | --- | --- | --- |
| $\ln EI$ | −2.623 | −2.548 | −2.106 | 0.558*** |
| $\ln PE$ | −0.707 | −1.392 | −0.898 | 0.471*** |
| $\ln LP$ | −2.148 | −2.303 | −2.092 | 0.226*** |
| $\ln PER$ | −1.896 | −2.368 | −2.040 | 0.272*** |
| $ES$ | 1.028 | 2.023 | 0.072 | 0.716*** |
| $\Delta\ln EI$ | −6.449*** | −6.631*** | −7.106*** | 0.0423 |
| $\Delta\ln PE$ | −3.077** | −3.075** | −3.115* | 0.023 |
| $\Delta\ln LP$ | −4.364*** | −4.272*** | −4.445*** | 0.0773 |
| $\Delta\ln PER$ | −3.374** | −16.625*** | −4.456*** | 0.063 |
| $\Delta ES$ | −3.047** | −2.959** | −4.966*** | 0.0844 |

注:***、**、* 分别表示在 1%、5% 和 10% 的显著性水平下拒绝原假设。由于 KPSS 检验的原假设为序列平稳,与其他三种检验相反,因此,拒绝原假设意味着存在单位根。关于趋势的设定,所有原序列均包含趋势项,其差分序列则不包含趋势项。

从表 3-1 的结果可以看出,可以在 5% 的显著性水平下认为所有原始变量都存在单位根,而对各种变量进行差分之后,均变得平稳,即可以说这五个变量都是一阶单整的,满足协整建模的条件。

接下来,对变量之间是否存在协整关系以及协整关系的个数进行检验。在进行协整检验之前,需要对 VAR 模型的滞后阶数进行设定,滞后阶数检验的结果见表 3-2。根据表 3-2 的结果,最终选择滞后阶数为 4 的模型 VAR(4)。

建立一个包含常数项但不包含时间趋势项的协整检验,同时采用秩迹检验方法,结果见表 3-3。从迹统计量的检验来看,存在一个线性无关的协整向量。因此,我们认为待研究的各种变量之间存在协整关系。

表 3-2 选择滞后阶数

| 滞后阶数 | LL | LR | FPE | AIC | HQIC | SBIC |
| --- | --- | --- | --- | --- | --- | --- |
| 0 | 88.3039 | | 2.2e-09 | −5.7451 | −5.6713 | −5.5094 |
| 1 | 267.349 | 358.09 | 5.5e-14 | −16.3689 | −15.9259 | −14.9544 |
| 2 | 294.66 | 54.621 | 5.6e-14 | −16.5282 | −15.7161 | −13.9351 |
| 3 | 357.313 | 125.31 | 6.8e-15 | −19.1251 | −17.9438 | −15.3532 |
| 4 | 420.769 | 126.91* | 1.6e-15* | −21.7772* | −20.2267* | −16.8266* |

注:* 表示对应准则下被选择的滞后项。LR 表示序列调整的 LR 检验统计量;FPE 是最终的预测标准误,反映了一步向前预测的均方误差;AIC,SC 和 HQIC 分别代表赤池、施瓦兹和 Hunnan-Quinn 信息准则。

表 3-3 协整秩迹检验

| 最大个数 | 秩迹检验 | |
| --- | --- | --- |
| | 迹统计量 | 5% 显著性临界值 |
| 无* | 72.8819* | 68.52 |
| 一个 | 42.4251 | 47.21 |
| 两个 | 20.1551 | 29.68 |
| 三个 | 8.0325 | 15.41 |

注:带 * 表示拒绝 0.05 显著性水平下的原假设。

最终建立一个滞后阶数为 4 的 VEC 模型,得到的协整方程如下:

$$\ln EI = -0.7585 - \underset{(0.0351)}{0.8567\ln PE} - \underset{(0.1216)}{0.1498\ln PER} + \underset{(0.0298)}{0.3510\ln LP}$$

$$+ \underset{(0.2000)}{7.1604ES} + 0.03313 Trend \tag{3-1}$$

括号内为估计参数的标准差。方程(3-1)的拟合效果如图 3-2 所示。

在得到上面的协整方程后,需要进行稳定性检验,检验该 VEC 模型是否为平稳过程。如果该模型非平稳,估计参数会随时间而变化,则使用该模型会使我们得到错误的结论,也不能作为今后预测的依据。我们通过检验伴随矩阵的特征根

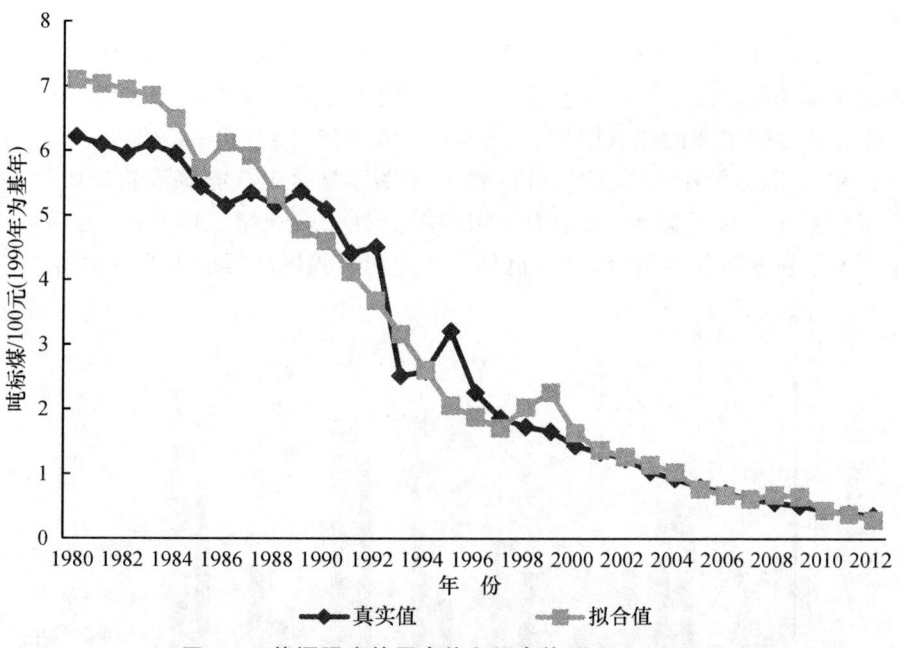

图 3-2　能源强度的历史值和拟合值（1980—2012）

是否在单位圆内来检验模型的稳定性。结果表明除了 VEC 模型本身假设的几个单位根之外，伴随矩阵的所有特征值均落在单位圆以内，所以该模型是稳定的，结果是可以信赖的，能够用来对以后做预测。

为了和上面的协整方程做比较，在一定程度上检验协整结果的可靠性，我们直接采用最小二乘法对同样解释变量的系数进行估计，得到的结果如下：

$$\ln EI = -1.4778 - \underset{(0.1316)}{0.3113 \ln PE} - \underset{(0.1217)}{0.1217 \ln PER} - \underset{(0.0906)}{0.2778 \ln LP}$$

$$+ \underset{(0.8108)}{5.4921 ES} + 0.0253 Trend \tag{3-2}$$

可以看出，OLS 的估计结果与协整方程的结果比较接近。这也从另一侧面说明了协整模型结果的稳健性。

轻工业能源强度、人均 GDP、劳动生产率和化石能源占总能源消费比例，在 1980—2012 年三十多年内呈现出长期稳定的均衡关系。也发现，估计参数的符号与预期一致，从长期中来看能源价格的提高、人均 GDP 的增加跟轻工业能源强度之间存在着负向的均衡关系，而劳动生产率、化石能源所占比例的高低与能源强度呈现出正向的相关关系。能源价格对能源强度的降低有着显著的影响，其每增加 1% 将导致能源强度降低 0.86%。

事实上，化石能源占比的迅速减少所反映的轻工业能源结构变化问题也不容小觑。在终端能源消费中,电力所占的比例快速增加,2000 年占比 22.4%,2007 年占比增加到 33.3%,2012 年则达到 46.0%,这其中反映了轻工业内部行业结构升级的显著变化。图 3-3 显示了轻工业 2012 年耗能最大的四个子行业(2012 年 4 个行业能耗占轻工业的比重中约 50.5%)在 2000 年、2006 年、2012 年三个时点电力消费和化石能源消费的情况,可以看出这些行业的化石能源消费增长缓慢,在近些年来甚至出现了减少,而电力消费量一直处于快速增长的状态,背后体现了行业技术革新和产业的升级,这些也是轻工业能源强度降低的重要推动力。

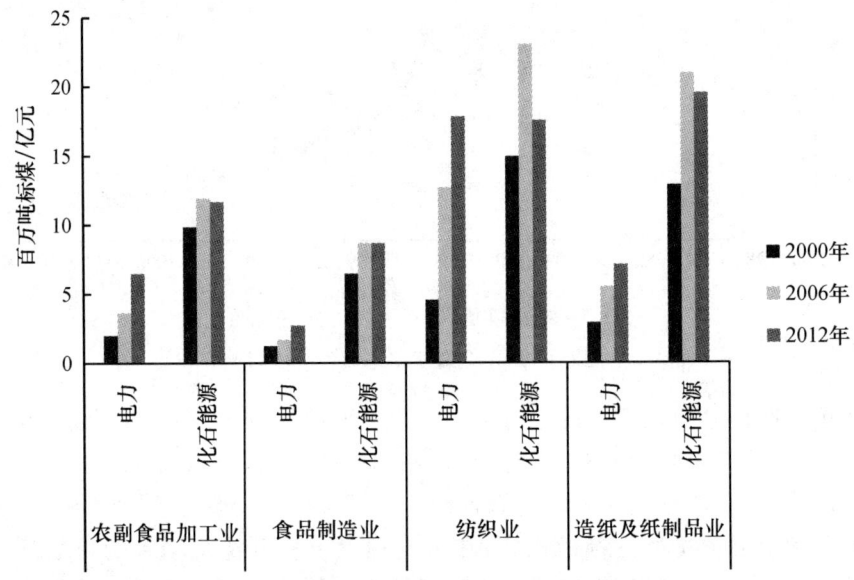

图 3-3　轻工业能耗较大的几个子行业电力、化石能源变化
资料来源:中国能源统计年鉴,我们计算制图。

　　协整方程反映的是经济变量之间长期稳定的关系,而随着经济的发展,总量增长的同时,结构上也会有较大的变化,这种变化呈现在经济变量上,往往体现出参数关系会出现一定的变化。为了进一步揭示变量之间的这种关系,我们进一步采用可变参数模型,利用卡尔曼(Kalman)滤波,基于状态空间模型对能源强度与各种经济变量之间参数关系随时间变化的情况进行分析。

　　卡尔曼滤波可以通过输入和输出的观测值,对线性系统的状态方程进行最优估计。一般来说,观测数据中由于种种原因,包含了经济中的而各种干扰和噪声,因而用卡尔曼滤波进行最优的估计在一定程度上可以视为是对噪音的滤波过程。通常来说,一般的回归模型所估计出的参数在样本时间内固定不变,而经济变量之间随着经济结构和发展阶段的变化可能会出现一定的调整,因而一般的回归模型并不能够反映这种关系,常用的反映经济变量参数的动态变化特征的模型有状态空间模型,该模型能够较好地反映出动态系统内部状态随时间的变化情况,也能够较好地揭示出输入与输出变量之间的联系。一般情况下,状态空间方程与卡尔曼滤波配合使用能够较好地解决上述问题。

我们将公式(3-2)改写成下面的形式,来分析能源价格、能源结构与能源强度之间的参数关系的时变情景。其中,信号方程为

$$\ln EI = \text{cons} + \beta_{1t} * \ln PE_t + \beta_2 * \ln PER_t + \beta_3 * \ln LP_t + \beta_{4t} * \ln ES_t + \beta_5 Trend + \mu_t \quad (3-3)$$

状态方程被假定为递归的形式,对信号方程中的扰动项的均值被假定为0。

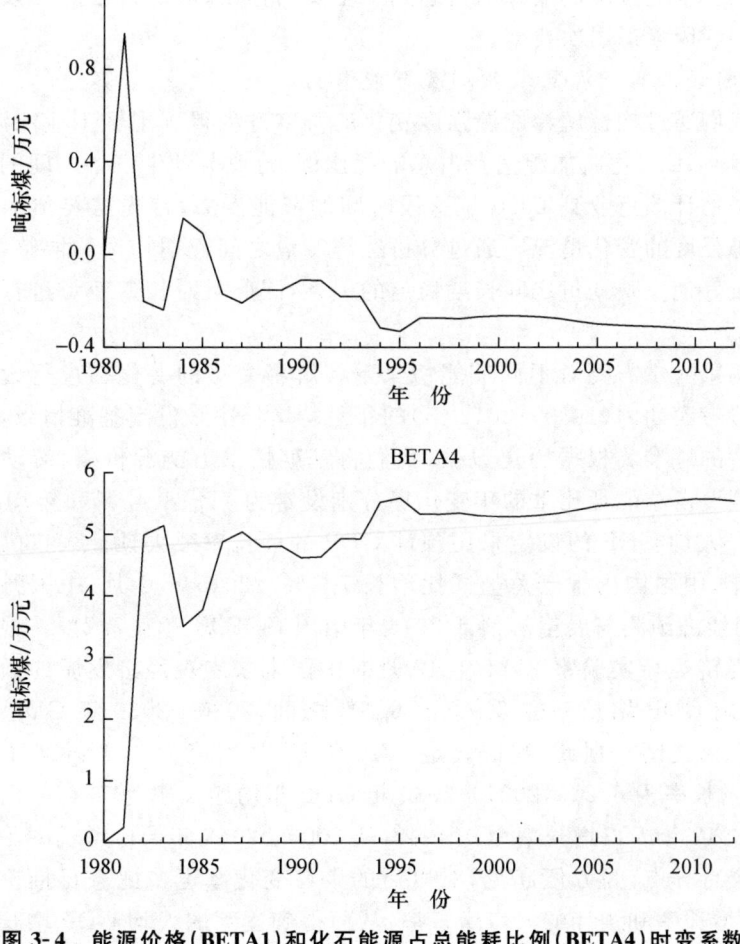

图 3-4　能源价格(BETA1)和化石能源占总能耗比例(BETA4)时变系数

可以看出，能源价格的系数和能源结构的系数在 20 世纪 80 年代初期变动较为剧烈，之后变化较小，进入 90 年代之后变得比较稳定，而从 90 年代中后期开始，变化基本不大。从而进一步说明了利用上面估计的协整方程能够较好地对能源强度的变化进行预测。80 年代初期能源价格升高对能源强度的抑制并不明显，在这段时间，能源强度与化石能源在总能耗的占比两者之间弹性也比较小。实际上 1980—1984 四年间能源强度从 6.216 吨标煤/万元下降到 5.923 吨标煤/万元，年均下降 0.066 吨标煤/万元，而接下来从 1985—1988 年的四年间从 5.923 吨标煤/万元下降到 5.145 吨标煤/万元，年均下降 0.202 吨标煤/万元。造成这种现象的原因可能在于，80 年代初期中国处于改革开放的初期，基本经济制度变革助推的经济增长以及由此拉动的能源消费起到了主要的作用，能源价格等因素对行业能源消费的制约因素退居次要地位。

2. 中国轻工业能源需求预测及节能潜力

前文我们通过构造解释能源强度变化的协整方程得到了轻工业能源强度、能源价格、人均 GDP、化石能源消费占总能耗比例、行业劳动生产率之间的长期均衡关系。为了估计该行业到 2020 年这段时间的节能潜力，首先需要预测不同节能情景下能源强度的变化情况。通过分析经济变量之间长期均衡的协整关系，协整方程能够较好地反映变量之间长期稳定的关系，因此是对长期变量进行预测的较好选择。

预测的第一步需要对不同节能情景下各解释变量的变化率进行设定。我们根据各变量考察期内(1980—2012 年)的年平均增长率来设定基准情景，作为轻工业能源消费的基准。根据历史数据，我们将基准情景下能源价格、劳动生产率和化石能源消费占总能耗比重的年变化率分别设定为 7%、8.45% 和年均减少 1.96 个百分点。人均 GDP 的设定采用预计 GDP 的增长率减去预计人口的增长率得到，2014 年，中国国内生产总值同比增长 7.4%。2015 年 1 月，中国科学院发布《2015 中国经济预测与展望》，预计 2015 年中国 GDP 增速为 7.2%。根据中国社科院宏观经济运行实验室 2014 年 10 月对中国未来宏观经济发展的预测，"十三五"期间中国 GDP 增长率在 5.7%～6.6% 之间，2020—2030 年 GDP 增长率在 5.4%～6.3% 之间。据此，我们设定 2015 年 GDP 增速为 7.2%，2016—2020 年 GDP 年均增长率为 6.2%，2021—2030 年 GDP 年均增长率为 5.8%，而人口增长率的设定 2012 年人口增长率为 0.49%，从 2000—2012 年人口增长率平均每年下降 0.022 个百分点，为方便起见，对以后的人口变化率也按此进行推论。根据预测的 GDP 增长率和预计的人口增长率，从而得到逐年的人均 GDP 增长率。轻工业行业的能源强度将从 2012 年的每万元 0.359 吨标煤下降到 2020 年的 0.181 吨标煤和 2030 年的 0.127 吨标煤。

实际上,近年来由于国际能源价格上涨和国内能源消费激增带来的能源供应压力以及环境问题,中国政府高度重视各地区和各行业的节能减排。为了促进行业的节能减排工作,政府采取了包括行政命令和市场引导方式的各种措施。因此,在这些政策的影响下,各个经济变量变化趋势都将发生改变。这里,我们设定两种不同的情景,缓和的节能情景和高度节能情景。由于中国逐步进行的能源价格市场化改革,在高度节能情景的设定下,能源价格的增速也会较大,我们借鉴 Lin 和 Zhang (2013)的做法,对于中国统计年鉴中燃料动力价格指数,取历史数据中能源价格上涨最快的一段时期内的年均增长率作为高度节能情景下能源价格的年增长率,假定为 16%,基准情景为过去的年均增速 7%,不失一般性,将中等节能情景的设定为二者的中间值 11.5%,具体设定见表 3-4。非化石能源消费占比的设定和劳动生产率的设定分别取 2000 年以来的年均变化率作为设定值。关于中等节能情景的设定则不失一般性地假定为基准情景和高度节能情景的平均值,观察化石能源占全部能源消费的比重,近年来呈现出快速减少的现象,但随着行业升级逐步完成,未来其逐年变化速度将变得缓慢,为方便起见我们假定该变化是线性的,年均变化率为 1.96 个百分点。

表 3-4 节能情景设定(变量年均增速)

| 变 量 | 基准情景/(%) | 中等节能情景/(%) | 强化节能情景/(%) |
| --- | --- | --- | --- |
| PE | 7 | 11.5 | 16 |

图 3-5 显示了根据以上不同情景设定下能源强度的变化趋势,可以看出,在基准节能情景下,能源强度从 2012 年的每万元 0.359 吨标准煤下降到 2020 年的 0.181 吨标准煤,而在强化节能情景下该能耗比例将降低到 0.133 吨标准煤,下降幅度分别达到 49.6% 和 63.0%。2030 年基准情景下的能源强度为每万元 0.127 吨标准煤,强化节能情景下为每万元 0.854 吨标准煤。

为了计算不同情景下轻工业的节能潜力,需要估计出 2020 年轻工业的工业增加值,根据 1980—2012 年的历史数据,轻工业增加值的年平均增长率为 12.7%,其中 2010—2012 年三年的增速分别为 13.6%、13% 和 10.1%。考虑到经济增长的失速风险以及增长速度放缓的趋势,假定 2030 年轻工业的增速与经济整体增速持平,方便起见我们采用线性的设定,则 2020 年轻工业的增加值为 11.60 万亿元(1990 年作为基年)。根据上面的式子,计算出中等节能情景和高度节能情景下,2013—2020 年轻工业的节能潜力(见图 3-6)。2020 年,在高度节能情景下该行业的节能潜力达到 5530 万吨标准煤,占 2012 年整个行业终端能源消费量的 30.7%;即使在中等节能情景下,节能潜力也高达 3200 万吨标煤。2015—2030 这些年间,中等节能情景下的行业节能潜力累计为 64 000 万吨标煤,而在高

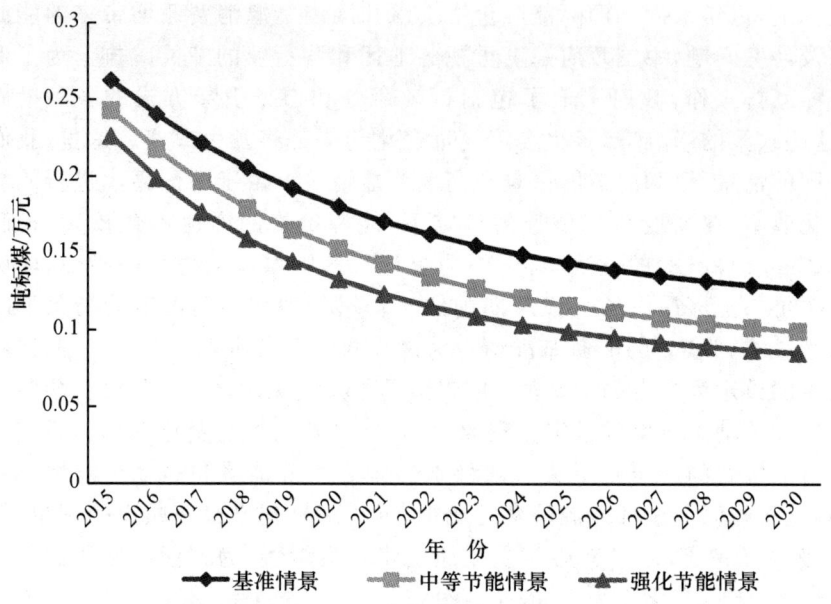

图 3-5 不同情景下轻工业的能源强度（2015—2030 年预测）

度节能情景下累计节能高达 104 600 万吨标煤。由此可见，如果政府采取措施，实行严格的节能政策，轻工业的节能潜力巨大。

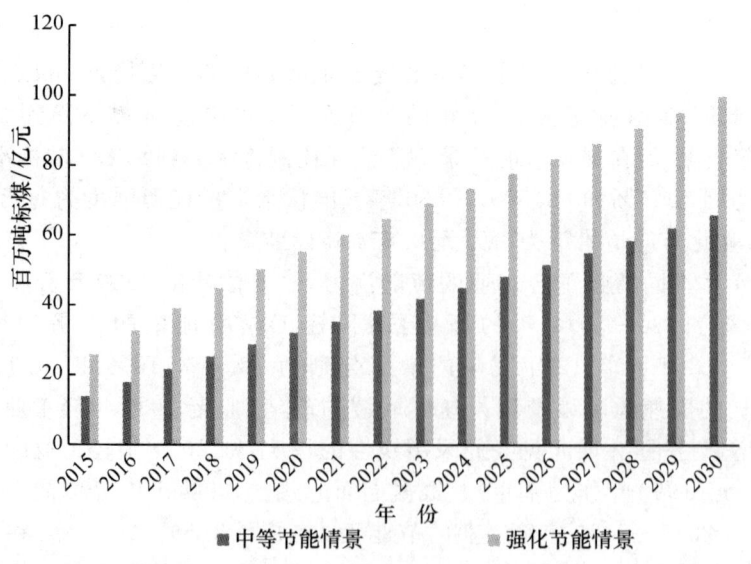

图 3-6 轻工业节能量（2015—2030 年预测）

### 3. 中国轻工业节能建议

我们采用1980—2012年间轻工业的历史数据,发现了在这段时期内,能源强度、人均GDP、劳动生产率和化石能源占总能源消费比例,呈现出长期稳定的均衡关系。在此基础上,对轻工业节能潜力进行了情景预测,发现在高度节能情景下2020年的节能潜力达到5530万吨标准煤,占2012年整个行业终端能源消费量的30.7%,而2030累计的节能潜力高达104 600万吨标煤,可以发现轻工业的节能潜力不小。从协整模型中发现了,长期中能源强度的下降与能源价格的提高呈现较为显著的负向关系,而化石能源消费占比的减少与电力消费占比增加所反映的轻工业内部行业结构的升级和变革,也是促进轻工业能耗降低的主要因素。

① 促进电力体制改革,通过电价的信号作用来加强轻工业的节能。与Lin et al.(2014a,b)对钢铁行业、非金属矿物制品业的研究,发现能源强度和能源价格存在负向关系,协整方程展现出在轻工业中二者也存在着负向相关关系。Yuan et al.(2010)发现,提高能源价格有助于降低中国工业部门的能源消费。电力消费在总能耗中所占的比例呈现出了快速增长的趋势,2000年占比为22.4%,2007年占比增加到33.3%,2012年则达到46.0%。轻工业电力消费总量大,而且依然处于快速增长的阶段,通过节约用电来促进轻工业节能有广阔的空间。目前,中国的输电和配电市场主要由国家电网、南方电网这两家国有企业垄断,历史因素再加上缺乏竞争,不可避免地存在一定的效率损失;此外,能源价格没有完全反映出环境成本和资源的稀缺成本。电力价格根据市场供需变化,能够沿着产业链顺畅传导,使企业微观主体面临恰当的电价激励,有利于促进轻工业的节能。

② 采用税收、政策性基金等方式扶持绿色照明、家电等子行业节能技术的进步,通过促进轻工业产业结构的调整来增强节能。协整方程也展现出了轻工业能源强度的降低与化石能源消费占比降低存在稳定的关系。化石能源消费比例降低、电力消费比例增高体现出轻工业内部生产发生的变化,产业结构呈现出持续优化。轻工业内部绿色照明、节能型家电等产品的制造过程中需要消费能源,这些产品在未来使用过程中伴随着更多的能源消费,因而蕴涵着巨大的节能空间,也就是说家电等行业的产品中蕴涵的节能技术对家庭在用电过程中的节能具有较大影响。可以通过促进这些行业的技术进步,扶持绿色节能产业发展,来促进照明、家电等设备使用过程中的节能。

③ 轻工行业中,纺织业、造纸及纸制品业、农副食品加工业、食品制造业的能源消费比较多,2011年这4个行业的能源消费超过了轻工业能源消费总量的一半,因而这四个行业的节能对轻工业整体的节能有很大影响。对于纺织行业,2010年纺织工业的能源消费总量达到$8339.56\times10^4$tce,其中细分行业中棉纺行业、染整行业和化纤行业能源消费分别达到$2269.45\times10^4$t、$1449.09\times10^4$t、

$1414.81×10^4$ tce,占纺织业能耗的比例分别是 27.21%、17.38%、16.96%[1],这些细分行业属于纺织业的上游,产品附加值比较低,然而这些行业能源消费比较大,单位能源消费所创造的经济价值小。对造纸行业来说,2006 年之后,纸及纸板的生产量超过消费量,2009 年造纸行业整体进入产能过剩时期,产品价格低位运行,同时原料、库存、资金成本上升,严重压缩了企业盈利能力。造纸行业中小企业数量众多,占比超过 80%[2],由于中国金融体系的原因,中小企业的融资成本往往比大企业高出很多,很难融到资金,而企业节能设备需要较高的资本性支出,抑制行业节能推广。从而淘汰附加值低,出口依赖度较高的落后企业,通过兼并、重组等手段向行业下游附加值高的区段迁移,同时提高劳动力素质和管理水平,降低企业融资成本,实现劳动、资本对能源的替代,来减少行业能源消费。

### 3.1.2 中国轻工业二氧化碳排放变化及分析

在全国节能减排的大环境下,轻工业也面临着较为繁重的任务,其单位产值水资源消费、能源消费、污染物的排放等方面,相对于国际先进水平来说,仍然具有较大的差距,而在轻工业的众多子行业中,酿酒、发酵、食品、皮革、造纸、电池等行业污染物排放较为严重,面临着严峻的节能减排形势。其中,酿酒、造纸、发酵等行业的部分产品生产过程属于国务院于 2007 年发布的《节能减排综合性工作方案》中的条目,对应着具体的落后产能淘汰数量。轻工业的行业组织——中国轻工业联合会,根据《轻工业调整和振兴规划》在推进整个行业的节能减排方面也做了不少工作。首先,推进节能减排相关科技项目落实,具有代表性的有"造纸、发酵行业污染物减排与资源化利用关键技术及示范""高效环保超小型化电冰箱压缩机的研发与产业化"等。其次,着力推进酿酒、发酵、造纸等行业的节能减排工作。再者,进行相关节能减排课题的研究,如 2008 年发改委下达的"轻工重点行业节水综合措施(模式与政策)研究",参与环保部的相关课题研究,配合其他部门进行"节能减排"的战略规划研究等。

工业和信息化部在 2012 年 1 月发布了《轻工业"十二五"发展规划》,提出要求轻工业在节能减排方面加大力度,能源强度(单位工业增加值能源消费)比"十一五"末降低 20%,每单位工业增加值的用水量减少"30%"的要求,其他主要的污染排放物也要有所减少。此外,对于轻工业中某些高耗能和落后的产业如:造纸、皮革等行业中的落后产能进行淘汰,特别强调了土地、能源消费、环境保护等方面。界定了铅蓄电池等一些重金属含量较高的产品的行业落后产能标准,对生产过程中的各个方面,如工艺、设备、产能、技术、市场准入等进行严格的监督和检查,运

---

[1] 孙淮滨主编,中国纺织工业发展报告,2012—2013。
[2] 国家统计局,2012。

用法律、行政、经济手段对落后产能予以淘汰,进行等量或者减量的置换。

近年来,针对家电等领域的节能减排工作,政府也做出了不少努力。在照明行业提出"淘汰白炽灯路线图",对家电实行"节能产品惠民工程""家电下乡""空调能效的识别升级";从而不仅在一定程度上促进了经济的发展,也在节能方面取得了显著成绩。节能减排也包含了资源再回收再利用的思想,轻工业在此方面也取得了较为显著的成绩,通过对皮革、家电、造纸、照明电器、玻璃、塑料、陶瓷等行业生产过程中的废物利用以及产品回收,确保在整个产品生命周期中的能源、资源利用效率,建立循环的链条,加强了这些行业资源和能源的再回收,对减少二氧化碳的排放具有一定的促进作用。

1. 中国轻工业二氧化碳排放情况

轻工业二氧化碳的排放主要产生在使用化石燃料的过程,我们不考虑使用电力耗能的间接排放。

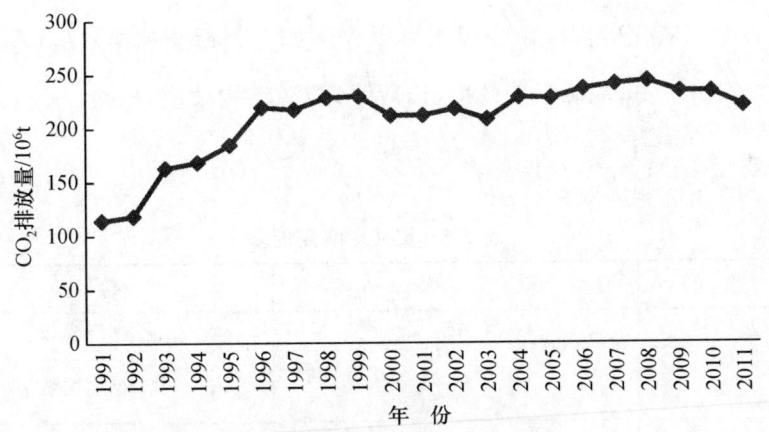

**图 3-7　中国轻工业历年二氧化碳排放数据**

注:轻工业二氧化碳排放作者根据中国能源统计年鉴数据计算。

轻工业 2011 年二氧化碳排放约 $2.2 \times 10^8$ t,占全国二氧化碳排放的比重约为 3%,2004 年轻工业二氧化碳排放出现较大增长,主要原因是煤炭消费量的突然增加,由 2003 年的 $6634 \times 10^4$ tce 突然增长到 2004 年的 $7676 \times 10^4$ tce,增幅高达 15.7%。

2. 中国轻工业二氧化碳排放变化因素分解

为了确定中国轻工业二氧化碳排放的影响因素,我们采用对数平均指数分解法(LMDI)。考虑到轻工业的特性,我们将二氧化碳排放的影响因素分为以下五个因素:行业的规模效应、行业的结构效应、能源强度效应、能源结构效应以及碳强度效应。探讨各个阶段中国轻工业中由能源消费所产生的二氧化碳排放的变化,并且详细考察这些影响因素对总排放的贡献值。下面采用对数平均迪氏指数加法分解方法进行分解。对轻工业二氧化碳排放的因素分解可以用下面的公式来表示:

$$C = \sum Q \cdot \frac{Q_i}{Q} \cdot \frac{E_i}{Q_i} \cdot \frac{EF_i}{E_i} \cdot \frac{EF_{ij}}{EF_i} \cdot \frac{C_{ij}}{EF_{ij}} \tag{3-4}$$

其中,$i$ 表示的是轻工业的各个子行业:农副食品加工业、食品制造业、饮料制造业、烟草制品业、纺织业、纺织服装、鞋、帽制造业、皮革毛皮羽绒及其制品业、木材加工及木、竹、藤、棕、草制品业、家具制造业、造纸及纸制品业等。$j$ 表示的是一段时期内的轻工业二氧化碳排放总量,$j$ 对应的是不同的能源种类:煤炭、石油、天然气等。$Q$ 表示的是轻工业的总产值,$Q_i$ 表示的是行业 $i$ 的产值。$E_i$ 表示行业 $i$ 的能源总消费,$EF_i$ 表示行业 $i$ 中化石能源的总消费,$EF_{ij}$ 表示行业 $i$ 所消费的总能源中化石能源 $j$ 对应的量,$C_{ij}$ 表示的是行业 $i$ 中化石能源消费 $j$ 所引致的二氧化碳排放。

这样各个二氧化碳排放影响因素可以表示如下。行业规模效应(Act):$Q$,行业结构效应(Str):$\frac{Q_i}{Q}$,能源强度效应(Ei):$\frac{E_i}{Q_i}$,能源结构效应(Em):$\frac{EF_i}{E_i}$,二氧化碳排放系数效应(Ci):$\frac{EF_{ij}}{EF_i}$,具体见表 3-5。

表 3-5  定义影响变量

| 乘　数 | 简　称 | 含　义 |
| --- | --- | --- |
| $Q$ | Act | 行业规模效应 |
| $\frac{Q_i}{Q}$ | Str | 行业结构效应 |
| $\frac{E_i}{Q_i}$ | Ei | 能源强度效应 |
| $\frac{EF_i}{E_i}$ | Em | 能源结构效应 |
| $\frac{EF_{ij}}{EF_i}$ | Ci | 二氧化碳排放系数效应 |

由上面的公式可得

$$C = Act \cdot Str \cdot Ei \cdot Em \cdot Ci \tag{3-5}$$

用 LMDI 指数,我们将二氧化碳排放的变化分解为五部分。$t$ 年的二氧化碳排放增量可以计算如下:

$$\Delta C = C_t - C_0 = \Delta C_{Act} + \Delta C_{Str} + \Delta C_{Ei} + \Delta C_{Em} + \Delta C_{Ci} \tag{3-6}$$

其中,$\Delta C$ 代表从基期到研究期间交通运输业能源消费所产生的二氧化碳排放增量,该变量是由五个主要影响因素的变化所引致的,$\Delta C_{Act}$、$\Delta C_{Str}$、$\Delta C_{Ei}$、$\Delta C_{Em}$和 $\Delta C_G$代表了这五个影响因素对总排放变化量的贡献值,分别为:行业规模效应、行业结构效应、能源强度效应、能源结构效应和二氧化碳排放系数效应。

中国工业经济统计年鉴中有轻工业的工业产值,但是中国能源统计年鉴中没有轻工业能源消费的直接统计值,因而需要对各轻工子行业的能源消费数值进行加总计算。根据轻工业的定义,轻工业是提供生活消费品和制作手工工具的工业,与重工业和化工业相对。我们的数据来自中国工业经济统计年鉴,中国能源统计年鉴,CEIC 统计数据库等。数据期间从 1996—2011 年。

(1) 工业二氧化碳排放量

我们参照 IPCC(2006)所提供的方法来估计二氧化碳的排放,同时从数据的可获得性出发,根据轻工业不同的能源消费量计算其二氧化碳排放。

我们参考最新的能源统计年鉴中对于化石燃料消费的分类统计,化石燃料品种可以划分为以下八个类别,即煤炭、焦炭、原油、汽油、煤油、柴油、燃料油和天然气。然后对各类化石能源进行单位换算,从而统一每个种类的化石能源消费量。煤炭、石油类燃料的计量是以标准煤计算,气态的天然气以立方米计,为便于加总计算总的二氧化碳排放量,需要统一计量单位。参考中国能源统计年鉴中各种能源折算标准煤的参考系数以及 IPCC(2006)各种燃料的二氧化碳排放因子,计算轻工业不同种类能源的二氧化碳排放。同时,在化石燃料的燃烧过程中,化石燃料燃烧过程中,所含的碳能否全部被氧化取决于是否有效燃烧,实际的燃烧过程中往往存在一小部分碳未被氧化,因此计算总的二氧化碳排放量时还需要考虑各种燃料在燃烧过程中的碳氧化系数。借鉴 IPCC(2006)推荐的部门化石燃料氧化系数,结合国内外相关研究成果对氧化系数进行细化,最终得出各个部门不同燃料的氧化系数。

根据上述二氧化碳排放系数和碳氧化系数,对历年能源统计年鉴中轻工业子行业的能源数据进行加总计算,可得到轻工业当年化石燃料燃烧所排放的二氧化碳量。

(2) 化石能源消费量

轻工业各自子行业的化石能源消费量数据根据历年《中国能源统计年鉴》中各轻工子行业能源消费总量和电力消费量的数据,从总量中扣除电力消费量的标煤量得到。电力数据的折算根据国家统计局给出每度电折 0.404 千克标准煤计算。

(3) 轻工业工业产值

轻工业工业产值的数据来自中国工业经济统计年鉴。

LMDI 因素分解的结果如图所示。从 1996 年到 2011 年轻工业 $CO_2$ 排放的变化分解到四个时期。

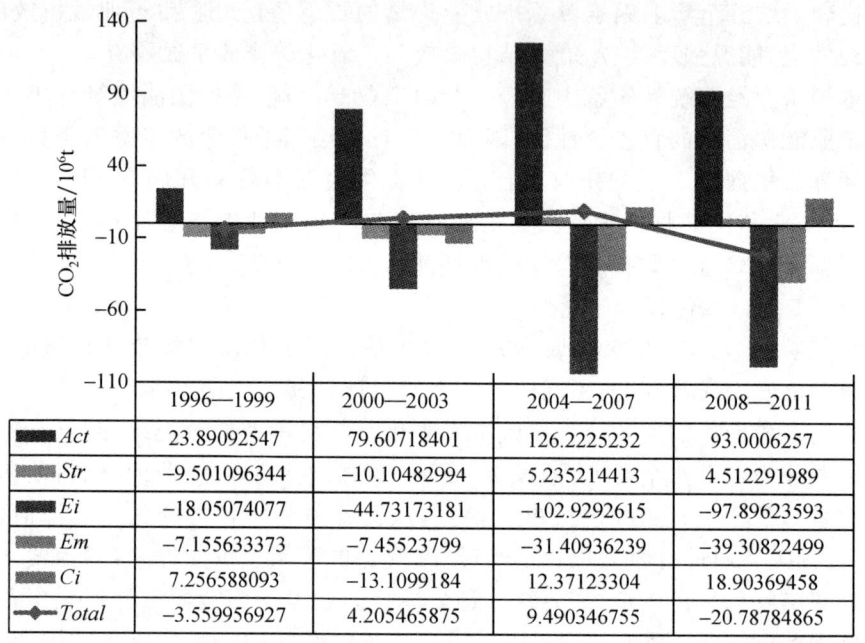

图 3-8　轻工业二氧化碳排放驱动因素分解(1996—2011)

注：$Act$ 代表轻工业行业总体规模的影响，$Str$ 代表行业结构的影响，也即轻工业内部各个行业所占比重随着时间变化所造成的影响，$Ei$ 代表能源强度影响，$Em$ 表示轻工业能源结构的影响，$Ci$ 表示二氧化碳排放的系数效应影响。

由图可以看出，轻工业的二氧化碳排放在分解的四个时间段内表现为：先下降，后缓慢的上升趋势，最后再下降。从整体来看，行业规模($Act$)是主要的驱动因素，而能源强度($Ci$)的下降主要促成了二氧化碳排放的减少，两种因素的综合作用使得二氧化碳的排放总体上变化不大。

1996—1999 年间，总的二氧化碳排放减少了 $360×10^4 t$，在四个时间跨度中，属于排放变化最小的时间段。这段时间内，二氧化碳排放系数因素($Ci$)和能源结构($Em$)的变化导致的二氧化碳增加和减少量几乎相等，能源结构导致二氧化碳排放的减少主要归于与此阶段电力消费的快速增长，此期间电力消费从 $1923×10^4 t$ 煤当量增加到 $2305×10^4 t$ 煤当量，增长约 20%。行业结构($Str$)、能源强度($Ei$)都促使了二氧化碳排放的减少，其中能源强度导致的二氧化碳排放减少是最大的。此期间行业规模的影响因素最大，是由于轻工业产值在此期间的增长达到 14.4%。

2000—2003年间,总的二氧化碳排放增量为$420\times10^4$ t。这段时间内,影响最大的因素仍然是行业规模,促成了二氧化碳排放的增加,而其他三个因素都促成了二氧化碳排放的减少。能源结构的影响与上期相比变化基本不大,说明化石能源比重的减少降低了二氧化碳$750\times10^4$ t的排放。能源强度影响仍然为负,且影响增加到$4470\times10^4$ t,说明单位产值能耗的下降有效降低了二氧化碳排放。二氧化碳排放系数的由正变负意味着二氧化碳排放系数较大的化石燃料的使用相对减少,有效降低了轻工业的二氧化碳排放。这个时期整体二氧化碳排放出现增加,主要是由于行业规模的影响。

2004—2007年间,对二氧化碳排放变化影响最大的因素依然是行业规模,增加了轻工业$12\,633\times10^4$ t的二氧化碳排放,行业总产值增加了90%,因而导致行业规模促成的二氧化碳排放剧烈增加。但是行业结构和二氧化碳排放系数对二氧化碳排放的影响都由负变为正,说明这段时间轻工业的总产值中耗能更高的行业所占比重上升,而同时二氧化碳排放系数较大的化石能源比重也上升。这段时间是中国经济高速发展的时期,快速的经济发展对控制减少排放不利。电力的使用进一步增加,在总能耗中的比重由2004年的26.7%增加到2007年的33.5%,与能源结构因素导致的二氧化碳排放减少量增加相一致。

2008—2011年,总的二氧化碳排放量减少了$2079\times10^4$ t,主要是由于行业规模效应的减弱和能源强度的继续减少导致的。此阶段正是金融危机时期,2011年轻工业总产值比2008年轻工业总产值增长61.4%,与上一时期90%相比大幅减少,这与行业规模(Act)效应导致的二氧化碳排放增加从上一时期的$12\,622\times10^4$ tce减少到这一时期的$9301\times10^4$ tce相适应。能源强度效应继续保持为负,行业结构效应和二氧化碳排放系数效应均为正值,说明此段时间行业结构朝着增加二氧化碳排放的方向发展,化石燃料的使用也更多的转向了二氧化碳排放因子较大的能源。

综合来看,从1996—2011年的几个时期内,对二氧化碳排放影响最大的因素是行业规模效应,反映了轻工业产值的增加对减少二氧化碳排放的不利。

图3-9显示了驱动因素对二氧化碳排放的逐年影响,可以更明确的观察到各个因素在每年对减少二氧化碳排放的作用。

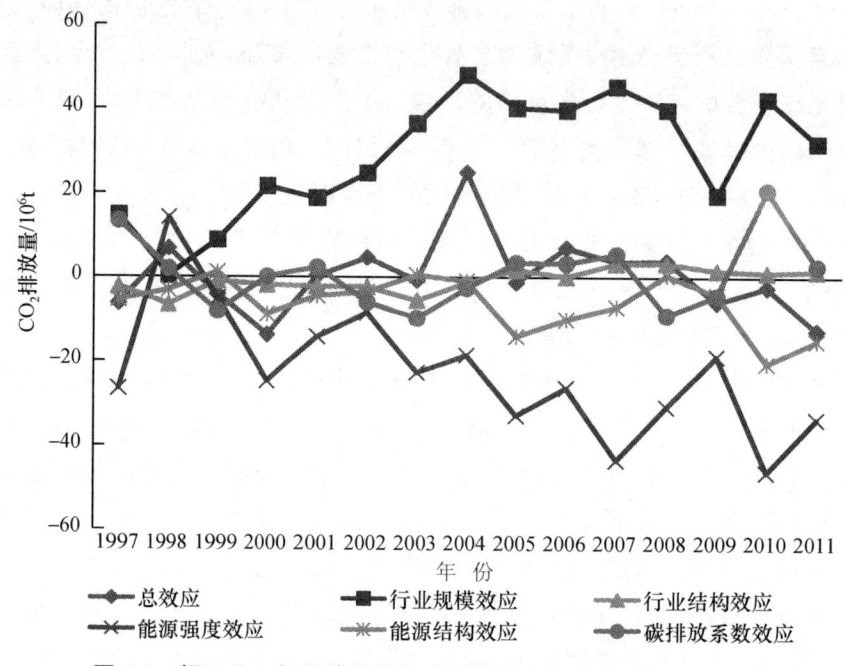

图 3-9　轻工业二氧化碳排放驱动因素的逐年变动(1996—2011)

从图 3-9 中可以看出行业规模效应和能源强度效应对二氧化碳排放影响最大,行业规模效应一直运行在 0 轴上方,影响越来越大,这与中国经济在 2000 年过后高增长相适应。其中,1998 年和 2009 年出现了显著的向下跳动,主要是由于这两个时间点恰逢金融危机时期,经济活动的规模下降。相反的,能源强度效应一直运行在 0 轴的下方,其在 1998 年和 2009 年有向上的显著变动,能源强度效应($E_i$)的定义来自于能源消费量与轻工业总产值的比值,经济危机导致经济活动水平降低,从而间接引起能源强度增大。能源结构效应大体上一直小于 0,这与轻工业在 1996—2011 年间的用电消费占总能源消费比例一直增加相一致。行业结构效应对二氧化碳排放的影响较小,一直运行在 0 轴的附近,其初期为负,从 2005 年之后变为正值。

3. 中国轻工业二氧化碳减排建议

上面我们基于 LMDI 方法估计了中国轻工业二氧化碳排放的影响因素。结果表明,轻工业二氧化碳排放增长的主要因素是行业规模和能源强度效应。行业规模效应是推动中国轻工业二氧化碳排放增加的主要因素,能源强度效应是推动二氧化碳排放减少的主要因素。其他三个因素也产生了影响,但是远小于前面两个因素的影响。行业结构的影响初始为负随后逐渐变为正的,但效应不大。能源结构效应的影响,一直稳定为负,是由于轻工业电力消费在全部能源消费的比重中不断上升的缘故。二氧化碳排放系数对二氧化碳排放的影响是变动的,有促进二氧化碳排放增加,又有减少二氧化碳排放。

通过上面的分析对轻工业的二氧化碳排放影响因素做了较为详尽的介绍,分析二氧化碳排放的影响因素,能够更好地制定轻工业的碳减排政策,从而为国家低碳经济的发展提出行业政策建议,相应的政策建议如下:

第一,严格限制高能耗轻工行业的发展。通过前面的分解发现,虽然行业结构效应相对于行业规模和能源强度效应对二氧化碳排放影响较小,但是其在1997—2004年间对二氧化碳排放的贡献均是负向拉动,而2005年之后一直维持为正值,呈现出促进二氧化碳排放增加的趋势,说明中国的轻工业行业结构中高二氧化碳排放行业的比重上升,这对促进节能减排是不利的。

第二,促进能耗低、经济附加值高的轻工行业发展,提高轻工行业发展质量。以纺织业、服装鞋帽制造业为例,加入WTO之后行业快速发展,但是一直持续在较低的劳动密集型产业的层次,没有能够成功的转化为高端服装设计和制造。政府应当加大政策引导,使轻工业朝着附加值值高,二氧化碳排放少的产业结构转变。

第三,通过制定长期能源规划,促进轻工业电力消费。上文的分析表明,电力消费在轻工业的总能耗中呈现出持续稳步增加的趋势,能源结构效应对减少二氧化碳排放具有持续而稳定的贡献。用电力消费来代替其他能源消费,相当于将二氧化碳排放从轻工业转到发电行业,发电行业的规模经济效应和专业的能源管理可以在总体上减少二氧化碳的排放。

第四,促进节能技术进步,降低轻工业的能源强度。分析表明能源强度效应是降低轻工业二氧化碳排放的主要因素,因此,一方面通过税收减免、直接补贴、政策性金融措施来促进节能技术进步,加快节能技术的推广;另一方面制定更为严格的规制标准,在保证产出增加的同时,降低单位产出的能耗,进一步降低轻工业的二氧化碳排放。

## 3.2 子行业——食品行业

食品行业主要指以农业、林业、畜牧业、渔业或者化学工业的产品或者半成品为原料,制造、提取、加工成食品或半成品,具有连续而有组织的经济活动工业体系。食品行业的发展历史悠久,近代食品行业的出现可以追述到18世纪末19世纪初工业革命发生后,科技成果随即应用于食品行业中,随着科技的发展,现代食品行业发展迅速。食品是人类生存的首要需求,因此食品行业在国民经济中也占有重要地位。食品行业是一个综合性的工业部门,根据中国统计局的行业划分标准,食品行业主要包括制造业下的四个大类:农副食品加工业、食品制造业、饮料制造业和烟草制品业,还可以细分为24个中门类和64个小门类。

食品行业是关系到国计民生的重要行业,在国民经济中具有重要的基础地位,中国的食品行业起步较晚,新中国成立后才有比较系统而稳定的发展。进入21世纪以来,由于国家重视食品行业的发展,尤其是在"十五"计划中在政策上对食品行业进行扶植,中国的食品行业平稳快速发展,2013年,全国食品行业规模以上企业达36 275家,比2005年增长52.2%,年均增长5.39%;2012年,食品行业增加值占全国工业增加值的比重达到11.2%,对全国工业增长率贡献率为12.6%,拉动全国工业增长1.3个百分点;从业人员707.04万人,比上年新增39.07万人。由此可见食品行业在国民经济中的支柱产业地位进一步增强。

与一些高耗能高排放的行业,如化纤行业、采矿行业相比,食品行业并不是一个高耗能、高排放的产业,但食品行业是一国的基础产业,对于稳定国计民生和经济发展、拉动内需都具有重要意义。由于在食品生产加工过程中需要消耗大量的水、电能、热能等,食品行业也是制造业中的重点耗能行业,其能源消费量从1986年的$2570 \times 10^4$ tce上升到了2012年的$5799.38 \times 10^4$ tce,是1986年的2.26倍,年均增长率为3.18%,1996年以前占全国能源消费总量的3%以上,2006年后下降到2%以下,但仍然占了1.7%以上,相当于阿尔及利亚全国一年的能源消费总量,也即相当于阿根廷全年能源消费量的一半。2012年,中国食品行业能源消费量合计$5799.37 \times 10^4$ tce,其中煤炭消耗量为$3850.22 \times 10^4$ tce,焦炭消耗量为$14.39 \times 10^4$ t,原油消耗量为$0.08 \times 10^4$ t,汽油消耗量为$51.00 \times 10^4$ t,煤油消耗量为$0.16 \times 10^4$ t,柴油消耗量为$90.71 \times 10^4$ t,燃料油消耗量为$14.41 \times 10^4$ t,天然气消耗量为$12.89 \times 10^8$ m³,电力消耗量为$954.10 \times 10^8$ (kW·h)。

### 3.2.1 中国食品行业的节能潜力研究

本部分旨在从经济学的角度出发,利用相应的经济计量模型找寻中国食品行业能源消费同相关宏观或微观经济变量之间的关系,探索可能的节能途径与方法。我们将利用协整模型刻画中国食品行业能源消费与一些变量的长期均衡关系,从而实现对中国食品行业能源消费和节能可能的预测估计。

1. 中国食品行业能源消费的长期均衡关系

(1) 数据来源及变量选择

为了研究影响中国食品行业能源消费的因素及食品行业的节能潜力,我们选取了中国食品行业能源消费总量、国内生产总值、能源价格、人口自然增长率以及食品行业规模作为协整模型变量,为表述方便,上述变量并分别用$E$、$GDP$、$P$、$R$以及$S$表示。考虑到统计数据的连续性及协整过程中避免由于数据较少而出现奇异矩阵,选取的样本空间为1980—2012年。数据均来自《中国统计年鉴》《中国能源统计年鉴》《中国城市(镇)生活与价格年鉴2013》《中国食品行业统计年鉴2013》以及CEIC中国经济数据库。

① 食品行业能源消费总量($E$)。选择1980—2012年中国工业能源消费总量(单位:$10^4$tce)作为被解释变量,其中,1980—1983年间数据来源于《中国能源统计年鉴1986》,1984—1985年间数据来源于《中国能源统计年鉴1987》,其余年份数据均来自各年的《中国统计年鉴》。

② 国内生产总值(GDP)。国内生产总值在文献中被认为是研究能源消费最重要的解释变量,它在较大程度上反映了经济发展水平、人们收入以及生活水平,进而影响人们对于食品的购买数量和质量。Kraft(1978)基于美国1947—1974年的月度数据,最早对经济发展与能源消费间的关系进行研究并发现美国经济发展与能源消费直接存在单向格兰杰因果关系。智喜等(2009)研究表明,由于城镇居民收入较高,对于包装精美、异地、反季节食品更为青睐,同时家庭储存食品较多,能源消费量较大,因此,国内生产总值与食品行业能源消费之间应存在着正相关关系。本部分选用1980—2012年国内生产总值,数据来源于各年的《中国统计年鉴》,并已折算成1979年不变价。

③ 燃料、动力价格指数($P$)。中国的能源价格是根据供给成本行政性确定,其中供给成本主要包括全部燃料、运行和维护成本以及需要回收的建设成本及合理利润,中国政府因担心能源价格过高会影响经济发展,因此中国能源价格普遍偏低而无法反映资源的稀缺性和环境外部性。尽管如此,价格是影响需求的主要因素,因此,中国能源价格水平也是影响中国食品行业能源需求量的一个重要的解释变量,并且与食品行业的能源需求之间应存在负相关关系。中国食品行业中综合使用煤炭、石油、天然气、电力等多种能源,为统一全面衡量能源价格,选用燃料、动力购进价格指数作为反映中国食品行业能源价格水平的指标,其中1980—1985年数据来源于CEIC中国经济数据库提供的历年燃料、动力购进价格指数,1986—2012年数据来源于《中国城市(镇)生活与价格年鉴2013》提供的全国原材料、燃料、动力购进价格总指数,由于这两项数据都是以上年为基期的环比指数,统一折算成以1979=100的定基价格指数。

④ 人口自然增长率($R$)。人口增长是另一决定能源需求的重要因素,人口的净增长会带来更多的食品消费,从而增加食品行业能源的消费量。由于过去三十年中国执行计划生育政策,同时人口有老龄化趋势,中国的人口自然增长率保持着较低水平,并从1987年起呈现不断下降的趋势。不过,由于庞大的人口基数,人口增长和生活水平的提高仍然对食品需求增加。因此,人口增长影响其对食品的需求,进而影响食品行业的能源消费,人口自然增长率对食品行业能源需求应该存在正相关关系。人口自然增长率数据来源于《中国统计年鉴2013》。

⑤ 中国食品行业产值占工业总产值比重（S）。食品行业是人类的生命产业，尽管新兴产业层出不穷，但食品行业仍是世界制造业中的第一大产业，同时，也是为国家吸纳最多城乡劳动就业人数、与其他行业关联度最高的一个行业。食品行业在轻工业中的能耗并不是最高，但食品行业内企业数量较多，产值高。食品行业产值越高意味着对于食品生产过程中原材料、设备机器的需求就越大，因此，食品行业的能源需求与食品行业所占的比重是存在正相关关系的。食品行业总产值占全国工业总产值的比例数据来源于《中国食品行业统计年鉴 2013》，其中缺失的年份数据，作者通过计算前几年食品行业总产值占全国工业总产值比例的增长率求得，并以此作为衡量食品行业规模的指标。

需要说明的是，为了消除变量量纲影响，减少异方差的可能影响，我们对以上变量的原始数据进行取对数处理。

（2）协整分析

在利用向量误差修正模型刻画变量间长期均衡关系前，我们需要对各变量的平稳性进行检验。表 3-6 给出了利用 Eviews 软件在三种不同方法下求得的变量平稳性的检验结果。

表 3-6　单位根检验

| 序　列 | ADF | | | PP | | |
|---|---|---|---|---|---|---|
| | 仅有截距 | 有截距有趋势 | 无截距无趋势 | 仅有截距 | 有截距有趋势 | 无截距无趋势 |
| $\ln E$ | −1.8886 | −1.73012 | 2.8765 | −1.7734 | −1.8959 | 2.2245 |
| $\ln GDP$ | 0.6533 | −4.4695*** | 3.6103 | 0.2487 | −2.3466 | 19.205 |
| $\ln P$ | −0.1358 | −1.4765 | 5.4431 | −0.2231 | −1.8558 | 4.2751 |
| $\ln R$ | 0.8270 | −3.8180** | −2.0055** | 0.8270 | −4.2526** | −1.7465* |
| $\ln S$ | −1.0577 | −3.0489 | −0.8329 | −0.9294 | −3.0489 | −1.0854 |
| $\Delta\ln E$ | −3.7149*** | −3.8108** | −3.1963*** | −3.7493*** | −3.8425** | −3.1918** |
| $\Delta\ln GDP$ | −3.8376*** | −3.7752** | −0.3509 | −3.3066** | −3.2157 | 0.0687 |
| $\Delta\ln P$ | −4.4363*** | −4.3574*** | −1.2863 | −4.4438*** | −4.3628*** | −2.3618** |
| $\Delta\ln R$ | −4.7954*** | −4.5607** | −3.8352** | −4.8098*** | −4.5744** | −3.8649*** |
| $\Delta\ln S$ | −5.9637*** | −5.9559*** | −5.7397*** | −6.5220*** | −9.2712*** | −5.7512*** |

注：*、**、*** 分别表示在 10%、5% 和 1% 的显著性水平下拒绝原假设。

由表 3-6 可以看出，上述五个变量在一阶差分时都是平稳的，符合进行协整的前提条件。因此我们进入下一阶段：检验变量间是否存在协整关系。

我们采用 Johansen 秩检验法进行协整检验，以确定变量是否在协整关系以及线性无关的协整向量的个数。表 3-7 给出了协整秩迹检验结果。

表 3-7　协整秩迹检验（包含常数项与时间趋势项）

| 零假设（最大个数） | 特征值 | 迹统计量 | 5%临界值 | 拒绝概率 |
| --- | --- | --- | --- | --- |
| 0 | 0.767712 | 88.23556 | 60.06141* | 0.0000 |
| 1 | 0.600209 | 45.90207 | 40.17493* | 0.0120 |
| 2 | 0.301381 | 19.31446 | 24.27596 | 0.1861 |
| 3 | 0.188596 | 8.913611 | 12.32090 | 0.1742 |
| 4 | 0.093692 | 2.852919 | 4.129906 | 0.1079 |

所以，Johansen 协整秩迹检验表明，在5%的显著性水平下存在两个线性无关的协整向量（上表中打星号）。

Johansen 秩迹检验结果表明存在线性无关的协整向量，因此可以进行协整分析。首先，建立由 $\ln E, \ln GDP, \ln P, \ln S, \ln R$ 构成的 VAR 模型，运用 Eviews 6.0 进行建模，在 VAR 建模时，需要先确定其滞后期。

表 3-8　协整模型滞后阶数确定

| Lag | LL | LR | FPE | AIC | SC | HQ |
| --- | --- | --- | --- | --- | --- | --- |
| 0 | 72.15929 | NA | 6.70e-09 | −4.631675 | −4.395935 | −4.557844 |
| 1 | 247.8554 | 278.6903 | 2.12e-13 | −15.02451 | −13.61007* | −14.58152 |
| 2 | 287.9425 | 49.76328* | 8.86e-14* | −16.06500* | −13.47185 | −15.25286* |

* 表示根据准则选择的滞后阶数。LR 表示序列调整的 LR 检验统计量；FPE 是最终的预测标准误，反映了一步向前预测的均方误差；AIC、SC 和 HQIC 分别代表赤池、施瓦兹和 Hunnan-Quinn 信息准则。

在选择滞后阶数 $P$ 时，一方面为了完整地反映所构造模型的动态特征，应使得滞后阶数足够大；另一方面，滞后阶数越大，需要估计的参数就越多，模型的自由度就会减少。因此，在选择时，应综合考虑，既有足够的滞后项，又有足够的自由度。在实际操作中，常用 AIC 信息准则和 SC 信息准则，或者将多种准则比较，选择多数准则认同的最优滞后期。如上表所示，LR、FPE、AIC、SC 以及 HQ 准则下，选择的滞后阶数均为二阶（即上表中星号所对应的阶数为在该准则下选择的滞后阶数），因此，在协整模型中，我们选择 $P=2$ 为滞后阶数。

进一步，结合秩迹检验和滞后阶数选择的结果，我们利用 Eviews 在滞后阶数为2、秩为2的情况下对变量的长期均衡关系进行了 VECM 估计，根据实际情况判断其中一个协整模型估计结果为

$$\ln E = \underset{(0.0747)}{0.8163}\ln GDP - \underset{(0.0829)}{0.1083}\ln P + \underset{(0.1543)}{0.2848}\ln S$$

$$+ \underset{(0.0987)}{0.7281}\ln R + 0.3134 \qquad (3\text{-}7)$$

方程表明，1980—2010年间，中国食品行业的能源消费量与国内生产总值、能源价格、食品行业规模以及中国人口自然出生率之间存在长期均衡关系，且所有变量的系数符号验证了之前的判断，是符合经济现实的。其中，影响最为显著的是国内生产总值，系数为0.816268，即中国国内生产总值每增加1个百分点，会带动食品行业能源消费量上涨0.816268个百分点，GDP的弹性系数较大，说明三十年以来，快速增长的经济是中国食品行业能源消费快速增长的主要原因；人口自然增长率的增长水平每上升1个百分点，能源消费量增加0.728101个百分点，人口的弹性系数较小一方面是由于过去三十年来中国执行的计划生育政策限制了中国人口的增长，另一方面是随着社会医疗卫生事业的发展，中国人口的平均寿命普遍增加，从1981年的67.77岁增长到2010年的74.83岁，中国人口自然增长率年均增幅较小使其对中国食品行业能源消费的影响也较小；食品行业规模每扩大1个百分点，能源消费量增加0.28个百分点，食品行业历来都是关系到国计民生的基础产业，在工业中占有重要地位，但随着经济社会的发展，在满足温饱需求后，人们对于其他产业如建筑业、造纸业等需求提升得较为明显，因此食品行业的产值相对于其他工业而言，在过去三十年里增幅并不突出，因此食品行业规模对中国食品行业能源消费量的影响也比较小；而能源价格水平每上升1个百分点，则会引起食品行业能源消费量减少0.11个百分点，能源价格弹性相对较小，这是因为中国能源价格长期受到政府行政管制，使其对于食品行业能源消费量的抑制作用较小。各系数均通过显著性检验。

由以上分析，我们认为该模型的结果符合经济预期，具有经济意义，对中国食品行业能源消费现实具有较好的解释能力。为了确保下一步预测的准确性，我们还需对模型的稳定性进行考察。根据Eviews软件做出的VECM系统稳定性的判别图，伴随矩阵的所有特征值都落在单位圆内，所以模型是稳定的，可以利用长期均衡关系对中国重工业未来的能源需求进行预测。

2. 中国食品行业能源需求预测及节能潜力

(1) 能源需求预测

从长期均衡关系式可以知道，食品行业的能源需求同国内生产总值、燃料类价格、人口自然增长率以及中国食品行业产值占工业总产值比重等变量密切相关，因此，要对中国重工业未来的能源需求进行预测，首先就要对四个解释变量未来的取值进行预测。结合这个趋势，选择各变量在1980—2012年间的平均增长率作为基准情景，即假定2013—2030年间各变量仍按照这个平均增长率增长，预测在这种基准情景下中国食品行业的能源消费量。经计算可得，中国国内生产总值（GDP）、燃料、动力价格指数（$P$）、人口自然增长率（$R$）以及食品行业产值占工业产值比重（$S$）的年均增长率分别为10.097%，9.250%，−2.708%和−0.669%，中国随着经济总量不断扩大,国际金融经济危机影响以及国内不断深化的改革,经济新常态特征显现,中国经济将呈现平稳增长、结构优化、质量效益提升的现象,因此,近几年来中国国内生产总值的年均增长率相较于过去三十年有所下降,我们将国内生产总值的增长率设定为8.5%,燃料、动力价格指数、人口自然增长率以及食品行业产值占工业产值比重的年均增长率为过去三十年的平均年增长率,即分别为9.25%,-2.71%和-0.67%,通过协整方程,预测得到2020年和2030年中国食品行业的能源消费量分别为$8777.74 \times 10^4$ tce和$14\,047.13 \times 10^4$ tce。

上述预测是建立在经济以不变的速度增长的假设上,但是现实同此假设间存在着相当的出入。现实中因为各种无法预知的人为或非人为因素的影响,经济的运行情况存在不确定性。为了考虑所有可能出现的经济波动,我们利用蒙特卡罗模拟方法对未来中国食品行业的能源需求进行了模拟,给出了能源需求的所有可能值及对应的累积概率分布,并将蒙特卡罗模拟的数据均值同标准情景下的预测值进行对比,对直接利用协整方程进行预测的效果进行侧面评价。

蒙特卡洛模拟法的关键应确定各变量的分布情况,以便进行随机抽样,经济变量一般情景下服从正态分布,为了确定各变量是否遵循随机正态分布,应用Matlab 7.0软件检验各解释变量过去31年的增长率是否服从正态分布。结果显示,在5%的置信水平下,国内生产总值、燃料、动力价格指数、人口自然增长率以及食品行业产值占工业产值比重的增长均服从正态分布。由各解释变量的均值、方差可以得到各解释变量所服从正态分布的具体形式,并根据这个形式,用Matlab 7.0软件生成各解释变量服从各自正态分布的随机数作为各解释变量的增长率。根据取得的5000组历年解释变量增长率的随机数,计算出中国食品行业在2020年和2030年能源消费总量的5000种可能取值。根据蒙特卡洛仿真分析,得到2020年和2030年中国食品行业能源消费总量的分布直方图和累积概率分布图。

由图3-10和图3-11可以看出,2020年中国食品行业能源消费量在$(8700\sim8900) \times 10^4$ tce之间概率最大,而2030年中国食品行业的能源消费总量在$(13\,900\sim14\,300) \times 10^4$ tce之间概率最大,而前文根据各解释变量历史趋势预测得到的2020年和2030年中国食品行业能源消费总量为$8777.74 \times 10^4$ tce和$14\,047.13 \times 10^4$ tce,正好落在上述区间内,也验证了预测结果的合理性。

如果中国对未来的经济发展和能源发展施加指导,中国食品行业的能源需求又会怎样变化,中国食品行业是否存在节能的可能?对于政府和企业来说,这是一个非常重要的问题。下面,我们将从中国的实际出发,设置两种可能的节能情景,计算不同情景下重工业的能源需求情况,并探讨其对应的节能潜力。

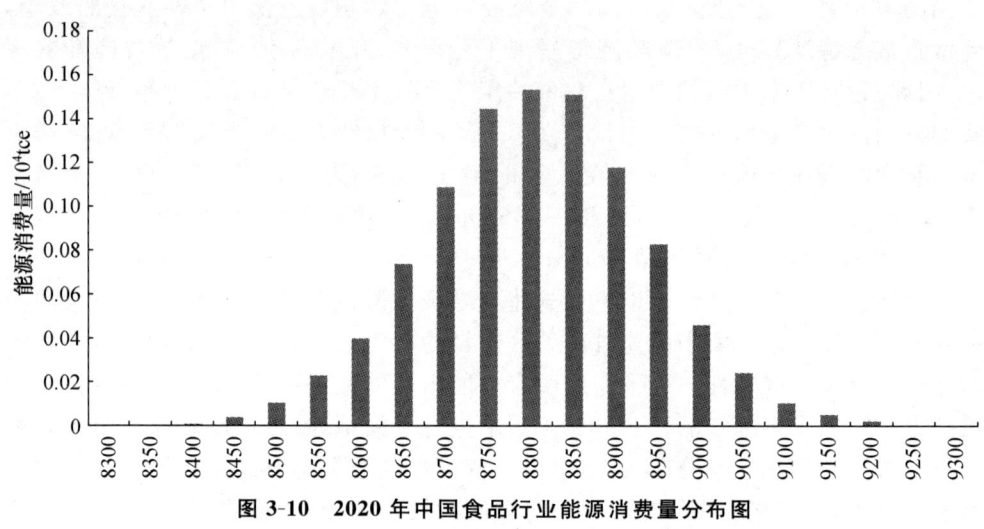

图 3-10　2020 年中国食品行业能源消费量分布图

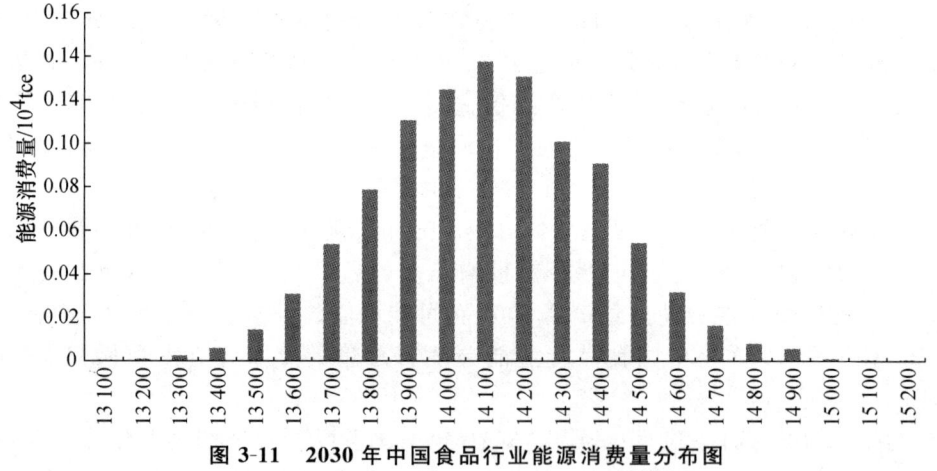

图 3-11　2030 年中国食品行业能源消费量分布图

(2) 节能潜力分析

节能情景 2 指的是在政府和有关部门的政策和管理下,较为严格地控制各影响因素的增长速度,使各因素在符合经济社会现实发展和转型的约束下最大限度节能的增长率水平;而节能情景 1 则是比较温和的节能情景,是介于基准情景和情景 2 之间,更贴近显示经济发展的增长速度。

关于国内生产总值的增长速度,在《中华人民共和国国民经济和社会发展的第十二个五年规划》中,指出在今后五年内国内生产总值计划以 7% 的年均增长速度增长。从历年的发展规划和中国经济发展的实际情况看,这个估计较为保守。

在第十个五年计划中提出国内生产总值的年均增长目标是7%,而实际水平达到了9.5%;第十一个五年计划提出国内生产总值的年均增长目标是7.5%实际增长率是9.5%。但考虑到未来中国经济面临的下行压力,面临更多的困难,尤其是"世界经济处于深度调整,复苏动力不足,地缘政治影响加重,不确定因素增多",中国的发展应从阶段性特征出发,适应"新常态"。所谓"新常态",是中国经济发展到一定阶段必然要经历的历史过程,也是中国未来经济发展的方向,主要包括三个方面:一是经济从高速增长转为中高速增长;二是经济结构不断优化升级;三是从要素驱动、投资驱动转向创新驱动。李克强总理在2015年政府工作报告中指出,经济增长预期调整为7%充分考虑了中国全面建设小康社会的目标,与经济总量扩大和经济结构升级相适应,也能够实现较为充分的就业,保持这样的速度长期发展,能够使得中国实现现代化的物质基础更为雄厚。2014年,中国国内生产总值同比增长7.4%。2015年1月,中国科学院发布《2015中国经济预测与展望》,预计2015年中国GDP增速为7.2%。根据中国社科院宏观经济运行实验室2014年10月对中国未来宏观经济发展的预测,"十三五"期间中国GDP增长率在5.7%~6.6%之间,2020—2030年GDP增长率在5.4%~6.3%之间。据此,我们设定2015年GDP增速为7.2%,2016—2020年GDP年均增长率为6.2%,2021—2030年GDP年均增长率为5.8%,从而计算得到预测区间(2014—2030年)内的GDP变量序列数据。

对于燃料、动力价格指数,根据经济学理论,价格与消费呈负相关关系,因此,能源价格对能源消费会起到抑制作用。文献表明,综合考虑能源消费的代际问题以及环境成本,当前的能源价格是被低估的,中国的能源价格属于行政性价格,更是被严格管控的。国内外许多学者都研究了能源价格的调整对能源强度的影响,Cornillie(2004)基于1992—1998年中东欧和苏联一些转型国家能源数据,运用PDM方法得出,能源价格是影响其能源强度的重要因素;Han Leiming等(2007)基于1985—2004中国宏观经济及能源价格数据,得出提高能源价格可以降低能源强度的结论,进而减少单位产出的能源消费,缓解日益凸显的能源短缺问题。而避免能源价格过低造成的能源过度消费也是缓解能源短缺的有效手段。鉴于当前中国偏低的能源价格以及能源价格对于能源需求的抑制作用两方面考虑,将基准情景下的燃料、动力价格指数年均增长率设定为7%,节能情景1中设定为11.5%,而在节能情景2中,设定为16%。

自1987年以来,中国的人口自然增长率呈现不断下降趋势,"十五"以来,全国人口变动趋势基本平稳,呈稳步下降趋势。《人口和计划生育事业发展"十二五"规划》指出,"十二五"期间,中国低生育水平继续保持稳定,人口年均自然增长率控制在7.2‰以内,全国总人口控制在13.9亿以内。事实上,中国人口自然增长率自2009年起已下降至5‰以下,对于未来人口自然增长率的变化,设定在节能情景1中,人口自然增长率将保持下降趋势,年均下降3%,而在节能情景2中,人口自然增长率年均下降3.3%。

至于食品行业规模方面,食品行业产值占工业产值比例约为10%左右,食品行业作为老牌工业,虽一直保持迅猛发展的趋势,但新兴工业的不断发展,经济总量不断扩大,总体而言,食品行业产值在工业产值中的比例逐年波动式缓慢下降,因此,设定在节能情景1中,食品行业产值占工业产值比例年均下降1%,而在节能情景2中,食品行业产值占工业产值比例年均下降1.35%。表3-9对各情景下变量的变动方式进行了总结。

表3-9 中国食品行业能源消费情景假设

| 变量 | 基准情景/(%) | 节能情景1/(%) | 节能情景2/(%) |
| --- | --- | --- | --- |
| 燃料、动力价格指数增长率($\Delta P$) | 7 | 11.5 | 16 |
| 人口自然增长率增长率($\Delta R$) | −2.708 | −3 | −3.3 |
| 食品行业产值占工业产值比重增长率($\Delta S$) | −0.669 | −1 | −1.35 |

以上几个影响因素的年均增长率设定充分考虑了经济理论与现实中国经济情况,并且各个影响因素在不同情景下的增长率都是合理并可实现的。根据上文协整方程以及设定的不同情景下各个影响因素的增长率设定,可以预测在不同情景下,中国未来食品行业能源消费量,结果见表3-10。

表3-10 中国食品行业能源消费量预测 （单位:$10^4$ tce）

| | 基准情景 | 节能情景1 | 节能情景2 |
| --- | --- | --- | --- |
| 2020年能源消费量 | 7120.82 | 6600.77 | 6120.78 |
| 2020年节能量 | — | 520.05 | 1000.04 |
| 2020年节能比例 | — | 7.3% | 14.04% |
| 2030年能源消费量 | 8421.31 | 7236.18 | 6222.04 |

由上表可以看出,在节能情景1下,预测得到的2020年中国食品行业的能源消费量为6600.77×$10^4$ tce,在节能情景2下,预测得到的能源消费量为6600.77×$10^4$ tce,与2020年基准情景下的能源消费量相比分别减少了520.05×$10^4$ tce和1000.04×$10^4$ tce,下降比例为7.3%和14.04%。在节能情景1下,预测得到的2030年中国食品行业的能源消费量为7236.18×$10^4$ tce,在节能情景2下,预测得到的能源消费量为6222.04×$10^4$ tce,与2020年基准情景下的能源消费量相比分别减少了1185.13×$10^4$ tce和2199.27×$10^4$ tce,下降比例为14.07%和26.12%。由此看以看出,在保证经济平稳有序发展、人民生活水平稳步提高的同时,中国的

食品行业仍然具有很大的节能潜力。

3. 中国食品行业节能建议

基于1980—2012年中国国内生产总值、燃料、动力价格指数、人口自然出生率以及食品行业产值占工业产值的年度时间序列数据,应用协整分析估计了这四个影响因素对中国食品行业能源消费量的长期弹性,并估计了中国食品行业未来的能源消费量。为了进一步证明协整模型的合理性,运用蒙特卡洛模拟分析,在遵循四个因素历史分布的基础上,随机抽取了5000组数据,对中国食品行业2020年和2030年能源消费量进行了模拟。最后,运用情景分析法,通过设定在不同的政策强度和管制的推动下,预测未来中国食品行业的节能量,更为积极的节能政策,能够推动未来中国食品行业能源消费量的上涨幅度越来越小,进而带来更为可观的节能量。我们得到的主要结论如下:

首先,协整方程表明1980—2012年间,所选取的五个变量,中国食品行业能源消费量、国内生产总值、燃料、动力价格指数、人口自然出生率以及食品行业产值占工业产值比例之间存在一个长期稳定的关系。其中,代表经济社会发展水平的国内生产总值、代表食品行业规模的食品行业产值占工业产值比例以及人口自然增长率对中国食品行业能源消费的影响是正向的,而代表能源价格水平的燃料、动力价格指数对能源消费的影响是负向的,这与经济现实是符合的。

其次,在影响中国食品行业能源消费量的因素中,影响最大的是国内生产总值和人口自然增长率,即国内生产总值与人口自然增长率对食品行业能源消费量的弹性较大,这也是符合食品行业的行业特征的。其中,国内生产总值对食品行业能源消费量的弹性系数最大,这说明三十年来,快速发展的经济是带动中国食品行业能源需求快速增加的主要原因,就食品行业自身特点而言,经济快速发展,城镇化水平的提高,人民生活水平日益提高,饮食习惯也随之改变,较为原始的食品粮食和蔬菜的消费量下降而肉、蛋、奶制品消费量大幅度增加,并且人们会倾向于购买包装更为精致、更为方便的深加工食品。同时,与其他工业如钢铁、汽车等行业不同,食品行业给人们提供的是满足人类生产生活的最基本产品,是国家的基础产业,关系到国计民生,人们对食品的需求是刚性的,因此,人口的增加必然会带来食品需求的上升,能源需求也会随之上升,由于计划生育政策的执行,长期以来,中国的人口自然增长率都比较小,并且呈现下降趋势,但中国的人口基数大,较少的人口增长率也意味着较大的人口增长数。

再次,根据供需理论,价格被认为是影响需求最主要的因素,但在食品行业中,由于食品行业能源消费总量较小,加上中国政府对能源价格进行行政性管制,实行较为低廉的能源价格政策,使得能源价格变动带来的影响并不是那么明显。从长期来看,能源价格的上涨对食品行业能源消费量的减少影响还是显著的。食品行业规模对食品行业能源消费量的影响也比较小,这和中国正处于城市化和工业化的阶段有关,在这个过程中,国家大力发展汽车、钢铁等行业而忽略了传统工业食品行业的发展,因此,中国的食品行业目前总体来说企业规模较小,小作坊以及一些成本过高的企业大量存在。未来,中国的食品消费与对食品的需求将继续朝着追求安全、方便、质量、营养的转变,中国食品行业发展空间很大,能源在食品行业的生产周期里存在于各个环节,结合食品行业自身的能耗特征,工业结构对于食品行业能源消费量的影响比较小,但依然是显著的。

最后,通过情景分析法,我们发现,如果政府不对能源使用进行约束,就中国食品行业而言,2020年和2030年的能源消费量将达到$7120.82\times10^4$tce和$8421.31\times10^4$tce,但如果政府将节能减排纳入经济规划,中国食品行业的能源消费量将大幅下降。从定义的两种节能情景看,到2020年,在温和节能的节能情景1下,食品行业的能源消费量会比同期基准情景下减少7.3%,占当年预测一次能源消费量的1.05‰,在高度节能的节能情景2下,食品行业的能源消费量会比同期基准情景下减少14.04%,占当年预测一次能源消费量的2.21‰;若继续保持节能减排相关措施,在2030年时,在温和节能的节能情景1下,食品行业的能源消费量会比同期基准情景下减少14.07%,占当年预测一定能源消费量的1.75‰,在高度节能的节能情景2下,食品行业的能源消费量会比同期基准情景下减少26.12%,占当年预测一定能源消费量的3.85‰,因此,中国食品行业存在着很大的节能空间。

### 3.2.2 中国食品行业二氧化碳排放变化及分析

食品行业的主要一次能源消费为煤炭,主要二次能源消费为电力和柴油,而根据电力平衡表测算,中国80%的电力为火力发电,因此,食品行业虽然从整体上看能源消费量并不是特别大,但其消耗的能源中化石能源占比极高,因此,以化石能源为主,尤其是以煤炭为主的能源消费结构导致了中国食品行业巨大的二氧化碳排放量。基于食品行业1986—2010年的行业基础数据,我们计算了这25年间中国食品行业的二氧化碳排放情况,其中电力部分根据中国电力平衡表测算出火电比例,从而计算其二氧化碳的排放量。1986年中国食品行业的二氧化碳排放量约为$1846\times10^4$t,到2010年时,二氧化碳的排放量约为$3925\times10^4$t,年均增长率为3.6%,根据国际能源署出版的《$CO_2$ Emission from Fuel Combustion Highlights》给出的各国2010年二氧化碳排放量,中国食品行业的二氧化碳排放量相当于整个挪威2010年全国的二氧化碳排放量。可见中国食品行业二氧化碳排放之巨,分析其排放变动来源的意义之大。从理论基础、适用性、简易性等方面出发,我们选用对数平均迪氏指数分解的方法分析中国重工业二氧化碳排放变动的影响因素。

1. 中国食品行业二氧化碳排放情况

中国食品行业消耗的各种能源中,煤炭占有绝对地位,最高时是在1992年,比例高达92.88%,之后有所下降,电力消费比例开始上升。但是考虑到中国的电力80%都是火力发电,食品行业中煤炭的直接消费和间接消费之和在能源消费中的比例依然巨大,进入2000年以来,稳定在85%左右;除了电力消费比例呈现增长趋势,其余各种能源消费量均较为稳定。

计算行业二氧化碳总排放时,我们先用各能源品种的消费数量乘以该品种的二氧化碳排放系数(IPCC 2006)求得各品种的排放量,再对各品种的排放量进行加和求得所需数据。

如图3-12所示为中国食品行业1986—2010年二氧化碳排放量,由下图可以清晰得看出,中国食品行业二氧化碳排放量呈现逐年递增的趋势,年均增长率为2.43%,增幅最大的年份是1990年,高达15.96%,这主要是由于1989年时,二氧化碳的排放量有所下降;1995年,水平工业的二氧化碳排放量达到一个顶点水平,1996—2000年期间,食品行业二氧化碳排放量整体呈现下降趋势,年均跌幅为5.71%;2001—2004年间,排放量平稳增长,2005年出现跳跃式增长,从2453.72×$10^4$t上升到2707.27×$10^4$t,之后保持着年均7.08%的增长率上涨。

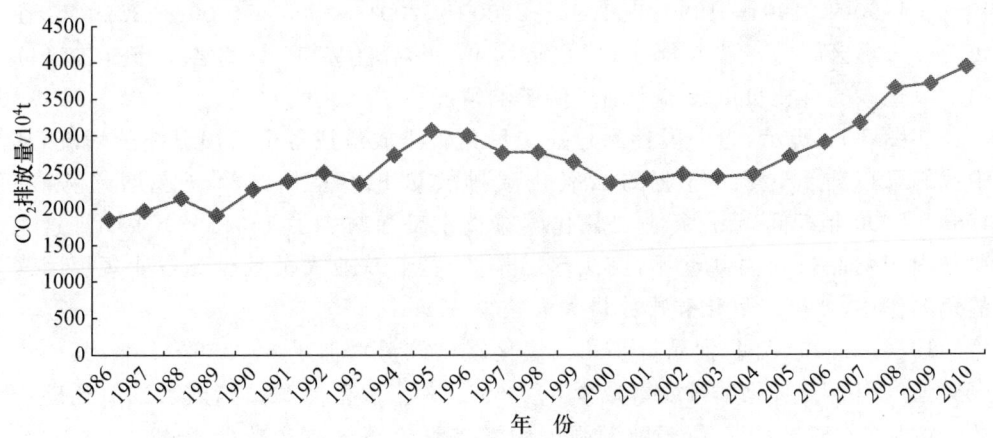

**图3-12 中国食品行业二氧化碳排放量**

数据来源:中国统计年鉴、中国能源统计年鉴,笔者整理制图。

2. 中国食品行业二氧化碳排放变化因素分解

1989年,日本学者Yoichi Kaya提出了著名的Kaya恒等式,认为二氧化碳排放变动是由二氧化碳排放强度、能源利用效率、人均产值和人口数量四个因素决定的。考虑到食品行业二氧化碳排放的特点,我们对Kaya恒等式进行了调整,将等式改写为

$$C = \frac{C}{E_f} \cdot \frac{E_f}{E} \cdot \frac{E}{Y} \cdot \frac{Y}{W} \cdot w \tag{3-8}$$

其中,$C$ 表示食品行业总的二氧化碳排放量;$E_f$ 代表行业消费的化石能源总量;$E$ 代表行业消费的能源总量;$Y$ 代表中国食品行业的行业总产值;$w$ 指的是行业的就业人口数量。进一步地,公式(3-8)可表示为式(3-9):

$$C = CI \cdot ES \cdot EI \cdot LP \cdot IS \tag{3-9}$$

其中,$CI=C/E_f$ 代表各能源品种的二氧化碳排放系数,$ES=E_f/E$ 代表各能源品种占食品行业能源消费总量的比重,$EI=E/Y$ 代表食品行业的能源消费强度;$LP=Y/w$ 指劳动生产率,是每单位劳动力所带来的产值,劳动生产率对二氧化碳排放的影响有两种可能,正向影响(增加排放)和负向影响(减少排放),影响的方向主要取决于行业提高劳动生产率所采取的方法,$IS=w$ 即就业人口数量,代表了食品行业的生产规模。基于此,利用对数平均迪氏指数加法分解方法,中国食品行业二氧化碳排放变化可分解为(3-10)所示 5 个驱动因素:

$$\Delta C = C_t - C_0 = \Delta C_{CI} + \Delta C_{ES} + \Delta C_{EI} + \Delta C_{LP} + \Delta C_{IS} \tag{3-10}$$

为了分析中国食品行业各个阶段二氧化碳排放量变化,首先将样本区间按照中国政府发展国民经济而实施"五年计划"划分成五个子样本区间,分别为:1986—1990 年、1991—1995 年、1996—2000 年、2001—2005 年、2006—2010 年,在每个子样本区间内,以"五年计划"实施的第一年作为基年,计算各个子样本区间内二氧化碳的排放量以及各个因子的影响情况。

如图 3-13 所示,为中国食品行业二氧化碳排放量按各个阶段分解的情况,从中我们可以看到,食品行业的二氧化碳排放量并不是始终呈现递增趋势,在 1996—2000 年期间,食品行业二氧化碳排放量反而减少了 $1531.63 \times 10^4$ t。这主要是由于食品行业内部整顿,淘汰落后产能,行业从业人员减少等行业规模因素的负向作用,使得二氧化碳排放量大大减少。

1986—1990 年间,食品行业的二氧化碳排放量增加了 $867.59 \times 10^4$ t,其中由于碳强度因素二氧化碳排放量减少 $392.69 \times 10^4$ t,由于能源结构因素二氧化碳排放量增加 $62.50 \times 10^4$ t,由于能源强度因素二氧化碳排放量减少 $4003.55 \times 10^4$ t,由于工业活动影响因素二氧化碳排放量增加 $4434.65 \times 10^4$ t,由于行业规模的因素二氧化碳排放量增加 $766.67 \times 10^4$ t。从数据上看,造成这个阶段二氧化碳排放量增加的主要因素是工业活动,而能源强度的下降则是促使二氧化碳排放量减少的主要因素。二氧化碳排放强度和行业规模的变化对于食品行业二氧化碳排放量的变化影响也较为显著,能源结构因素对于二氧化碳排放量则影响较小。

1991—1995 年间,食品行业的二氧化碳排放量增加了 $1144.11 \times 10^4$ t,其中,由于碳强度因素二氧化碳排放量增加了 $250.75 \times 10^4$ t,由于能源结构因素二氧化

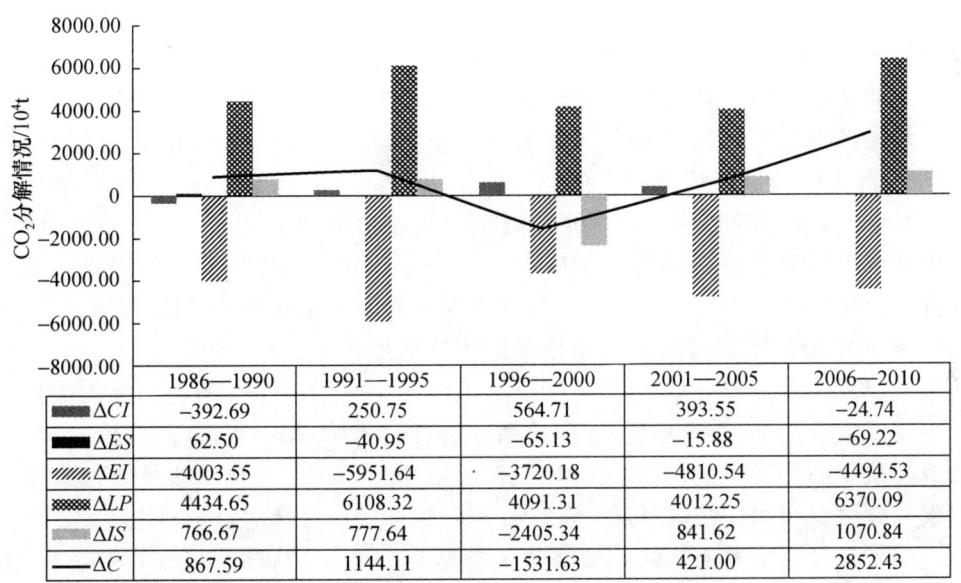

图 3-13　中国食品行业二氧化碳分解情况

注:$CI$ 代表碳强度影响,$ES$ 代表能源结构影响,$EI$ 代表能源强度影响,$LP$ 代表劳动生产率影响,$IS$ 代表行业规模影响。

碳排放量减少了 $40.95 \times 10^4 t$,由于能源强度因素二氧化碳排放量减少 $5951.64 \times 10^4 t$,由于工业活动影响因素二氧化碳排放量增加 $6108.32 \times 10^4 t$,由于行业规模的因素二氧化碳排放量增加 $777.64 \times 10^4 t$。从数据上看,造成这个阶段二氧化碳排放量增加的主要因素是工业活动,而能源强度的下降则是促使二氧化碳排放量减少的主要因素。二氧化碳排放强度和行业规模的变化对于食品行业二氧化碳排放量的变化影响也较为显著,能源结构因素对于二氧化碳排放量则影响较小。

1996—2000 年间,食品行业的二氧化碳排放量减少了 $1531.63 \times 10^4 t$,其中,由于碳强度因素二氧化碳排放量增加了 $564.71 \times 10^4 t$,由于能源结构因素二氧化碳排放量减少了 $62.13 \times 10^4 t$,由于能源强度因素二氧化碳排放量减少 $3720.18 \times 10^4 t$,由于工业活动影响因素二氧化碳排放量增加 $4091.31 \times 10^4 t$,由于行业规模的因素二氧化碳排放量减少了 $2405.34 \times 10^4 t$。这个时期与之前相比有个很大的区别就是,二氧化碳的排放量减少了,从数据上看,造成这个阶段二氧化碳排放量增加的主要因素是工业活动,而能源强度因素以及行业规模因素均是促使二氧化碳排放量减少的主要因素,并且行业规模因素成为了影响该阶段二氧化碳排放量减少的重要因素。同时二氧化碳排放强度的变化对于食品行业二氧化碳排放量的变化影响也较为显著,能源结构因素对于二氧化碳排放量则影响较小。

2001—2005 年间,食品行业的二氧化碳排放量增加了 $421 \times 10^4 t$,其中由于碳强度因素二氧化碳排放量增加了 $393.55×10^4$ t,由于能源结构因素二氧化碳排放量减少了 $15.88×10^4$ t,由于能源强度因素二氧化碳排放量减少 $4810.54×10^4$ t,由于工业活动影响因素二氧化碳排放量增加 $4012.25×10^4$ t,由于行业规模的因素二氧化碳排放量增加了 $841.62×10^4$ t。这个阶段影响二氧化碳排放量的因素分解结果与 1991—1995 年间类似。

2006—2010 年间,食品行业的二氧化碳排放量增加了 $2852.43×10^4$ t,其中,由于碳强度因素二氧化碳排放量减少了 $24.74×10^4$ t,由于能源结构因素二氧化碳排放量减少了 $69.22×10^4$ t,由于能源强度因素二氧化碳排放量减少 $4494.53×10^4$ t,由于工业活动影响因素二氧化碳排放量增加 $6370.09×10^4$ t,由于行业规模的因素二氧化碳排放量增加了 $1070.84×10^4$ t。在这个阶段,影响二氧化碳排放的主要因素有三个,能源强度、工业活动以及行业规模,其中能源强度是二氧化碳排放量减少的主要因素,工业活动以及行业规模是影响二氧化碳排放增加的重要因素。碳强度和能源结构对这个阶段二氧化碳排放量变化的影响均比较小。

将其他各个阶段的二氧化碳排放量的影响因素也进行分析后,我们发现:首先,各个阶段里能源强度和工业活动对于行业内二氧化碳排放量的影响效果是相同的,分别对二氧化碳的排放产生负向影响和正向影响,而且影响效果都是非常明显的。能源消费强度体现了能源利用的经济效率,中国食品行业的能源强度总体呈现下降趋势,从 1986 年的 8.48tce/万元到 2010 年的 0.20tec/万元,远远低于中国能源消费强度水平 0.81tce/万元,能源消费强度的下降意味着产出水平相同时需要的能源消费下降,从而导致二氧化碳排放量减少;工业活动主要体现了劳动生产率的影响,随着技术进步、劳动力的娴熟,劳动生产率将会提高,这将产生能源反弹效应,即一方面劳动生产率的提高能够减少能源的消费,另一方面反而会扩大生产,从而更多地使用能源,当后者的影响大于前者时,将会导致能源消费量上升,从而引起二氧化碳排放量增加。其次,从各个因素对于二氧化碳排放影响力来看,总体说来,能源强度、工业活动和行业规模对于二氧化碳排放的影响比较显著,碳强度和能源结构的影响效果比较不明显,这主要是由于食品行业各种能源的消费在样本区间比例基本不变。行业规模总体来说对食品行业二氧化碳排放产生正的效应,但在 1996—2000 年期间,行业规模对二氧化碳的排放却是负的影响,而且影响巨大,使得该阶段二氧化碳排放量整体减少。跳点还出现在碳强度的和能源消费结构上。

为进一步研究食品行业二氧化碳排放情况以及各个跳点出现的原因,我们以 1986 年为基期,计算了 25 年间各个因素对于中国食品行业二氧化碳排放量的累积贡献,如图 3-14 所示,经过分析讨论,得出以下结论。

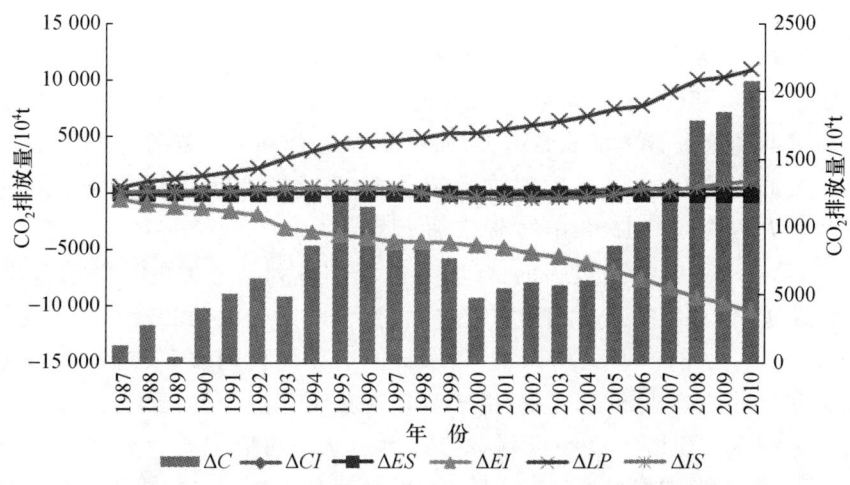

图 3-14 各因素对中国食品行业二氧化碳排放的累积影响

首先,二氧化碳排放强度和能源结构这两个因素对食品行业二氧化碳的排放量上影响较小,但对二氧化碳排放的累积影响存在着一定的波动,原因在于各种不同化石能源的消费在能源消费总量中比例的波动;同时,能源消费结构在1986—2010 年的 25 年里,化石能源消费量占能源消费总量的比例总体呈现下降趋势,但并不显著,因此,能源结构因素对食品行业二氧化碳排放量的影响在1986—1990 年期间为正向影响,之后均为负向影响,但都不明显。由此可见,在中国食品行业中,以煤炭为主的能源消费结构并未改变。

其次,从能源强度因素对食品行业二氧化碳排放量的累积影响图中可以看到,食品行业的能源强度对于二氧化碳的排放量的累积影响总是呈现负向作用,而食品行业的能源消费强度在 1986—2010 年间都呈现递减态势。因此,行业的能源强度与其累积影响之间是正相关的,即通过降低行业的能源消费强度可以有效地减少二氧化碳的排放量。

再次,从图 3-14 可以看到,工业活动对于食品行业二氧化碳排放量的累积影响呈现逐步递增趋势,即工业活动与二氧化碳排放量之间是正相关关系,在1986—2010 年间,工业活动因子呈现不断上涨的趋势(除 2005 年,与 2004 年相比略有下降),这与前文提到的能源反弹效应有关,当工业活动效率提高使得能源使用效率提高时,工厂可能扩大其生产规模,从而增加了能源的需求,若扩大生产所多消费的能源超过由于生产效率的提高所节约的能源时,生产效率的提高反而会增加能源的消费,目前,支持反弹效应的学者们已从从宏观经济模型或者经济历史角度提出了"建议性"的证据,因此,能源反弹效应的存在使得工业活动效率的提高会带来从而增加二氧化碳排放的增加,这种反弹效应在长期比短期更明显。

最后,行业规模对于食品行业二氧化碳排放量的影响总体来说是正向的,这同其他学者的研究结果一致,即行业规模与二氧化碳之间存在着正相关的关系。但在1999—2005年间,行业规模对二氧化碳排放的影响是负的。中国作为世界上人口最多的国家有着丰富的劳动力,而食品行业作为一个劳动力密集型产业能够吸纳大量的劳动力、尤其是农村剩余劳动力,但在1997—2004年期间,中国食品行业从业人数均低于1986年的水平,原因可能是:

第一,第三产业吸纳了更多的劳动力,"九五"计划从过去的单纯追求增加某种产业的比重,追求物质产品的数量增加,转变为以人的流动和转移为中心,以解决充分就业为中心的产业结构调整,要求形成适度规模的农业、高效率的制造业和劳动密集的第三产业和建筑业,由于劳动密集型制造业的摊子已经很大,很难再继续走那种靠大规模吸收廉价剩余劳动力的路子而第三产业大部分是劳动密集的,国际竞争压力相对较小,应大力吸收农村剩余劳动力和制造业富余人员。

第二,食品行业技术进步,劳动力效率提高,淘汰落后的技术、设备等。劳动生产率的提高、落后技术设备的淘汰提高了食品行业的能源利用效率,减少了单位产值二氧化碳的排放。

3. 中国食品行业减排建议

"节能减排"是中国经济发展的长期目标,但从实现途径来说,以牺牲经济增长为代价而降低能源消费有效且迅速,但成本是巨大的,因此重要的是如何在经济增长和降低能源消费之间权衡,就食品行业来说,结合上述结论,可以提出以下建议:

首先,调整中国食品行业内部结构,这主要从两方面进行:一是食品行业内部的结构调整,中国的食品行业以食物的粗加工居多,而精加工较少,特殊人群如婴儿、孕妇的食品发展不够,食品在加工过程中的固定成本主要有折旧费用和其他固定成本,可变成本主要有人工、水耗、能耗以及其他可变成本,其中,人工成本约占总成本的35%左右,能耗成本约占25%左右,通过淘汰落后的技术设备、精简食品行业从业人员,减少单位产值的能源消费,从而降低行业的能源消费强度,不仅有助于进一步降低行业二氧化碳排放,也有助于食品行业节约成本,提高经济效率;二是除了要对食品行业内部的产业结构进行调整外,对于食品行业在全国的布局也要进一步合理化。在"西部大开发""振兴东北老工业区"等政策的指导下,中国的食品行业布局日趋向中西部地区和东北部地区转移,将中西部地区和东北部地区的农业优势逐步转变为食品行业的产业优势,食品企业应该持续向主要原料产区、重点销售区和重要交通物流节点集中。

其次,食品行业总体来说企业规模较小,加速产业集群,减少小作坊作业以及部分成本过高企业,利用规模优势提高能源利用效率。同时,食品行业以农、林、牧、渔业为基础,这些行业容易受到自然灾害的影响,从而影响食品行业的原材料供应,因此,稳定食品行业原材料的供应能够确保投入的的固定资产充分利用,提高劳动生产率、减少能源消费。在加速食品行业规模化的过程中,可以通过兼并、重组等方法使得中国市场上出现一批市场占有率高、带动能力强的企业集团。

再次,从食品行业能源消费量中,可以看出,电力消费量呈现逐年递增的趋势,煤炭的直接使用量在下降,因此,在食品行业中倡导用电力来替代直接消费煤炭,能够加速碳减排。但我们也应该注意到,在食品行业中,用电力来替代煤炭这一替代的实现是需要建立在食品行业企业技术的进步上,对现有设备及工艺进行技术改造,同时优化生产流程。根据食品行业"十二五"规划的要求,推进节能减排重点在于发酵、酿酒、制糖、淀粉、速冻食品、肉类屠宰加工等行业,通过利用新技术、新设备,提高食品行业副产品的开发利用。同时,我们也可以看到国家对于食品行业需要重点发展的行业,如粮食加工业、食用植物油、肉类加工业、乳制品工业、水产品工业等,"十二五"规划对其发展制定了详细的目标,到2015年,粮食加工业总产值达到3.9万亿元,年均增长12%;食用植物油产量达到$2440\times10^4$ t,其中国产油料产油量提高到$1260\times10^4$ t;肉类总产量达到$8500\times10^4$ t,全国手工和半机械化等落后生猪屠宰产能淘汰50%;乳制品产量达到$2700\times10^4$ t,增长15%,乳制品加工能力闲置率控制在25%以内;水产品加工率提高到45%以上,冷冻调理食品和分割小包装食品的比例占水产冷冻加工品的比例达到30%以上。

最后,从减少二氧化碳排放的角度来看,提高能源利用效率或者企业的生产效率只能是一项短期的政策,因为由于能源反弹效应的存在,单纯地提高能源利用效率并不像理论上预期的那么有效。要实现节能减排的目标,还得充分发挥政府在能源领域的价格、税收以及生活方式的引导等方面的作用。对于中央政府而言,实行能源定价改革,扭转当前化石能源价格被低估的局面,真实反映化石能源价格,用价格杠杆促使企业使用清洁能源,从而改变食品行业的能源消费结构;对于地方政府而言,加强地方财政对于食品行业的引导和支持,鼓励技术创新,加强对于中小企业的发展专项资金的支持,制定食品行业综合利用废弃物的鼓励政策,积极支持食品行业副产品的综合利用;提倡"光盘"行动,减少浪费,经国家粮食局的调查测算,中国粮食每年浪费达到1200亿斤以上,浪费的粮食足够可以养活两亿人口,倡导勤俭节约,减少食品浪费,对于节能减排而言,是每个人都可以做的事情。

## 3.3 子行业——化纤行业

化学纤维,简称化纤。纤维材料按来源可分为两大类:一类是化学纤维,一类是天然纤维。其中,化学纤维包含的范围很广,是利用高分子化合物做原料,经过加工而成的具有纺织性能的所有纤维的统称,高分子化合物一般有天然或合成的,而加工方法也多为化学或物理方法。化学纤维又可分为人造纤维和合成纤维两类。其中,人造纤维包括粘胶子行业,而合成纤维主要包括涤纶、腈纶、氨纶、维纶等子行业,其中涤纶、黏胶、锦纶、晴纶等又细分为长丝和短纤。天然纤维则包括有棉、毛、丝、麻等。目前,世界范围内化学纤维的比重越来越大,已逐渐超过了天然纤维的产量。

众所周知,化纤行业是中国的传统支柱产业、民生产业,它在吸纳社会就业方面作用显著,在出口创汇和增加农民收入等方面也发挥着举足轻重的作用,更是中国为数不多的具有明显国际竞争优势的产业。在中国,化纤工业起源于20世纪50年代末,经过多年的发展,已经成长为品种基本齐全、生产规模方面具有优势竞争力的工业体系。自1998年以来,中国化纤产量在全球化纤行业排名一直居于第一位,中国在世界化纤行业中地位显著。如图3-15所示,近年来中国化纤行业高速发展,化纤行业的产量呈现出逐年快速上升的趋势,2002年中国化纤产量占全球总产量的23.6%,2009年中国化纤总产量达到$2726 \times 10^4$t,2009年世界化学纤维产量为$4160 \times 10^4$t,中国化学纤维产量占世界化纤总产量的65.53%。截至2013年,中国化纤产量已占全球化纤总产量的70%,全球化纤第一大国的地位日益巩固,中国已成为全球化纤业最具活力和影响力的国家。在化学纤维的服装应用、装饰应用、产业应用等三大应用领域中,服装应用比例最高,大约占据56%,而产业应用、装饰应用比例偏低。

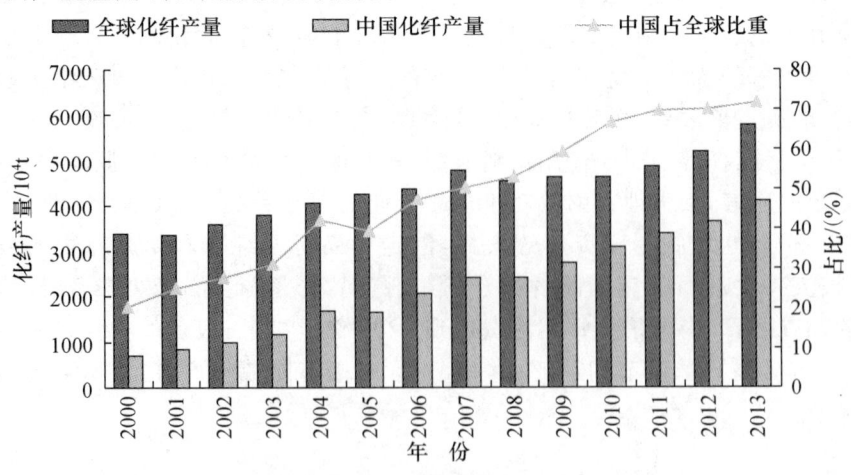

图3-15　2000—2013年中国及全球化学纤维产出情况

数据来源:《中国纺织工业发展报告》。

由于形态、结构、性能上的特点,使化纤成为用途广泛的服装用和产业用材料,其在国民经济中的地位和作用越来越重要,并且随着世界人口的增长和化纤用途的不断开发,化学纤维的需求将日益增加。然而,由于在生产过程中需要消耗大量的化石燃料,化纤行业一直是轻工业中重点耗能行业之一。随着中国乃至世界对化学纤维需求的不断增加,化纤行业的能源需求和能源消费也一直在不断上涨。1991年,化纤行业能源消费量为855.6×$10^4$tce,2012年化纤行业能源消费量为1558.0×$10^4$tce,增长幅度为78.87%。伴随着产值上升的除了能耗的增加,还有行业的二氧化碳排放。根据此前估算的中国化纤行业的二氧化碳排放结果来看:1990年行业年二氧化碳排放总量为990.589×$10^4$t,2011年二氧化碳排放量上升到2785.13×$10^4$t,十年间二氧化碳排放总量翻了一番。化纤行业的二氧化碳排放基本呈现逐年增加的趋势。巨大的能源需求和二氧化碳排放使得中国化纤行业面临着来自成本和环境的双压力,通过各种手段提高行业能源利用效率,降低能耗,成为中国化纤行业未来发展的必由之路。中国化纤行业从"九五"开始,针对行业产能落后、规模偏小等问题进行了产业结构调整,并增加了相关的科技投入,行业的能源利用效率有了很大的进步。化纤行业节能降耗的任务十分艰巨,节能降耗的潜力和提升空间也很大。

### 3.3.1 中国化纤行业的节能潜力研究[①]

本部分的目的在于,从经济学的角度出发,尝试利用计量模型探寻中国化纤行业能源消费量和其他经济变量之间的关系,探索可能的节能的途径与方法。用协整的方法刻画中国化纤行业能源消费与一些变量之间存在长期均衡关系,从而实现对中国化纤行业能源消费和节能潜力进行预测估计。

1. 中国化纤行业能源消费的长期均衡关系

(1) 数据来源及变量选择

众所周知,影响一个行业能源需求的因素有很多。我们以需求理论为指导,主要考虑经济含义和数据实现的可能性两个方面,选用了1990—2012年间中国的国内生产总值(GDP)、燃料零售价格指数($P$)、人口(POP)以及R&D经费支出($RD$)这几个因素作为解释变量,分析其对同期中国化纤行业能耗的影响。各变量的说明如下。

① 化纤行业能源需求($E$)。我们选用中国统计年鉴中历年化纤行业的能源消费总量(单位:标准煤)作为对应年份的能源需求总量。

---

① 本小节在参考 Lin B. Q., Zhao H. L., 2014. Energy efficiency and conservation in China's chemical fiber industry. *Journal of Cleaner Production*, Available online 3 July. 文献基础上进行了修改和完善。

② 燃料零售价格指数（P）。根据需求定理，价格是影响某种商品需求量的重要因素。但由于中国能源价格大部分由政府制定和管制，未能体现资源的稀缺性，能源价格普遍偏低。因此，我们选用燃料零售价格指数指标替代能源价格。历年燃料零售价格指数的环比指数来自《中国统计年鉴》，我们将1990—2012年燃料零售价格指数统一折算为1990＝100的定基价格指数。

③ 国内生产总值（GDP）。经济增长无论在任何地区、任何部门都是能源需求增加的主要原因，中国能源需求的增加基本上是由于经济增长所造成的。由于消费者的收入水平是影响能源需求的重要因素，而能源产品属于全社会生产和生活的必需品，其消费主体是全社会所有的居民和企业。因此我们选取GDP来代替消费者的收入水平，作为影响化纤行业能源需求的一个重要变量。本部分的GDP数据来源于《中国统计年鉴》，由历年GDP（环比）折算成1990年不变价获得。

④ 人口（POP）。任何商品的需求均应该考虑该商品的消费者人数，因此，分析化纤行业的能源需求时也应予以考虑。本部分的人口数据来源于《中国统计年鉴》。

⑤ R&D经费支出（RD）。一方面，科学技术的进步能够提高设备的工作效率，大大提高节能率，直接降低单位产品的能耗，节约了能源，进而降低了能源消费量；另一方面是科技进步可以不断开发新能源和优质能源，引发能源需求结构发生根本性变化，进而从根本上改变能源需求量的发展变化趋势。我们用R&D经费支出这一指标反映技术进步。事实上，国内有文献研究对此进行了验证。刘畅，孔宪丽，高铁梅等在2008年利用工业行业的面板数据，对中国29个行业各自行业的能源消费强度变动及影响因素进行了实证分析。结果表明，R&D活动（投入和研发）既是促进技术进步最直接的因素，同时也是技术进步重要的源泉。R&D经费支出的增加有助于提高耗能行业的能源效率，进而降低行业的能源消费量。历年R&D经费支出来源于《中国统计年鉴》。

为了消除变量量纲影响，减少异方差的可能影响，我们对任意一个变量$X$进行对数化处理（$Ln\ X$）。

（2）协整分析

在利用向量误差修正模型刻画变量间长期均衡关系前，我们需要对各变量的平稳性进行检验。表3-11中给出了所有五个变量的水平序列和一阶差分序列的单位根检验。

表 3-11　单位根检验

| 序列 | ADF | |
|---|---|---|
| | 无趋势 | 有趋势 |
| $\Delta \ln E$ | −4.509231*** | −6.505974*** |
| $\Delta \ln GDP$ | −3.486417** | −5.310923*** |
| $\Delta \ln POP$ | −3.138916** | −2.679864 |
| $\Delta \ln P$ | −6.171324*** | −6.894692*** |
| $\Delta \ln RD$ | −6.981416*** | −6.946821*** |

注：*、** 和 *** 分别表示10%、5%和1%的显著性水平下拒绝原假设。

如表 3-11 所示，在 ADF 检验中说明以上五个变量皆是一阶单整的，满足进行协整的条件。首先进行秩的检验，即共有多少个线性无关的协整向量，秩检验的结果如表 3-12。

表 3-12　协整秩检验

| 零假设<br>（最大个数）a | 特征值 | 迹统计量 | 5%临界值 | 概率 |
|---|---|---|---|---|
| 0* | 0.892751 | 108.9143 | 67.8236 | 0.0000 |
| 1* | 0.810623 | 57.99243 | 49.64625 | 0.0017 |
| 2* | 0.723162 | 30.26352 | 31.09123 | 0.0532 |
| 3 | 0.293351 | 13.84592 | 16.56123 | 0.1886 |
| 4* | 0.189592 | 5.104236 | 3.985412 | 0.0339 |
| 零假设<br>（最大个数）b | 特征值 | 最大迹统计量 | 5%临界值 | 概率 |
| 0*c | 0.841239 | 53.26427 | 35.23174 | 0.0002 |
| 1* | 0.812631 | 28.91821 | 29.61372 | 0.0254 |
| 2 | 0.655173 | 19.21375 | 23.81357 | 0.0975 |
| 3 | 0.335271 | 7.674742 | 13.98762 | 0.4819 |
| 4* | 0.185734 | 4.123783 | 3.919423 | 0.0514 |

注：a. 迹检验表明在5%临界值存在4个协整方程；b. 最大特征检验表明在5%临界值存在2个协整方程；c. * 表明在5%显著性水平下拒绝原假设。

迹检验和特征根检验的结果均表明，在5%的显著性水平下，"不存在协整方程"的原假设被拒绝。不包含趋势项的协整秩迹检验结果表明，可以在5%显示水平下拒绝"不存在协整方程"的原假设（108.9143＞67.8236），存在四个线性无关的协整向量。最大特征值检验表明，在5%的置信水平上拒绝原假设（53.26427＞35.23174），存在两个协整方程。

由于秩检验结果表明存在线性无关的协整向量,因此可以进行协整分析。首先建立由 $\ln E, \ln GDP, \ln POP, \ln RD, \ln P$ 构成的 VAR 模型,接下来检验该系统所对应的 VAR 表示法的滞后阶数,检验结果如表 3-13 所示。

表 3-13　VAR 模型滞后阶数选择

| 滞后阶数 | LL | LR | FPE | AIC | SC | HQ |
| --- | --- | --- | --- | --- | --- | --- |
| 0 | 106.2314 | NA | 1.29e-32 | −12.76531 | −11.6139 | −12.12576 |
| 1 | 271.0623 | 208.2319* | 1.91e-12 | −25.23191 | −23.87263* | −25.41815 |
| 2 | 289.1653 | 3122166 | 1.20e-16* | −26.67193* | −24.19233 | −26.13473* |

注：* 表示对应准则下被选择的滞后项。LR 表示序列调整的 LR 检验统计量；FPE 是最终的预测标准误,反映了一步向前预测的均方误差；AIC、SC 和 HQIC 分别代表赤池、施瓦兹和 Hunnan-Quinn 信息准则。

表 3-13 中,根据 $LogL$、LR、FPE(Final Prediction Error)、AIC、SC 和 HQ 等准则选择滞后阶数皆为两阶(表中星号所对应的阶数表明该准则选择的滞后阶数)。在此基础上,表 3-14 给出了 Johansen Cointegration Test 的结果。

表 3-14　模型结果

| lnE | lnGDP | lnP | lnPOP | lnRD |
| --- | --- | --- | --- | --- |
| 1.000000 | −1.0097 | 0.7428 | −0.4082 | 0.8974 |
|  | (0.0432) | (0.13281) | (0.07954) | (0.13341) |

根据标准化协整向量系数,可以建立相应的协整方程：

$$\ln E = 1.0097 \ln GDP - 0.7428 \ln P + 0.4082 \ln POP - 0.8974 \ln RD$$

(3-11)

第一,协整方程表明了 1990—2012 年期间各变量之间存在长期均衡关系。

第二,方程右边变量 $\ln GDP$、$\ln POP$ 的系数符号为正,变量 $\ln P$、$\ln RD$ 的系数为负,这个结果符合社会经济现实。

第三,随着 GDP 的增长,工业生产活跃和人们生活水平的提高会增加化纤消费量,进而带动化纤行业能源需求的增加。弹性系数表明,GDP 每增长 1% 就会导致化纤能源需求增加 1.01%。GDP 的弹性系数较大,说明中国近三十年来快速的经济增长是带动中国化纤行业能源需求快速增长的最主要原因。

第四,由于化纤产品的原料大多来自石油,所以能源价格的波动会对国内外化纤市场产生直接的影响,中国的化纤市场亦是如此。相对人口变量而言,能源价格的弹性相对较大,说明能源价格是导致化纤行业能源需求变化的一个主要原因,能源价格的调整将对化纤行业能源需求产生重大影响,能源价格的提高也为化纤行业的节能提供重要信息。

第五,相对其他变量而言,人口的弹性系数相对而言影响较小,主要是由于中国长期以来实行计划生育政策,导致人口增长幅度变化不大,使其对化纤行业能源需求的影响也相对较小。

第六,化纤行业属于高耗能、大群体、机械化生产的行业,越先进的设备生产效率越高,单位能耗越低,产品的附加值也越高,技术进步是提高化纤行业节能潜力的关键因素。弹性系数表明,研究与试验发展经费支出每增长1%就会导致化纤行业能源需求减少0.897%,说明R&D经费支出增加带来技术的进步,进而带动化纤行业能源需求的减少。

综上对模型结果的分析,我们认为该模型结果符合经济理论的预期,对中国经济现实具有较好的解释能力。为了确保下一步预测的准确性,我们还需对模型的稳定性进行考察。根据Stata软件做出的VECM系统稳定性的判别图,伴随矩阵的所有特征值都落在单位圆内,所以模型是稳定的,可以利用长期均衡关系对中国化纤行业未来的能源需求进行预测。

2. 中国化纤行业能源需求预测及节能潜力

(1) 能源需求预测

我们选择各变量在1990—2012年间的平均增长率作为一种基准情景,即假定2013—2030年间各变量仍然按这个平均增长率增长,以此来预测在这种基准情景下中国化纤行业的能源消费量。

在基准情景下,中国人口、燃料零售价格指数、研究与试验发展经费支出的年均增长率分别为1.0%、8.6%和16.23%。

预测时间区间设定为2015—2030年,原因在于该阶段是中国实现经济转型的关键时期,该预测可以为将来中国化纤行业节能降耗提供政策方向。根据上述各变量的年均增长率和协整方程,我们预测得到2020年和2030年中国化纤行业的能源需求分别为$5650.296 \times 10^4$ tce和$8978.324 \times 10^4$ tce。

上面的结果,是基于各解释变量确定的增长率来预测的。事实上,各影响因素未来每年的取值是不确定的,应该有很多种可能性,更合理的预测应该是多个结果及其各个结果可能发生的概率。因此这里我们采用蒙特卡洛模拟,以2020年为例,从不确定性的角度研究该年的最有可能的化纤行业能源消费量及其概率。

蒙特卡洛模型应用的关键是按照变量的分布随机取样。按经验,经济变量一般服从正态分布。为了确定风险变量的分布,我们首先运用Matlab软件对各解释变量1990—2012年的增长率进行了分布检验,检验结果表明各变量均在$\alpha=0.05$的置信率下服从正态分布。根据各变量的均值和标准差可以得到每个风险变量所服从的正态分布的具体形式。据此,我们使用Matlab软件来生成各风险变量服从其各自正态分布的随机数,作为解释变量的增长率。在得到 3000 组历年解释变量的增长率随机数的基础上,根据这些随机数计算得到被解释变量(中国化纤行业能源需求)的 3000 种可能取值,从而获得 2020 年中国化纤行业能源需求的概率分布。

根据蒙特卡洛仿真分析,得到 2020 年中国化纤行业能源需求的分布直方图和累积概率分布图如下。

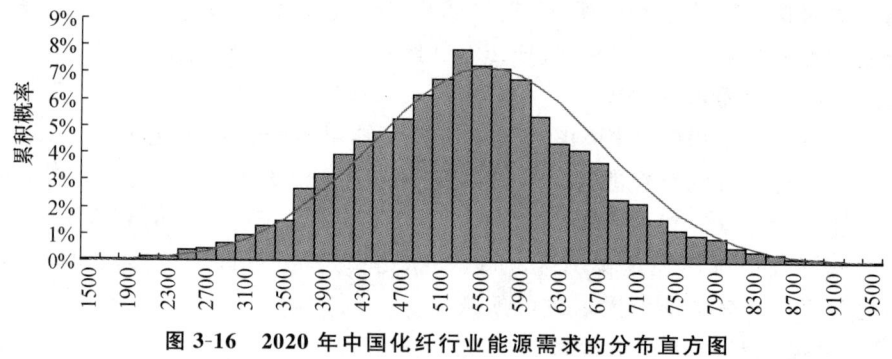

图 3-16　2020 年中国化纤行业能源需求的分布直方图

从图 3-16 中可以看出,2020 年中国化纤行业能源需求落在大约(5300～5900)×$10^4$ tce 煤区间段的概率最大,而前文根据各解释变量历史变化趋势预测得到 2020 年中国化纤行业的能源需求为 5650.296×$10^4$ tce,正好落在这一区间,这也验证了这一预测结果的合理性。

以下,我们采用情景分析法,研究各类节能政策对中国化纤行业能源需求、节能潜力的影响,相应的节能量也做了估算。

(2) 节能潜力分析

为研究未来的节能潜力,结合上面的标准情景,我们设置两种节能情景:中等节能情景和强化节能情景。其中,强化节能情景是在一定的政策激励和经济现实约束下,实现最大限度的节能;而中等节能情景是现实的经济发展规划为基础,其变量的增长速度介于基准情景与强化节能情景之间。

2013 年,中国国内生产总值同比增长 7.7%。2014 年,中国国内生产总值同比增长 7.4%。2015 年 1 月,中国科学院发布《2015 中国经济预测与展望》,预计 2015 年中国 GDP 增速为 7.2%。根据中国社科院宏观经济运行实验室 2014 年 10 月对中国未来宏观经济发展的预测,"十三五"期间中国 GDP 增长率在 5.7% 至 6.6% 之间,2020—2030 年 GDP 增长率在 5.4% 至 6.3% 之间。据此,我们设定 2015 年 GDP 增速为 7.2%,2016—2020 年 GDP 年均增长率为 6.2%,2021—2030 年 GDP 年均增长率为 5.8%,从而计算得到预测区间(2015—2030 年)内的 GDP 变量序列数据。

关于人口的增长速度,《中华人民共和国国民经济和社会发展第十二个五年规划》明确提出:保持生育水平稳定,人口年均自然增长率控制在0.72%以内。基于此,我们设定强化节能情景下的人口年均增长速度为0.6%,相应的,在中等节能情景下设定为0.8%。

科研与创新能力对提高化纤行业的生产效率、节能等方面有着举足轻重的作用。国家《中华人民共和国国民经济和社会发展第十二个五年规划》中提出:科技教育水平明显提升,R&D经费支出占国内生产总值比重达到2.2%。基于此,我们设定强化节能情景下R&D经费支出的增长速度为18%,相应的,在中等节能情景下设定为17.11%。

能源价格对能源消费起到最直接的抑制作用。然而,中国当前的能源价格绝大多数是被低估的,并未能真正反映出资源的稀缺性。基于此,我们将强化节能情景下的燃料价格年均增长率设定为10%,在中等节能情景下设定为9.3%。具体见表3-15。

表3-15 中国化纤行业能源需求相关变量情景假设

| 变　　量 | 基准情景 | 中等节能情景 | 强化节能情景 |
| --- | --- | --- | --- |
| 燃料零售价格指数 | 8.6% | 9.3% | 10% |
| 中国人口 | 1.0% | 0.9% | 0.6% |
| 研究与试验发展经费支出 | 16.23% | 17.11% | 18% |

根据表3-15中不同情景下各个变量的增长率的设定,可以预测得到,2015年、2020年中国化纤行业在不同情景下的能源消费量,如表3-16所示。

表3-16 中国化纤行业能源需求量预测　　　　　　　（单位:$10^4$ tce）

| 年　　份 | 2020 | 2030 |
| --- | --- | --- |
| 基准情景 | 5650.296 | 8978.324 |
| 中等节能情景 | 5010.348 | 7278.619 |
| 强化节能情景 | 4400.912 | 4978.397 |

从表3-16中可以看出,在中等节能情景下,中国化纤行业在2020年和2030年的能源需求量分别为5010.296×$10^4$t标煤和7278.324×$10^4$t标煤,比标准情景下要低639.948和1699.705×$10^4$t标煤,降低的能耗分别达到同期基准情景下能源需求的11.33%和18.93%。而强化节能情景下,中国化纤行业在2020年和2030年的能源需求分别为4400.912×$10^4$t标煤和4978.397×$10^4$t标煤,比标准情景下要低1249.384和3999.927×$10^4$t标煤,降低的能耗分别达到同期标准情景下需求的22.11%和44.55%。对比中等节能情景和强化节能情景两种情景,中国化纤行业能源需求量降低的能耗量在不断上升,占同期基准情景下能源需求量的比例也

在不断上升,这说明,中国化纤行业降低的能耗逐渐增大,也说明中等节能、高度节能等措施是卓有成效的,提高中国化纤行业的节能潜力有着很大的进步空间。

表 3-17 中国化纤行业能源消费增长率与 GDP 增长率的比较

| | 年均能源消费增长率/(%) | 年均 GDP 增长率/(%) | GDP 增长能耗指数 |
| --- | --- | --- | --- |
| 现实数据:1990—2012 | 7.50 | 10.50 | 0.714 |
| 基准情景:2012—2020 | 6.70 | 9.80 | 0.68 |
| 中等节能:2012—2020 | 4.60 | 8 | 0.5 |
| 强化节能:2012—2020 | 3.50 | 7.50 | 0.46 |

为了更清楚地了解节能政策是否有效,将三种情景下分别预测得到的化纤行业能源消费量的增长率与该情景下所对应的 GDP 增长率进行比较。我们从相对量入手,将中国化纤行业能源消费增长率和 GDP 增长率之比定义为 GDP 增长能耗指数,即 GDP 增长能耗指数=中国化纤行业能源消费增长率/GDP 增长率。由表 3-17 可知,在中等节能情景下,随着 GDP 增长速度的放缓和经济方式的转变,各个要素的共同作用对化纤行业的能源需求起到了有效的抑制,化纤行业的年均能源消费量增长率低于年均 GDP 增长率 3.4 个百分点。在强化节能情景下,由于节能措施和节能手段的不断实施、升级,各种政策的落实、技术的提高使得化纤行业的年均能源消费量增长率低于年均 GDP 增长率 4 个百分点。综合表 3.9 来看,随着经济的发展,在中等节能情景和强化节能情景下,化纤行业能源消费增长率均在不断下降,GDP 增长能耗指数也在不断下降,可见节能措施的落实是卓有成效的,提高节能潜力也是可行的。

探讨完中国化纤行业的节能潜力后,以下分析化纤行业的节能量以及对中国能源需求量的影响。为了估计未来的节能量,我们设置了两种节能情景。节能情景 1 表示化纤行业能源需求从基准情景转向中等节能情景。相应地,情景 2 则表示化纤行业能源消费从基准情景转向强化节能情景。根据上述对中国化纤行业能源需求预测的结果,以 2030 年为例,可以计算得到两种节能情景下的节能量以及各自的节能量占中国能源需求量的比重,结果如表 3-18 所示。

表 3-18 化纤行业的节能量及对中国能源需求的影响

| 年 份 | 节能情景 1 | 节能情景 2 |
| --- | --- | --- |
| | 化纤行业节能量 | 化纤行业节能量 |
| 2020 | $639.948 \times 10^4$ tce | $1249.384 \times 10^4$ tce |
| 2030 | $1699.705 \times 10^4$ tce | $3999.927 \times 10^4$ tce |

从上表中可知,若中国化纤行业从能源消费现状模式转入节能情景1模式,到2030年,可节能$1699.705\times10^4$ tce;若中国化纤行业从能源消费现状模式转入节能情景2模式,到2030年,可节能$3999.927\times10^4$ tce。目前,中国正处于工业化的关键阶段,西部大开发战略的实施更是加大了对基础建设投入。随着经济建设的发展和工程质量的要求,产业用化纤材料市场将有更大发展,因此中国化纤行业不仅节能潜力巨大,而且节能十分重要。

3. 中国化纤行业节能建议

我们使用时间序列数据(1990—2012年),应用协整模型估计了中国GDP、中国人口、能源价格及R&D经费支出这四个因素对中国化纤行业能源消费量的影响,并试图研究未来中国化纤行业的能源需求和节能潜力。

蒙特卡洛模拟分析验证了模型的合理性,同时表明为提高化纤行业的能源利用效率,进一步缩小节能潜力,需要更为积极的节能政策。进一步的情景分析法表明:在各种节能政策的推动下,未来化纤行业能源消费量的上升幅度会越来越小,节能量也较为可观。

我们的主要结论如下:

第一,协整方程表明了1990—2012年期间所选取的变量之间存在一个长期稳定的关系。并且正如所预期的那样,GDP对化纤行业能源需求正面影响最大,人口对化纤行业能源需求影响次之;科研经费支出的增加、能源价格的提高有助于降低化纤行业能源需求。

第二,GDP的弹性系数最大,说明其对化纤行业能源需求的影响最大,也说明中国近三十年来快速的经济增长是带动中国化纤行业能源需求量快速增长的主要原因。这符合中国所处的经济阶段特征,能源需求是刚性的,能源需求通常会随经济快速发展而快速上升。

第三,与GDP相比,R&D经费支出的弹性次之,也是影响化纤行业能源需求的重要因素之一,也进一步说明化纤行业要实现节能,很关键的是要提高中国化纤行业的技术水平,提高创新能力,这样才能真正的实现化纤行业的节能。

第四,与GDP和R&D经费支出相比,价格的弹性再次之,这说明价格是影响化纤行业能源需求的一个重要因素,因此,今后化纤行业要实现节能,很关键的因素要发挥能源价格的重要作用,通过提高能源价格对化纤行业能源需求起到抑制作用。而目前中国的状况是能源价格还不能真正反映资源的稀缺性,这也从一个侧面反映出进一步深化中国能源价格改革势在必行。

第五,在长期均衡方程中,人口的弹性系数较小,是因为由于中国实行计划生育政策,长期以来人口的年均增幅非常小,使得其对中国化纤行业能源需求的影响也相对较小。

实现一个行业的节能降耗不单单是技术问题，它是价格、技术以及其他因素共同作用的结果。我们的研究结论可以对中国化纤行业未来的节能政策提供方向和重点。

首先，除GDP外，R&D经费支出对化纤行业能源需求的影响系数最高，这就决定了在化纤行业节能降耗方面，政府或相关部门的政策重点和方向。也就是说，应当增加R&D经费支出，大力提高化纤行业技术水平及科技创新能力，进而实现化纤行业的节能和可持续发展。

其次，改善化纤行业集中度差异大局面，重点看好差异化较高的涤纶工业丝和产能受限的黏胶长丝行业。化纤行业集中度从整体而言并不是很高，依然存在大量低水平重复建设项目，化纤行业常规产品过剩，差别化及特种纤维等高端产品长期供不应求，甚至还要从国外进口，严重影响了行业的盈利能力和整体发展能力。不同子行业的行业集中度情况并不尽相同，集中度较低的主要是涤纶纤维行业，而黏胶、氨纶、锦纶等集中度相对较高。在未来一段时间内，改善化纤行业集中度差异大局面，重点看好差异化较高的涤纶工业丝是化纤行业的重要任务。涤纶行业以差异化为政策支持的发展方向，盈利能力相对稳定。而黏胶长丝虽然需求端没有进一步的拓展，但产能完全受限。黏胶长丝的溶解浆部分产能继续投放，将会使黏胶纤维的成本下降，进而迎来需求的复苏。因此，在未来一段时间，中国化纤工业近期时间还要在不增加市场总量的情况下提高产业的集中度，提高单个企业的规模，使其用工成本下降，市场的议价能力、地位提高，使市场这只无形的手对行业发展的引导作用和积极意义。同时，重点发展差异化较高的涤纶工业丝和产能受限的黏胶长丝行业。

最后，初步建立纺织纤维循环再利用体系。未来化纤行业存在的技术风险主要有以下两类：第一类是能耗较高、附加值较低的技术和项目。这些项目和技术既不符合国家政策走势，也不符合行业发展趋势，未来将会承担越来越大的风险。第二类是原料消耗率较高的化纤技术。在原料成本波动较高的情况下，原料依赖性越强，企业运行风险就越高。重点推广聚酯聚合节能组合、高效节能的热媒系统，推进化纤企业节能技术改造。淘汰高耗能、高耗水的化纤落后生产工艺设备，提高化纤行业的能效水平。要着重发展低耗低污染着色纤维技术，淘汰高耗能、高耗水的化纤落后生产工艺设备。同时要开发液相增黏熔体直纺工业丝以及功能化、差别化直纺等技术，提高化纤行业的能效水平。

### 3.3.2 中国化纤行业二氧化碳排放变化及分析

中国处于工业化和城市化快速发展的阶段，行业众多。由于不同行业具有不同的技术特征和经济发展水平，这必然导致不同行业在二氧化碳排放的影响因素和二氧化碳排放水平上具有较大的差异。因此，中国政府应该在详细研究论证二氧化碳排放的影响因素和行业差异的基础上,制定二氧化碳的减排政策。

化纤行业是中国的传统支柱产业、民生产业,化纤产量一直稳居世界第一位,化纤行业是具有明显国际竞争优势的产业。化纤行业的主要一次能源消费为煤炭,化纤行业虽然从整体上看能源消费量并不是特别大,但其消耗的能源中化石能源占比极高。因此,我们将测算中国化纤行业的二氧化碳排放量并对其进行结构分解,从而为化纤行业制定科学合理的二氧化碳减排政策提供参考和依据。

以化石能源为主的能源消费结构直接导致了中国化纤行业巨大的二氧化碳排放。基于行业历年的能耗数据,我们计算了1991年到2011年间中国化纤行业的二氧化碳排放情况(这里指的是来自化石能源的直接排放)。1991年中国化纤行业的二氧化碳排放量为$1017.9\times10^4 t$,2011年这个数值上升至$2785.13\times10^4 t$,翻了一番。从理论基础、适用性、简易性等方面出发,我们选用对数平均迪氏指数分解的方法分析中国化纤行业二氧化碳排放变动的影响因素。

1. 中国化纤行业二氧化碳排放情况

化纤行业使用的能源品种包括煤炭、焦炭、石油等9种,为了避免重复计算,我们只考虑化石能源燃烧产生的直接二氧化碳排放,而不考虑化纤行业用电和用热带来的间接二氧化碳排放。通过各种化石能源的终端消费乘以它们相应的二氧化碳排放系数(IPCC,2006),得到图3-17。由图3-17可知,化纤行业二氧化碳排放量整体上呈现了逐渐上升的趋势,但在某些时期也经历了波动状况。1991—1995年以11.6%的增长率平稳上升,但1996—1997年间二氧化碳排放量出现了轻微下降。1998—2004年以28%增长率波动式增长,2006年以后呈现稳定的增长趋势。

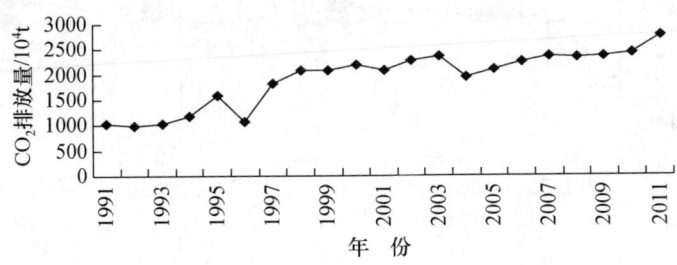

**图 3-17　中国化纤行业二氧化碳排放量**

数据来源:国家统计局:《中国能源统计年鉴2012》;CEIC中国数据库。

2. 中国化纤行业二氧化碳排放变化因素分解

为研究起见,探讨各个阶段中国化纤行业由能源消费所产生的二氧化碳排放变化情况及其几个主要影响因素对该变化的贡献值。根据对数平均迪氏指数加法分解方法对变量的要求,结合化纤行业能源消费和二氧化碳排放特征,将中国化纤行业二氧化碳排放量分解为如下几个因素：

$$C = \sum_{i=1}^{9} C_i = \sum_{i=1}^{9} \frac{C_i}{E_i} \cdot \frac{E_i}{E} \cdot \frac{E}{Y} \cdot \frac{Y}{W} \cdot W \quad (3-12)$$

其中，下标 $i=1,2,\cdots,9$ 分别指 9 种化纤行业主要能耗品种，$C$ 代表某一时期中国化纤行业二氧化碳排放总量，经分解后，$C_i$ 代表该期化纤行业第 $i$ 种能源消费所产生的二氧化碳排放量，$E_i$ 代表该期化纤行业第 $i$ 种能源品种消耗量，$E$ 代表该期化纤行业能源消费总量，$Y$ 代表该期化纤行业所创造的国内生产总值，$W$ 代表化纤行业从业人数。将公式(3-11)变形为

$$C = CI \cdot ES \cdot EI \cdot LP \cdot IS \quad (3-13)$$

其中 $CI = \frac{C_i}{E_i}$，表示二氧化碳强度效应；$ES = \frac{E_i}{E}$，表示能源结构效应；$EI = \frac{E}{Y}$，反映能源强度效应；$LP = \frac{Y}{W}$，表示劳动生产率效应；$IS = W$，表示行业规模效应。

采用对数平均迪氏分解法(LMDI)对公式(3-3)进行乘法分解和差分分解，将二氧化碳排放量变化分解为碳强度效应、能源结构效应、能源强度效应、劳动生产率效应、行业规模效应，结果如下：

$$\Delta C = C_t - C_0 = \Delta C_{CI} + \Delta C_{ES} + \Delta C_{EI} + \Delta C_{LP} + \Delta C_{IS} \quad (3-14)$$

根据 Kaya 等式和 LMDI 方法，对中国化纤行业 $CO_2$ 排放量进行分解，结果见图 3-18。

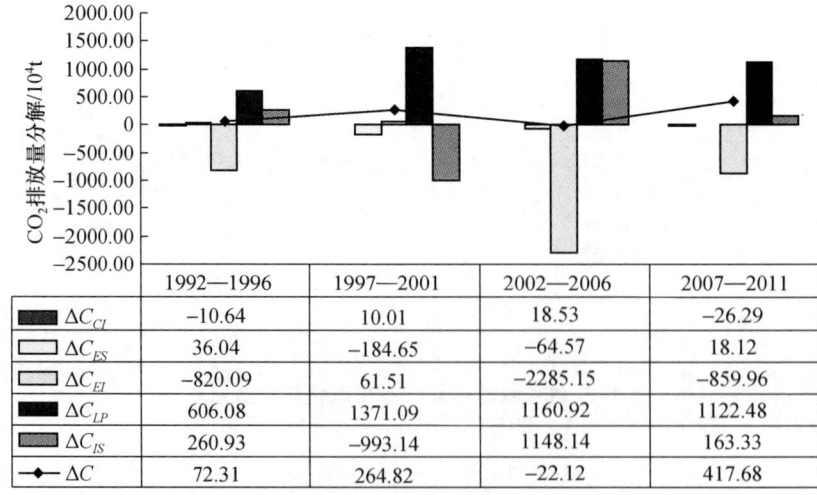

|  | 1992—1996 | 1997—2001 | 2002—2006 | 2007—2011 |
|---|---|---|---|---|
| $\Delta C_{CI}$ | -10.64 | 10.01 | 18.53 | -26.29 |
| $\Delta C_{ES}$ | 36.04 | -184.65 | -64.57 | 18.12 |
| $\Delta C_{EI}$ | -820.09 | 61.51 | -2285.15 | -859.96 |
| $\Delta C_{LP}$ | 606.08 | 1371.09 | 1160.92 | 1122.48 |
| $\Delta C_{IS}$ | 260.93 | -993.14 | 1148.14 | 163.33 |
| $\Delta C$ | 72.31 | 264.82 | -22.12 | 417.68 |

**图 3-18 中国化纤行业二氧化碳排放分解**

注：$CI$ 代表碳强度影响，$ES$ 代表能源结构影响，$EI$ 代表能源强度影响，$LP$ 代表劳动生产率影响，$IS$ 代表行业规模影响。

从图3-18中得知,化纤行业的二氧化碳排放趋势具有轻微的波动性。化纤行业二氧化碳排放量的变化是上述分解的5个因素共同作用的结果,但能源强度效应和劳动生产率效应是最能影响化纤行业二氧化碳排放的两个因素。除1992—1996年期间外,整体来看,能源强度效应对化纤行业二氧化碳排放变化起着反向作用,这也说明,化纤行业可以通过提高转化和利用效率来降低能源强度,进而实现减排$CO_2$的目的。综合4个阶段来看,劳动生产率效应始终是影响化纤行业二氧化碳排放很重要的因素。为了更直观地分析化纤行业二氧化碳排放量的变化,我们将1992—2011年化纤行业二氧化碳排放分为4个阶段。

① 1992—1996年期间。影响化纤行业二氧化碳排放变化最大的因素首先是能源强度效应,其次是劳动生产率效应。劳动生产率的提高主要依靠两种方式实现,一是提高工人先进的技术熟练程度;二是投入过多的机器设备对劳动进行替代。若劳动生产率的提高主要依靠投入大量机器设备的方式时,劳动生产率会对二氧化碳排放产生正向作用。反之,如果劳动生产率的提高主要依靠提高工人技术熟练程度、技术进步的方式时,劳动生产率就会对二氧化碳排放产生负向影响。目前,中国的化纤行业提高劳动生产率的方式主要是依靠投入过多的机器设备对劳动进行替代。2011年,化纤行业在固定资产投资上依然高涨,实际完成投资额734.08亿元。在机器设备等固定资产上的大量投资使化纤行业增加了对能源的需求,直接导致总的能源消费量增加,进而增加了二氧化碳的排放量。在此阶段,能源强度效应对二氧化碳排放量的变化起着反向作用,行业规模效应对二氧化碳排放的变化起着正向作用。化纤行业是资金密集型和劳动密集型产业,相对前阶段而言,行业规模因素导致二氧化碳排放量变化了$260.93\times10^4 t$,带来了二氧化碳排放量的增加。

② 1997—2001年期间。在此阶段,劳动生产率效应仍然是影响化纤行业二氧化碳排放的最主要因素。这说明提高化纤的劳动效率需要进一步提高工人的熟练程度,而不是仅仅依靠投入过多的机器设备,这样才能实现节能减排。值得一提的是,在此阶段,能源结构效应对二氧化碳排放起着反向作用,这和此阶段化纤行业消耗的煤炭量最多的实际状况有关。1997年化纤行业消耗煤炭$836.75\times10^4 t$,较1996年增长了9.36%,2001年消耗煤炭量达到了历史最高峰值$840.51\times10^4 t$,1997—2001期间,化纤行业消耗的煤炭量是所选时间段(1997—2011)最高的时期。说明这时期化纤行业主要消耗了煤炭等化石燃料,使得二氧化碳排放量大大增加。在此阶段,行业规模效应对二氧化碳排放产生了很大的负向作用,这主要和1997年亚洲金融危机有直接的关系。1997年亚洲金融危机,中国化纤行业经历了历史上最为艰难的时期。金融危机给化纤行业的发展带来了沉重的打击,国内相当一部分化纤企业几乎处于停产和半停产状态,除黏胶长丝、氨纶(总

产量仅占化纤产量的 2%)等个别品种外,其他化纤品种的开工率均低于 80%。即使在开工不足的情况下,市场销售情况仍进一步恶化。在这种状况下,沿海化纤企业纷纷关闭工厂,化纤行业的行业规模急剧下降。

③ 2002—2006 年期间。能源强度效应是影响化纤行业二氧化碳排放的最主要因素,能源强度效应导致二氧化碳排放变化量为 $2285.15 \times 10^4$ t。能源强度对二氧化碳排放变化起着反向作用。2002 年能源强度 1.363604 吨标准煤/万元,到 2006 年下降为 0.495 吨标准煤/万元,2002 年,二氧化碳排放量为 $2266.164 \times 10^4$ t,到 2006 年则下降为 $2244.043 \times 10^4$ t。能源消费强度下降,意味着能源特别是化石能源消费量减少,会相应减少二氧化碳排放。劳动生产率、产业规模是这段时间影响化纤行业二氧化碳排放变化的主要因素。劳动生产率的提高主要依靠两种方式实现,一是提高工人的技术熟练程度;二是投入过多的机器设备对劳动进行替代。在此阶段,化纤行业提高劳动生产率的方式依然是依靠投入过多的机器设备替代劳动,直接导致了化纤行业能耗的增加,进而增加了二氧化碳的排放量。

④ 2007—2011 年。在此阶段,劳动生产率效应和能源强度效应依然是影响二氧化碳排放的最主要因素。劳动生产率的增加是导致二氧化碳排放增加的主要原因,能源强度的下降则是二氧化碳排放减少的主要动力。这也进一步验证了化纤行业要想实现节能减排,必须进一步降低行业能源强度的观点。劳动生产率的提高主要依靠两种方式实现,一是提高工人的技术熟练程度;二是投入过多的机器设备对劳动进行替代。在此阶段,化纤行业提高劳动生产率的方式依然是依靠投入过多的机器设备替代劳动,直接导致了化纤行业能耗的增加,进而增加了二氧化碳的排放量。在此阶段,显然是劳动生产率第二种方式的影响大于前者的影响,导致了二氧化碳排放量的大幅增加。也说明了中国化纤行业要想实现节能减排,必须进一步提高劳动者熟练程度,而不能依靠过多投入机器设备来提高劳动生产效率。

为了更清晰、直观地分析化纤行业二氧化碳排放变化状况,在利用 Kaya 等式和 LMID 方法的基础上,以 1992 年为基础,对 1992—2011 年中国化纤行业二氧化碳排放变化的累计效应进行分析。结果如图 3-19 所示:

从图 3-22 可以看出,1992—2011 年间,中国化纤行业能源强度对二氧化碳排放变动的累积贡献一直起着负向的作用,也是贡献二氧化碳排放变化最重要的因素。以 1992 年为基础,能源强度因素导致的二氧化碳排放从 1993 年的 $196.7 \times 10^4$ t 到 2011 年的 $3478.11 \times 10^4$ t。

能源结构效应对二氧化碳排放变化的累计贡献基本起着正向作用,但能源结构效应对二氧化碳排放变化的贡献很小,这也和目前中国化纤行业仍然主要以煤

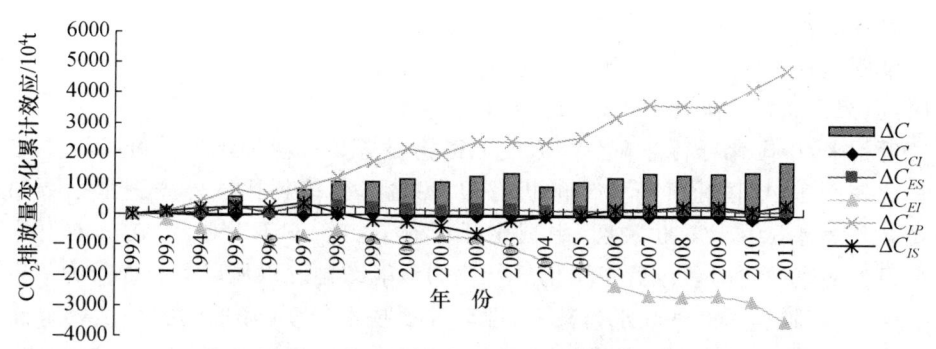

**图 3-19 化纤行业二氧化碳排放变化的累计效应**

注:CI 代表碳强度影响,ES 代表能源结构影响,EI 代表能源强度影响,LP 代表劳动生产率影响,IS 代表行业规模影响。

炭为主,并且在较长时间内很难有大的能源结构调整现实有很大关系。

劳动生产率效应对二氧化碳排放变化一直起着正向作用,也是贡献增加二氧化碳变化最重要的因素。以 1992 年为基础,劳动生产率贡献的二氧化碳排放从 1993 年的 $86.85\times10^4$ t 上升,到 2011 年的 $4783.16\times10^4$ t。

行业规模效应对二氧化碳排放变化的累计贡献起着不确定向的作用,在 1992—1996 年,行业规模对二氧化碳排放变化起着正向作用。1997 年亚洲金融危机给中国化纤行业带来沉重打击,自 1997 年起至 2004 年,行业规模对二氧化碳排放起着反向作用。2005 年起至 2011 年,行业规模对化纤行业二氧化碳排放变化又变化为正向作用。

碳强度效应对二氧化碳排放变化的累计贡献一直起着反向作用。碳强度的变化主要是由各化石能源品种在消费中所占份额的变动所造成的。研究发现,1992—2011 年期间,化纤行业碳强度的年均变动只有 0.13%,相比当年的二氧化碳累积增量而言几乎可以忽略不计,这也说明中国化纤行业以煤为主的能源消费结构在长期内并未得到根本改变。

**3. 中国化纤行业二氧化碳减排建议**

能源强度效应和劳动生产率效应是影响中国化纤行业二氧化碳排放的最主要因素。能源强度效应对二氧化碳排放起着反向作用,这也说明降低能源强度是今后中国化纤行业减少二氧化碳排放的主要动力,即可以通过提高转化和利用效率来降低能源强度,进而实现减排 $CO_2$ 的目的。劳动生产率效应对二氧化碳排放一直起着正向作用。究其原因,主要是因为目前在中国,化纤行业提高劳动生产率的方式主要是依靠过多地投入机器设备替代劳动,进而增加了行业的能源消费量,最终导致了化纤行业二氧化碳排放量的增加。行业规模对化纤行业二氧化碳排放起着正向作用。这也说明,淘汰落后产能,适当减少行业规模会对减少二氧化碳排放起着有效的作用。碳强度效应对二氧化碳排放量的变化基本起反向的作用,但相比而言贡献几乎可以忽略不计。

近年来,中国化纤行业在节能方面取得明显进步。但和国外化纤行业先进水平相比较而言,中国化纤行业节能仍有很大差距,总能耗比国外先进水平下的能耗要高10%~30%。这也说明,中国化纤行业节能任务还很艰巨,在节能上依然存在很大的改进空间。今后中国化纤行业的节能减排可以从以下方面努力。

第一,以膜技术处理废水为动力,推动各项技术创新,降低能源强度。节能技术进步是抑制化纤行业能源强度的重要因素,也是实现减排的最为有效的措施。例如企业可采用膜技术处理废水,提高转化和利用效率;氨纶、腈纶行业可进行自主研发无毒纺工艺,并将改用新型溶剂DMAC投入使用中。要着力研究聚酯、氨纶、涤纶、黏胶短纤等大型成套技术装备,提高技术装备水平,尽快实现这些装备国产化。这不仅可以对提供的专项节能基金加以推广应用,将其主要致力于大力发展清洁生产技术方面,更重要的是,还可以大大降低单位产品的投资成本和能耗、物耗水平。

第二,尽快淘汰间歇法生产聚酯常规品种的设备,完善淘汰机制。2009年,化纤行业淘汰落后产能力度相当大,共淘汰了137多万吨。其中,涤纶长丝$50×10^4 t$、涤纶短纤$49.65×10^4 t$;黏胶短纤、黏胶长丝分别是$9×10^4 t$、$1.6×10^4 t$;腈纶、锦纶、氨纶、丙纶分别淘汰了$20.3×10^4 t$、$3×10^4 t$、$1.15×10^4 t$、$2.5×10^4 t$。今后,国家也要尽快完善落后产能淘汰机制,加快淘汰落后产能,将淘汰化纤行业落后产能与技改项目结合,可通过国债专项或技改贴息贷款等方式给予企业一定支持,鼓励发展先进产能的同时淘汰落后产能,对绝大部分差别化、功能性小批量切片必须使用间歇法聚合设备生产,需要尽快淘汰的是间歇法生产聚酯常规品种的设备。同时,还可以通过税收优惠或者专项资金等方式支持工程公司,帮助企业完成重大技术升级改造项目,在土地、质检、金融等方面适当给予淘汰落后产能的企业优惠政策。

第三,以黏胶行业节能减排为重点和试点,为有效提升能源的综合利用效率,可以采用发展循环经济的办法。化纤行业作为一个高耗能行业,无论使用的能源数量还是能源种类都比较多,可以通过将大量使用的燃料能源及其产生的大量余能相结合,可见,提升产业能源利用率的一个关键因素是低位热能的高效利用。

第四,实施黏胶纤维企业准入公告管理和再生化学纤维准入条件,优化产业结构。高新技术纤维的发展在"十二五"后期是重头戏,行业要加大新纤维的开发与推广,借助发布流行趋势的方式,促使纤维品牌与终端品牌相互促进,产生叠加效应,共同提升中国纺织行业的品牌价值和整体水平。化纤产业结构逐步优化离不开政策的引导。同时,还要通过延伸化纤行业的产业链,提高产品附加值,形成较为合理的产品结构,进而不断降低单位产品的能耗水平。

第五,防范化纤行业在产业转移过程中存在的风险。化纤行业区域分布具有较强的集中度。目前,中国化纤行业主要分布于东南沿海地区,江苏和浙江两个地区在行业规模中占比接近于80%,而东南部地区的能源和用地情况都十分紧张,化纤又是高耗能产业,使得沿海地区每年限电成为惯例。另外,由于目前化纤行业出现了较大程度的产业转移趋势。因此,对于成熟地区的化纤行业风险来自附加值较低的低端市场的盲目扩张,投资机构应该主动规避和减少对规模扩张项目的投资力度。但是也应该注意到,一些西部地区整体经济发展滞后,配套产业薄弱。这些地区虽然市场扩张潜力较大,但是经营风险也同样较高。因此,产业转移的过程中要严格控制风险。

## 3.4 子行业——造纸及纸制品行业

造纸及纸制品制造是指通过机械的、化学的或者二者结合的方法把植物纤维加工成纸浆,然后通过手工或机器抄造的方法把纸浆及其添加剂混合均匀而制成纸制品的过程。在中国,造纸及纸制品行业被列入轻工业的范畴,其最终产品主要包括瓦楞原纸、箱纸板、白纸板、新闻纸、包装用纸、书刊用纸、生活用纸等。

根据中国统计局的行业划分标准,造纸及纸制品行业包括纸浆制造、造纸和纸制品制造三大子行业。其中,造纸在造纸及纸制品行业中所占的比重最大,其次是纸制品制造,第三是纸浆制造。造纸、纸制品制造及纸浆制造三大子行业的工业总产值在造纸及纸制品行业中的占比分别约为56.3%、40.6%及3.1%。纸浆制造又可细分为木竹浆制造和非木竹浆制造两个子行业,造纸可以细分为机制纸及纸板制造、手工纸制造和加工纸制造三个子行业,纸制品制造则可细分为纸、纸板容器制造以及其他纸制品制造三个子行业。

造纸及纸制品行业是与国民经济发展和社会文明发展息息相关的重要基础工业,不论是人民的日常消费,或是工业、农业等行业的日常生产经营,都离不开纸张产品。中国一直是纸张产品消费和生产的大国,改革开放后中国的造纸及纸制品行业得到了飞速发展。1981—2013年33年的时间里,中国造纸及纸制品行业全年产值从74.40亿人民币飙升至13 343.15亿人民币,增长了将近180倍,年均增速达到18.96%。中国纸和纸板产品的世界份额也在不断提升。1991年中国纸和纸板产量占世界总产量的比值为6.14%,2010上升至23.53%,而消费量的世界占比则从1991年的6.65%上升至2010年的23.22%,中国纸和纸板产品不论是在生产的世界占比上还是消费的世界占比上都翻了近两番。中国纸和纸制品的进出口总额也在逐年上涨,2000年中国纸和纸制品进口金额为69.62亿美元,2011年增长到254.75亿美元,年平均增长率约为2.42％,出口金额从18.52亿美元增长到162.42亿美元,年平均增长率约为7.06％。总的来说,中国造纸和纸制品行业对世界有着极大的影响。

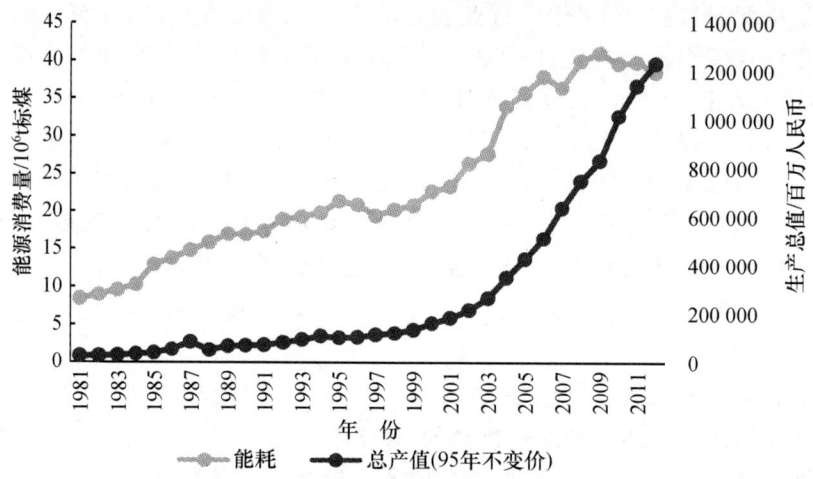

图3-20　1981—2012中国造纸及纸制品行业生产总值及能源消费情况
数据来源:CEIC中国经济数据库、中国造纸年鉴。

由于制浆造纸过程中需要消耗大量热能、电能和水,造纸及纸制品行业一直是轻工业中重点耗能行业之一,造纸及纸制品行业在社会总能耗中的各年占比基本维持在1.5％左右。"九五"期间开始的行业整顿虽然提高了行业的能源利用效率,但也无法抑制行业能耗上升的势头。图3-20给出了1981—2012年间中国造纸及纸制品行业的生产和耗能情况。从中可以看到:伴随着纸和纸板产品生产和消费的增长,造纸及纸制品行业的能源需求和能源消费也在不断上涨。1981—2012年32年间中国造纸及纸制品行业的能源需求从$845.3×10^4$ t标煤上涨到$3846.1×10^4$ t标煤,年平均增长率5.22％。

中国造纸及纸制品行业的能源消费主要以化石能源为主,各类能源按消费占比排序分别为:煤炭、电力、石油、热力以及天然气。根据中国能源统计年鉴提供的统计数据,我们绘制了1991—2012年期间中国造纸及纸制品行业的各类能源消费变动情况(由于煤炭与其他能源品种的数量级相差较大,为方便观察,将煤炭移到次要坐标轴)。从图3-21我们可以看到:① 除掉石油,其他各能源品种的消费数量都基本处于上涨趋势。② 煤炭在能源总消费中所占的比例最大,约为70％,其次为电力,所占比例平均在13％左右;第三为石油,其所占比例平均大概在3％,随后为热力和天然气,但二者的比例都为超过1％(热力约为0.9％,天然气约在0.3％左右)。

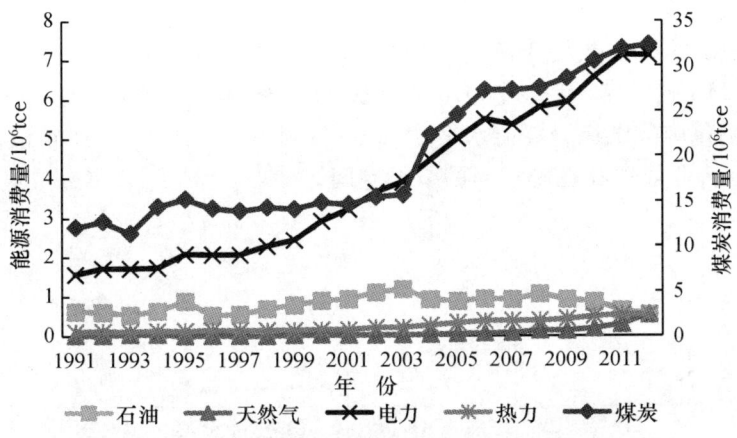

图 3-21 1991—2012 中国造纸及纸制品行业能耗构成
数据来源：CEIC 中国经济数据库，中国能源统计年鉴，中国造纸年鉴。

伴随着产值上升的除了能耗的增加，还有行业的二氧化碳排放。根据 3.4.2 节中估算的中国造纸及纸制品行业的二氧化碳排放结果来看：中国造纸及纸制品行业的二氧化碳排放基本呈现逐年增加的趋势，1991 年行业年排放总量为 $38.16 \times 10^4$ t，2010 年行业年排放总量则上升到 $126.33 \times 10^4$ t，十年间二氧化碳排放总量增长了近三倍，年增速接近 2%。巨大的能源需求和二氧化碳排放使得中国造纸及纸制品行业面临着来自成本和环境的双压力，通过各种手段提高行业能源利用效率，降低能耗，成为中国造纸及纸制品行业未来发展的必由之路。

究其根本，企业规模过低、中高档产品比例较低、原材料结构不合理及产能相对落后是中国造纸及纸制品行业单位产品能耗较高的主要原因。从"九五"开始，中国造纸及纸制品行业就针对这些问题开展了相关的结构调整。例如：针对企业规模过低的问题，通过兼并、重组等淘汰产品质量不佳、资源使用效率低的小型企业，促进造纸企业向规模化和集团化方向发展；针对产品比例问题，一方面对高消耗低质量的低端产品进行升级换代，另一方面则不断强化科技研发，提高高档产品产量；针对原材料结构问题，充分利用国内外资源，促进废纸回收利用，提高木浆比例，逐步建立以木纤维、废纸为主，非木纤维为辅的原材料结构；针对产能落后的问题，淘汰落后产能和生产工艺，关闭落后企业。在多种手段的综合作用下，中国造纸及纸制品行业的能源利用效率有了很大的进步。

图 3-22 给出了 1981—2012 年间造纸及纸制品行业的能源强度变化情况，从图中我们可以看出中国的造纸及纸制品行业的能源强度从 1981 年的 11.36 吨标煤/万元下降到了 2012 年的 0.3 吨标煤/万元，2012 年的能源强度不到 1981 年的 3%，年均降幅达到 10.1%。然而，即使中国造纸及纸制品行业的能源效率在 30

多年的时间里得到了很大提高,但是相比其他发达国家,其依旧存在着高能耗的问题。以浆纸的综合能耗为例,"十一五"期间中国每吨浆纸综合能耗由1.38吨标煤降至1.13吨标煤,但直到2010年年底,中国每吨浆纸综合耗能水平依旧要比2005年国际每吨浆纸综合耗能水平(0.9~1.1吨标煤)要高①。换句话说,中国造纸及纸制品行业依然存在着相当的节能空间。

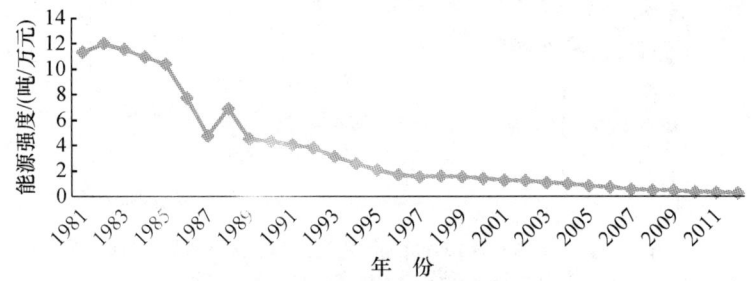

图 3-22　中国造纸及纸制品行业能源强度(1981—2012)
数据来源:CEIC 中国经济数据库、中国造纸年鉴。

### 3.4.1　中国造纸及纸制品行业的节能潜力研究

造纸及纸制品行业作为轻工业中的重点耗能行业,与国民经济发展直接相关。本部分我们旨在从经济学的角度出发,利用相应的经济计量模型找寻中国造纸及纸制品行业能源消费同相关宏观或微观经济变量之间的关系,探索可能的节能途径与方法。我们将利用向量误差修正自回归模型刻画中国造纸及纸制品行业能源消费同一些变量的长期均衡关系,从而实现对中国造纸及纸制品行业能源消费和节能可能的预测估计。

1. 中国造纸及纸制品行业能源消费的长期均衡关系

(1) 数据来源及变量选择

影响一个行业能源需求的因素有很多,我们主要从经济含义和数据实现的可能性两个方面考虑,选用了1981—2012年间中国的国内生产总值(GDP)、燃料类价格指数($FP$)、造纸及纸制品行业的公司规模水平($ES$)以及造纸及纸制品行业的劳动生产率($LP$)作为解释变量以分析其对同期中国造纸及纸制品行业能耗的影响。对各变量的解释说明如下。

① 造纸及纸制品行业能源需求($E$)。我们选用中国统计年鉴中历年造纸及纸制品行业的能源消费总量(标准煤)作为对应年份的能源需求总量。由于1993年中国造纸及纸制品行业的能源消费总量数据缺失、无法获得,因此我们用1992年和1994年两年耗能的均值近似。

---

① 资料来源:中国造纸年鉴。

② 国内生产总值(GDP)。造纸及纸制品行业对能源的需求来源于社会对于其产品的需求,而社会对纸张产品的需求则与其经济发展和文明发展的情况相关。作为反映经济发展程度、国民生活质量等一系列变量的综合指标,GDP 是影响造纸及纸制品行业能源需求的重要变量。一般来说,国内生产总值越高,对纸张产品的需求越高,对应的能源需求也就越高。换句话说,能源需求同国内生产总值存在正相关关系。文中 GDP 数据来源于中国统计年鉴,由历年 GDP 指数(环比)折算成 1980 年不变价获得。

③ 燃料类价格指数(FP)。对于任何商品而言,价格都是影响其需求的重要变量,能源产品也不例外。经济学的需求供给理论告诉我们:能源需求同燃料类价格指数之间存在负相关关系,即燃料类价格指数的提高将降低行业对能源的需求。此前中国的能源价格受到政府的管制,无法完全体现资源的稀缺性和能耗的真实成本,但是这几年来政府一直致力于推动能源价格改革,煤炭价格已基本实现市场化。综合考虑后,我们还是引入了能源价格变量,希望能够从中获取一些信息,为未来中国的能源政策制定提供一定的指引。由于能源产品众多,如石油、煤炭、电力、煤炭等,为了统一标准,我们选用燃料类价格指数作为能源消费的价格成本。数据来源为中国统计年鉴,由历年燃料类价格指数(环比)折算成 1980 年不变价获得。

④ 造纸及纸制品行业公司规模水平(ES)。我们对行业公司规模水平的定义为

$$行业公司规模水平 = \frac{行业总产值}{行业公司个数}$$

其中,行业总产值(1995 年不变价)和行业公司个数的数据来源于 CEIC 数据库。

由规模经济理论可以知道,行业公司规模的增大:一方面预示着企业的资产增加,资金实力提高,可以引入更多先进的工艺设备,降低单位产品的能耗,在产出不变时减少对能源的需求;另一方面,实行大批量生产有利于实现产品生产的标准化、专业化、合理化,减少不必要的能源消费。此外,相同的总产值下,企业个数的减少(即企业规模的增加),有利于降低管理经营中的能源损耗。因此,一般来说,行业公司规模水平的增大有利于减少行业的总能源需求,即能源需求同公司规模水平之间存在负相关关系。

⑤ 行业劳动生产率(LP)。中国劳动生产率的定义为

$$劳动生产率 = \frac{工业总产值}{行业从业人员人数}$$

其中,行业总产值(1995 年不变价)和行业从业人数的数据来自 CEIC 数据库和中国造纸年鉴。

现有的许多研究表明，经济生产过程中，各个投入要素之间普遍存在替代关系。即产量保持不变的情况下，可以用劳动来替代资本或能源。而资本中包括了机器设备，因此不论是劳动对哪种要素的替代，替代的最终结果都是能源消费总量的降低。劳动生产率的提高一方面意味着直接成本的下降，另一方面则意味着劳动要素相对价格的下降。对于企业来说，最大化其生产利润就要求最小化其生产成本。因此，劳动力生产价格的下降必然导致替代的出现。所以从经济学角度来讲，劳动生产率提高的最终结果将是能源需求的下降。

在开始建模之前，为了消除变量量纲影响，减少异方差的可能影响，我们对上述变量的原始数据进行了对数化处理。下文若无特殊说明，$E$、GDP、$FP$、$ES$ 及 $LP$ 均指对数化后的能源、国内生产总值、能源价格、行业规模及劳动生产率序列。

（2）协整分析

在利用向量误差修正模型刻画变量间长期均衡关系前，我们需要对各变量的平稳性进行检验。表 3-19 给出了利用 eviews 软件在三种不同方法下求得的变量平稳性的检验结果。

表 3-19 平稳性检验结果

| | ADF 平稳性检验 | | PP 平稳性检验 | | DF-GLS 平稳性检验 | |
|---|---|---|---|---|---|---|
| | 截距项 | 截距项与趋势 | 截距项 | 截距项与趋势 | 截距项 | 截距项与趋势 |
| $E$ | −2.04 | −1.71 | −2.01 | −1.77 | 0.15 | −1.63 |
| GDP | 0.08 | −4.95*** | −0.50 | −2.40 | 0.38 | −4.66*** |
| $FP$ | −0.30 | −1.50 | −0.35 | −1.92 | −0.00 | −1.52 |
| $ES$ | −0.90 | −3.26* | −0.90 | −3.22* | 0.02 | −3.30** |
| $LP$ | 0.81 | −1.84 | 1.25 | −1.70 | 0.28 | −1.72 |
| $\Delta E$ | −4.55*** | −4.89*** | −4.53*** | −4.93*** | −4.63 | −5.06*** |
| $\Delta$GDP | −4.22*** | −4.18** | −2.71* | −2.73 | −4.19*** | −4.33*** |
| $\Delta FP$ | −4.32*** | −4.24** | −4.30*** | −4.21** | −3.96*** | −4.28*** |
| $\Delta ES$ | −7.04*** | −6.93*** | −7.04*** | −6.93*** | −6.78*** | −7.07*** |
| $\Delta LP$ | −7.06*** | −7.37*** | −7.07*** | −7.49*** | −6.44*** | −7.56*** |

注：*、**和***分别表示10%、5%和1%的显著性水平下拒绝原假设。

如表 3-19 所示，综合三种方法的检验结果，$E$、GDP、$FP$、$ES$ 及 $LP$ 五个变量均为一阶单整，满足向量误差修正自回归建模估计的前提条件。因此我们进入建模的下一阶段：检验变量间是否存在协整关系。

我们采用 Johansen 检验法进行协整检验，以确定变量是否在协整关系以及线性无关的协整向量的个数。检验包括特征根迹检验及最大特征值检验两个方面，表 3-20 与表 3-21 分别给出了利用 eviews 软件求得的协整检验结果。

特征根迹检验结果表明,在5%的显著性水平上,拒绝"协整关系为0"及"协整关系为1"的零假设,但无法拒绝"协整关系为2"的零假设。最大特征值检验的结果表明,在5%的显著性水平下,拒绝"协整关系为0"的零假设,但无法拒绝"协整关系为1"的零假设。综合特征根迹检验和最大特征值检验的结果,我们认为,在5%的显著性水平下,至少存在一个线性无关的协整向量,即一阶单整变量间至少存在一个可以代表长期均衡关系的协整关系。因此,可以直接利用国内生产总值、燃料类价格、行业公司规模和行业劳动生产率作为解释变量对行业的能源需求进行长期均衡分析。

表3-20 Johansen协整检验(特征根迹检验)

| 零假设<br>(最大个数) | 特征值 | 迹统计量 | 5%临界值 | 拒绝概率 |
| --- | --- | --- | --- | --- |
| 0* | 0.73 | 92.45 | 69.82 | 0.00 |
| 1* | 0.60 | 53.07 | 47.86 | 0.01 |
| 2 | 0.42 | 25.56 | 29.80 | 0.14 |
| 3 | 0.26 | 9.23 | 15.49 | 0.34 |
| 4 | 0.00 | 0.038 | 3.84 | 0.85 |

注:带 * 表示拒绝0.05显著性水平下的原假设。

表3-21 Johansen协整检验(最大特征值检验)

| 零假设<br>(最大个数) | 特征值 | 最大特征值<br>统计量 | 5%临界值 | 拒绝概率 |
| --- | --- | --- | --- | --- |
| 0* | 0.73 | 39.38 | 33.88 | 0.01 |
| 1 | 0.60 | 27.51 | 27.58 | 0.05 |
| 2 | 0.42 | 16.33 | 21.13 | 0.21 |
| 3 | 0.26 | 9.19 | 14.26 | 0.27 |
| 4 | 0.00 | 0.03 | 3.84 | 0.85 |

注:带 * 表示拒绝0.05显著性水平下的原假设。

接下来,我们利用eviews软件对该系统所对应的VAR表示法的滞后阶数进行选择。综合考虑样本数据个数和变量个数,为避免为回归问题,我们事先选定最大滞后阶数2。表3-22给出了VAR表示法下滞后阶数的选择结果,可以看到大多数准则都选择了一阶滞后。因此我们最终选择滞后阶数为1的VAR(1)。

表 3-22　VAR 表示法滞后阶数选择

| 滞后阶数 | LR | LL | FPE | AIC | SC | HQ |
| --- | --- | --- | --- | --- | --- | --- |
| 0 | NA | 16.76 | 3.14e-07 | -0.78 | -0.55 | -0.71 |
| 1 | 187.13 | 272.61* | 2.00e-11* | -10.48* | -9.07* | -10.03* |
| 2 | 211.39 | 30.73 | 2.44e-11 | -10.43 | -7.86 | -9.60 |

注：* 表示对应准则下被选择的滞后项。LR 表示序列调整的 LR 检验统计量；FPE 是最终的预测标准误，反映了一步向前预测的均方误差；AIC、SC 和 HQIC 分别代表赤池、施瓦兹和 Hunnan-Quinn 信息准则。

最后，结合秩检验和滞后阶数选择的结果，我们利用 eviews 软件在滞后阶数为 1、秩为 1 的情况下对变量的长期均衡关系进行了向量误差修正自回归模型估计。

模型估计结果显示，中国造纸及纸制品行业能源消费同国内生产总值、能源价格、行业规模及劳动生产率之间存在着如下的显著的长期均衡关系：

$$E_t = -4.2998 + 3.0282 GDP_t - 1.4250 FP_t - 0.4498 ES_t - 0.3630 LP_t$$
$$\quad\quad\quad\quad (0.3551) \quad\quad (0.2086) \quad\quad (0.0842) \quad\quad (0.0919)$$

(3-15)

对协整方程(3-15)进行深入分析，我们发现：首先，如同我们之前所预期的，GDP 同能源需求之间存在正相关关系，GDP 的上涨将带动造纸及纸制品行业对能源的需求，GDP 对能源需求间的弹性系数为 3.0282，说明 GDP 上涨 1% 将导致能源上涨 3.0282%。纵观各变量系数，我们发现 GDP 对能源需求间的弹性系数是四个变量中最高的，说明经济增长在中国造纸及纸制品行业能源需求的增长中贡献最大。这与经济现实相符，企业的生产需要是能源需求的根本来源，GDP 的增长意味着企业产出的增加，也意味着能源需求的提高。其次，燃料类价格同能源需求之间存在负相关关系，即能源价格上升 1% 将导致行业的能源需求下降 1.425%。这与我们的预期一致，说明能源价格的上升是造纸企业节能的动力之一，也说明推动能源价格改革是缓解能源压力的有效措施。再次，行业公司规模的提升对中国造纸及纸制品行业能源消费具有抑制作用，且效果明显。这从侧面说明，当前中国造纸及纸制品行业中仍然存在着企业规模过小的问题，规模经济并未在行业中得到很好地发挥。从规模经济的角度出发，造纸及纸制品行业的公司规模对于行业能源需求的影响存在着边际递减的规律。公司规模越大，生产、管理、经营越标准、合理，则单位产值下对能源的耗损就越小。然而，由于技术的影响，这种能耗的减少是有限的，当公司的规模大到一定程度，随着生产、管理、经营的日渐完善，公司规模对于能源损耗的影响将越来越小。中国造纸及纸制品行业明显超过 0.4 的公司规模弹性系数说明，中国造纸及纸制品行业仍然可以通过提高行业公司规模以显著降低行业能源需求。最后,中国造纸及纸制品行业劳动生产率和能源需求之间存在负相关关系,劳动生产率对能源需求的弹性系数约为0.36,即劳动生产率提高1%,能源总消耗将对应降低0.36%。说明动生产率的提高也是实现中国造纸及纸制品制造行业节能减排的有效措施。综合上述分析,我们认为:GDP、FP、ES、LP 同 E 之间的关系符合经济理论与现实,该协整方程能够正确反映当前中国造纸及纸制品行业的能源消费情况。

进一步,我们对模型的稳定性进行了考察。eviews 软件求得的向量误差自回归模型的系统稳定性判别图显示,伴随矩阵的所有特征值都小于等于1,协整模型满足稳定性条件,所以模型是稳定的。

最后,为了检验模型的拟合能力,我们利用 1981—2012 期间解释变量的历史数据对被解释变量(能源消费总量)进行了拟合估计,并将拟合结果同实际数值之间进行了比较。如图 3-23 所示,虽然有几年预测值与实际值之间存在较大的差异,但整体上拟合值与实际值之间的趋势还是比较接近的。

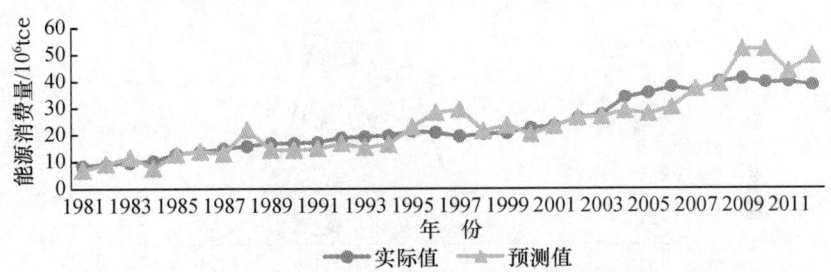

图 3-23　1981—2012 期间中国造纸及纸制品行业能耗拟合情况

**2. 中国造纸及纸制品行业能源需求预测及节能潜力**

(1) 能源需求预测

从长期均衡关系式可以知道,造纸及纸制品行业的能源需求同国内生产总值、燃料类价格、行业公司规模以及劳动生产率等变量密切相关,因此,要对中国造纸及纸制品行业未来的能源需求进行预测,就要先对解释变量未来的取值进行设定。

最开始,我们选择 1981—2012 年间 GDP、FP、ES 及 LP 的历史年平均增长率(分别为:9.64%、8.17%、15.62% 及 11.62%)作为 2013—2030 年间对应变量的年平均增长率,在此情景下预测了中国造纸及纸制品行业的能源需求。结合长期均衡方程式,我们可以得到该情景下 2020 年和 2030 年的能耗对数值分别为 4.4043 和 5.0349,去对数后可得 2020 年和 2030 年中国造纸及纸制品行业的能源需求分别为 $8179.94 \times 10^4$ tce 和 $15\,368 \times 10^4$ tce。

随后,我们利用蒙特卡罗模拟方法对未来中国造纸及纸制品行业的能源需求进行了模拟,给出了能源需求的所有可能值及对应的累积概率分布,并将蒙特卡罗模拟的数据均值同标准情景下的预测值进行对比,对直接利用协整方程进行预测的效果进行了验证和评价。

进行蒙特卡罗模拟,首先需要知道各个变量的分布特征。根据前人的研究经验,经济变量的对数增长率一般服从正态分布。我们对1981—2012年间GDP、$FP$、$ES$和$LP$的增长率序列进行了分布检验,检验结果表明这四个变量的增长率序列分别服从均值和方差不同的正态分布。

根据各变量增量所服从的具体分布形式,我们利用Matlab软件生成了10万组增量随机数,并在此基础上计算出对应的10万个$E$值。以2020年为例,图3-24出了蒙特卡罗模拟出的$E$的分布直方图。

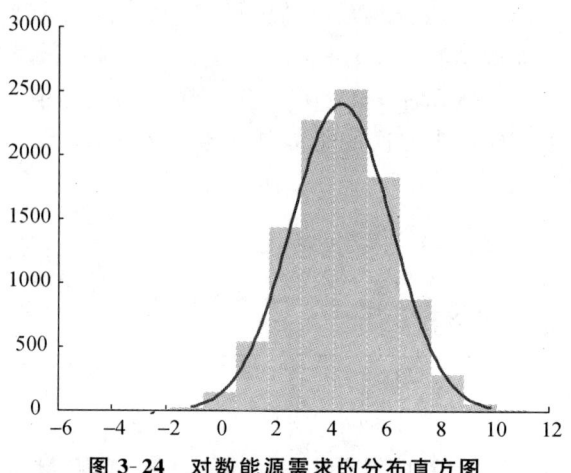

**图3-24 对数能源需求的分布直方图**

从图中可以看到,标准情景下直接利用长期均衡方程预测得到的2020年$E$值大小为4.4043,正好落在第一概率区间。而我们对10万个蒙特卡罗模拟出来的$E$值取平均后发现,蒙特卡罗模拟的数据均值为4.4075,二者十分接近。如果以蒙特卡罗模拟的结果近似现实情况,则可发现直接利用各变量的年平均增长率与长期均衡关系来进行预测是比较接近现实的。

但是上述预测存在着一个明显的问题。我们假设2013年到2030年间各个解释变量将按1981—2012年这33年里的平均增长速度(也就是GDP、燃料类价格、行业公司规模及行业劳动生产率年平均增长率分别为9.64%、8.17%、15.62%及11.62%)进行扩张,但这同经济现实之间存在着相当的出入。首先,近几年中国经济的增长虽然依旧屹立于世界榜单的前列,但是其增长速度较之巅峰时期出现了显著下滑,9.64%的增长速度对于中国未来经济来说存在着相当程度的高估。根据已有的统计数据:2013年中国国内生产总值同比增长7.7%,2014年这一数据轻微下滑,全年生产总值较之上年同比增长7.4%。而对于2015年的GDP增速,中国科学院发布的《2015中国经济预测与展望》中预计为7.2%,国务院总理李克强在3月的政府报告中则表示"2015年GDP增长目标在7%左右"。因此,在下一小节的情景分析和节能潜力预测中,我们将依据近期的经济现实对各变量的增长情况进行重新设定。

（2）节能潜力分析

由基于历史数据的对中国造纸及纸制品行业能源需求的预测可知,如果按照历史发展设定,2020年中国造纸及纸制品行业的能源需求将达到$8179.94\times10^4$ t标煤,2030年将达到$15\,368\times10^4$ t标煤。当然,因为设定的问题,这两个数字存在着相当的夸大。但我们依然可以从中发现一些问题,那就是:如果中国对未来的发展不加指导,中国造纸及纸制品行业的能源消费必将为中国的能源供给和环境治理带来压力。为了给行业未来的健康发展提供参考,本节分设了三种情景:基准、中度节能以及强化节能,对中国造纸及纸制品行业是否存在节能的可能以及存在多大的节能空间两个问题进行了讨论分析。强化节能情景下,各变量在以最大限度节能的方式发展,而在中等节能情景中,各变量的增长速度则介于标准情景与强化节能情景之间。

下面,对变量的增长情况进行设定。

① GDP。根据中国社科院宏观经济运行实验室2014年10月对中国未来宏观经济发展的预测,设定:2013年和2014年的GDP增速为实际增速（即7.7%和7.4%）,2015年GDP增速为7.2%,"十三五"期间中国GDP增长率在5.7%至6.6%之间,而2020—2030年GDP增长率在5.4%至6.3%之间,以对2013—2020年间中国造纸及纸制品行业的能耗进行预测。表3-23对我们的GDP设定进行了总结。

表3-23 2013—2030中国GDP增速设定

| 年　份 | 2013 | 2014 | 2015 | 2016—2020 | 2021—2030 |
|---|---|---|---|---|---|
| $\Delta$GDP/(%) | 7.7 | 7.4 | 7.2 | 6.2 | 5.8 |

② 其他解释变量。《造纸工业发展"十二五"规划》就行业未来的发展制定了方向。首先,转变发展方式,"由'数量主导型'步入调结构、上质量、上水平的'质量效益主导型'发展的新阶段"。其次,坚持可持续发展原则,"严格控制造纸工业的总量水平,适当降低发展速度,积极推广节能、节水、降耗技术与装备,加强资源节约和管理"。最后,促进产业结构调整,包括:"优化原料结构,提高原料保障水平;优化产品结构,使产品向低碳、多功能、环保、质优的方向调整,提高有效供给水平;优化企业结构,提高集中度和竞争力;优化技术结构,增强自主创新能力,提升技术装备总体水平;优化产业布局,合理配置资源,全面推进造纸工业协调发

展"。特别地,就企业结构规模调整方面,规划明确指出,在纸及纸板生产上,到2015年,行业排名前30名的企业的比重从42.3%提升到45%以上。

从上述发展规划出发,我们设定了三种节能情景下其他三个解释变量的增长变化情况。首先,我们以"十一五"和"十二五"前期(即2006—2012)中变量的增长情况作为基准情景。然后在基准情景上再根据各变量的具体情况设定强化节能情景下的各自的变动情况,同时推导出中等节能情景下的变量增速。

a. 能源价格方面。众多前人的研究成果表明,当前能源的价格并未包含环境成本,能源价格大多存在低估现象,而中国在很长时间里更是存在着能源价格管制的现象。从最大节能角度出发,我们在基准情景的基础上加上5个百分点作为强化节能情景下能源价格(即燃料类价格)的增长率,再结合基准情景和强化节能情景的数据推导出中等节能情景下能源价格的增长速度。

b. 行业公司规模方面。统计数据显示2010年中国规模以上的造纸企业中,大、中及小型企业的占比分别为0.89%、10.42%和88.69%[①]。可以看到,相比其他发达国家,中国造纸及纸制品工业存在着相对严重的规模问题,小企业居多,行业规模效益水平低下是行业的主要问题之一。基于中国造纸及纸制品行业在规模效益上尚有很大的提升空间,我们在基准情景的基础上加上5个百分点作为强化节能情景下行业公司规模的增长率,最后综合基准和强化节能两种情景得到中等节能情景下的情况。

c. 劳动生产率方面。从最大限度节能角度出发,假设强化节能情景下劳动生产率增速比基准情景下高2个百分点,中等节能情景下的劳动生产率增速比基准情景下高1个百分点。

表3-24对三种情景下除GDP外的解释变量的增长变动进行了总结。

表3-24 三种情景下解释变量的增长速度

| 变量 | 基准情景/(%) | 中等节能情景/(%) | 强化节能情景/(%) |
| --- | --- | --- | --- |
| $\Delta FP$ | 6.86 | 9.36 | 11.86 |
| $\Delta ES$ | 15.85 | 18.35 | 20.85 |
| $\Delta LP$ | 13.79 | 14.79 | 15.79 |

对解释变量设定完毕,我们在此基础上分别计算了基准情景下、中等节能情景下和强化节能情景下2013—2030年中国造纸及纸制品行业对能源的需求情况,表3-25中给出了2020年和2030年的结果。

---

① 数据来源:《中国造纸年鉴2012》。

表 3-25　不同情景下中国造纸及纸制品行业的能源需求　　（单位：$10^4$ tce）

| 年　份 | 基准节能情景 | 中等节能情景 | 强化节能情景 |
| --- | --- | --- | --- |
| 2020 | 4474.59 | 4274.56 | 4087.45 |
| 2030 | 3094.49 | 2956.15 | 2826.75 |

从表中可以看出，基准情景下，中国造纸及纸制品行业 2020 年和 2030 年的能源总需求分别为 $4474.59\times10^4$ t 标准煤和 $3094.49\times10^4$ t 标准煤，中等节能情景下分别为 $4274.56\times10^4$ t 标煤和 $2956.15\times10^4$ t 标煤，比标准情景下要低 $200.03\times10^4$ t 标准煤和 $138.34\times10^4$ t 标煤，降低的能耗分别达到同期标准情景下能源需求的 4.47%。而强化节能情景下，中国造纸及纸制品行业在 2020 年和 2030 年的能源需求分别为 $4087.45\times10^4$ t 标煤和 $2826.75\times10^4$ t 标煤，比标准情景下要低 $387.14\times10^4$ t 标准煤和 $267.74\times10^4$ t 标煤，降低的能耗分别达到同期标准情景下需求的 8.65%。由此可见，在不对经济造成伤害的情况下，中国造纸及纸制品行业仍然具有相当大的节能潜力。

3. 中国造纸及纸制品行业节能建议

通过对中国造纸及纸制品行业的能源需求同中国国内生产总值、能源价格、行业公司规模及行业劳动生产率率之间长期均衡关系的研究以及对中国造纸及纸制品行业未来能源需求的预测分析，得出如下结论。

首先，中国造纸及纸制品行业的能源需求同中国国内生产总值、能源价格、行业公司规模及行业劳动生产率率之间存在长期均衡关系。具体来说，能源需求同国内生产总值之间存在正相关关系，而与能源价格、行业公司规模以及劳动生产率之间存在负向相关关系。

其次，经济的发展对造纸及纸制品行业能源需求的贡献最大，能源价格次之，第三为行业公司规模，劳动生产率第四。其中，GDP 同行业能源需求之间的弹性系数约为 3.03，即 GDP 上升 1%，造纸及纸制品行业的能源总需求提高 3.03%；能源价格同行业的能源需求弹性系数约为 1.42，即能源价格上升 1%，行业能源总需求下降 1.42%；行业公司规模同行业能源需求之间的弹性系数约为 0.45，即行业规模上升 1%，行业能源总需求下降 0.45%，最后劳动生产率同能源需求之间的弹性系数约为 0.36，即劳动生产率上升 1%，行业总能耗下降 0.36%。

最后，如果政府对经济发展形式不做规划与约束，中国造纸及纸制品行业在 2020 年和 2030 年的能源需求将达到 $4474.59\times10^4$ tce 和 $3094.49\times10^4$ tce。而如果政府为了实现绿色发展，将节能减排纳入自己的经济规划中，则中国造纸及纸制品行业的能耗将大幅下降。以我们定义的两种节能情景来看，到 2020 年，在中度节能情景下，造纸行业的能耗将在同期基准情景的基础上减少 $200.03\times10^4$ tce，比之基准情景下降4.47%,而强化节能情景下,造纸行业的能耗将在同期基准情景的基础上减少$387.14\times10^4$tce,比之基准情景下降8.65%。从可能节能数值来看,中国造纸及纸制品行业存在着非常大的节能空间。

从实现造纸行业节能的途径来看,以牺牲经济增长的速度来实现能耗的降低是直接有效的,但是其成本无疑也是巨大的。我们的实证结果为解决经济增长与降低能耗之间的矛盾开辟了一条相对经济可行的道路。

由于对中国造纸及纸制品行业来说,能源价格、行业规模以及行业劳动生产率同行业能源总需求之间存在负向关系,因此政府可以通过继续推动能源价税改革,促进行业调整等方面提高造纸及纸制品行业节能积极性,降低行业能源消费总量。具体来讲。首先,中国对电力、石油等能源的价格管制是能源价格机制减弱和扭曲的主要原因,上调能源价格不仅能够提高企业的节能动力,也可修复能源价格对经济和能源发展的作用机制。其次,提高行业的规模是充分发挥企业规模效益的唯一途径,淘汰落后产能,改变造纸及纸制品行业企业数量多、规模小、布局分散的局面,通过建立科学合理的企业关、停、并、转的推出和补偿机制,以提高产业集中度势在必行。最后,加大研发投入,改善造纸工艺,提高劳动生产效率,以降低单位产出的能耗也是中国造纸及纸制品行业节能减排工作前进的重要突破口。

总而言之,就中国经济目前所处的阶段来看,相比限制经济增长,从能源价格、行业规模效益以及技术更新的角度来实现造纸行业的节能减排显然是更为可行而经济的,也更为国家与公众所接受。

### 3.4.2 中国造纸及纸制品行业二氧化碳排放变化及分析

以化石能源为主的能源消费结构直接导致了中国造纸及纸制品行业巨大的二氧化碳排放。基于行业历年的能耗数据,我们计算了1991年到2010年间中国造纸及纸制品行业的二氧化碳排放情况(这里指的是来自化石能源的直接排放)。1991年中国造纸及纸制品行业的二氧化碳排放量为$2858.5\times10^4$t,2010年这个数值上升至$8717.4\times10^4$t,年均增长近6%。我们将此数据同国际上的一些数据进行对比以更加具体地了解其中的含义。国际能源机构(IEA)在2012年的"$CO_2$ Emission from Fuel Combustion Highlights"中给出了各国2010年的二氧化碳排放数据,其中瑞士联邦约为$4380\times10^4$t,我们可以发现中国造纸及纸制品行业2010年二氧化碳的排放量相当于两个瑞士联邦的二氧化碳排放量之和,可见中国造纸及纸制品行业二氧化碳排放之巨,分析其排放变动来源的意义之大。从理论基础、适用性、简易性等方面出发,我们选用对数平均迪氏指数分解的方法分析中国造纸及纸制品行业二氧化碳排放变动的影响因素[①]。

1. 中国造纸及纸制品行业二氧化碳排放情况

计算行业二氧化碳总排放时,我们先用各能源品种的消费数量乘以该品种的二氧化碳排放系数(IPCC,2006[②])求得各品种的排放量,再对各品种的排放量进行加和求得所需数据。图3-25是中国造纸及纸制品行业二氧化碳排放的计算结果,通过数据可以发现造纸及纸制品行业的二氧化碳排放基本呈现逐年增加的趋势,在经历了1991年到1995年的快速增长后(年平均增长率约为12%),行业的二氧化碳排放进入了缓慢的波动式增长时期,但在2004年时出现了跳跃式增长,二氧化碳排放量由2003年的$4717.4×10^4$t急增至$6447.3×10^4$t,之后每年的增长速度保持在5%左右的平均水平。

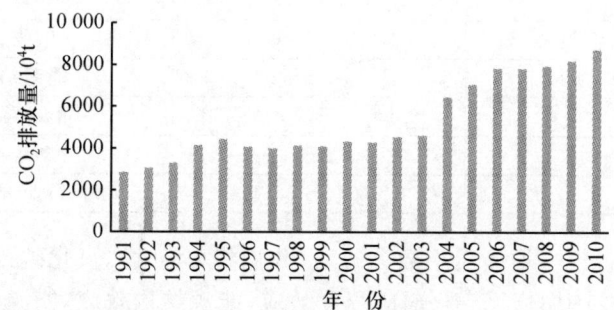

**图3-25　1991—2010中国造纸及纸制品行业二氧化碳排放情况**
来源:根据行业能源消费数据计算求得,其中能源消费数据来自中国能源统计年鉴及CEIC中国经济数据库。

2. 中国造纸及纸制品行业二氧化碳排放变化因素分解

考虑到中国造纸及纸制品行业二氧化碳排放的特点,我们对Kaya恒等式进行了调整,将等式改写为

$$C = \frac{C}{E_f} \cdot \frac{E_f}{E} \cdot \frac{E}{Y} \cdot \frac{Y}{w} \cdot w \tag{3-16}$$

其中,$C$表示中国造纸及纸制品行业总的二氧化碳排放量;$E_f$代表行业消费的化石能源总量;$E$代表行业消费的能源总量;$Y$代表中国造纸及纸制品行业的行业总产值;$w$指的是行业的就业人口数量。

公式(3-16)中各个乘法因子代表了不同的含义,表3-26对各个因子所代表的

---

① 该部分行业二氧化碳排放变动的影响因素分析方法见附件三。
② IPCC. IPCC guidelines for national greenhouse gas inventories. In: Eggleston HS, Buendia L, Miwa K, Ngara T, Tanabe K, editors. Prepared by the national greenhouse gas inventories programme. Japan: IGES; 2006.

具体经济意义进行了解释。其中:碳强度影响是二氧化碳排放量同化石能源消费的比值,由于各个能源品种的排放系数不一样,因此各能源消费比例的变动将导致碳强度的变化;能源结构影响代表了行业能源总消费中化石能源的占比,由于在计算行业二氧化碳排放的总量时,我们没有考虑电力和热力消费的影响,因此,化石能源消费的变动将导致排放的变动;能源强度影响是单位产出的能源消费量,反映了技术水平的变动;劳动生产率影响是指每单位劳动力所带来的产值;行业规模影响指的是行业中劳动力的数量,劳动力数量的多少侧面说明了行业规模的大小。

表 3-26　各乘法因子的含义

| 乘法因子 | 缩写 | 含义 |
| --- | --- | --- |
| $C/E_f$ | CI | 碳强度影响 |
| $E_f/E$ | ES | 能源结构影响 |
| $E/Y$ | EI | 能源强度影响 |
| $Y/w$ | LP | 劳动生产率影响 |
| $w$ | IS | 行业规模影响 |

最后,利用对数平均迪氏指数分解法,我们将 $t$ 年时二氧化碳排放的累计变动表示成公式(3-17)中的五个部分:碳强度效应,能源结构效应,能源强度效应,劳动生产率效应以及行业规模效应。其中:$\Delta C$ 代表基期到研究期间中国造纸及纸制品行业因为能源消费而产生的二氧化碳排放增量,$\Delta C_{CI}$ 代表碳强度效应,是由于碳强度变化而导致的二氧化碳排放变动,$\Delta C_{ES}$ 代表能源结构效应,是由于能源结构变动而导致的二氧化碳排放变动,$\Delta C_{EI}$ 代表能源强度效应,是由于能源强度变化而导致的二氧化碳排放变动,$\Delta C_{LP}$ 代表劳动生产率效应,是由于劳动生产率变化而导致的二氧化碳排放变动,$\Delta C_{IS}$ 代表行业规模效应,是由于行业规模变动而引起的二氧化碳排放变动。

$$\Delta C = C_t - C_0 = \Delta C_{CI} + \Delta C_{ES} + \Delta C_{EI} + \Delta C_{LP} + \Delta C_{IS} \tag{3-17}$$

为了分析中国造纸及纸制品行业二氧化碳排放的阶段性变化情景,我们首先将样本区间依照中国政府的规划工作分成了 1991—1995 年、1996—2000 年、2001—2005 年以及 2006—2010 年四个子区间,并以每个区间中的第一年为基年,计算了各个区间中二氧化碳排放的变化情况及各个因素的贡献。文中所用的造纸及纸制品行业的能源消费数据来自于中国统计年鉴,行业总产值及就业人数来自于中国经济数据库(CEIC)。

图 3-26 给出了中国造纸及纸制品行业在各个阶段的二氧化碳变动情况。从中可以看到,行业的二氧化碳排放在此期间一直呈现出递增的趋势,以五年为一

期,行业二氧化碳的期间增量平均在 $1377×10^4 t$ 左右。

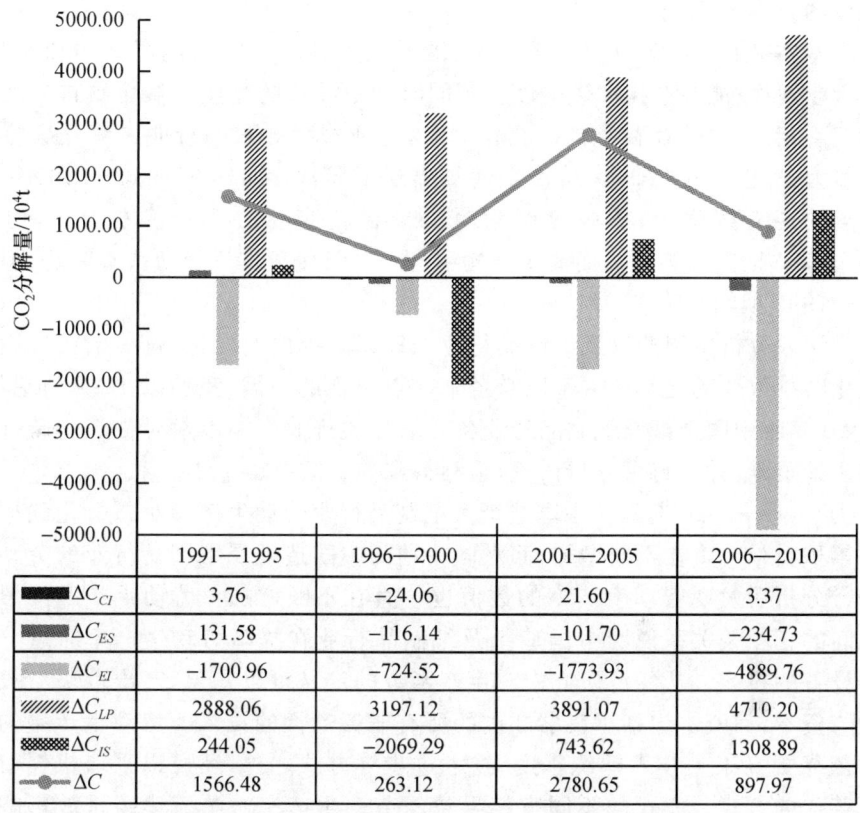

图 3-26  中国造纸及纸制品行业二氧化碳分解情况

注:CI 代表碳强度影响,ES 代表能源结构影响,EI 代表能源强度影响,LP 代表劳动生产率影响,IS 代表行业规模影响。

| | 1991—1995 | 1996—2000 | 2001—2005 | 2006—2010 |
|---|---|---|---|---|
| $\Delta C_{CI}$ | 3.76 | −24.06 | 21.60 | 3.37 |
| $\Delta C_{ES}$ | 131.58 | −116.14 | −101.70 | −234.73 |
| $\Delta C_{EI}$ | −1700.96 | −724.52 | −1773.93 | −4889.76 |
| $\Delta C_{LP}$ | 2888.06 | 3197.12 | 3891.07 | 4710.20 |
| $\Delta C_{IS}$ | 244.05 | −2069.29 | 743.62 | 1308.89 |
| $\Delta C$ | 1566.48 | 263.12 | 2780.65 | 897.97 |

1991—1995 期间,二氧化碳排放增量为 $1566.48×10^4 t$,其中由劳动生产率因素导致的二氧化碳排放增量为 $2888.06×10^4 t$,由能源强度因素导致的二氧化碳增量为 $-1700.96×10^4 t$,由行业规模因素导致的二氧化碳排放增量为 $244.05×10^4 t$,由能源结构因素导致的二氧化碳排放增量为 $131.58×10^4 t$,由碳强度因素导致的二氧化碳排放增量为 $3.76×10^4 t$。从数值上看,期间造成行业二氧化碳排放增加的主要原因是行业劳动生产率因素的变化,而能源强度因素则是行业减排的主要动力。同时,行业规模和能源结构的变动对行业二氧化碳排放变动的影响也比较显著,而碳强度因素对二氧化碳排放虽然存在一定的影响,但影响程度很小,几乎可以忽略。

对其他各期进行同样的分析后,我们发现:首先,各时期中行业劳动生产率因素和能源强度因素对二氧化碳排放变动的影响都是相同的,即分别导致了二氧化碳排放的正向和反向变动;其次,各个时期中不同因素对二氧化碳排放变动的贡献排序基本相同,分别为劳动生产率、能源强度、行业规模、能源结构和碳强度。但是行业规模、能源结构和碳强度在不同时期中导致的行业二氧化碳排放变动的方向却不相同,总是存在跳点。具体而言,行业规模导致的行业二氧化碳排放变动基本为正,但是在1996—2000期间却出现了异常。同样在1996—2000阶段出现跳点的还有碳强度,碳强度因素对二氧化碳变动的贡献基本为正,但是在1996—2010期间却为负。而能源结构引起的二氧化碳排放变动基本为负,但是在1991—1995期间却为正。

为深入分析中国造纸及纸制品行业二氧化碳排放的变化情况,剖析各因素同二氧化碳排放变动之间的关系以及各个跳点出现的原因,我们以1991为基年,计算了20年间中国造纸及纸制品行业各二氧化碳排放影响因素对二氧化碳排放变化的累计贡献,并进行了分析讨论,最终得到如下结论。

① 1991—2010期间。中国造纸及纸制品行业劳动生产率对二氧化碳排放变动的累积贡献一直在不断增加,而对同一期间中国造纸及纸制品行业的劳动生产率进行分析后发现劳动生产率的数值也一直在不断增加。劳动生产率同累积贡献之间的正相关关系说明中国造纸及纸制品行业在提高劳动生产率时过分注重机器设备的投入。从经济研究中对生产函数的定义可以知道,产出取决于投入的劳动与资本,而资本包括了机器在内的所有非劳动类的投入。劳动生产率的提高除了依靠提高工人技术熟练程度、技术进步等方式之外,还可以采取机器对劳动进行替代的方式。方式的不同直接导致了劳动生产率对二氧化碳排放影响的不同。如果劳动生产率的提高主要依靠提高工人技术熟练程度、技术进步的方式,劳动生产率就会对二氧化碳排放产生负向的影响,反之,劳动生产率就会对二氧化碳排放产生正向的影响。王钦迟(2006)[①]在其报告中指出:"中国造纸行业的平均固定资产值的比例为3.27(即生产1元产值的产品,所占固定资产投资达3.27元),远高于2.17的其他工业平均水平。"详细来说:其是"食品行业的3.08倍,纺织工业的2.6倍,同石油、化学工业的投入大体相当。"中国造纸及纸制品行业在机器设备等固定资产上的大量投资直接导致了能耗的增加,进而导致二氧化碳排放的激增。

② 1991—2010期间。中国造纸及纸制品行业能源强度对二氧化碳排放变动的累积贡献基本处于负向递减的状态(1998年除外),对行业能源强度随时间的变化情况进行分析后可以发现行业的能源强度也基本处于逐年减少的情况(1998年

---

① 全球造纸行业研究课题组.全球造纸工业发展报告(2005)[J].中华纸业,2006,08.

除外),行业能源强度同其累计贡献之间的正相关关系说明中国造纸及纸制品行业能源强度的下降可以有效降低其二氧化碳的排放。其背后所蕴含的经济意义十分直观,在能源消费结构基本不变的情况下,能源强度的下降说明单位 GDP 能耗减少,对应也就减少了二氧化碳的排放。

③ 行业规模同二氧化碳排放之间存在正相关关系,即行业规模的增加将增加二氧化碳的排放。图 3-27 显示,行业规模对二氧化碳排放变动的影响在最初的几年并不如之后的明显,且直到 1996 年累积影响都还是正向递增的。1997 年开始,行业规模对二氧化碳排放变动的累积影响急转为 $-15.36 \times 10^4$ t,随后开始负向递减到 2003 年的 $-1431.54 \times 10^4$ t,之后就开始负向递增,2010 年中国造纸及纸质品行业规模对二氧化碳排放变动的累积影响已经回升到 $-336.69 \times 10^4$ t。现实中,中国政府从"九五"开始启动对造纸及纸制品行业的结构调整,淘汰了大批包括工艺技术落后、设备陈旧的机器、生产线和企业在内的产能。

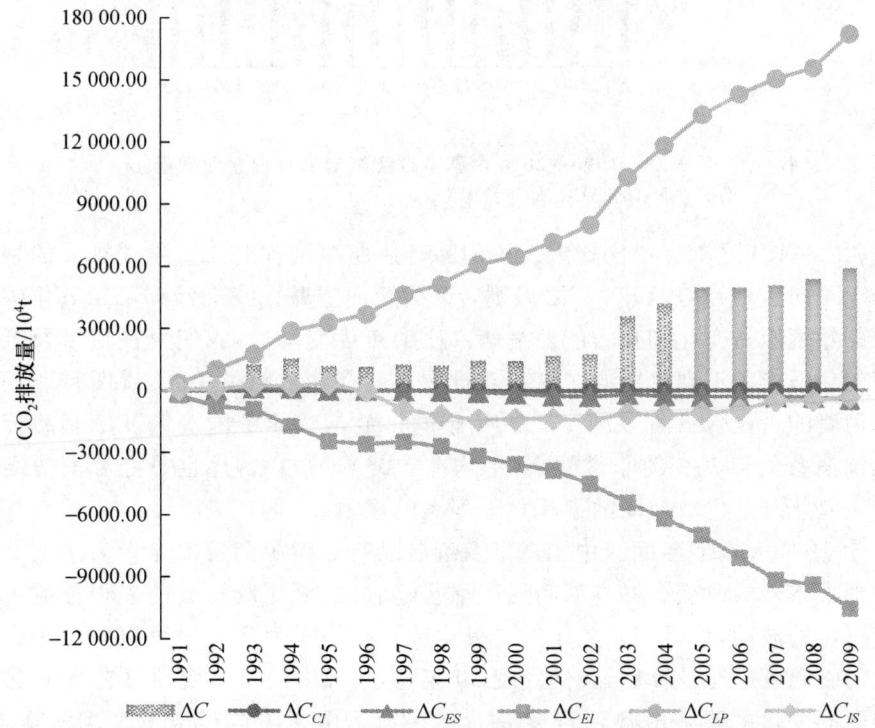

**图 3-27 中国造纸及纸制品行业各因素对二氧化碳排放的累积影响**

注:$CI$ 代表碳强度影响,$ES$ 代表能源结构影响,$EI$ 代表能源强度影响,$LP$ 代表劳动生产率影响,$IS$ 代表行业规模影响。

从图 3-28 中可以看到,造纸及纸制品行业企业数量从 1997 年的 13 094 个跳水至 1998 年的 4763 个,在随后的 1998—2003 年间行业企业数量年度变化不大,维持在 5000 个左右,但是 2004 年行业又进入扩张期,企业数量跃升至 7473 个,随后一直处于缓慢上升状态,2010 年企业个数回升至 10 270 个。将行业规模的累积影响同行业规模变化进行对比后,我们认为:造纸行业规模同二氧化碳排放之间正向相关,且正是"九五"期间的大幅结构调整导致了 1996—2000 期间行业规模影响出现跳点,原因在于落后产能的淘汰提高了行业的能源利用效率,大大减少了单位产值的二氧化碳排放。

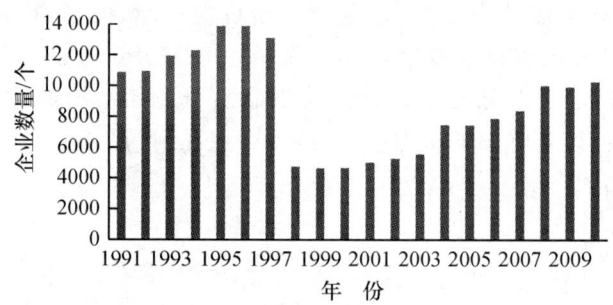

图 3-28　1990—2010 中国造纸及纸制品行业企业数量
数据来源:CEIC 中国经济数据库。

④ 1994 年之前。中国造纸及纸制品行业能源结构对二氧化碳排放的累积影响处于正向递增趋势,1994 年之后则转变为负向递减。我们计算了二氧化碳累积排放的年度绝对变化和化石能源消费占比的年度变动后,我们发现造纸及纸制品行业的化石能源消费占比同二氧化碳排放之间存在负相关关系,说明行业的化石能源消费的占比降低可以减少二氧化碳的排放。然而中国造纸及纸制品行业化石能源消费的年度变动非常微小,平均在 -0.44% 左右,这也是能源消费结构对行业二氧化碳总排放变动的累积贡献不大的原因。

⑤ 1991—2010 年间。中国造纸及纸制品行业能源消费以煤炭为主的情况没有得到根本性的改变。样本期间,行业碳强度对二氧化碳排放的累积影响虽然存在着一定的波动,但是相比当年的二氧化碳累积增量而言几乎可以忽略不计。对行业的碳强度进行计算后,我们发现 20 年间,碳强度的年均变动只有 0.19%。而碳强度的变化主要是由各化石能源品种在消费中所占的份额的变动所造成的。1991—1995 年间煤炭在化石能源消费中所占比例的平均变动为每年 0.02%,1996—2000 年间该变动为每年 -1.82%,2001—2005 年间改变为每年 0.43%,2006—2010 年间则每年为 0.1%。将煤炭消费占比变动对应碳强度的累积影响,我们可以认为在过去的 20 年里,中国造纸及纸制品行业在能源消费结构上虽然

有些许调整,但是以煤为主的情况并未得到改变。

3. 中国造纸及纸制品行业二氧化碳减排建议

随着经济的发展,中国造纸及纸制品行业近年来的能源消费总量和二氧化碳排放量也在不断上升。从 Kaya 恒等式出发,我们利用 LMDI 方法首次对 1991—2010 年间中国造纸及纸制品行业的二氧化碳排放情况进行了分解分析,实证结果表明劳动生产率和能源强度是影响行业二氧化碳排放的两大关键因素,前者的增加是此期间行业二氧化碳排放增加的原因,而后者则是行业二氧化碳排放的原因。此外,行业规模的增加是二氧化碳排放增加的另一原因,中国政府在 1996—2000 年间对行业的结构调整在淘汰了大批落后产能的同时,有效提高了行业的能源利用效率,减少了行业二氧化碳的排放。最后,减少化石能源的消费有利于行业减少二氧化碳排放,但遗憾的是在 1991—2010 期间中国造纸及纸制品行业以煤炭为主的消费模式并没有得到有效改善。

近年来,经济增长同环境之间的问题越来越受社会关注,减排将是未来经济发展的一个重要约束。从中国能源发展的现状及能源禀赋情况来看,我们认为短期内想要依靠改变能源消费结构来实现造纸及纸制品行业的减排在可行性和有效性都有待商榷,行业的减排最主要还是应该依靠节能。节能将直接降低行业的能源强度,从而降低行业排放。以中国浆纸的综合能耗为例,"十一五"期间每吨浆纸的能耗虽从原来的 1.38tce 煤降低至 1.13tce,但也仅仅相当于 2005 年的国际水平,造纸行业在节能上依然存在很大的改进空间。造纸及纸制品行业的节能工作可以从以下几个方面入手。

首先,造纸及纸制品行业结构调整。虽然中国政府从"九五"期间开始对造纸及纸制品行业进行结构调整,并在随后的时间里一直在不断地对落后产能进行调整,但中国造纸及纸制品行业依然存在企业规模过小、中高档产品比例不高、原材料结构不合理等问题。政府一方面可以通过兼并、重组等方式发展大型企业集团,淘汰产品质量差、资源消耗高、污染严重的小企业;另一方面可以通过产品升级,提高中高档产品的生产占比,降低高耗能的低档产品生产占比。此外,还可改善行业原料结构,提高废纸回收利用率,逐步打造"木纤维、废纸为主,非木纤维为辅"的原料结构。

其次,借鉴国内外先进技术,多方面实现节能。节能在很大程度是依靠技术的进步、创新和应用,中国造纸及纸制品行业现有的技术水平同国际先进水平之间还存在着比较大的差异。如中国造纸行业大部分风机采用机械节流方式进行调节,在效率上要比调速方式低 80%。又如制浆过程中中国通常采用的传统间歇性蒸煮在纸浆质量和节能减耗上要比连续蒸煮差上许多。未来,行业一方面应该从建筑节能、电机系统改造、锅炉改造、制浆打浆等环节入手,提高行业的生产和节能技术，另一方面还可以从回收利用的角度减少能耗，如二次利用生产过程中产生的"三废"（废气、废渣及废水）。

最后，建立生产中各阶段的责任，努力实现各阶段能源的集中管理和综合调度。生产过程中，如果缺乏对能源消费的全局判断，极易造成能源浪费。造纸及纸制品生产涉及多个部门车间，有些部门需要消耗能源，但同时也会有能源副产出，如蒸气、热水。在能源集中化管理的情况下，企业可以迅速对各环节的能源投入及使用情况做出判断，为能源副产出寻找再利用机会。比如，可以用蒸气热水发电。

# 第4章 中国建筑业节能潜力及二氧化碳排放研究

## 4.1 中国建筑业能源消费情况

建筑业与工业并称为第二产业,是指专门从事房屋建设、土木工程及相关设备安装和工程勘察设计工作的生产部门。建筑业的产品是各种房屋、道路、桥梁、港口、矿井、管线和其他公共设施。建筑业是中国国民经济的支柱性产业,为推动城镇化建设和新农村发展、承担公共基础设施建设、缓解就业压力、改善城乡环境、提高人民生活水平奠定了重要的物质基础。建筑业还有助于拉动很多其他相关产业的发展,对钢材、玻璃、水泥、木材等相关行业提供了广阔的市场,对国民经济发展起到强大的产业联动效应。据测算,中国建筑业的完全消耗系数约为2.5,即每增加1元的建筑业产出,需要消耗其他部门的产出2.5元,增加全社会总产出约3.5元。无论社会变革或是技术革新,建筑业的社会地位不可能被替代,尤其处于工业化阶段的建筑业普遍具有较高的增速水平。以建筑面积为例,改革开放以来,中国仅居民人均住房面积就增长了近4倍。截至2012年,中国城镇居民人均住房建筑面积为32.90$m^2$,是1978年的4.90倍;农村居民人均住房建筑面积为37.10$m^2$,是1978年的4.60倍。随着中国工业化和城市化进程加速,对各类房屋建筑和公共基础设施的需求增长,建筑业的作用将愈加明显。此外,建筑业还是典型的投资拉动型产业,然而,中国目前的建筑资产仅刚越过全球平均水平线。以2012年数据为例,中国建筑资产为GDP的2.86倍,而世界平均水平为2.84倍。考虑到人口因素后,中国人均建筑资产不到3万美元,远低于美国和新加坡等发达国家水平,世界排名第24位。建筑资产水平体现了一个国家的经济实力和收入水平,是衡量人民生活质量的重要指标。从中国当前的经济发展水平和趋势来看,建筑业还存在充足的发展空间。图4-1展示了中国历年建筑业的总产值及房屋施工面积情况,从两条曲线的走势来看,建筑业产值和建筑面积均呈现出迅速增长趋势且走势高度一致,建筑业产值的年均增长速度约为19.0%,房屋建筑施工面积平均每年增长588.75$km^2$。2013年,建筑业总产值为15.93万亿元人民币,约占中国GDP的6.9%(美国建筑业占国内生产总值的比重约为8.0%~9.0%),与2012年同比增长16.1%;2013年,全国房屋建筑施工面积为11 299.68$km^2$,相当于整个成都市的总面积有余,与 2012 年同比增加了 1435.40km²。就未来发展趋势来看,鉴于建筑业的发展与中国 GDP 增长具有高度相关性,并且较之国际水平,中国建筑业还存在很大发展空间,因此,随着今后中国经济的持续增长和城镇化建设深入推进,预计建筑业将继续保持迅速发展态势,其作为国民经济支柱性产业的角色短期内不会改变。

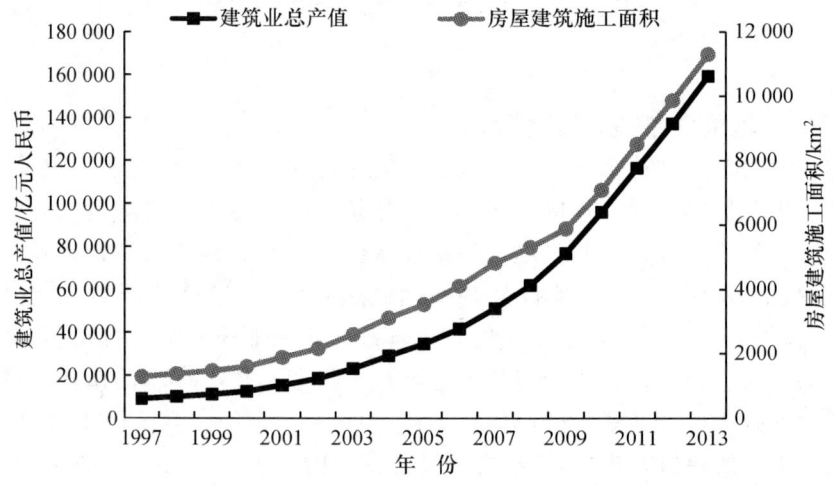

**图 4-1　1997—2013 年中国建筑业总产值及房屋建筑施工面积情况**
数据来源:CEIC 数据库。

建筑业能源消费及排放主要发生在建筑施工过程中。建筑工程施工周期长,能源消费量大,施工生产阶段消耗的能源占建筑全寿命周期总能耗的 20% 以上。面对当今世界日益突出的能源和环境问题,对建筑业节能减排的研究非常重要。图 4-2 是中国历年建筑业能耗情况变化趋势。从总量来看,除 2008 年前后金融危机的影响外,建筑业能源消费量呈现逐年上升趋势,1997 年,建筑业能耗总量约为 20.33Mtce;到 2013 年,建筑业能源消费总量超过 64Mtce,在不到 20 年的时间内增长了两倍有余,尽管建筑业能耗占全国一次能源消费总量的 2.0% 左右,但从建筑业能耗的绝对量来看,已经超过挪威、菲律宾和越南等国家全年的能耗总量。从增长速度来看,"十一五"之前,受工业化和城市化进程推动,建筑业能耗呈现加速增长趋势,年均增长速度约为 5.9%;受金融危机影响,2008 年建筑业能耗减少了 7.6 个百分点;金融危机之后,随着经济体的复苏,建筑业能耗随着基建发展出现迅速反弹,2009 年的增长速度达到 19.7%;从"十一五"期间开始,中国各个领域开始逐渐重视节能减排工作,在国际社会和国内环境压力驱使下,随着能源使用效率的提高,建筑业能耗增长速度出现减缓趋势,2009—2013 年的能耗年均增长速度约为 11.1%。如果不重视建筑业的节能减排,放任其照此速度继续增长下去,到2015年,仅中国建筑业的能耗量就将达到新加坡、马来西亚和阿根廷等国家全国一年的能源消费总量;到2020年,建筑业能耗量将超过整个南非国家全年的能耗总量。

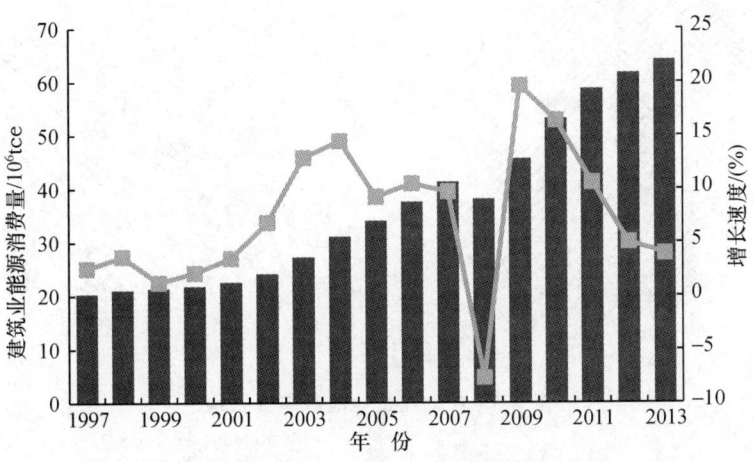

图 4-2　1997—2013年中国建筑业能源消费量及增长速度
数据来源:CEIC 数据库。

建筑施工及安装现场需要使用大量的机械设备,因此建筑业能源消费品种以电力、发动机燃料(汽油和柴油)为主,由于冬季施工需要提高现场温度保证混凝土水化和工人取暖,因此长期以来,煤炭在建筑业能耗结构中占有很大比重,直到"十一五"期间开始实施全国节能减排,建筑业中的煤炭使用逐渐被电力和其他能源品种所替代。早期建筑施工会使用微量原油,但是自2004年起,建筑业已不再使用原油,基于此,下文的研究忽略了原油消费所产生的排放量。图4-3对比了1997年和2012年中国建筑业的能源消费结构。受大量装载机、电焊机、切割机和水泵等机械设备运作需要,电力是建筑业最主要的能源品种,2012年其消费比重超过该行业能耗总量的一半。汽油和柴油作为挖掘机、载重汽车等机械发动机的主要燃料,在建筑业能耗结构中也占有很大比重。在近年来的能源和环境问题压力下,建筑业的煤炭消费比重出现大幅下降,2012年的煤炭消费比重约为14.2%,不及1997年的一半。其他用于动力和燃料的能源品种如煤油、燃料油、焦炭、液化石油气和天然气在建筑业也有一定的使用,但比重很小。总的来看,建筑业能源消费结构呈现出清洁化发展趋势,但大量柴油、汽油和煤炭的使用仍然是造成大气污染和环境破坏的重要来源。科学合理地预测建筑业能源消费趋势及二氧化碳排放影响因素,对实现全国节能减排,减缓环境压力具有很积极的现实指导意义。

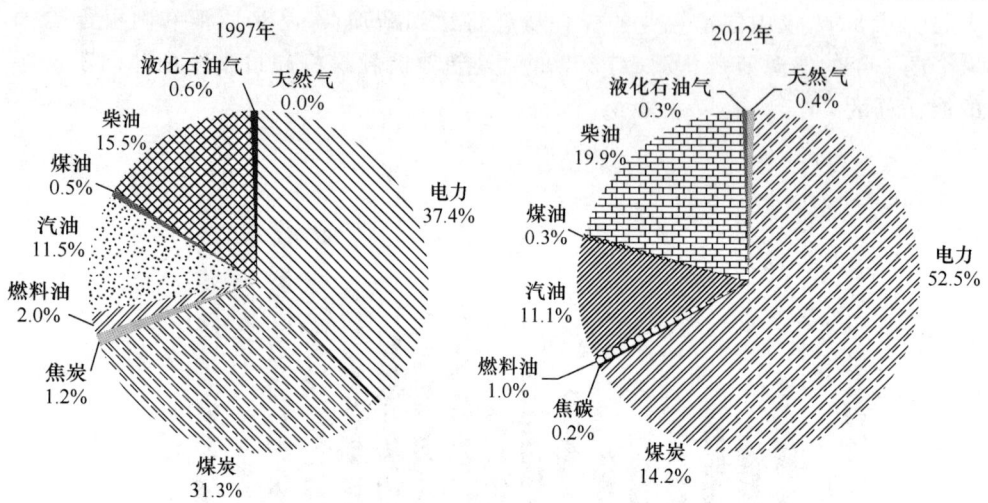

图 4-3  中国建筑业能源消费结构

数据来源：CEIC 数据库。

由于建筑业是劳动密集型产业，因此该行业的能源消费量与其创造的 GDP 比重并不高。图 4-4 展示了中国建筑业能源强度与全国能源强度的对比情况，不难看出，该行业的能源强度远低于全国平均水平。1997 年，全国能源强度约为 1.71tce/万元，同期建筑业的能源强度仅为 0.44tce/万元；2012 年，全国能源强度为 0.64tce/万元，同期建筑业的能源强度约为 0.16tce/万元。建筑业的能源强

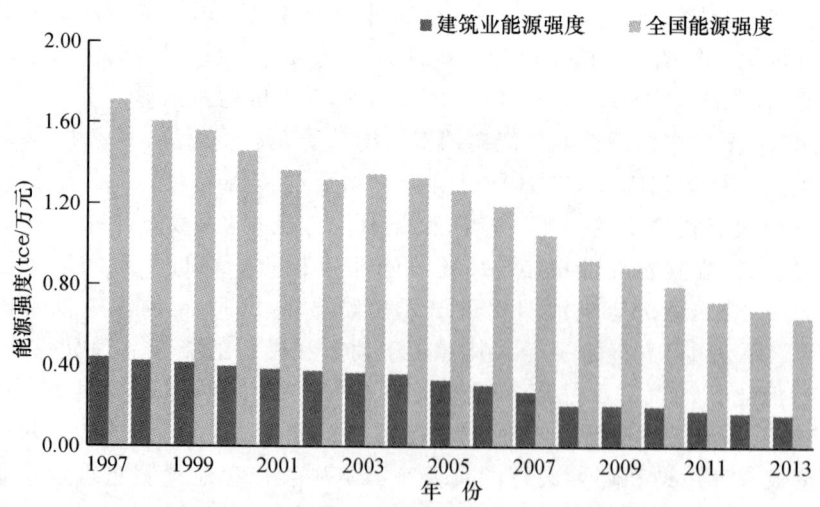

图 4-4  1997—2013 年中国建筑业能源强度与全国能源强度变化趋势

数据来源：CEIC 数据库。

度约为全国平均水平的四分之一左右,同时,得益于技术进步促进中能源使用效率的提高,建筑业的能源强度与全国一样呈现出逐年下降趋势。

## 4.2 中国建筑业的节能潜力研究

建筑业是中国国民经济发展的支柱型行业,为国民经济增长和人民生活水平提高提供物质基础,与整个国民经济宏观发展速度及城市化进程具有高度相关性。本节旨在基于计量经济学理论,结合国内经济发展实情,探索中国建筑业能源消费量与其他宏观经济变量的长期均衡关系,构建建筑业能耗需求预测模型,并通过情景分析法估计中国建筑业的节能潜力,以期为政府和行业节能规划和政策设计提供有力的数据支持和参考。

### 4.2.1 中国建筑业能源消费的长期均衡关系

1. 变量及数据来源

根据建筑行业能耗特点,我们选取1985—2013年间中国经济发展水平、新增房屋建筑需求、能源价格以及能源使用效率四个宏观经济要素作为解释变量,分析他们与中国建筑业能源需求的长期均衡关系。各变量的代表指标及数据来源说明如下:

① 经济发展水平(GDP)。经济发展水平是最直观的能源需求影响因素,对建筑业而言,经济发展及其对房屋、道路、桥梁等基础设施建设的影响是促进建筑业能源消费增长的主要驱动力。与大部分研究一致,我们选取"国内生产总值"作为该变量的衡量指标,数据来源于历年《中国统计年鉴》,为剔除通货膨胀因素的影响,我们以1990年为基准年,对数据进行了平减处理。

② 新增房屋建筑需求($Are$)。该变量以中国历年"人均住房建筑竣工面积"作为度量指标,一方面,该变量反映了城市化背景下建筑业施工规模的变化,这与建筑业能耗需求存在正向相关关系;另一方面,该变量也反映了人民生活水平的变化,因为人均住宅面积会随着人民生活水平提高而增加,对建筑业能耗需求也会存在正向影响,相关数据来源于历年《中国建筑业统计年鉴》和《中国统计年鉴》。

③ 能源价格($Pri$)。经济学理论指出,价格是影响商品需求的重要因素。提高能源价格有利于增强企业节能意识,减少能源需求。我们参考 Lin 和 Li(2014)的研究,将各种一次能源的价格按照对应年份的能源结构加权平均得到综合的能源价格。其中,各能源品种的价格均折算为标煤单位后再加权平均,数据来源于 CEIC 数据库。

④ 能源使用效率($Eff$)。一般而言,能源需求会随着能源使用效率的提高而下降。我们采用国内生产总值与能源消费总量的比值作为中国宏观能源使用效

率的度量指标,其中,国内生产总值平减为1990年的不变价格,数据来源于历年《中国统计年鉴》。

值得一提的是,我们在建模过程中用城镇人口比重作为中国城市化水平($Urb$)的衡量指标,同时考虑该变量和其他四个变量与建筑业能耗需求的长期均衡关系,但是,研究过程发现,$Urb$ 与 $Are$ 之间存在显著的线性相关关系,导致 $Urb$ 的回归系数不显著,因此,最终的研究模型中剔除了 $Urb$ 解释变量。

表 4-1　各解释变量统计特征描述

| 变量 | 单位 | 样本量 | 平均值 | 标准差 | 最小值 | 最大值 |
| --- | --- | --- | --- | --- | --- | --- |
| GDP | 万亿元 | 29 | 6.30 | 4.83 | 1.28 | 17.28 |
| $Are$ | 平方米/人 | 29 | 0.91 | 0.82 | 0.16 | 2.86 |
| $Pri$ | 千元/吨标准煤 | 29 | 0.93 | 0.59 | 0.19 | 2.08 |
| $Eff$ | 千元/吨标准煤 | 29 | 3.04 | 0.92 | 1.67 | 4.60 |

表 4-1 展示了各解释变量的描述性统计分析,其中,根据经济学理论和经验研究,预测 GDP、$Are$ 与建筑业能源消费($Ene$)的关系应为正向,而 $Eff$ 和 $Pri$ 与 $Ene$ 的关系应为负向。为了消除变量量纲影响,减少异方差的可能影响,我们对以上变量的原始数据进行取对数处理,最终纳入模型的变量依次为:$\ln(Ene)$、$\ln(GDP)$、$\ln(Are)$、$\ln(Pri)$ 和 $\ln(Eff)$,对数之间的线性关系的系数表示弹性。

2. 协整模型构建

协整关系反映了非平稳时间序列之间的平稳关系,应首先对时间序列的平稳性进行检验。

表 4-2　变量平稳性检验结果

| | ADF 平稳性检验 | | PP 平稳性检验 | | DF-GLS 平稳性检验 | |
| --- | --- | --- | --- | --- | --- | --- |
| | 截距项 | 截距项与趋势 | 截距项 | 截距项与趋势 | 截距项 | 截距项与趋势 |
| $\ln(Ene)$ | 0.935 | −2.911 | 1.367 | −2.952 | −0.900 | −1.707 |
| $\ln(GDP)$ | 0.062 | −1.859 | 0.013 | −2.276 | 0.564 | −3.643* |
| $\ln(Are)$ | 0.649 | −2.728 | 1.259 | −1.244 | 0.077 | −2.850 |
| $\ln(Pri)$ | −1.242 | −0.782 | −1.099 | −2.723 | 1.344 | −1.203 |
| $\ln(Eff)$ | −1.128 | −0.922 | −0.975 | −1.442 | 0.329 | −2.110 |
| $\Delta\ln(Ene)$ | −5.718*** | −6.085*** | −5.731*** | −6.164*** | −2.284** | −3.207** |
| $\Delta\ln(GDP)$ | −2.632** | −2.552 | −2.794* | −2.726 | −2.677** | −2.685 |
| $\Delta\ln(Are)$ | −4.873*** | −4.949*** | −4.870*** | −4.947*** | −3.300*** | −3.455** |

（续表）

|  | ADF 平稳性检验 | | PP 平稳性检验 | | DF-GLS 平稳性检验 | |
| --- | --- | --- | --- | --- | --- | --- |
|  | 截距项 | 截距项与趋势 | 截距项 | 截距项与趋势 | 截距项 | 截距项与趋势 |
| $\Delta\ln(Pri)$ | -3.483*** | -3.689** | -3.482*** | -3.657** | -5.755*** | -5.506*** |
| $\Delta\ln(Eff)$ | -2.308 | -2.327 | -2.483 | -2.504 | -2.681*** | -2.741 |

注：*、** 和 *** 分别表示 10%、5% 和 1% 的显著性水平下拒绝原假设。

基于以上三种方法的检验结果，我们认为，$\ln(Ene)$、$\ln(GDP)$、$\ln(Are)$、$\ln(Pri)$ 和 $\ln(Eff)$ 五个变量时间序列都是一阶单整的，满足进一步进行协整关系检验的前提条件。

对以上五个时间序列进行 Johansen 协整关系检验的结果见表 4-3。秩迹检验（trace statistic）结果表明，存在两个线性无关的协整向量（表中"*"所示）；最大特征值检验（max statistic）表明，可以在 5% 的显著性水平上拒绝"协整秩为 0"的原假设（44.996＞35.17），但无法拒绝"协整秩为 1"的原假设（24.001＜28.82）。即，一阶单整变量间至少存在一个可以代表长期均衡关系的协整关系。因此，可以利用这五个变量进一步进行协整分析。

表 4-3 Johansen 协整检验

| 协整方程个数 | parms | LL | 特征值 | 迹统计量 | 1%置信水平 |
| --- | --- | --- | --- | --- | --- |
| 0 | 25 | 231.875 | . | 95.833 | 66.52 |
| 1 | 34 | 254.373 | 0.811 | 50.837 | 45.58 |
| 2 | 41 | 266.374 | 0.589 | 26.836* | 29.75 |
| 3 | 46 | 275.868 | 0.505 | 7.847 | 16.31 |
| 4 | 49 | 279.747 | 0.250 | 0.089 | 6.51 |
| 5 | 50 | 279.792 | 0.003 |  |  |
| 协整方程个数 | parms | LL | 特征值 | 最大特征值统计量 | 1%置信水平 |
| 0 | 25 | 231.875 | . | 44.996 | 35.17 |
| 1 | 34 | 254.373 | 0.811 | 24.001 | 28.82 |
| 2 | 41 | 266.374 | 0.589 | 18.989 | 22.99 |
| 3 | 46 | 275.868 | 0.505 | 7.758 | 15.69 |
| 4 | 49 | 279.747 | 0.250 | 0.089 | 6.51 |
| 5 | 50 | 279.792 | 0.003 |  |  |

建立由 $\ln(Ene)$、$\ln(GDP)$、$\ln(Are)$、$\ln(Pri)$ 和 $\ln(Eff)$ 五个变量构成的 VAR 模型，检验该系统所对应的 VAR 表示法的滞后阶数。检验结果如表 4-4 所

示,所有准则下均显示选择滞后四阶。

表 4-4 滞后阶数选择

| 滞后阶数 | LL | LR | df | p | FPE | AIC | HQIC | SBIC |
|---|---|---|---|---|---|---|---|---|
| 0 | 81.147 |  | 25 |  | 1.6E-09 | -6.092 | -6.024 | -5.848 |
| 1 | 234.667 | 307.04 | 25 | 0.000 | 5.6E-14 | -16.373 | -15.968 | -14.911 |
| 2 | 272.711 | 76.088 | 25 | 0.000 | 2.6E-14 | -17.417 | -16.673 | -14.735 |
| 3 | 311.335 | 77.248 | 25 | 0.000 | 2.1E-14 | -18.507 | -17.425 | -14.606 |
| 4 | 811.532 | 1000.4* | 25 | 0.000 | 8.8E-30* | -56.52* | -55.10* | -51.40* |

注:* 表示对应准则下的最优选择。LR 表示序列调整的 LR 检验统计量;FPE 是最终的预测标准误,反映了一步向前预测的均方误差;AIC,SC 和 HQIC 分别代表赤池、施瓦兹和 Hunnan-Quinn 信息准则。

基于以上分析,建立变量间的协整关系模型,用 Johansen 方法得到的模型估计结果如表 4-5 所示。

表 4-5 协整模型估计结果

| $\ln(Ene)$ | 回归系数 | 标准差 | $t$ 统计值 | $p$ 值 |
|---|---|---|---|---|
| $\ln(GDP)$ | 0.354 | 0.131 | 2.70 | 0.013 |
| $\ln(Are)$ | 0.642 | 0.092 | 6.94 | 0.000 |
| $\ln(Pri)$ | -0.275 | 0.092 | -2.99 | 0.006 |
| $\ln(Eff)$ | -0.458 | 0.218 | -2.10 | 0.047 |
| 常数项 | -1.656 | 0.486 | -3.41 | 0.002 |

表 4-5 中的估计结果表明,建筑业能源消费与中国经济发展水平、新增房屋建筑需求、能源价格和能源使用效率之间存在如下显著长期均衡关系:

$$\ln(Ene)_t = -\underset{(0.002)}{1.656} + \underset{(0.013)}{0.354\ln(GDP)_t} + \underset{(0.000)}{0.642\ln(Are)_t}$$
$$-\underset{(0.006)}{0.275\ln(Pri)_t} - \underset{(0.047)}{0.458\ln(Eff)_t} \quad (4-1)$$

从括号中的 $p$ 值大小可以明显看出,各回归系数在 0.05 显著性水平下均能通过 $t$ 检验,这从统计上验证了前文对各解释变量和中国建筑业能源消费存在长期稳定关系的假设,并且,各个解释变量对建筑业能耗的影响方向与现实预期完全一致。至此,我们可以发现:

① 国民经济发展水平对建筑业的能耗需求存在显著正向影响,国内生产总值每增长 1 个百分点,会促进建筑业约 0.354 个百分点的能源需求。

② 对建筑业能耗影响最大的是新增房屋建筑需求。房屋建筑面积增长速度直接决定了建筑业施工规模和资本投入,从而决定建筑业的能耗需求量。估计结果表明,中国新增人均房屋建筑面积每上涨 1%,建筑业将会增加 0.64% 的能源需

求。随着中国城市化进程加速推进,人民生活水平的提高,对建筑面积将会产生更高的需求,因此可见,中国建筑业能源需求还存在很大的增长空间。

③ 与经济学价格理论相符,能源价格对能源需求存在显著负向影响,当能源价格上涨1%时,建筑业能源需求会减少0.275%。四个解释变量中,能源价格对建筑业能源需求的影响程度最小,这主要是受到中国经济发展实情所限:长期以来,中国能源实行政府定价,处于管制之下的能源价格无法完全发挥其市场调节作用。因此,能源需求对能源价格的敏感程度并没有理论上那么明显。

④ 与价格上涨一样,能源使用效率的提高有利于减少能耗需求,该变量对建筑业能源消费的弹性系数为−0.458。事实上,中国能源使用效率与发达国家相比还处于较低水平,这也是目前国家实施节能减排的一项重要内容,今后应继续改进能源技术、完善能源管理,从而促进能源使用效率提高,这对建筑业节能减排具有重要意义。

⑤ 总体来看,模型估计结果符合经济理论和现实国情,并且完全通过统计检验,对中国建筑业能耗的长期需求具有很好的解释能力。为说明各解释变量对被解释变量的关系,我们进行脉冲响应分析(见图4-5),分析结果与上述协整关系一致。

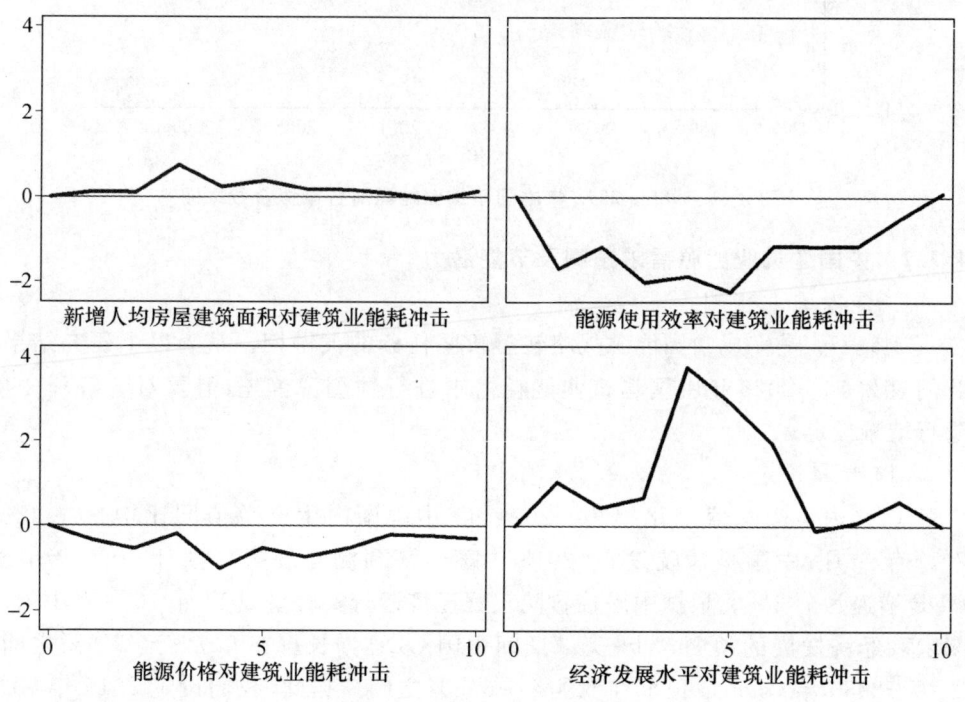

图 4-5 脉冲响应分析结果

进一步地,我们通过特征根平稳性检验说明模型的稳定性,结果表明.伴随矩阵的所有特征值均小于1,没有特征根落到单位圆之外,可见式(4-1)所描述的协整模型满足稳定性条件。

为检验模型的预测功能,将$\ln(GDP)$、$\ln(Are)$、$\ln(Pri)$和$\ln(Eff)$四个变量从1985—2013年的历史数据代入式(4-1),得到过去29年中国建筑业能源消费量的拟合值,模型拟合效果见图4-6。可见,模型用于预测中国未来中长期建筑业能耗需求具有高度说服力。

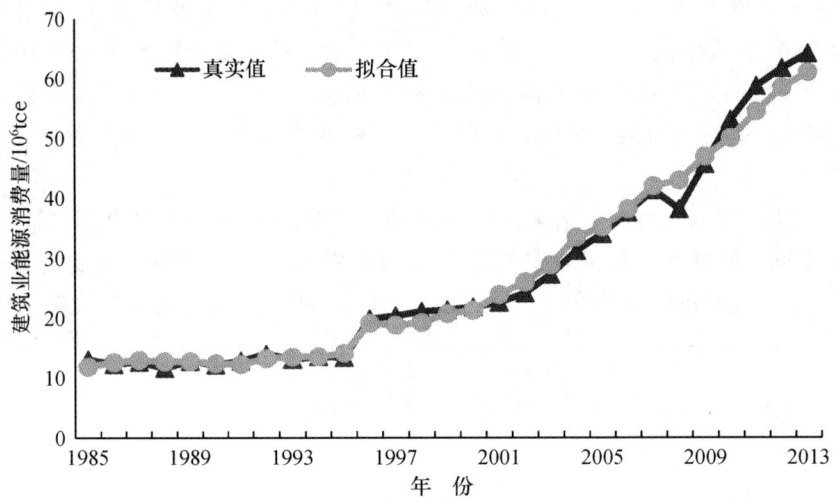

图4-6　1985—2013年中国建筑业能源消费量拟合效果图

### 4.2.2　中国建筑业能源需求预测及节能潜力

1. 能源需求预测

"十三五"是完成中国能源战略转型攻坚任务的关键期。基于以上研究结果,我们对2016—2020年中国建筑业能耗需求进行预测。首先,需要对各解释变量进行情景设定。

(1) 情景设定

① 国内生产总值变化趋势。2014年,中国国内生产总值同比增长7.4%。2015年1月,中国科学院发布《2015中国经济预测与展望》,预计2015年中国GDP增速为7.2%。根据中国社科院宏观经济运行实验室2014年10月对中国未来宏观经济发展的预测,"十三五"期间中国GDP增长率在5.7%至6.6%之间,2020—2030年GDP增长率在5.4%～6.3%之间。据此,我们设定2015年GDP增速为7.2%,2016—2020年GDP年均增长率为6.2%,2021—2030年GDP年均增长率为5.8%,从而计算得到预测区间(2014—2030年)内的GDP变量序列数据。

② 新增人均房屋建筑面积($Are$)变化趋势。对样本区间内的$Are$变化趋势分析可以发现,在过去的29年内,该序列的年增长率变化很小,剔除个别跳点之后,增长率平均水平约为9.4%,标准差不超过0.062,并无明显增长或下降趋势,整体呈现平稳特征。因此,我们假设2014—2030年该变量保持9.4%的增长速度,从而计算得到预测区间内的$Are$序列数据。

③ 能源使用效率($Eff$)变化趋势。我们所定义的能源使用效率实质上也是能源强度的倒数。根据国务院办公厅2014年发布的《能源发展战略行动计划(2014—2020年)》,到2020年,中国一次能源消费总量控制在$48\times10^8$ tce左右,按照我们对GDP的设定,可以计算得到该目标下2020年中国一次能源使用效率约为5.60千元/吨标准煤,据此反推得到2014—2020年间能源使用效率平均每年应提高2.9%左右。根据BP集团2013年发布的《BP2030年世界能源展望》,由于中国低碳发展,2020—2030年期间全球能源强度将每年下降2.2%,并且,长期而言,各国能源强度将呈现趋同趋势。据此,我们设定2013—2020年能源使用效率年均提高2.9%,2021—2030年能源使用效率年均提高2.2%,从而计算得到预测区间内的$Eff$变量序列数据。

④ 能源价格($Pri$)变化趋势。根据经济学理论,价格是影响供需的最主要变量。然而长期以来,中国能源价格市场化进程迟缓,市场在能源资源配置中并没有起到决定性作用。能源价格市场化是中国能源战略和政策的关键内容,也是中国共产党十八届三中全会关于全面深化改革的重点对象。2014年6月,国务院办公厅发的《能源发展战略行动计划(2014—2020年)》,再次强调推进中国能源价格改革,明确指出"推进石油、天然气、电力等领域价格改革,有序放开竞争性环节价格,天然气井口价格及销售价格、上网电价和销售电价由市场形成,输配电价和油气管输价格由政府定价。"通过加速能源价格改革,有助于能源总量控制,实现节能减排。因此,我们将对中国能源市场化速度做三种情景设定,对不同情景下中国未来建筑能源需求量进行预测,并进一步基于此结果进行建筑节能潜力分析。

我们对所采用的能源综合价格指数历史数据进行分析可以发现,"十二五"以来(2011—2013年),$Pri$保持每年6.3%的增速不变,而整个样本区间内该变量的平均增长率约为9.3%,考虑到当年中国各能源品种实际价格水平与变化趋势,我们对预测区间内$Pri$的增长速度设定三种情景:基准情景下$Pri$按当前的速度增长(6.3%),中等情景下$Pri$按历史速度增长(9.3%),积极情景下$Pri$按12.3%速度增长①。

---

① 积极情景下的增速设定按前两种情景下的增长率差额递推得出,即:12.3%=9.3%+(9.3%-6.3%)。

以上各解释变量的情景设定值如表 4-6 和图 4-7 所示。

表 4-6 中国建筑业能耗需求预测情景设定

| | 国内生产总值/万亿元 | 新增人均房屋建筑面积/(平方米/人) | 能源效率/(千元/吨标煤) | 能源价格/(千元/吨标煤) | | |
| --- | --- | --- | --- | --- | --- | --- |
| | | | | 基准情景 | 中等情景 | 积极情景 |
| 2013 年真实值 | 17.28 | 2.86 | 4.60 | 2.08 | 2.08 | 2.08 |
| 2020 年估计值 | 26.88 | 5.37 | 5.60 | 3.19 | 3.87 | 4.68 |
| 2030 年估计值 | 47.24 | 13.18 | 6.96 | 5.87 | 9.42 | 14.93 |

注：表中所涉及价值量均平减为 1990 年不变价格。

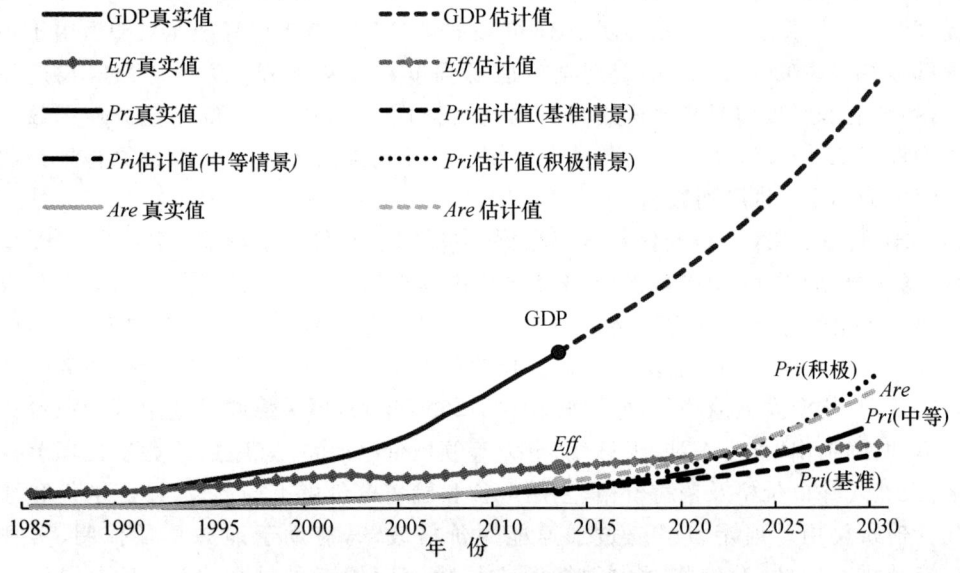

图 4-7 中国建筑业能耗需求预测情景设定序列走势图

（2）预测结果

基于式（4-1）和以上对解释变量的情景设定，对 2014—2030 年中国建筑业能源消费量进行预测，其变化趋势如图 4-8 所示。结果表明，到 2020 年，在基准、中等和积极节能情景下，中国建筑业能源需求量分别为 $86.52 \times 10^6$ tce、$82.00 \times 10^6$ tce 和 $77.84 \times 10^6$ tce；到 2030 年，基准、中等和积极情景下的中国建筑能耗需求量分别为 $143.89 \times 10^6$ tce、$126.33 \times 10^6$ tce 和 $111.31 \times 10^6$ tce。根据《能源发展战略行动计划（2014—2020 年）》，到 2020 年，中国能源消费总量控制在 $48 \times 10^8$ tce 左右，即，根据我们的预测，届时建筑业能耗占中国能耗总量的比重在基准、中等和积极情景下的将分别为 1.8%、1.7% 和 1.6%。按照我们对 GDP 和能源使用效率的设定,到 2030 年,中国能源消费总量约为 $68\times10^6$ tce。即:在基准、中等和积极情景下,2030 年中国建筑业能耗占全国一次能耗总量的比重将分别为 2.1%、1.9% 和 1.6%。从样本区间内的历史数据来看,建筑业能耗占全国一次能耗总量的比重位于 1.0%~1.7% 之间,但随时间呈现略微上升趋势。尽管预测结果表明,2020 年和 2030 年的建筑业能耗比重均高于当前的水平,但该比重与现实发展趋势是相符的:首先,中国城市化进程推进将进一步增加对各类基础设施建设的需求,从而带动建筑业能耗需求;其次,建筑施工过程的机械化发展趋势也伴随着更多的能源需求;最后,资源和环境压力迫使全国实施节能减排,一方面全国能耗增长会降速,另一方面,高耗能、高排放行业作为重点节能减排部门,今后他们的能耗量在全国能耗总量中的比重应该出现下降趋势。以上,都很有可能会导致今后建筑业能耗比重的提高。

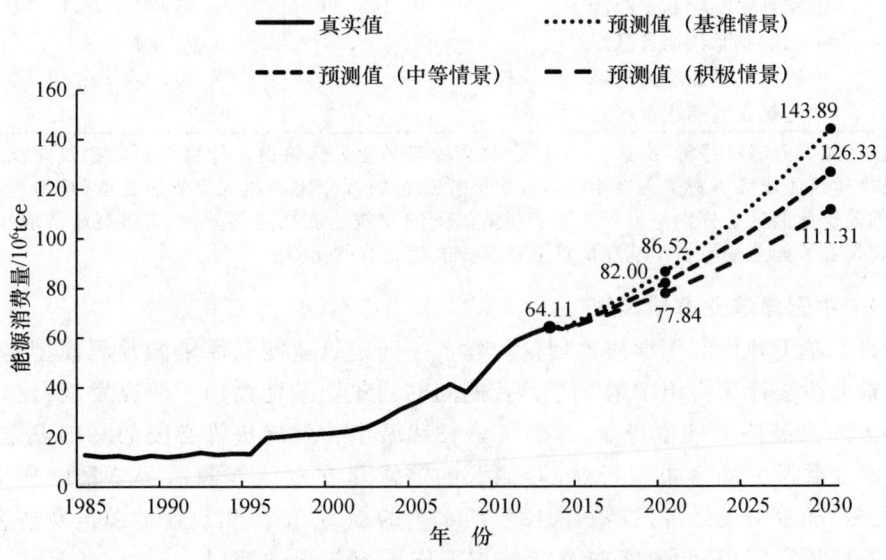

图 4-8　中国建筑业能源消费量预测结果趋势图

2. 节能潜力分析

基于上文分析,定义中国能源综合价格($Pri$)增长速度中等情景为节能情景 1,积极情景为节能情景 2,我们估算得到中国未来十五年建筑业节能潜力如表 4-7 所示。结果表明,如果能够顺利推行中国能源价格市场化改革,让能源价格能体现自身价值并充分发挥其市场调节作用,那么,到"十三五"期末,建筑业可实现节能约 $868\times10^4$t 标准煤/年,占基准情景下的建筑业能耗预测量的 10% 左右;到 2030 年,建筑业可实现节能 3258 万吨标准煤/年,占基准情景下当年的建筑业能耗预测量比重超过 20%。从总量及比重上来看,建筑业具有很大的节能潜力,是中国节能减排工作不可忽视的重要部分；从可实现性来看，科学技术的迅速发展必然导致以后的工程机械设备更加节能环保，但施工单位的固定资产存在一定的折旧期限，在该期限内，原有的机械设备仍然会继续运作一定时期。然而，随着能源价格上涨和机械设备的更新换代，建筑业节能潜力才会越来越容易发挥出来。因此，我们的预测结果具有现实可行性。

表 4-7　2020 年与 2030 年中国建筑业能源需求与节能潜力估算结果

| | | 基准情景 | 节能情景 1 | 节能情景 2 |
|---|---|---|---|---|
| 2020 年 | 建筑业能耗总量/Mtce | 86.52 | 82.00 | 77.84 |
| | 建筑业能耗比重/(%) | 1.8 | 1.7 | 1.6 |
| | 建筑业节能总量/Mtce | —— | 4.52 | 8.68 |
| | 建筑业节能比重/(%) | —— | 5.2 | 10.0 |
| 2030 年 | 建筑业能耗总量/Mtce | 143.89 | 126.33 | 111.31 |
| | 建筑业能耗比重/(%) | 2.1 | 1.9 | 1.6 |
| | 建筑业节能总量/Mtce | —— | 17.56 | 32.58 |
| | 建筑业节能比重/(%) | —— | 12.2 | 22.6 |

注："建筑业能耗总量"由式（4.1）结合前文的解释变量情景设定计算得到，"建筑业能耗比重"是指建筑业能源消费量占当年全国一次能耗总量的百分比，"建筑业节能总量"是指基准情景下的建筑业能耗量分别与当年两种节能情景下的建筑业能耗量的差值，"建筑业节能比重"是指建筑业节能总量与当年基准情景下建筑业能耗总量的比值。

### 4.2.3　中国建筑业节能建议

我们基于计量经济学协整理论构建了中国建筑业能耗需求的预测模型，并通过情景分析法计算得出中国"十三五"期间的建筑业节能潜力。研究发现：建筑业是中国国民经济支柱型行业，为经济增长和城市化发展提供必要的基础设施，尽管建筑业属于劳动密集型行业，对能源的需求量在全国能源消费总量中比重很小，但是，随着国民经济发展和人民生活水平的提高，中国建筑业能源消费还存在很大的增长空间，是政府实施节能减排工作不容忽视的部门。同时，建筑施工过程要使用大量大型机械设备，提高能源使用效率（即降低能源消费强度）有助于减少建筑业能源消费量。能源价格对建筑业能源需求存在显著负向影响，加快中国能源价格市场化改革步伐有助于发挥建筑业的节能潜力，对于实现全国节能减排目标具有重要意义。结合建筑业能源使用特征，我们提出以下建筑业节能建议，以供读者参考。

首先，对整个建筑行业而言，应制定一个合理可行的能耗使用和评价指标体系，设立一个第三方组织，加强对建筑业能源使用的统一管理和监督，提高建筑业能源利用效率。例如，对建筑施工现场分别设定生产、生活、办公和机械设备的用能控制指标，并定期进行检查与统计，分析个中存在的问题，扬长避短，制定预防和纠正措施,在全行业范围内推广实施。

对建筑施工单位而言,在购买机械设备时,应优先选择高效节能环保的产品;在使用机械设备过程中,应合理计划施工,减少机械设备的无效运行,提高机械设备的满载率和利用率,降低各类设备的单位能耗。相邻的施工现场充分利用共有的机械设备,采用节能的施工工艺,选择功率与负载相匹配的施工设备,避免超负荷使用设备或大功率机械低负载长时间运行。机电安装采用节电型机械设备,如逆变式电焊机和能耗低、效率高的手持电动工具等,以利节电;机械设备宜使用节能型油料添加剂,在可能的情况下,考虑回收利用,节约油量。建立施工机械设备管理制度,开展不同能源使用计量,做好机械设备维修保养工作。同时,很多施工现场在户外,施工单位可因地制宜,利用太阳能、风能和地热等可再生能源。

对建筑施工现场的生活及办公临时设施,应积极利用场地自然条件,合理设计生活及办公临时设施的外形、朝向、间距和窗墙面积比,以获得良好的日照、通风和采光条件,从而节约用于施工之外的生活和办公用能,南方地区还可根据需要再外墙窗设遮阳设施,减少屋内空调用电。此外,临时设施应采用节能材料,提高墙体和屋面的隔热性能,减少冬天取暖和夏天制冷的能耗量。对临时设施内的家电(如空调、暖气等),应提高使用效率。对施工用电及照明,应优先使用节能电线和灯具,临电线路合理设计、布置,临电设备宜采用自动控制装置,照明设计以满足最低照度为原则。

## 4.3 中国建筑业二氧化碳排放变化及分析

目前中国相关的统计年鉴中尚缺少对各行业的二氧化碳排放量的官方统计数据,考虑到能源消费是造成建筑业二氧化碳排放的主要来源,笔者参考目前大部分研究文献的做法,通过各能源品种消费量乘以其各自二氧化碳排放系数后加总得到中国建筑业能源消费所直接产生的二氧化碳排放量,并进一步通过对数平均迪氏指数加法分解方法分析导致建筑业二氧化碳排放的原因,在此基础上,我们提出相关的政策建议,以期对政府或企业设计和实施节能减排工作提供有力的数据支持和参考。上文的分析已经指出,电力是建筑业最主要的能源消费品种,尽管电力属于清洁能源,电力消费并不产生直接的二氧化碳排放,然而,长期以来,中国电力结构以燃煤火电为主,火力发电占比高达75%以上,每年燃烧的巨量煤炭中,有一半以上是用于火电厂发电。可见,电力使用虽然是清洁的,但其生产过程会产生巨大的环境影响。因此,根据中国每年的火电比重和燃煤发电系数,我们计算得到建筑业电力消费所间接产生的二氧化碳排放,并纳入该行业的二氧化碳排放总量中进行影响因素分析。电力的排放系数计算方法如公式(4-2)所示:

$$\text{电力排放系数} = \text{燃煤火电比重} \times \text{火力发电煤耗系数} \\ \times \text{煤炭消费排放系数} \quad (4\text{-}2)$$

由于每年的燃煤火电比重和火电煤耗系数不同,因此,与其他能源品种消耗的直接排放系数不同,电力消耗的间接排放系数是一个逐年变化的变量,并且在一定程度上可以反映中国宏观电力结构和发电燃煤效率的变化。

### 4.3.1 中国建筑业二氧化碳排放情况

图4-9是我们根据各能源品种消费的二氧化碳排放系数计算得到的中国建筑业历年二氧化碳排放量。随着电力在建筑业中使用量的迅速增长,电力消费所产生的间接排放在建筑业总排放中的比重逐年上升,1991年,电力消费所产生的排放量为$4.96\times10^6$t,其他能源品种消费产生的排放量为$22.92\times10^6$t,电力消费所产生的二氧化碳排放比重为17.8%;到2012年,电力消费所产生的二氧化碳排放量达到$40.64\times10^6$t,其他能源品种消费产生的排放量为$47.51\times10^6$t,电力所产生的排放比重高达46.1%,接近建筑能耗全部排放量的一半,可见,受中国宏观火电结构影响,电力消费所产生间接排放在碳减排的相关研究中不容忽视的地位和重要性。2012年,中国建筑业能耗所产生的二氧化碳排放量为$88.14\times10^6$t,比1991年($27.87\times10^6$t)增长超过200%;自2002年始,近十年的二氧化碳排放量年均增长率高达9.0%。2012年该行业能源消费所产生的二氧化碳排放量相当于同期菲律宾全国的二氧化碳排放量,超过了瑞士2012年全国排放量的2倍。

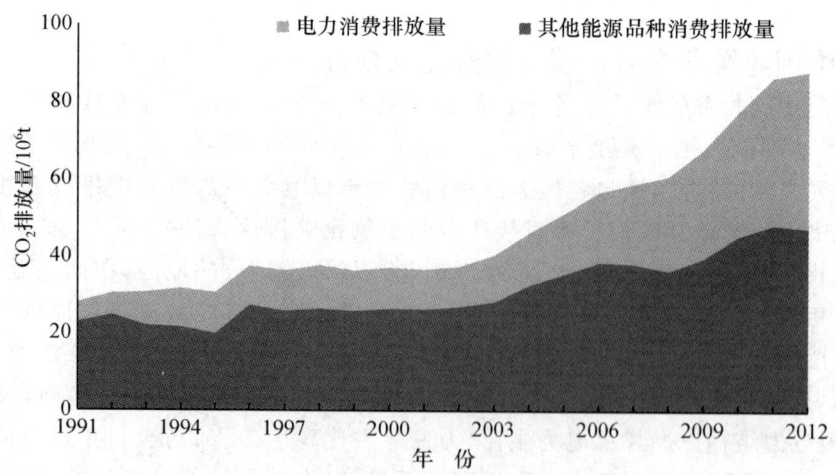

图4-9　1985—2012年中国建筑业能源消费二氧化碳排放量
数据来源:CEIC数据库,笔者根据各能源品种排放系数计算制图。

### 4.3.2 中国建筑业二氧化碳变化因素分解

同样地,为了分阶段研究中国建筑业的二氧化碳排放影响因素,我们根据中国政府的五年规划周期将历史数据划分为1991—1995("八五"规划期)、1996—2000("九五"规划期)、2001—2005("十五"规划期)和2006—2010("十一五"规划期),由于中国官方统计数据库中对"十二五"时期的相关数据仅更新至2012年,因此我们仅就过去四个五年规划时期每个阶段中国建筑业的二氧化碳排放变化情况进行因素分解。以每个规划区间中的第一年(即1991年、1996年、2001年和2006年)为基期,以每个规划区间中的最后一年(即1995年、2000年、2005年和2010年)为研究期,探讨各个阶段中国建筑业由能源消费所产生的二氧化碳排放变化情况及其几个主要影响因素对该变化的贡献值。根据对数平均迪氏指数加法分解方法对变量的要求,结合建筑行业能源消费和二氧化碳排放特征,我们将中国建筑业二氧化碳排放量分解为如下几个因素:

$$C = \sum_{i=1}^{9} C_i = \sum_{i=1}^{9} \frac{C_i}{E_i} \cdot \frac{E_i}{E} \cdot \frac{E}{Q} \cdot \frac{Q}{A} A \qquad (4-3)$$

其中,下标$i=1,2,\cdots,9$分别为上文所述的九种建筑业主要能耗品种,$C$代表某一时期中国建筑业二氧化碳排放总量,经分解后,$C_i$代表该期建筑业第$i$种能源消费所产生的二氧化碳排放量,$E_i$代表该期建筑业第$i$种能源品种消耗量,$E$代表该期建筑业能源消费总量;$Q$代表该期建筑业所创造的国内生产总值,$A$代表该期房屋建筑竣工面积。进一步地,公式(4-3)可表示为式(4-4):

$$C = \sum_{i=1}^{9} EF_i \cdot ES_i \cdot EI \cdot PR \cdot AR \qquad (4-4)$$

其中,$EF_i = C_i/E_i$代表各能源品种的二氧化碳排放系数,$ES_i = E_i/E$代表各能源品种占建筑业能源消费总量的比重,$EI = E/Q$代表建筑业的能源消费强度(或能源使用效率);$PR = Q/A$即建筑业每年所创造的GDP与房屋建筑面积的比例,一定程度上代表了建筑业的盈利和收入情况,$AR = A$即房屋建筑竣工面积,代表了建筑业的生产规模。基于此,利用对数平均迪氏指数加法分解方法,中国建筑业二氧化碳排放变化可分解为(4-5)所示5个驱动因素:

$$\Delta TOT = C^t - C^0 = \Delta EF + \Delta ES + \Delta EI + \Delta PR + \Delta AR \qquad (4-5)$$

其中,$\Delta TOT$代表从基期到研究期间建筑业能源消费所产生的二氧化碳排放增量,该变量是由五个主要影响因素的变化所引致的,$\Delta EF$、$\Delta ES$、$\Delta EI$、$\Delta PR$和$\Delta AR$代表了这五个影响因素对总排放变化量的贡献值,分别为:因子效应、结构效应、效率效应、收入效应和规模效应。

图4-10展示了过去4个五年规划时期各阶段中国建筑业的二氧化碳排放变化情况及其几个主要影响因素的贡献。从二氧化碳排放总量来看,除了在"九五"时期(1996—2000年)建筑业排放出现微量减少($37 \times 10^4$ t)之外,其余三个时期建筑业的二氧化碳排放均呈现增长趋势,尤其从"十五"开始,建筑业二氧化碳排放

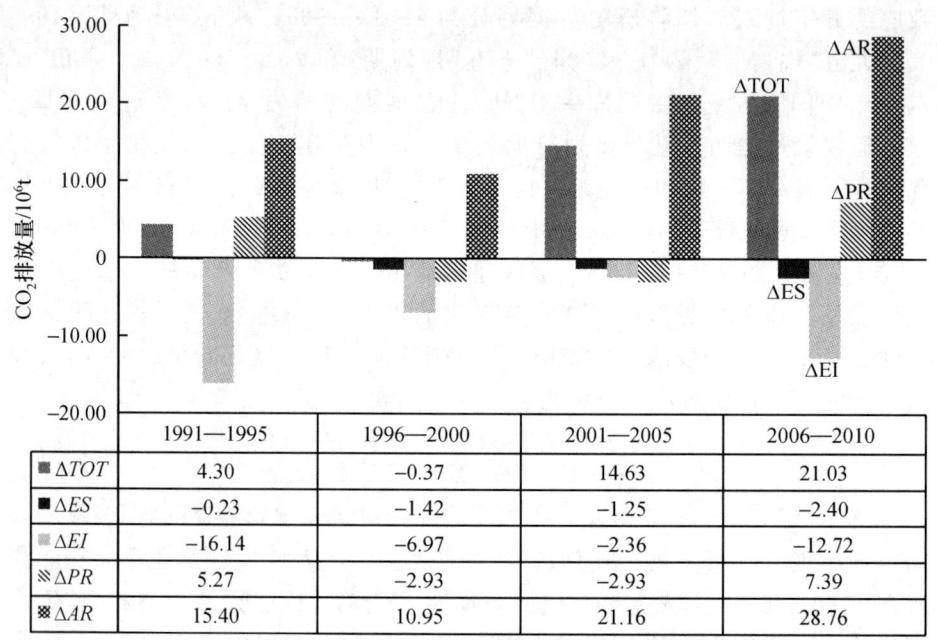

**图 4-10 中国建筑业二氧化碳排放因素分解结果**

注：$\Delta TOT$ 代表各阶段建筑业二氧化碳排放总量变化情况，$\Delta ES$ 代表能源消费结构变化对排放变化的贡献值，$\Delta EI$ 代表能源使用效率变化对排放变化的贡献值，$\Delta PR$ 代表建筑业收益增加对排放变化的贡献值，$\Delta AR$ 代表建筑规模变化对排放变化的贡献值，由于各能源品种的排放因子几乎不随时间而变化，因此 $\Delta EF$ 的贡献约等于零，在图中未予显示（尽管电力排放因子随每年的火电结构和燃煤效率变化，但最终计算结果对建筑业二氧化碳排放变化影响很小，因此在图中也未能体现）。下文同。

量五年增长近 $1500\times10^4\,t$，"十一五"期间的排放量增长值已经超过 $2000\times10^4\,t$。导致建筑业二氧化碳排放量增加最主要的驱动因素是建筑规模的不断扩大，这与中国城市化发展趋势相符。可以预见，随着今后中国城市化进程的推进，将会产生更多的基建设施要求，促进建筑业规模的不断扩大，其中大量机械设备的投入使用势必产生更多的能源需求，从而导致二氧化碳排放量的迅速增加，这也是政府为什么必须加强重视建筑业节能减排工作的原因之一。如图所示，建筑业能耗强度下降以及能源结构改善对建筑业二氧化碳排放增加起到减缓作用，其中建筑业能耗强度的影响力尤为明显，在 1991—1995 期间，建筑业能源强度甚至完全抵消了建筑规模扩大所导致的排放增量，"十一五"期间，受全国节能减排工作影响，建筑业能源使用效率取得很大程度提高，这表现为建筑业能源强度下降减少了 $1272\times10^7\,t$ 二氧化碳排放。尽管电力来源以燃煤发电为主，但近年来电力终端消费对其他能源的替代也在一定程度上对建筑业二氧化碳减排产生了有利的影响，可见今后应继续增加清洁能源的使用比例，减少煤炭、焦炭和燃料油等高污染高排放的能源使用量。另外,从图中可以看出,收入效应对建筑业的影响方向并不一致,1991—1995年,该变量促进了建筑业二氧化碳排放量增加,之后两个阶段减少了二氧化碳排放,到"十一五"期间,收入效应对二氧化碳排放量又变为正向影响。这主要是因为,建筑业的收入增加可以用于投资固定资产和设备,也可能用于增加劳动力投入或更新至更加节能的机械设备,机械设备的增加会带动能源需求从而产生更多的二氧化碳排放,而劳动力替代效应和新的机械设备包含与时俱进的节能减排技术,从而有利于提高能源使用效率、减少能源需求。"十一五"以来,中国加快城市化发展进程,大量房地产开发导致了建筑业规模的迅速扩张,这在机器代替手工的现代化施工流程中必然带动了更多固定资产需求,从而伴生了大量的能源需求和二氧化碳排放,因此收入效应表现为促进了排放增加。

与其他章节类似地,为更加深入了解建筑业二氧化碳排放及其影响因素变化情况,我们以1991年为基期,逐次以其他年份为研究期,计算1991—2010年20年间中国建筑业二氧化碳排放增量,并分解得到各影响因素的累计贡献值。研究结果如图4-13所示。从建筑业的排放量累计变化来看,与高耗能行业相比,建筑业的二氧化碳排放呈现比较温和的增长态势,个别年份(如1999年、2001年)甚至出现轻微下降。2010年,建筑业二氧化碳排放量比1991年增加了$5158\times10^4$t,20年间增长了近2倍。从各影响因素的累计贡献变化情况来看,与预期相符,规模效应对建筑业二氧化碳排放增长的贡献随时间的累计呈现递增趋势,因为随着城市化发展,中国建筑施工规模和范围迅速扩张,带动了建筑业更多机械设备投入使用,从而导致更多的能源消费和二氧化碳排放。这一现象可以从历史数据的变化得以体现:1991年,中国每年新增的房屋建筑(竣工)面积约为$2.03\times10^8 m^2$,到2010年,该面积已增长了近13倍,达到$27.75\times10^8 m^2$。样本期间,该变量的年增长率从3.4%增长至13.1%,增长最快的年份该速度超过了20%。与此同时,建筑业的固定资产在这20年间增长了近22倍,年均增长率为16.2%,固定资产增长最快的年份甚至达到40%以上。因此,正如图所示,建筑施工规模的不断扩大是造成建筑业排放量持续增长的最主要驱动因素。与规模效应相反,受益于技术进步的影响,随着施工机械设备不断更新换代,建筑业能源使用效率提高在建筑业二氧化碳排放增长中起到持续减缓作用,就2010年和1991年的变化情况为例,由规模扩大所导致的$1.17\times10^8$t二氧化碳排放量增长值中,有$4742\times10^4$t被效率提高所导致的减排量所抵消。此外,收入效应和结构效应也分别起到了$1702\times10^4$t和$113\times10^4$t的减排作用,最终2010年建筑业二氧化碳排放量比1991年增加了$5158\times10^4$t。从结构效应的累计贡献趋势来看,建筑业结构改善对二氧化碳排放变化的影响力很小,这主要是因为,建筑业近20年的能源结构变化主要体现为电力消费比重上升而煤炭消费比重下降,由于中国电力主要来源于燃煤发电厂,因此导致结构效应在建筑行业碳减排中的作用并不是很明显。与分阶段研究中所表现出来的特征不同,收入效应在1995年之前对建筑业排放增长是正向影响,之后是负向影响,并且影响力(绝对值)逐渐呈上升趋势。早期建筑业的收入主要用于扩大规模所需的固定资产投资,因此收入效应会带动建筑业的能耗需求,从而促进该行业的二氧化碳排放量增加。但随着产业规模的扩大以及利润率提高,建筑施工单位会更加具备节能减排的经济实力与动力,一方面,企业会有更多的余力资金用于购买节能减排设施设备;另一方面,加强节能减排也能在一定程度上降低企业的经营成本。也即,收入效应对建筑业二氧化碳排放量变化的累计影响符合环境库兹涅茨涅茨曲线[①]假说。但是,分阶段的研究中,某个时点可能正好建筑业收入用于大量固定资产投资或存在其他不确定因素,因此,与图4-11不同,我们在图4-12中看不到收入效应对建筑业二氧化碳排放量变量的影响规律,这也是分阶段研究之后要进一步分析累计变化情况的原因之一。

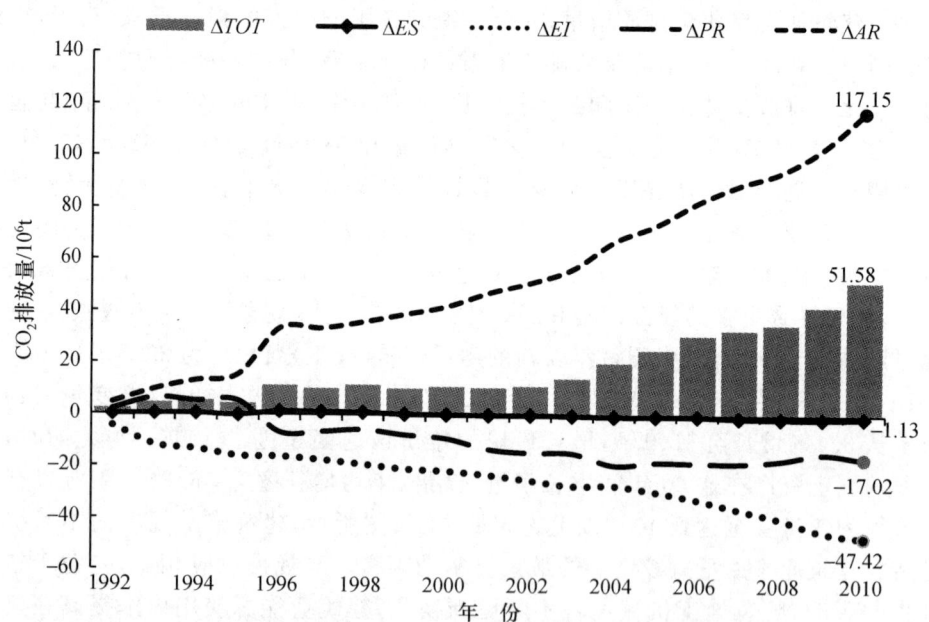

图4-11 1992—2010年中国建筑业二氧化碳排放量及其影响因素贡献值累计变化情况

### 4.3.3 中国建筑业二氧化碳减排建议

能源使用是造成二氧化碳排放的主要原因,本节通过各能源品种的排放系

---

① 环境库兹涅茨曲线说明了处于工业化初级阶段的国家或地区因注重扩大生产规模推动经济增长而产生大量的能源需求和污染物排放,直至达到一个较高的发展水平以后,会更加关注对能源和环境的保护,因此环境污染将有所改善。

数,基于各能源品种的实际消耗量折算加总得到建筑业历年二氧化碳排放情况。整体来看,建筑业造成的二氧化碳排放较之其他高耗能产业并不高,但呈现缓慢上升趋势,由于中国电力生产以燃煤发电为主,因此建筑业电力消耗所间接产生的二氧化碳排放量约占到整个建筑业二氧化碳排放量的一半。因此,从宏观角度而言,改善中国能源结构,尤其是火电结构,提高燃煤发电效率,对减少建筑业二氧化碳排放量具有重要意义。

建筑规模的不断扩大是造成建筑业二氧化碳排放量增长的最主要因素,并且,从历史数据来看,该因素的影响力呈现上升趋势。这是建筑业节能减排应该受到政府部门重视的一个重要原因,即:随着今后中国城市化进程继续推进,将会产生更多的基础设施建设需求,这势必会增加建筑业的能源消费量,从而产生更多的二氧化碳排放。

建筑业能源使用效率的提高在一定程度上抵消了源自规模扩大所带动的二氧化碳排放增量,这是实施建筑业节能减排措施的一个重要落脚点。建筑能耗主要源于各种施工机械和设备的运作,今后应研究科学合理的机械施工方法、提高操作人员的施工技术、加强机械设备的用能管理,使建筑业各种机械设备的能源使用效率能得以充分发挥,施工车辆、机械设备等应定期维护保养,使其保持良好的运行状态。

尽管能源结构改善对建筑业二氧化碳减排尚未表现出强有力的影响,但这主要受制于宏观电力结构和燃煤效率。从建筑业本身来看,今后可采取有效措施优化施工机械设备的用能结构,例如,选用清洁燃油、代用燃料、或安装尾气净化装置和高效燃料添加剂,减少排放中的有害物质成分含量。施工车辆、机械设备的尾气排放应符合国家规定的排放标准。

最后,建筑业的收入效应对碳减排的影响表明,中国建筑业已具备一定的节能减排经济实力与动力,今后政府应通过各种经济激励措施和加大环保宣传,积极调动建筑施工企业的节能减排积极性。

# 第 5 章　中国交通运输业节能潜力及二氧化碳排放研究

## 5.1　中国交通运输业能源需求情况

交通运输业是全球石油消耗量最大、增长速度最快的行业,也是全球二氧化碳排放增长最快的行业之一。从 20 世纪 90 年代以来,中国交通运输业经历了快速发展。未来随着中国经济的持续增长、国民经济水平的逐步提高,交通运输业还存在着较大的发展空间。与此同时,民生改善、社会稳定和国家安全等方面,对交通运输保障提出了更高的要求。然而,中国当前交通运输业的基本特征是高能源消费以及高污染排放。在 2010 年,中国交通运输部门消耗的石油总量是 $1.48 \times 10^8$ t 标准油,占据了当年中国总石油消耗量的 38.2%,并因此引发大量的二氧化碳排放。由于高度依赖于石油,并且缺乏可替代燃料,中国交通运输业已经成为危及能源安全及气候变化的最严重的一个部门之一。《2006 年 IPCC 国家温室气体清单指南》中将交通运输业分为道路交通运输,铁路交通运输,水路交通运输,航空交通运输以及其他。由于管道运输等其他运输方式所占比重太小,我们的研究中不将其考虑在内。

我们所研究的中国交通运输业,包括道路运输、铁路运输、水路运输以及航空运输这四个部门。中国道路运输工具可分为载客汽车、载货汽车、三轮汽车以及低速载货汽车和摩托车等,主要消耗汽油和柴油。铁路运输工具即火车,火车机车又可以分为蒸汽机车、内燃机车以及电力机车,分别主要使用煤炭、柴油和电力作为驱动能源。其中蒸汽机车已经基本被淘汰。水路运输主要分为内河运输、近洋(或沿海)运输以及远洋运输,主要消耗的燃料为柴油和燃料油。水路运输,尤其是远洋运输的货物运输量占据很大的比重。中国的航空运输是各类运输方式中发展最快的,主要消耗航空煤油。我们所考虑的交通运输业的能源消费,主要是指在交通运输业中完成相应运输活动的各种运输工具所直接消耗掉的能源。

1980—2010 这 31 年间中国交通运输业中旅客运输经历了快速的发展。在旅客运输中,主要以公路运输为主,其次为铁路运输,很少通过水路运输的方式实现旅客运输。1980 年,中国交通运输业的旅客运输周转量为 2281.2 亿人·千米;到了 2010 年,中国交通运输业的旅客运输周转量达到 27 894.3 亿人·千米,是 1980

年的12.2倍。尤其是道路运输的增长速度非常迅速,1980年,中国公路运输的旅客运输周转量为729.5亿人·千米;到了2010年,这个数字达到15 020.8亿人·千米,是1980年的20.6倍,对石油的供给产生不可忽视的压力。

1980—2010这31年间中国交通运输业中货物运输同样也经历了快速的发展。在货物运输中,主要以水路运输为主,其次为铁路运输,很少通过民航运输的方式实现货物运输。虽然公路运输所占比重不是最大的,但是注意到其增长速度是最快的。1980年,中国公路运输的货物运输周转量仅仅为764.0亿吨·千米;到了2010年,这个数字达到43 389.7亿吨·千米,是1980年的56.8倍。

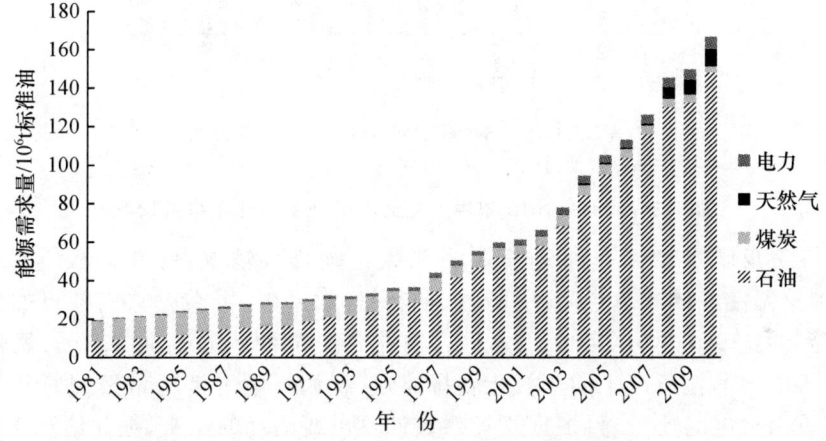

图5-1　1981—2010年中国交通运输业能源需求情况

数据来源:Asia Pacific Energy Research Centre。

图5-1反映了1981—2010年之间中国交通运输业的能源消费结构。由图中可以看出,不同于中国的绝大多数行业中都是以煤炭为主要能源,中国交通运输业的能源消费中石油消耗占据了绝大部分的比重。中国交通运输业中煤炭消费量占总能源消费量的比重由1980年的56%下降到了2010年的仅仅2%;与此同时,石油消费量占总能源消费量的比重则由1980年的43%快速上升到2010年的89%。从总量上来看,1981年中国交通运输业的总能源需求量为19.5Mtoe,而到了2010年交通运输业的总能源需求量快速上升到了166.5Mtoe,是1981年能耗水平的8.5倍。其中,石油需求量由1981年中的8.3Mtoe,上升到了2010年的147.9Mtoe,是1981年石油需求量的17.8倍。因此,缓解中国交通运输业的石油需求已经成了当务之急。

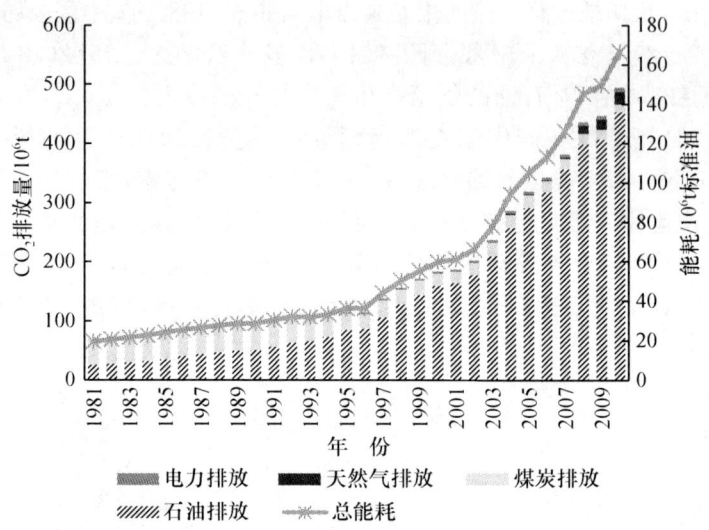

图 5-2 1981—2010 年中国交通运输业二氧化碳排放情况

图 5-2 反映了中国交通运输业的二氧化碳排放情况,是我们根据《2006 年 IPCC 国家温室气体清单指南》中的各类能源排放系数,再乘以它们各自的消费量估算得到的 1981—2010 年中国交通运输业各类能源消费所带来的二氧化碳排放。对于电力消耗所产生的二氧化碳排放量,我们将电力消耗量按照每年的发电结构计算出火电的比重,再根据煤耗系数计算出所消耗的煤炭,据此估算出电力消耗产生的二氧化碳排放。对比图 5-1 和图 5-2 可以发现,它们的走势是非常一致的。石油在总能源需求中占的比重最大,同样地,它产生的二氧化碳排放量也最大。

## 5.2 中国交通运输业的节能潜力研究

交通运输业是中国国民经济发展的支柱型行业,为国民经济增长和人民生活水平提高提供物质基础,与整个国民经济宏观发展速度及城市化进程具有高度相关性。本节旨在基于计量经济学理论,结合国内经济发展实情,探索中国交通运输业能源需求量与其他宏观经济变量的长期均衡关系,构建交通运输业能耗需求预测模型,并通过情景分析法估计中国交通运输业的节能潜力,以期为政府和行业节能规划和政策设计提供有力的数据支持和参考。

### 5.2.1 中国交通运输业能源需求的长期均衡关系

1. 变量及数据来源

为了研究中国交通运输业油耗的影响因素以及预测交通运输业未来的节油潜力,我们选取中国 1981—2013 年的国内生产总值、中国历年的全国总人口、反映交通运输线路质量的指标等级线路比重、反映石油价格水平的指标燃料零售价格指数作为解释变量来具体分析其对交通运输业石油消耗量的影响。为了表述上的方便,对于上述四个指标分别用大写字母 GDP、POP、M 和 P 表示。

(1) 历年中国交通运输业石油消耗量($E$)

中国统计年鉴并没有提供交通运输业石油消耗量的数据,最为相近的指标是"交通运输和邮电通信消耗石油",由于这一指标相应的数据包含了邮政仓储业,无法单独分离出历年交通运输业的石油消费量。因此,我们选择 APERC(Asia Pacific Energy Research Centre)公布的中国交通运输业的石油产品总消费量(单位:百万吨标准油,以下简称 Mtoe)进行研究。

(2) 历年国内生产总值(GDP)

由于 GDP 在较大程度上反映了经济发展程度、人民生活质量等综合水平,进而影响交通工具拥有量、出行量,因此我们选取 GDP 作为影响交通运输石油消耗的一个重要的变量。事实上,国内生产总值在很多文献中被认为是能源需求的最重要的决定因素。Kraft 和 Kraft(1978)最早发现了在 1947—1974 年期间,美国存在 GNP 到能源需求的单向因果关系。Lardic 与 Mignon(2008)运用协整方法对石油价格与 GDP 之间存在的联系进行了研究,Apergis 与 Payne(2009)运用面板协整和误差修正模型对六个中美地区国家能源需求和经济增长之间关系的检验。历年国内生产总值数据来源于各年的《中国统计年鉴》,并已折算成 1979 年不变价。

(3) 人口(POP)

在研究交通运输油耗的影响因素时,国内外很多文献都将 GDP 和人口视为最重要的两个变量,因为在 GDP 和人口的共同影响下,决定了交通工具数量、旅客运输和货物运输量以及出行频率等,从而对交通运输的油耗量产生重要影响。例如,Harvey, L. D. D. (2012)认为,不断增加的人口以及 GDP 二者共同促使了客流量和货流量的增加,从而最终导致交通运输业能源需求量增加。中国历年年末总人口数据来源于《中国统计年鉴》。

(4) 中国运输线路中等级线路所占比重($M$)

对于交通运输业中不同的运输方式,运输线路的质量对最终能源需求量的影响是不可忽略的。对于公路运输,蔡凤田等(2006)认为高等级公路运输比低等级公路运输节能,高有景(2007)指出目前中国高速公路的平均时速可达到 80~100 km,车辆的油耗要比普通公路节约 20% 以上。贺晓民、朱成李(2009)认为道路状况对车辆运行油耗起决定性作用。同样的,对于铁路运输和水路运输,运输线路的质量也对油耗产生重要影响。至于航空运输,其消耗的石油相对于道路运输、铁路运输和水路运输而言,所占交通运输业总石油消耗量的比重较小(2010 年航空运输共消耗石油 10.4Mtoe,占同年交通运输全行业石油总消耗量的 7.9%)。

再加上航空线路与传统的道路、铁路和水路运输线路有性质上的区别,因此我们没有考虑航空运输线路的影响,选取历年公路运输线路质量、铁路运输线路质量和水路运输线路质量的平均水平作为反映整个交通运输业运输线路质量的综合指标。

中国历年统计年鉴中提供了反映交通运输线路质量的指标和相应的数据。

① 对于公路运输的线路质量用等级公路所占比重来反映。中国全部公路里程的统计包括等级公路以及等外公路两个口径,其中等级公路又详细区分为高速公路、一级公路、二级公路、三级公路以及四级公路这 5 个等级。通常选取等级公路里程数占全部公路总里程数的比重来反映公路交通运输线路的质量,中国公路总里程的历年统计数据来源于各年的《中国汽车工业年鉴》,等级公路里程数我们采用 CEIC(China entrepreneur Investment Club)数据库所整理的来源于中国交通运输部的统计数据。2005 年起对公路里程的统计口径发生改变,与之前年份不同,2005 年起公路里程把村道里程包括在内。故我们对公路里程数据进行了处理,将 2005 年以后的公路里程数据中的村道里程剔除了出来(2005 年之后村道里程数据来源于中华人民共和国交通运输部公布的各年《公路水路交通运输业发展统计公报》)[①]。

② 对于铁路运输的线路质量用复线里程所占比重来反映。中国对于铁路运输的统计数据比较完善,中国统计年鉴提供了国家铁路营运里程中复线里程所占比重的数据。

③ 对于水路运输的线路质量用等级航道里程所占比重来反映。中国统计年鉴提供了内河航道总里程数和等级航道里程数的数据,据此可以得到等级航道所占比重。而对于 1995 年之前的数据,相关统计口径是"内河航道总里程数"和"水深 1 米以上的航道里程数"。虽然水深 1 米以上的航道里程数与等级航道里程数的口径不尽相同,但通过 1995—1998 年这几年两个指标数据的对比(1998 年之后再没有对"水深 1 米以上的航道里程数"这一指标的统计数据),发现其存在较为稳定的比例关系,等级航道里程数约为水深 1 米以上的航道里程数的 0.88 倍。根据这个比例关系可以推算出 1981—1994 年中国水路运输等级航道里程所占比重。

(5) 历年中国石油价格水平($P$)

按照需求函数的定义,价格是决定能源需求的主要因素,因此,中国石油价格水平也是中国交通运输业油耗量的一个无法忽略的解释变量。由于中国能源价格大部分由政府制定和管制,没有体现资源稀缺性和环境影响性,能源价格都偏

---

① http://www.moc.gov.cn/zhuzhan/tongjigongbao/fenxigongbao/hangyegongbao/.

低。能源价格是一个复杂而敏感的问题。由于数据的可得性,我们选用燃料零售价格指数作为石油价格的近似替代。根据经济学的基本原理,能源需求与价格之间应该呈现负相关关系。各年的《中国统计年鉴》中提供了历年燃料零售价格指数的环比指数(即上年=100),我们将燃料零售价格指数统一折算为1979年为100的定基价格指数。

为消除异方差,对以上所有变量 $X$ 都进行了对数化处理($\ln X$)。

2. 协整模型构建

(1) 单位根检验

表 5-1 中给出了所有五个变量的水平序列和一阶差分序列的单位根检验。

表 5-1　单位根检验

| 序列 | ADF | | PP | |
|---|---|---|---|---|
| | 无趋势 | 有趋势 | 无趋势 | 有趋势 |
| $\ln E$ | 0.838684 | −1.778386 | 0.982584 | −1.828523 |
| $\ln GDP$ | 0.257583 | −4.574233*** | −0.207803 | −2.275506 |
| $\ln POP$ | −1.285008 | −4.120607** | −8.280644*** | 0.160583 |
| $\ln M$ | −1.666745 | −3.457606 | −1.683446 | −1.452506 |
| $\ln P$ | −0.522257 | −1.841640 | −0.256648 | −1.957818 |
| $\Delta \ln E$ | −4.355363*** | −4.413372*** | −4.298959*** | −4.365488*** |
| $\Delta \ln GDP$ | −4.193714*** | −4.102040*** | −3.112635** | −3.069517* |
| $\Delta \ln POP$ | −3.557657** | −5.531585*** | −4.090518*** | −4.073051** |
| $\Delta \ln M$ | −4.809490*** | −4.925895*** | −4.809490*** | −4.912484*** |
| $\Delta \ln P$ | −4.160402*** | −4.085972*** | −4.138644*** | −4.085972*** |

注：*、** 和 *** 分别表示 10%、5% 和 1% 的显著性水平下拒绝原假设。

如表 5-1 所示,ADF 检验、PP 检验说明以上五个变量皆是一阶单整的,满足进行协整的条件。首先使用 Stata10.0 软件进行秩的检验,即共有多少个线性无关的协整向量,秩检验的结果如下。

(2) Johansen-Juselius 协整秩检验

表 5-2 中,包含常数项与时间趋势项的协整秩迹检验(Trace)结果表明,可以在 5% 的置信水平上拒绝"协整秩为 0"的原假设(138.1472>77.74),存在三个线性无关的协整向量(对应表 3-2 中的星号)。并且,最大特征值检验(Maximum Eigenvalue)结果也显示,在 5% 的置信水平上拒绝"协整秩为 0"的原假设(72.0518>36.41),然而不能拒绝"协整秩为 1"的原假设(29.0021<30.33)。

由于秩检验结果表明存在线性无关的协整向量,因此可以进行协整分析。首先建立由 $\ln E$, $\ln GDP$, $\ln POP$, $\ln M$, $\ln P$ 构成的 VAR 模型。接下来检验该系统所对应的 VAR 表示法的滞后阶数,检验结果如表 5-3 所示。

表 5-2 协整模型 JJ 检验

趋势:有趋势观测值个数＝31
样本区间:1983—2013 滞后阶数＝2

协整秩迹检验(Trace)

| 协整方程个数 | parms | LL | 特征值 | 迹统计量 | 5%置信水平 |
|---|---|---|---|---|---|
| 0 | 35 | 384.52686 | . | 138.1472 | 77.74 |
| 1 | 44 | 420.55278 | 0.92372 | 66.0953 | 54.64 |
| 2 | 51 | 435.05381 | 0.64505 | 37.0933 | 34.55 |
| 3 | 56 | 447.96791 | 0.60245 | 11.2651* | 18.17 |
| 4 | 59 | 452.00444 | 0.25048 | 3.1920 | 3.74 |
| 5 | 60 | 453.60045 | 0.10774 | | |

最大特征值检验(Maximum Eigenvalue)

| 协整方程个数 | parms | LL | 特征值 | 最大特征值统计量 | 5%置信水平 |
|---|---|---|---|---|---|
| 0 | 35 | 384.52686 | . | 72.0518 | 36.41 |
| 1 | 44 | 420.55278 | 0.92372 | 29.0021 | 30.33 |
| 2 | 51 | 435.05381 | 0.64505 | 25.8282 | 23.78 |
| 3 | 56 | 447.96791 | 0.60245 | 8.0731 | 16.87 |
| 4 | 59 | 452.00444 | 0.25048 | 3.1920 | 3.74 |
| 5 | 60 | 453.60045 | 0.10774 | | |

注:带 * 表示拒绝 0.05 显著性水平下的原假设。

(3) VAR 模型滞后阶数选择

表 5-3 滞后阶数选择

VAR 滞后阶数选择准则
内生变量:$\ln E, \ln GDP, \ln POP, \ln M, \ln P$　外生变量:$C$
样本区间:1981—2013　观测值个数:31

| 滞后阶数 | LL | LR | FPE | AIC | SC |
|---|---|---|---|---|---|
| 0 | 162.4106 | NA | 9.01e-12 | −11.24362 | −11.00572 |
| 1 | 389.8193 | 357.3565 | 4.90e-18 | −25.70138 | −24.27402 |
| 2 | 437.2944 | 57.64836* | 1.19e-18* | −27.30674* | −24.68991* |

* 表明该准则选取的滞后阶数(5%显著性水平下)
LR:似然比检验统计量　FPE:最终预测误差
AIC:Akaike 信息准则　SC:Schwarz 信息准则
HQ:Hannan-Quinn 信息准则

表 5-3 中,根据 LL、LR、FPE、AIC、HQIC 和 SBIC 等准则选择滞后阶数皆为二阶(表中星号所对应的阶数表明该准则选择的滞后阶数)。在此基础上,表 5-4 给出了 Johansen 协整检验的结果。

(4) 协整模型结果

表 5-4 Johansen 协整检验

1 个协整方程：对数似然值 397.3650
标准化协整系数（括号内为标准差）

| $\ln E$ | $\ln GDP$ | $\ln POP$ | $\ln M$ | $\ln P$ |
|---|---|---|---|---|
| 1.00000 | −1.478179 | −0.243553 | 0.947367 | 0.507273 |
|  | (0.04856) | (0.06084) | (0.16520) | (0.05590) |

根据标准化协整向量系数，可以建立相应的协整方程：

$$\ln E = -0.19695 + 1.478179\ln GDP + 0.243553\ln POP \\ - 0.947367\ln M - 0.507273\ln P \tag{5-1}$$

从以上标准化方程(5-1)中我们可以得到以下几个结论：

第一，协整方程表明了所选取变量之间存在长期均衡关系；

第二，方程右边变量 $\ln GDP$ 和 $\ln POP$ 的系数符号为正，变量 $\ln M$ 和 $\ln P$ 的系数为负，这个结果验证了之前我们的判断，是符合社会经济现实的。

第三，随着 GDP 和人口的增长，人们生活水平的提高以及人口数的增加会提高出行量以及交通工具数量，进而带动交通运输石油消耗量的增加。弹性系数表明，GDP 每增长 1% 就会导致交通运输石油消耗量增加 1.48%，而人口数每增长 1% 就会导致交通运输石油消耗量增加 0.24%。GDP 的弹性系数较大，说明中国近三十年来快速的经济增长是带动中国交通运输业石油需求量快速增长的主要原因。而人口的弹性系数较小，是因为由于中国实行计划生育政策，长期以来人口的年均增幅非常小，使得其对中国交通运输业石油消耗量的影响也相对较小。

第四，在长期内，交通运输线路质量的改善和石油价格的上涨都对降低交通运输业的石油消耗量有积极作用。弹性系数表明，等级线路所占比重和石油价格水平每上升 1% 将分别导致交通运输业石油消耗量下降 0.95% 和 0.51%。等级线路比重的弹性系数较大，说明中国交通运输线路质量的改善对交通运输业石油消耗量的减小较为有效。而石油价格的弹性相对较小，说明中国由于石油价格长期受到政府管制，使得其对交通运输业石油消耗量的抑制作用不够大。

综上对模型结果的分析，可以认为该模型结果符合经济理论的预期，对中国经济现实具有较好的解释能力。此外对模型的稳定性检验。结果显示，伴随矩阵的所有特征值均小于 1，没有特征根落在单位圆外，模型满足稳定性条件。

### 5.2.2 中国交通运输业能源需求预测及节能潜力

#### 1. 能源需求预测

"十三五"是完成中国能源战略转型攻坚任务的关键期。基于以上研究结果，我们对 2016—2020 年中国交通运输业石油需求进行预测。首先，需要对各解释变量进行情景设定。

（1）情景设定

对于 GDP 的增长速度，2014 年，中国国内生产总值同比增长 7.4%。2015 年 1 月，中国科学院发布《2015 中国经济预测与展望》，预计 2015 年中国 GDP 增速为 7.2%。根据中国社科院宏观经济运行实验室 2014 年 10 月对中国未来宏观经济发展的预测，"十三五"期间中国 GDP 增长率在 5.7%~6.6% 之间，2020—2030 年 GDP 增长率在 5.4%~6.3% 之间。据此，我们设定 2015 年 GDP 增速为 7.2%，2016—2020 年 GDP 年均增长率为 6.2%，2021—2030 年 GDP 年均增长率为 5.8%，从而计算得到预测区间（2014—2030 年）内的 GDP 变量序列数据。对于人口的增长速度，中国"人口和计划生育事业发展十二五规划"明确提出如下目标：生育水平保持稳定，人口年均自然增长率控制在 0.72% 以内，全国总人口控制在 13.9 亿以内。基于此，我们设定中等节油情景下的人口年均增长速度为 0.8%，相应的，在高等节油情景下人口年均增长速度更缓慢些，设定为 0.6%。对于等级运输线路所占比重 $M$，考虑到对于公路运输而言，等级公路里程在全部公路里程中所占比重已经很高，随着公路总里程数的不断增长，新增的公路里程中村道所占比重最大，而村道又多为等外公路。因此，等级公路所占比重的进一步提高是对中国交通运输业发展的一大挑战。而对于水路而言，等级航道所占的比重相对较为稳定，在过去 30 年中也一直保持着非常小的浮动，因此水路运输中等级航道所占比重很难有大幅度的提高。鉴于现实情况的约束，我们将中等节油情景下的等级线路所占比重年均增长速度设定为 1.5%，相应的，在高等节油情景下等级线路所占比重年均增长速度更快些，设定为 1.7%。对于石油价格 $P$，根据经济学理论，能源价格对能源需求起到最直接的抑制作用。然而众多的研究成果表明，如果将能源消费的代际问题以及环境成本考虑在内，当前的能源价格绝大多数是被低估的。随着能源短缺问题的日益凸显，我们认为避免能源价格过低进而造成能源被过度消费是缓解能源短缺的有效手段。鉴于当前能源价格偏低以及能源价格能直接抑制能源需求两个方面考虑，我们将中等节油情景下的石油价格年均增长率设定为 10%，在高等节油情景下这个年均增长率达到 11%。以上对各变量增长率分情景的设定充分结合了中国的实际国情和经济理论的判断,各变量在不同情景下的增长率都是合理并且可以实现的。

(2) 预测结果

从图 5-3 中可以看到,预测得到 2020 年在中等节油情景下中国交通运输业的石油消费量为 $281.4 \times 10^6$ t 标准油,在高等节油情景下中国交通运输业的石油消费量为 $262.5 \times 10^6$ t 标准油,相比较同年基准情景下的石油消费量 $311.8 \times 10^6$ t 标准油分别下降了 9.7% 和 15.8%。这说明中国交通运输业存在着较大的节油潜力。未来随着经济发展速度逐步趋于平缓、节能减排政策逐步实施贯彻,交通运输业的石油需求增长速度会相应下降。预测得到 2030 年在基准情景下中国交通运输业的石油需求量为 $447.4 \times 10^6$ t 标准油,在中等节油情景以及高等节油情景下的只有需求量分别为 $364.5 \times 10^6$ t 标准油和 $317.3 \times 10^6$ t 标准油。

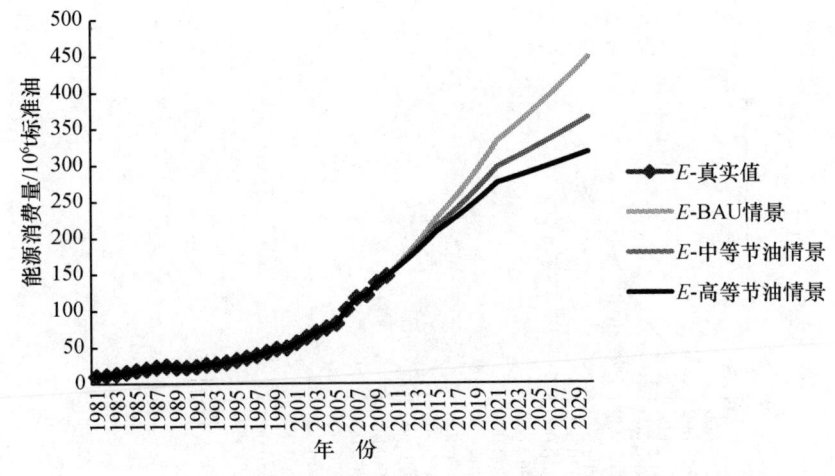

图 5-3 中国交通运输业石油消费量分情景预测

(3) 风险分析

上文的预测结果,是基于各解释变量确定的增长率来预测的。事实上,各影响因素未来每年的取值是不确定的,应该有很多种可能性。更合理的预测应该是多个结果及其各个结果可能发生的概率。因此这里我们采用风险分析法,以 2020 年为例,从不确定性的角度研究该年最有可能的交通运输业石油消费量及其概率。

蒙特卡洛模型应用的关键是按照变量的分布随机取样。按经验,经济变量一般服从正态分布。为了确定风险变量的分布，我们首先运用 Matlab 软件对各解释变量过去 30 年的增长率进行了分布检验，检验结果表明各变量均在 $\alpha=0.05$ 的置信率下服从正态分布。在确定各风险变量近似服从正态分布后，在 Stata 10.0 中调用"sum"指令获得各自的均值与方差。

根据各变量的均值和方差可以得到每个风险变量所服从的正态分布的具体形式。据此，我们使用 Stata 10.0 软件来生成各风险变量服从其各自正态分布的随机数，作为解释变量的增长率。在得到 5000 组历年解释变量的增长率随机数的基础上，根据这些随机数计算得到被解释变量（中国交通运输业石油消耗量）的 5000 种可能取值，从而获得 2020 年中国交通运输业石油消费量的概率分布。

根据蒙特卡洛仿真分析，得到 2020 年中国交通运输业石油消费量的分布直方图。

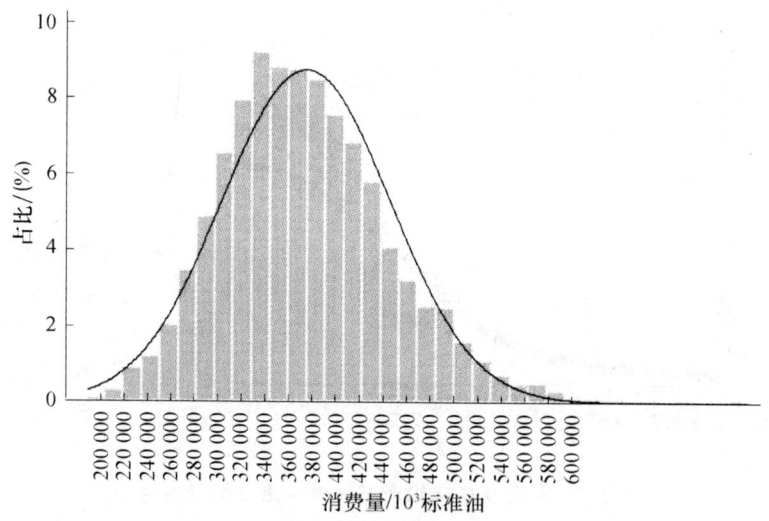

图 5-4　2020 年中国交通运输业石油消费量的分布直方图

从图 5-4 中可以看出，2020 年中国交通运输业石油消费量落在大约（300～320）$\times 10^6$ t 标准油区间段的概率最大，而前文根据各解释变量历史变化趋势预测得到 2020 年中国交通运输业的石油消费量为 $311.8\times 10^6$ t 标准油，正好落在这一区间，这也验证了这一预测结果的合理性。

2. 节能潜力分析

为了估计未来的节油量，我们设置了两种节油情景。节油情景 1 表示交通运输业石油需求从基准情景(BAU)转向中等节油情景;相应地,情景 2 则表示交通运输业石油需求从基准情景(BAU)转向高等节油情景。根据上文对中国交通运输业石油消耗量预测的结果,可以计算得到两种节油情景下的节油量以及各自的节油量占全社会石油需求量的比重,如表 5-5 所示。

表 5-5　中国交通运输业的节油量及对全社会石油需求的影响

| 年份 | 节油情景 1 | | 节油情景 2 | |
| --- | --- | --- | --- | --- |
| | 节油量/$10^6$ t 标准油 | 对全社会石油需求的影响/(%) | 节油量/$10^6$ t 标准油 | 对全社会石油需求的影响/(%) |
| 2020 | 30.4 | 5.1 | 49.2 | 8.2 |
| 2030 | 83.0 | 12.6 | 130.2 | 19.7 |

中石化经济技术研究院副院长毛加祥于 2014 年年底的预测表示,预计 2020 年中国石油需求达到 $6\times10^8$ t 左右,2013—2020 年年均增长 2.5%;2030 年达到 $6.6\times10^8$ t,2020—2030 年年均增长 1%。①

从表 5-5 中可知,中国交通运输业未来节油潜力较大。若中国交通运输业从石油需求现状模式转入中等节油情景模式,2020 年,可节油 $30.4\times10^6$ t 标准油,占 2020 年全社会石油需求量的 5.1%;若中国交通运输业从石油需求现状模式转入高等节油情景模式,到 2020 年,可节油 $49.2\times10^6$ t 标准油,占全社会石油需求量的 8.2%。这表明,中国交通运输业未来的节油量相当可观。

计算结果还表明,在 2030 年,若中国交通运输业从石油需求现状模式转入中等节油情景模式,则可以节约石油消费 $83.0\times10^6$ t 标准油;若中国交通运输业从石油消费现状模式转入高等节油情景模式,则可以节约石油消费 $130.2\times10^6$ t 标准油。

### 5.2.3　中国交通运输业节能建议

实现一个特定行业的节能降耗不仅是一个技术问题,它也是一个包含价格、技术以及其他影响具体行业能源需求的各种因素的系统工程。根据本章的研究结论可以确定未来中国交通运输业节能政策的方向和重点。

首先,除 GDP 外,运输线路质量对交通运输业石油消耗量的影响系数最高(0.947367),这就决定了政府或相关部门在交通运输业节能降耗中的政策重点和方向。也就是说,应当优先通过提高交通运输线路质量来促进节能。对此,可以通过以下方式来实施:

① 不断提高等级公路、尤其是二等以上公路的比重,注重修建高速公路、实现

---

① 来源:中国日报网 http://www.chinadaily.com.cn/hqcj/xfly/2014-11-28/content_12803221.html.

道路的提速升级。适当提高新建道路的标准,并注重对已建公路的维修和养护,减少坑洼、泥泞的高耗油道路。

② 构建科学、有效的交通管理系统,实现对车辆交通的分流、引流,使得更多车辆能畅通无阻的行驶在等级高的公路上。

③ 铁路线路的质量不仅影响油耗,更对铁路交通起到决定性作用。注重对于铁路轨道的养护,明确线路质量是确保铁路提速安全的关键,不断增大复线里程在全部铁路营运里程中的比重。

④ 结合自然条件、地理位置以及贸易量和政治因素等多方面原因合理地开发航线,针对不同水上运输路线的具体特点,灵活选择不同的航线形式和航线配船。尤其是在运输任务繁重的水域,要注重提高相应的水路运输线路质量。

其次,尽管石油价格对交通运输业石油消耗量的弹性相对于 GDP 的弹性而言较小,但价格的刺激作用不容忽视。经济学理论告诉我们,价格反映稀缺,对供需关系起到最为直接的影响作用。然而中国由于成品油价格管制,甚至一度出现成品油价格低于原油价格的情况,使得石油价格对交通运输业石油需求的抑制作用大为减弱。进一步改革中国当前的成品油定价机制势在必行。

最后,新能源汽车的投入使用对道路运输行业的石油需求能起到有效的抑制和缓解作用。由于当前中国新能源汽车所占的比重还较小,相关配套设施的构建不够完善,使得我们暂时无法将其作为一个重要影响变量引入协整模型,这也是将来研究改进的方向。我们谨在此提出展望,政府在制定新能源汽车补贴政策的同时应当注重加快新能源汽车的配套设施建设,使得更多的传统燃油汽车被新能源汽车所取代,这对道路运输行业石油需求的抑制是直接有效的。同样地,对于铁路运输,不断增加电气化里程所占比重,用电力机车取代内燃机车能对铁路运输行业的石油消耗起到有效抑制。总而言之,不断降低使用化石燃料的交通工具所占比重是未来交通运输业节能发展的方向。

## 5.3 中国交通运输业二氧化碳排放变化及分析

目前中国相关的统计年鉴中尚缺少对各行业的二氧化碳排放量的官方统计数据,考虑到能源需求是造成交通运输业二氧化碳排放的主要来源,笔者参考目前大部分研究文献的做法,通过各能源品种消费量乘以其各自二氧化碳排放系数后加总得到中国交通运输业能源消费所直接产生的二氧化碳排放量,并进一步通过对数平均迪氏指数加法分解方法分析导致交通运输业二氧化碳排放的原因。

### 5.3.1 中国交通运输业二氧化碳排放情况

中国统计年鉴并没有提供交通运输业石油消耗量的数据,最为相近的指标是

"交通运输和邮电通信消耗石油",由于这一指标相应的数据包含了邮政仓储业,无法单独分离出历年交通运输业的石油需求量。因此,我们选择 APERC(Asia Pacific Energy Research Centre)公布的中国 1981—2010 年交通运输业的能源需求总量(以下简称 $TE$)进行研究。APERC 同时还提供了各类化石能源(石油、煤炭以及天然气,以下简称 $FE$)的具体需求量数据。根据这些数据,我们绘制了 1986—2010 年中国交通运输业的能源需求总量和化石能源需求量示意图如图 5-5。由图中我们可以看出,中国交通运输业的能源需求量在这 25 年来增长相当快速,尤其是在 2001—2010 年。同时,化石能源需求量占总能源需求量的比重非常大,但可以看出近年来这一比重已经呈现略微下降的趋势。

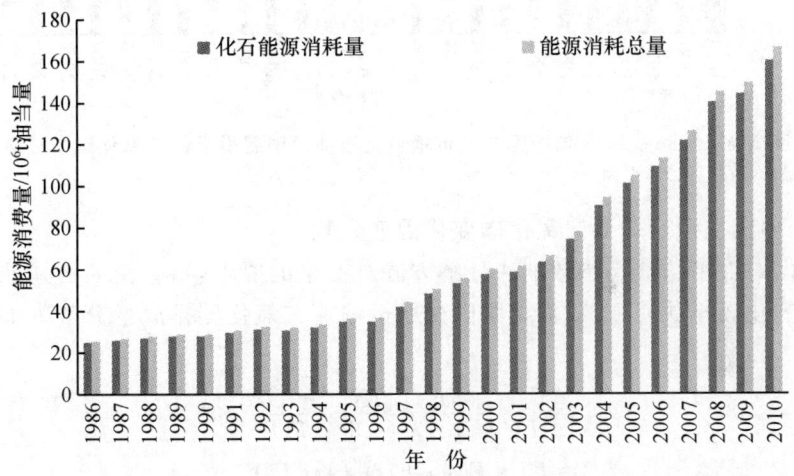

**图 5-5　1986—2010 年中国交通运输业能源需求总量及化石能源需求量**
数据来源:Asia Pacific Energy Research Centre。

由于不同种类的化石能源所产生的二氧化碳排放量具有很大差别,也即它们的排放系数不同。对此,IPCC(Intergovernmental Panel on Climate Change)2006 年对各类化石能源(石油,煤炭和天然气)的二氧化碳排放系数进行了估计。基于他们的估计结果,我们假定 1986—2010 年期间它们各自的二氧化碳排放系数维持不变。通过将各种化石能源的消费量乘以它们各自的二氧化碳排放系数再加总即可估计得到化石能源消费产生的二氧化碳排放总量。计算得到的 1986—2010 年中国交通运输业化石能源消费产生的二氧化碳排放量绘制如图 5-6。图中可以看出,2010 年中国交通运输业的二氧化碳排放量几乎相当于 1986 年二氧化碳排放量的 5 倍,在当前背景下中国交通运输业的二氧化碳减排迫切性正日益凸显。

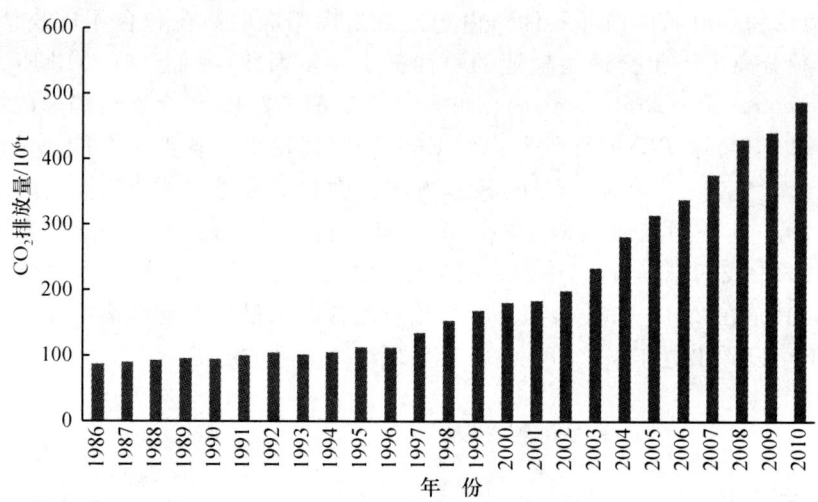

**图 5-6 1986—2010 年中国交通运输业化石能源消费引起的二氧化碳排放量**
数据来源：笔者计算得到。

### 5.3.2 中国交通运输业二氧化碳变化因素分解

根据对数平均迪氏指数加法分解方法对变量的要求，结合交通运输业能源消费和二氧化碳排放特征，我们将中国交通运输业二氧化碳排放量分解为如下几个因素：

$$CO_2 \equiv \frac{CO_2}{FE} \cdot \frac{FE}{TE} \cdot \frac{TE}{GDP} \cdot \frac{GDP}{POP} \cdot POP$$

$$\equiv CI \cdot EM \cdot EI \cdot IA \cdot POP \qquad (5-2)$$

也即，一定时期内二氧化碳排放量的变化等价于右边因素变化引起的五种效应的加总：碳强度效应（$\Delta C_{CI}$）；能源结构效应（$\Delta C_{EM}$）；能源强度效应（$\Delta C_{EI}$）；产业活动效应（$\Delta C_{IA}$）；以及人口效应（$\Delta C_{POP}$）。基于此，利用对数平均迪氏指数加法分解方法，中国交通运输业二氧化碳排放变化可分解为（4.5）所示 5 个驱动因素：

$$\Delta CO_{2\,tot} \equiv CO_2^T - CO_2^0 \equiv \Delta C_{CI} + \Delta C_{EM} + \Delta C_{EI} + \Delta C_{IA} + \Delta C_{POP} \qquad (5-3)$$

其中，$\Delta CO_{2\,tot}$ 代表从基期到研究期间交通运输业能源消费所产生的二氧化碳排放增量，该变量是由五个主要影响因素的变化所引致的，$\Delta C_{CI}$、$\Delta C_{EM}$、$\Delta C_{EI}$、$\Delta C_{IA}$ 和 $\Delta C_{POP}$ 代表了这五个影响因素对总排放变化量的贡献值，分别即：碳强度效应、能源结构效应、能源强度效应、产业活动效应以及人口效应。

通过代入这些变量基年和目标年份的数据值，就可以对二氧化碳排放量的变化进行分解。了解不同因素对二氧化碳排放量变化的贡献度对行业制定相关减排政策具有较为重要的参考意义。我们采取了 1986—2010 年中国交通运输业的相关数据代入模型中，并依据中国五年计划的特色将这一时期划分为五个时间区间,分别是 1986—1990 年、1991—1995 年、1996—2000 年、2001—2005 年、2006—2010 年。

基于 LMDI 模型方法和收集的历史数据,我们对交通运输业的二氧化碳排放量在以下五个时间区间内进行分解研究:1986—1990、1991—1995、1996—2000、2001—2005 以及 2006—2020。加法形式的分解以及乘法形式的分解结果分别如图 5-7 和图 5-8 所示。

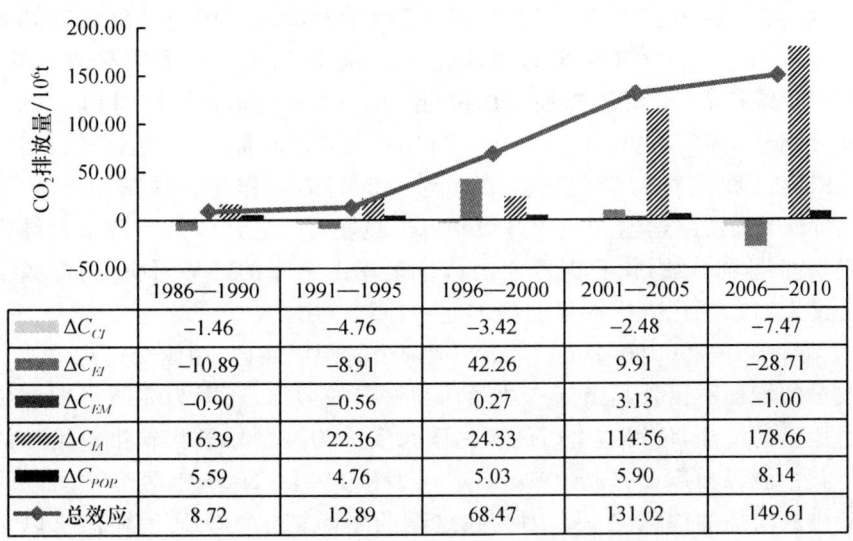

图 5-7 中国交通运输业二氧化碳排放分解(加法形式)

注:$CI$ 代表碳强度影响,$EI$ 代表能源强度影响,$EM$ 代表能源结构影响,$IA$ 代表工业活动影响,$POP$ 代表人口影响。

分解的结果表明,在 1986—2010 年间,中国交通运输业的二氧化碳排放趋势有很明显的变化,因此对二氧化碳排放量变化的原因进行研究是很有必要的,将对交通运输业的碳减排提供政策建议。从分解结果中可以看出:

① 在研究区间内中国交通运输业的二氧化碳排放量呈现出快速增长的趋势。在第一个时间区间 1986—1990 内,总的二氧化碳排放量只有 $8.72×10^6$ t;然而到了最后一个时间区间 2000—2010,总的二氧化碳排放量达到了 $149.61×10^6$ t。

② 图中 $\Delta CIA$ 和 $\Delta C_{POP}$ 的值在五个阶段内均是正的,这表明在 1986—2010 年间产业活动效应和人口效应的变化均对中国交通运输业二氧化碳排放量的增加起了明确的促进效应,也即这两个效应的增加是引起二氧化碳排放量增加的原因。相反的,$\Delta C_{CI}$ 在五个阶段内均呈现出负值,这表明在 1986—2010 年间碳强度的变化对中国交通运输业二氧化碳排放量的增加有明确的抑制效应,也即碳强度的降低缓和了二氧化碳排放量的增加。然而,对于 $\Delta C_{EM}$ 和 $\Delta C_{EM}$,它们的值在不

同时间区间内时正时负,表明在 1986—2010 年期间它们的变化时而促进了二氧化碳排放的增加,时而抑制了二氧化碳排放的增加,以下将分不同时间区间进行具体解释和讨论。

③ 在前两个时间区间 1986—1990 年和 1991—1995 年内,产业活动和人口的增加是导致中国交通运输业二氧化碳排放量增加的最主要原因。而碳强度、能源强度的降低以及能源结构的优化是抑制二氧化碳排放量增加的原因。其中对于能源强度,它在 1986—1990 和 1991—1995 两个时间区间内对二氧化碳排放有显著的抑制作用。因为这在两个时间区间内,能源使用效率是有明显改善的,若其他影响因素维持不变,则能源强度的降低会在 1986—1990 年期间和 1991—1995 年期间分别减少 10.89 和 $8.91 \times 10^6$ t 的二氧化碳排放量。对于能源结构,它也在这两个时间区间内对二氧化碳排放起到一定的抑制作用。这是由于在 1986—1995 年间,中国铁路运输行业的升级和电气化使得交通运输业能源消费结构中电力的消费量明显增加,化石能源所占比重呈现出下降的趋势,优化的能源结构在一定程度上对二氧化碳排放量的增加起到抑制作用。

④ 在 1996—2000 和 2001—2005 这两个时间区间内,中国交通运输业二氧化碳排放量的增加不仅仅是由于产业活动和人口的增加,还因为能源强度和化石能源所占比重的增加,使得这个时间段内碳强度成为抑制二氧化碳排放增加的唯一因素。其中能源强度是造成 1996—2000 年和 2001—2005 年两个时间区间内二氧化碳排放增加的原因之一。因为在这期间不断扩张的交通运输需求以及技术水平限制使得中国交通运输业呈现出粗放式发展模式,能源使用效率不断下降,是增加二氧化碳排放量的原因。对于能源结构,也是造成在 1996—2000 和 2001—2005 两个时间区间内二氧化碳排放增加的原因之一。因为不断扩张的交通运输需求使得能源需求量快速增加,尤其是道路运输的快速发展使得对石油消费在交通运输业中所占比重不断上升,化石能源比重的增加成了这一时期二氧化碳排放量增加的原因之一。

⑤ 对于最后一个时期 2006—2010,与前两个时间区间相同,产业活动和人口的增加是导致中国交通运输业二氧化碳排放量增加的最主要原因。而碳强度、能源强度的降低以及能源结构的优化是抑制二氧化碳排放量增加的原因。能源强度在 2006—2010 期间开始对二氧化碳排放量的增加起到抑制作用,是由于这一时间阶段内能源问题凸显,中国交通运输业开始逐步实行推广各种节能项目,能源使用效率得到了提升。能源结构也同样对二氧化碳排放量的增加起到抑制作用,是由于随着道路交通的发展使得对石油的需求日益增长,石油依赖问题越来越引起重视。为了降低石油依赖程度保障能源安全,电动汽车开始投入使用,越来越多的节能减排措施被引入交通运输业,这一时间区间内能源结构得到一定的

优化,石油在总能源消费中所占的比重出现了小幅度下降的趋势。然而,目前而言电动汽车的全面推广还有很长的路要走,石油仍然在中国交通运输业的能源使用中占据着最主要的支配地位。

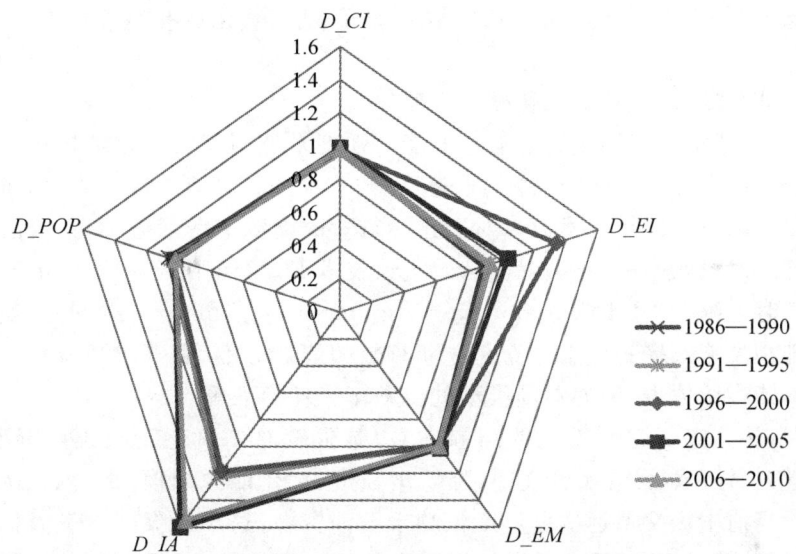

**图 5-8 中国交通运输业二氧化碳排放分解(乘法形式)**

注:CI 代表碳强度影响,EI 代表能源强度影响,EM 代表能源结构影响,IA 代表工业活动影响,POP 代表人口影响。

图 5-8 乘法形式的分解结果表明:

① 产业活动效应和能源强度效应是影响中国交通运输业二氧化碳排放量变化的最主要原因。对中国交通运输业而言,综合运输周转量(也即产业活动)的不断增加,是导致该行业二氧化碳排放增加的最主要原因。历史数据表明,中国交通运输业的综合周转量由 1986 年的 22 390 亿吨·千米增加到了 2020 年的 150 220 亿吨·千米,是 1986 年的将近 7 倍。这是中国当前所处的工业化进程和城市化进程中无可避免的现象,因为交通运输可以说是工业发展和经济发展的动脉。而能源强度虽然在 1996—2005 年区间没有对二氧化碳排放量起到该有的抑制作用,但这一因素仍然是减少交通运输业二氧化碳排放的最主要因素。

② 由图中还可以看出,能源结构效应、碳强度效应和人口效应一直保持着非常稳定的水平,只是随着时间有微小的变化,这与中国交通运输业的现实情景是一致的。对于能源结构,历史数据表明,1986—2010 年中国交通运输业的总能源消费中化石能源(石油、煤炭、天然气)占据了非常大的比重,一直在 95% 以上。因此无论是碳强度还是能源结构,这两个指标的变化都是相当小的,很难实现显著

改进。这也是为什么在1986—2010年期间,由它们二者的变化引起的二氧化碳排放量的变化量都不大。至于人口效应,由于中国政府实行的计划生育政策,人口的变化也是非常小,在1986—2010年间这一指标保持非常稳定的增长且年均增长率低于0.9%。因此,人口效应也不是引起二氧化碳排放量变化的最主要原因。

### 5.3.3 中国交通运输业二氧化碳减排建议

首先,本章结论表明交通运输业的能源强度是抑制其二氧化碳排放的主要因素,因此要致力于降低交通运输业的能源强度,减少能源消费。一方面,重点引进一系列先进的节能减排技术可以对于这一行业的能源消费量起到一定控制,例如一些提高内燃机效率的技术:燃油分层直喷技术FSI(fuel stratified injection)、可变气门正时系统VVT-I(variable valve timing-intelligent)等等。同时,实施高水准的减排相关能效措施要求建立起一套有效的能效标准,也即应当着手于收集各类能源消费指标数据,例如不同类型的机动车能耗标准等。

其次,从分解研究所得到的结果来看,碳强度对二氧化碳减排有抑制作用。二氧化碳排放预测的结果也表明,降低碳强度、优化能源结构对二氧化碳减排至关重要。当前中国交通运输业高度依赖于石油资源,这不仅仅会引发人们对于能源安全的忧虑,化石能源的过度使用还会使得交通运输业成为高污染、高能耗的行业。通过投入使用更多新能源机动车代替传统燃油汽车是实现能源消费结构的优化、直接抑制二氧化碳排放的最有效手段。当前中国交通运输业仅仅有非常小比重的机动车辆使用新能源。并且相关的配套措施(如电动汽车的充电桩)发展也非常不完善。政府的工作重心应该重点放在支持新能源汽车的推广使用,做好相应的补贴激励措施,并加强相关配套设备的建设。通过相应的政策手段有意识地用新能源汽车去替代传统燃油汽车,可以有效地缓和交通运输业的石油需求,对交通运输业二氧化碳排放起到直接的抑制作用。这将是中国交通运输业未来发展模式转变的一个重要方向。

# 第6章 中国商业节能潜力及二氧化碳排放研究

## 6.1 中国商业能源消费情况

按照美国 EIA(Energy Information Administration)制定的标准,商业能耗特指商业建筑能耗,商业建筑是指至少有 50% 以上的面积用于除住宅、工业和农业以外用途的建筑物,其主要用途包括:教育、食品销售和服务、医院、住宿、商品销售、办公室、政府公共服务等。因为,以上这些服务均在商业建筑中进行,所以商业能耗可以近似于商业建筑能耗。

工业、交通、居民和商业是能源消费最主要的四个部门,虽然商业在其中的占比相对较小,但是其具有较高的能源消费潜力。2012 年,中国商业能耗占比只有 6.95%,而发达国家占比均在 15% 以上。除此之外,商业在城市化过程中,对人口的集聚和经济发展有着巨大的促进作用。相比于农业和制造业,商业的能源消费具有一些不同的特点。第一,商业能源强度较小。商业的生产经营或大部分只需要日常的办公室劳动,这导致商业单位产值会消耗较少的能源。第二,能源消费商业生产过程中的辅助条件。商业生产主要是依靠人力劳动和机器生产,是属于劳动密集和资本密集相结合型产业。第三,商业发展有利于改善中国的能源结构。商业的能源消费主要以油、气、电为主。2012 年,商业的煤炭消费在总能耗中占比不到 20%,中国整体的煤炭消费占比却高达 68.5%。发展商业对解决中国由于高煤炭消费带来的能源与环境问题很有帮助。

目前中国商业发展缓慢,在国内生产总值中所占比重低,不仅远低于发达国家,还低于许多发展中国家,也低于世界平均水平,同社会经济又好又快发展要求不相适应,因此需要大力发展。2012 年以商业为主要组成部分的第三产业的 GDP 占比,中国为 46.1%,美国为 79.6%,中国跟美国相差巨大。而能源消费方面,IEA 数据表明 2013 年美国商业能耗达到 $6.21 \times 10^8$ tce,占美国能耗总量的 18.33%。中美两国在能耗总量相差不大的情况下,美国的商业能耗是中国的 2.5 倍。这表明在中国经济转型和未来的发展战略中,商业能源消费具有很大的增长潜力。

1981 年,中国商业能耗总量仅 $2370 \times 10^4$ tce,到 2012 年增长了超过 10 倍;商业能耗占全国总能耗比重上升将近 3 个百分点。近几年,随着经济社会发展,中国城市化进程加快,人民生活水平快速提高,商业能耗总量及比重均呈现较快增长。"十一五"期间,中国商业能耗总量从 2005 年的 $14.10 \times 10^8$ tce 上升到了 2010 年的 $20.51 \times 10^8$ t,实现了年均 7.8% 的高速增长。而进入"十二五"之后,商业能耗的增长速度进一步加快,年均增速达到了 10.7%,而同期的中国能耗总量增速则只有 5.5%。2012 年,中国商业能耗总量达到了 $2.51 \times 10^8$ tce,分别占 2012 年英国和意大利总能耗的 84.0% 和 105.2%。由此可见,中国商业能耗总量在全球而言也是一个相当庞大的数值。2014 年,中国人均 GDP 已经达到 7500 美元左右,渐渐步入中高收入国家的行列。国家发改委表示希望通过"十三五"的努力,即到 2020 年,将中国发展成为或接近高收入国家的行列。而根据发达国家的经验,商业能耗最终将占到社会终端总能耗的 15% 以上。中国商业能耗的增长空间巨大,商业能耗是中国经济转型以及节能减排工作不可忽视的重点,也是实现全球气候及环境治理的关键。

除此之外,1985 年中国商业的二氧化碳排放量为 $90.3 \times 10^6$ t,到 2012 年中国商业的二氧化碳排放量达到 $677.3 \times 10^6$ t,增长了 6.5 倍,年均增长 8.03%,排放规模超过了 2012 年加拿大的整体排放量 $619.6 \times 10^6$ t。

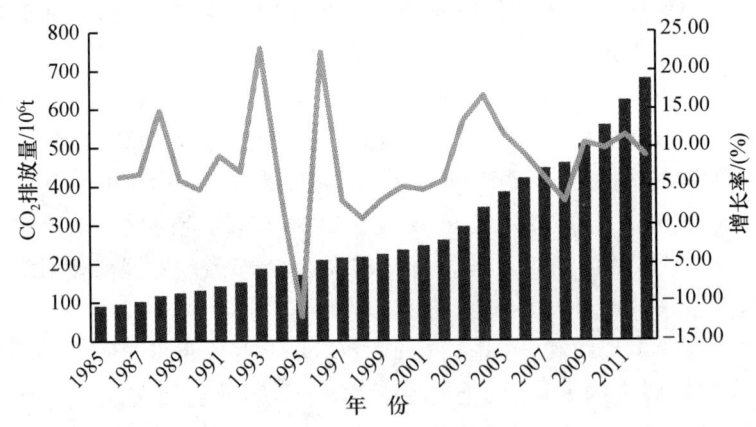

图 6-1 中国商业二氧化碳排放及其增长率

数据来源:历年《中国统计年鉴》。

二氧化碳排放量快速上升不单是化石燃料消费引起的,还有着各种其他方面的原因。因而要减少二氧化碳排放,必须首先找到导致中国商业二氧化碳排放背后的驱动因素及其影响程度的大小,只有这样才能有的放矢地制定二氧化碳减排政策,实现低碳发展战略。

## 6.2 中国商业的节能潜力研究①

商业是中国国民经济发展的重要组成部分,具有高增加值和低能源强度的特点,商业的繁荣关乎中国能否实现经济转型和节能减排。对中国商业中长期需求的科学预测和商业节能潜力的合理估算,对于中国政策布局和未来发展战略的选择具有重大意义。本节旨在基于计量经济学理论,结合国内经济发展实情,探索中国商业能源消费量与其他宏观经济变量的长期均衡关系,构建建筑业能耗需求预测模型,并通过情景分析法估计中国商业的节能潜力,以期为政府和行业节能规划和政策设计提供有力的数据支持和参考。

### 6.2.1 中国商业能源消费的长期均衡关系

1. 变量选择及数据来源

我们的目的在于说明中国商业的能源消费与一些变量的长期均衡关系,从而实现对中国商业能源消费和节能潜力的预测估计。一个部门能源需求的因素有很多,我们主要从经济含义和数据实现的可能性两个方面考虑,很显然,中国城镇化进程中的商业能耗主要受经济发展水平、劳动者生产率、城镇化率和能源价格等相关。因此,我们构建商业能耗需求预测系统选用了 1981—2012 年 32 年里中国的国内生产总值($GDP$)、第三产业的劳动生产率($LP$)、中国城镇化率($Urb$)和能源价格指数($EP$)作为解释变量以分析其对同期中国商业能耗的影响。各变量的说明如下:

(1) 商业能源消费量($EC$)

我们研究的商业能耗并不等同于传统意义上的商品批发销售等行业能耗,而是按照美国 EIA 的分类标准确定的商业能耗。中国的统计工作都是按经济活动来划分的,没有一个很好的统计建筑能耗的平台,故而统计中国商业能耗数据可以绕过商业建筑能耗直接通过统计美国 EIA 定义的商业建筑的用途所对应的经济活动的能源消费来进行。基于这样的思路,我们将统计年鉴中的批发零售贸易餐饮业和其他行业两项能耗相加作为中国商业能耗。结合《中国统计年鉴》和《中国能源统计年鉴》的数据,我们得到了 1981—2012 年中国商业的能耗数据(见图 6-2)。根据数据统计结果,2004 年中国商业能耗占比为 5.96%,这和 J. MICHAEL MACDONALD(2004)估计的中国商业能耗占比 5% 左右的数据相符。

---

① 本小节在参考文献"Lin, Boqiang, Wang, Ailun. Estimating energy conservation potential in China's commercial sector [J]. Energy,2015,82:147—156"基础上进行了修改和完善。

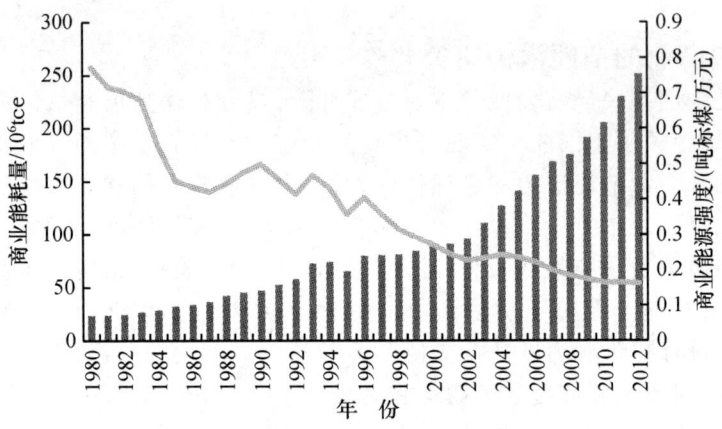

图 6-2　中国商业能耗和能源强度

数据来源：历年《中国统计年鉴》。

（2）国内生产总值（GDP）

由于 GDP 在较大程度上反映了经济发展程度、经济活跃程度、人民生活质量等综合水平，进而影响商业的发展水平，因此我们选取 GDP 作为影响商业能源消费的一个重要的变量。我们把各年 GDP 按 2000 年为基期折算为实际 GDP。

（3）劳动生产率（LP）

我们定义：LP＝部门增加值/部门全部就业人数。由于早期的商业从业人数很难统计，我们选用第三产业的劳动生产率替代商业的劳动生产率。因为，商业占第三产业的大部分范围，2012 年，中国商业的增加值和就业人数均占第三产业总数的 90% 左右。劳动生产率对能源需求的影响可能是正向或者是负向的。分析其原因，根据能源平衡关系，劳动与能源消费之间存在着替代关系。一方面，在产量保持不变的情况下，劳动生产率的提高会减少相应的能源消费，一些研究表明生产率有利于能源效率的提高（Gale A. Boyd 2000；Subrahmanya2006）；另一方面，劳动生产率的提高意味着成本的降低，企业更有动力将资本投入到其他要素并增加产量，进而增加总体的能源消费。

（4）城市化率水平（Urb）

按照惯例，中国城镇化水平采用人口统计学指标"城镇化率"，即城镇人口占总人口的比重。李文（2001）研究表明城镇化将会促进第三产业的发展，进而促进商业的发展。随着城镇化率的提高，商业更加繁荣，商业能耗也将提高。我们依照历年《中国统计年鉴》，构造 1980—2013 年中国城镇化率。

（5）能源价格（EP）

能源价格能直接影响商业的能源需求。中国能源价格的现状是：能源价格受到政府的管制，不能完全反映市场供求，未能体现资源的稀缺性和真实环境成本，波动幅度相对较小。由于商业能耗主要是以电力消耗为主，我们选取"中国电力价格指数"代表价格水平，数据来源为历年《中国统计年鉴》，为剔除通货膨胀因素的影响，我们以2000年为基准年，对指数进行了平减处理。根据经济学常识：能源需求同燃料类价格指数之间存在负相关关系，燃料类价格指数的提高会抑制行业对能源的需求。

为消除异方差，我们对以上变量进行了对数化处理。

2. 计量分析

协整关系反映了非平稳时间序列之间的平稳关系，应首先对各变量的平稳性进行检验。我们通过 Augmented Dickey-Fuller 检验、Phillips-Perron 检验和 KPSS 检验三种方法来检查各个变量是否存在单位根。表6-1给出了在三种不同方法下分别对带不带趋势项求得的变量平稳性的检验结果。

表6-1 单位根检验

|  | ADF | | PP | | KPSS | |
| --- | --- | --- | --- | --- | --- | --- |
|  | 无趋势 | 有趋势 | 无趋势 | 有趋势 | 无趋势 | 有趋势 |
| $\ln EC$ | −0.018 | −1.035 | 0.080 | −2.299 | 3.12*** | 0.654*** |
| $\ln GDP$ | 1.221 | −1.181 | 0.955 | −1.420 | 3.16*** | 0.569*** |
| $\ln LP$ | 1.456 | −0.738 | 1.388 | −0.886 | 3.03*** | 0.677*** |
| $\ln Urb$ | 0.030 | −1.690 | 0.010 | −1.902 | 3.14*** | 0.405*** |
| $\ln EP$ | −1.157 | −0.195 | −1.015 | −1.014 | 3.04*** | 0.545*** |
| $\Delta\ln EC$ | −6.052*** | −5.940*** | −6.146*** | −6.023*** | 0.0596 | 0.193** |
| $\Delta\ln GDP$ | −3.092** | −3.011 | −3.143** | −3.049 | 0.299 | 0.082 |
| $\Delta\ln LP$ | −3.906*** | −4.072*** | −3.849*** | −3.970 | 0.411* | 0.086 |
| $\Delta\ln Urb$ | −5.219*** | −5.168*** | −5.222*** | −5.170*** | 0.0929 | 0.0751 |
| $\Delta\ln EP$ | −2.563 | −2.738 | −2.582* | −2.720 | 0.491** | 0.321*** |

注：* 代表在0.10的置信水平上拒绝原假设；** 代表在0.05的置信水平上拒绝原假设；*** 代表在0.01的置信水平上拒绝原假设。

ADF、PP和KPSS检验均表明 $\ln EC$、$\ln GDP$、$\ln LP$ 和 $\ln Urb$ 在是一阶单整的。$\ln EP$ 在 KPSS 无趋势项检验中是在1%的水平上一阶单整，而在 ADF 和 PP 检验中，一阶差分的单位根检验在10%的显著性水平下都无法拒绝存在单位根的原假设，但在15%的显著性水平下，存在单位根的原假设被拒绝。即在15%的显著性水平下 $\ln EP$ 也是一阶单整的。Wooldridge(2003)指出，对于小样本容量，有时可以让统计检验的显著性水平大到20%。基于以上的检验结果，我们认为 $\ln EC$、$\ln GDP$、$\ln LP$、$\ln Urb$ 和 $\ln EP$ 都是一阶单整的，满足进一步进行协整关

表 6-2　Johansen 协整关系检验

| 协整方程个数 | parms | LL | 特征值 | 迹统计量 | 5%置信水平 |
| --- | --- | --- | --- | --- | --- |
| 0 | 30 | 283.303 | . | 82.057 | 68.52 |
| 1 | 39 | 302.118 | 0.715 | 44.427* | 47.21 |
| 2 | 46 | 315.417 | 0.588 | 17.830 | 29.68 |
| 3 | 51 | 322.410 | 0.373 | 3.844 | 15.41 |
| 4 | 54 | 324.118 | 0.108 | 0.428 | 3.76 |
| 5 | 55 | 324.332 | 0.014 | | |
| 协整方程个数 | parms | LL | 特征值 | 最大特征值统计量 | 5%置信水平 |
| 0 | 30 | 283.303 | . | 37.630 | 33.46 |
| 1 | 39 | 302.118 | 0.715 | 26.596 | 27.07 |
| 2 | 46 | 315.417 | 0.588 | 13.986 | 20.97 |
| 3 | 51 | 322.410 | 0.373 | 3.416 | 14.07 |
| 4 | 54 | 324.118 | 0.108 | 0.428 | 3.76 |
| 5 | 55 | 324.332 | 0.014 | | |

注：带*表示拒绝0.05显著性水平下的原假设。

系检验的前提条件。

对以上五个时间序列进行 Johansen 协整关系检验的结果见表 6-2。包含常数项的协整秩迹检验结果表明，只有一个线性无关的协整向量（表中"*"所示）最大特征值检验也表明，可以在5%的水平上拒绝"协整秩为0"的原假设（37.630＞30.46），但无法拒绝"协整秩为1"的原假设（26.596＜27.07）。因此，可以进一步进行协整分析。

建立由 $\ln EC$、$\ln GDP$、$\ln LP$、$\ln Urb$ 和 $\ln EP$ 构成的 VAR 模型，检验该系统所对应的 VAR 表示法的滞后阶数。检验结果如表 6-3 所示，根据 LR、FPE、AIC、HQIC 和 SBIC 等准则下均显示选择滞后四阶。因此，我们选择四阶滞后阶数。

表 6-3　滞后阶数选择

| 滞后阶数 | LL | LR | df | p | FPE | AIC | HQIC | SBIC |
| --- | --- | --- | --- | --- | --- | --- | --- | --- |
| 0 | 95.0499 | | | | 1.1e-09 | −6.432 | −6.359 | −6.194 |
| 1 | 270.16 | 350.22 | 25 | 0.000 | 2.5e-14 | −17.154 | −16.718 | −15.727 |
| 2 | 306.194 | 72.067 | 25 | 0.000 | 1.4e-14 | −17.942 | −17.142 | −15.326 |

（续表）

| 滞后阶数 | LL | LR | df | p | FPE | AIC | HQIC | SBIC |
|---|---|---|---|---|---|---|---|---|
| 3 | 347.113 | 81.838 | 25 | 0.000 | 7.8e-15 | −19.080 | −17.916 | −15.273 |
| 4 | 421.825 | 149.42* | 25 | 0.000 | 9.5e-16* | −22.630* | −20.103* | −17.635* |

注：* 表示对应准则下的最优选择。LR 表示序列调整的 LR 检验统计量；FPE 是最终的预测标准误差，反映了一步向前预测的均方误差；AIC，SC 和 HQIC 分别代表赤池、施瓦兹和 Hunnan-Quinn 信息准则。

基于以上分析，用 Johansen 估计法建立变量间的协整关系模型：

$$\ln EC = 1.846\ln GDP - 1.503\ln LP + 0.870\ln Urb - 0.362\ln EP + 1.272 \quad (6\text{-}1)$$
$$\quad\quad\quad (-21.44) \quad\quad (14.87) \quad\quad (-14.83) \quad\quad (11.12)$$

由此，我们得出结论：

第一，协整方程(6-1)表明了 1981—2012 年期间中国商业能耗存在长期均衡关系。以上各变量括号中 $t$ 统计量的 $p$ 值均接近 0.000，全都通过统计检验。

第二，$\ln GDP$ 系数和变量 $\ln Urb$ 系数符号也为正，$\ln LP$ 和 $\ln EP$ 的系数为负，这个结果符合经济学基本理论和实际的经济发展规律。

第三，随着 GDP 的增长，产品的需求会相应增长，经济活动也会更加活跃，商品销售和公共产品服务的需求也会相应增长，批发零售贸易餐饮等行业将迅速发展，同时也会加大广播电视等行业投资，总的来看 GDP 的发展将会促进商业更加繁荣，从而增加了商业的能源需求。从弹性系数可以发现，GDP 的弹性影响因素在所有影响因素中最大，说明三十多年来，中国商业能源需求量快速增长的最主要原因是中国经济的飞速发展。

第四，相对其他变量而言，$\ln LP$ 的弹性系数为负的，说明中国商业的劳动生产率提高，将会导致能源消费总效应为负。劳动生产率的提高会产生正负两种效用。从要素的角度来看，劳动跟能源之间既存在替代关系也存在互补关系。替代关系，表现在劳动生产率的提高导致单位增加值劳动的投入下降但是能源的投入要上升，这便是正的效用。在工业化和电气化的过程中，劳动逐渐被机器所取代，比如电脑的普及使用可以降低劳工的数量但却耗用更多的电能。而互补关系表现在劳动生产率的提高导致单位增加值劳动的投入下降，同时能源的投入也跟着下降，一方面，技术进步，导致商业生产函数向外扩张，单位劳动和能源产生的增加值将上升；另一方面，中国通过改革开放，商业的行业集中度更高，专业化分工更加明细，导致产生规模效应，这同样使得单位增加值的能耗降低。

而 $\ln LP$ 的弹性系数为负，这说明劳动生产率引起的能源消费总效应为负，能源和劳动之间的互补效应要强于替代效应。商业中大多是服务行业，而服务行业都是劳动密集型的，能源对劳动的替代作用相比工业制造业要小很多。所以，提高商业的劳动生产率对商业的能源消费有明显的抑制作用。

第五,城镇化率对能源消费的影响效果显著,城镇化率每增加1%,会导致能源消费增加0.53%。城镇化不仅仅是人口的地缘变化,更是人们生活方式的变化。城镇化会导致消费行为的增加,促进商业的繁荣发展,这将会导致商业能源消费的上升。

第六,能源价格 $\ln EP$ 的弹性系数为负且相对较小,说明电力价格的上升会导致能源需求的下降,但幅度很有限。中国经济正处在高速发展的阶段,城镇化和人们生活水平的提高导致商业服务业部门对能源有着刚性的需求。特别是在政府对能源价格进行管制的大环境下,价格对能源消费的影响很小。如果政府能放开能源价格管制,使能源价格可以反应市场供求规律,可以放大价格对能源消费的影响。

最后,我们需要检验协整方程的预测精度。为此将 1980—2012 年各参数实际值代入方程,我们得到了 1980—2012 年的电气制造业能源消费的拟合值与实际值之间的误差。图 6-3 中的拟合结果表明,模型用于预测中国未来中长期商业能耗需求具有高度说服力。

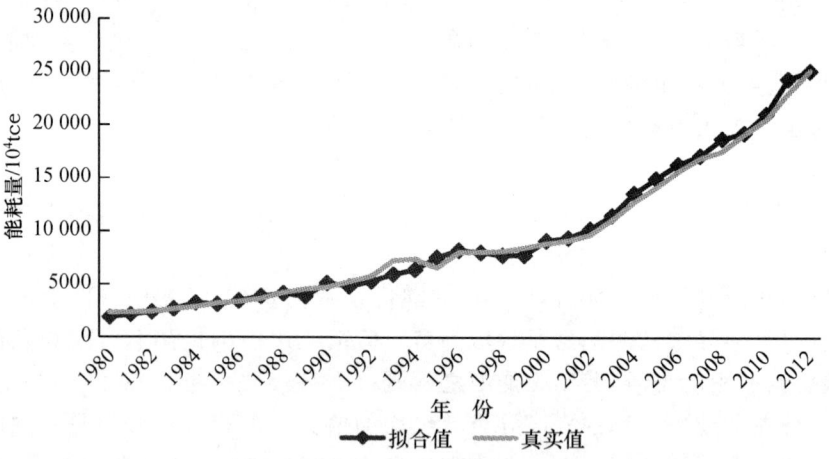

图 6-3　1980—2012 年中国商业能耗实际图和拟合图

模型形式的错误设定或者说参数的不稳定有可能导致推断上的严重后果,甚至是错误的结论。因此,为确保上述协整方程的稳定性,检验 VAR 模型的稳定性以及所估计的参数是否具有时变性是非常必要的。在本章,我们使用系数矩阵的特征根法来进行稳定性检验。检验结果表明,伴随矩阵的所有特征值均小于 1,可见方程(6-1)所代表的协整模型满足稳定性条件。

### 6.2.2　中国商业能源需求预测及节能潜力

中国目前已经是世界能源消费第一大国,实施节能减排政策已经到了刻不容缓的时机。商业的低能源强度特点,决定了其是中国未来经济社会转型的发展热点。基于以上研究结果,我们对中国2013—2020年商业能耗需求进行预测。

1. 情景设定

表6-4 中国商业能耗需求预测情景设定

| 变量 | 2015 | 2016—2020 | 2021—2030 |
|---|---|---|---|
| GDP | 7.2% | 6.2% | 5.8% |
| LP | 7.3% | 6.5% | 6% |
| Urb | 3.4% | 3% | 2.5% |
| EP | 基准情景 | 中等情景 | 积极情景 |
|  | 6.4% | 8% | 9% |

基准情景是基于各变量1980—2012年历史数据求得的年均增长情况;积极情景是在政府及其相关部门通过一定的政策激励下,使得各影响要素在经济现实约束下按最大限度节能的增长率发展;而中等情景是比较温和的节能情景,是以现实的经济发展规划为基础做出的假设,是介于基准情景情景与积极情景之间。

2014年,中国国内生产总值同比增长7.4%。2015年1月,中国科学院发布《2015中国经济预测与展望》,预计2015年中国GDP增速为7.2%。根据中国社科院宏观经济运行实验室2014年10月对中国未来宏观经济发展的预测,"十三五"期间中国GDP增长率在5.7%~6.6%之间,2020—2030年GDP增长率在5.4%~6.3%之间。据此,我们设定2015年GDP增速为7.2%,2016—2020年GDP年均增长率为6.2%,2021—2030年GDP年均增长率为5.8%,从而计算得到预测区间(2014—2030年)内的GDP变量序列数据。

劳动生产率的变化主要是由于技术进步和要素替代等原因所引发的,无法直接观察。经过计算,我们发现中国商业的劳动生产率从1981—2012年每年增长了7.07%,增长了近10倍。2012年,按照6.25的汇率计算,中国第三产业的劳动生产率接近13 400美元。考虑到中国的经济转型和后发优势的逐渐消失,中国劳动生产率很难保持如此的高速增长。可以预期,在未来的7年里,中国商业的生产条件不会发生革命性的变化,那么劳动生产率同GDP增速之间存在一定的关联,在GDP增速下降的时候,劳动生产率的增长率也会有所下降。但是,由于经济转型,商业的劳动生产率的增速将比GDP增速要高。据此,我们设定2015年劳动生产率增速为7.28%,2016—2020年劳动生产率年均增长率为7%,2021—2030年劳动生产率年均增长率为6.5%,从而计算得到预测区间(2014—2030年)内的劳动生产率变量序列数据。

对于城镇化率,现有研究表明到2020年中国的城镇化率将达到70%左右。

孙国华(2010)对"十三五"时期中国城镇化率采取一种积极进取的执行目标设想：年均提高2个百分点，用5～8年时间完成追赶世界中等收入国家的平均城镇化水平。按此速度，到2020年，中国城镇化率将达69.3%。乔依德(2013)指出，2020年中国城镇化率有望达70%。而根据1981—2012年中国城镇化的历史数据，中国城镇化率年均增长率为3.21%，按照此速度发展，2020年中国城镇化率将达到67.7%，稍稍小于以上的研究结果。基于此，我们设定2015年城镇化率增速为3.4%，2016—2020年城镇化率年均增长率为3.2%，2021—2030年城镇化率年均增长率为3%，从而计算得到预测区间(2014—2030年)内的城镇化率变量序列数据。

根据经济学理论，能源价格对能源消费起到最直接的抑制作用。然而众多的研究成果表明，如果将能源消费的代际问题以及环境成本考虑在内，当前的能源价格绝大多数是被低估的。(Liao, H. and Wei, Y. M., 2010.)能源价格市场化是中国能源战略和政策的关键内容，也是中国共产党十八届三中全会关于全面深化改革的重点对象。通过加速能源价格改革，有助于能源总量控制，实现节能减排。根据2013年国家发展改革委发布的《销售电价分类适用范围》，中国的商业的电价中学校和社会福利场所等用电属于居民生活用电，而其他行业用电则属于工商业及其他用电，其中工商业及其他用电的价格最高。为设定积极进取的中国电力市场化改革速度，结合数据可获取性，我们计算了2003—2012年中国36个主要城市的工业用电价格平均增长率。其中增速最快的城市(青岛)的工业用电价格年均增长8.4%。考虑到中国电价价格改革的加速，我们将Moderate scenario下的电力价格年均增长率设定为8%，在Advanced scenario下这个年均增长率达到9%。

以上对各变量增长率分情景的设定(见表6-4)充分结合了中国的实际国情和经济理论的判断，各变量在不同情景下的增长率都是合理并且可以实现的。

2. 能源需求和节能潜力预测

基于方程(6-1)和表6-4所示情景设定，对2013—2030年中国商业能耗需求量进行预测，变化趋势见图6-4。结果表明，到2020年，在基准、中等和积极情景下，中国商业能耗需求量分别为$412.62\times10^6$tce、$395.17\times10^6$tce和$384.76\times10^6$tce；到2030年，基准、中等和积极情景下的中国商业能耗需求量分别为$461.8\times10^6$tce、$417.8\times10^6$tce和$394.58\times10^6$tce。根据中国《能源发展"十二五"规划》和《节能中长期专项规划》，到2020年，每万元GDP(1990年不变价)能耗下降到1.54t标准煤。按照"十八大"提出到2020年中国GDP比2010年翻一番的发展目标计算，到2020年，中国能源消费总量目标设定为$5000\times10^6$tce。依此，按照我们的预测结果，在基准情景下，2020年中国商业能耗比重约为8.25%；在中等情景下,2020年中国商业能耗比重7.90%;在积极节能情景下,2020年中国商业能耗比重为7.70%。

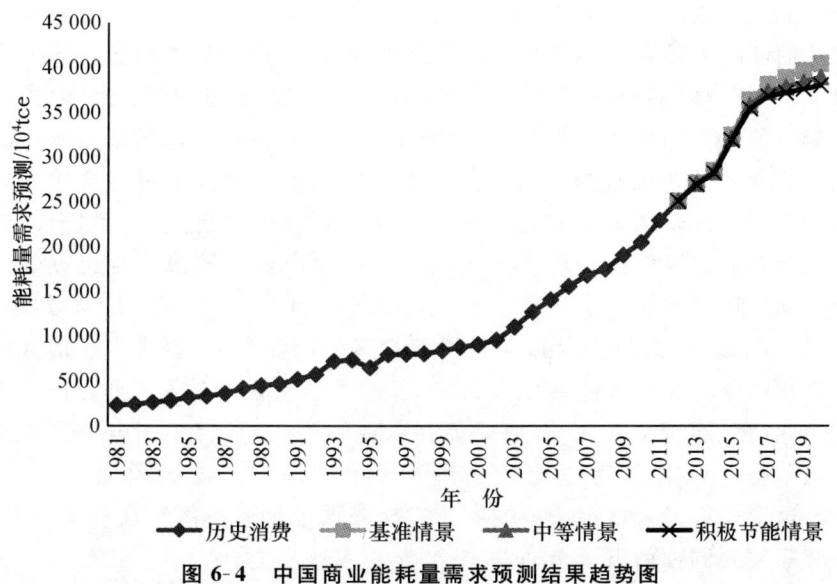

图6-4 中国商业能耗量需求预测结果趋势图

中等节能情景下,中国商业在2020年和2030年的能源需求分别比基准情景下要低1745.59和4279.87×10⁴tce,降低的能耗分别达到同期基准情景下能源需求的4.23%和9.27%。而积极节能情景下,中国商业在2020年和2030年的能源需求分别比基准情景下要低2786.41×10⁴tce和6722.20×10⁴tce,降低的能耗分别达到同期基准情景下需求的6.75%和14.56%。在中等情景下,从2013年到2030年,中国商业累计可以降低能耗为38 517.09×10⁴t,超过2012年英国和澳大利亚两国的能耗总和。在积极节能情景下,从2013年到2030年,中国商业可以降低的能耗累计为61 033.08×10⁴tce,超过2012年非洲的整体能耗水平。由此可见,中国商业具有相当大的节能潜力。

### 6.2.3 中国商业节能建议

根据发达国家的经验,商业的能耗一般要占到社会总能耗的15%以上,而2012年中国的商业能耗只占到GDP的不到7%。因而,中国商业能耗的增长空间巨大。与此同时,中国商业的能源强度只有中国平均能源强度的17.5%,大力发展商业对中国实现降低能源强度目标大有裨益。商业能耗是中国经济转型以及节能减排工作不可忽视的重点,也是实现全球气候及环境治理的关键。准确测算和预测中国商业的能耗是中国实现节能减排的必要前提。我们基于计量经济学协整理论构建了中国商业能耗需求的预测模型,并通过情景分析法计算得出中国 2013—2030 年期间的商业节能潜力。研究发现：

① 中国城镇化进程中的商业的能耗量受到经济发展水平、劳动者生产率、城镇化率和能源价格四大因素的显著影响。从弹性系数来看，其中，经济发展水平商业能耗的影响力最大，当 GDP 增长 1 个百分点，商业能耗将增长 1.846 个百分点。可见，经济的繁荣发展不仅是商业繁荣发展的表现，也是促进商业进一步发展的影响因素，商业的投资将进一步加大，经济繁荣导致人们的生活水平提高也会加大对商业产品和服务的需求。劳动生产率的提高总体来说将会给商业能耗带来负的效用。这表明劳动和能源要素之间的互补效用更强，技术进步，专业化和规模化的商业发展使得劳动生产率增长的同时商业的能源强度也在不断的下降。当劳动生产率增长 1%，商业的能耗将降低 1.503%。城镇化率会导致生活方式发生巨大的改变，这将会导致居民消费更多的商业产品，也带来了商业能耗的增加。其对商业能耗的弹性系数为 0.87，反映了城镇化率对中国商业的能耗影响力呈现边际递减的特征。此外，商业能耗以耗电为主，尽管中国电力价格市场化程度低，但电价对中国商业能耗的影响仍然很显著，电力价格弹性系数为 $-0.362$，这说明通过价格手段控制商业能耗需求量是可行的。从现实来看，这也给中国政府宏观调控留下了余地。

② "十二五"和"十三五"为中国能源战略转型和城镇化进程推进的关键时期。根据我们预测结果，期间中国商业能耗需求总量将持续上升，商业能耗占全社会终端能耗总量的比重较之近年来的水平也将有所上升。到 2020 年，在基准、中等和积极情景下，中国商业能耗需求量分别为 $412.62 \times 10^6$ tce、$395.17 \times 10^6$ tce 和 $384.76 \times 10^6$ tce；到 2030 年，基准、中等和积极情景下的中国商业能耗需求量分别为 $461.8 \times 10^6$ tce、$417.8 \times 10^6$ tce 和 $394.58 \times 10^6$ tce。而节能方面，中等节能情景下，中国商业在 2020 年和 2030 年的能源需求分别比基准情景下要低 $1745.59 \times 10^4$ tce 和 $4279.87 \times 10^4$ tce，降低的能耗分别达到同期基准情景下能源需求的 4.23% 和 9.27%。而积极节能情景下，中国商业在 2020 年和 2030 年的能源需求分别比基准情景下要低 $2786.41 \times 10^4$ tce 和 $6722.20 \times 10^4$ tce，降低的能耗分别达到同期基准情景下需求的 6.75% 和 14.56%。在中等情景下，从 2013 年到 2030 年，中国商业累计可以降低能耗为 $38\,517.09 \times 10^4$ tce，超过 2012 年英国和澳大利亚两国的能耗总和。在积极节能情景下，从 2013 年到 2030 年，中国商业可以降低的能耗累计为 $61\,033.08 \times 10^4$ tce，超过 2012 年非洲的整体能耗水平。由此可见，中国商业具有相当大的节能潜力。

③ 十八届三中全会提出全面深化改革要求，并且能源将是重点改革领域。比如中国长期电力价格受政府控制，低于应有的市场价格。如果电力市场化改革速度加快，商业能耗领域的节能效果将更好，这对中国实现节能减排目标具有重大

意义,也是中国能源市场改革必要性的重要依据之一。然而,城镇化进程中的中国商业能耗呈现刚性需求特征,商业能耗的需求增长潜力大于商业节能潜力,可见,商业节能的实现除了依靠有效的价格政策(例如"阶梯电价")外,还需通过提高劳动生产率降低商业的能耗,劳动生产率对商业的能耗的下降有着明显的促进作用。而提高第三产业的劳动生产率可以通过技术改进和促进行业整合等方式达到。只有将有效的经济手段、技术手段和市场手段相结合,才能真正抑制城镇化进程中商业能耗量的快速增长。

④ 充分发挥第三产业在节能减排中的作用,首先是加快提高第三产业在国民经济中的比重。首先,对商贸、餐饮、交通运输等传统产业要以调整结构、整合资源、提升素质为主,增强集约效应和规模效率。其次,要大力发展能耗低、污染少和效率高的现代服务业、生产性服务业。第三,对于商贸、餐饮和为生产生活服务的赢利性部门,应该采用市场化的手段,大力吸引投资,提升效率。第四,对于公共机构、科、教、文、卫、体和社会服务等非赢利性行业,应该由政府主导,加强政府财政投入。

## 6.3 中国商业二氧化碳排放变化及分析

1985年,中国商业的二氧化碳排放量为 $90.3 \times 10^6$ t,到2012年中国商业的二氧化碳排放量达到 $677.3 \times 10^6$ t,增长了6.5倍,年均增长8.03%,排放规模超过了2012年加拿大的整体排放量 $619.6 \times 10^6$ t。二氧化碳排放量快速上升不单是化石燃料消费引起的,还有着方方面面的深层原因。因此要减少二氧化碳排放,必须挖掘出推动中国商业二氧化碳排放量的快速上升的驱动因素。只有这样,才能有的放矢地制定减排政策,实施低碳可持续发展。

### 6.3.1 中国商业二氧化碳排放变化因素分解

我们使用LMDI分解法,该方法不仅能够完全分解,不产生不可解释的残差值,而且计算方法方便、解释合理,在文献中大量应用。

令 $C$ 表示化石燃料使用带来的二氧化碳的排放,$i$ 表示八种能源种类(煤炭、焦炭、汽油、煤油、柴油、燃料油、天然气和电力),$C_i$、$E_i$、$E$、$Y$ 和 $P$ 分别表示第 $i$ 类能源的二氧化碳排放、第 $i$ 类能源的能源消费、商业能源消费总量、商业增加值和商业就业人数。综上所述,终端化石燃料消费导致二氧化碳排放可以等价表示成

$$C = \sum_{i=1}^{8} C_i = \sum_{i=1}^{8} \frac{C_i}{E_i} \cdot \frac{E_i}{E} \cdot \frac{E}{Y} \cdot \frac{Y}{P} \cdot P \qquad (6\text{-}2)$$

即

$$C = \sum_i CI_i \cdot ES_i \cdot EI \cdot LP \cdot PS \qquad (6\text{-}3)$$

其中,碳强度指标 $CI$ 是指各能源品种的二氧化碳排放系数,能源结构指标 $ES$ 是指各种能源在总能耗中的占比;能源强度指标 $EI$ 是指能源消费与产出之间的比

值,代表单位产出所消耗的能源;劳动生产率指标 LP 代表单位劳动力生产的产品;劳动人口指标代表商业的劳动人口。

终端化石燃料消费导致二氧化碳排放环比指数按照 LMDI 乘数分解方法可以分解成为以下五个影响因子项:

$$RC = C^t/C^{t-1} = RC_{CI} \cdot RC_{ES} \cdot RC_{EI} \cdot RC_{LP} \cdot RC_{PS}$$

$$= \exp\left[\sum_i \frac{L(C_i^t, C_i^{t-1})}{L(C^t, C^{t-1})} \cdot \ln\left(\frac{CI_i^t}{CI_i^{t-1}}\right)\right] \times \exp\left[\sum_i \frac{L(C_i^t, C_i^{t-1})}{L(C^t, C^{t-1})} \cdot \ln\left(\frac{ES_i^t}{ES_i^{t-1}}\right)\right]$$

$$\times \exp\left[\sum_i \frac{L(C_i^t, C_i^{t-1})}{L(C^t, C^{t-1})} \cdot \ln\left(\frac{EI^t}{EI^{t-1}}\right)\right] \times \exp\left[\sum_i \frac{L(C_i^t, C_i^{t-1})}{L(C^t, C^{t-1})} \cdot \ln\left(\frac{LP^t}{LP^{t-1}}\right)\right]$$

$$\times \exp\left[\sum_i \frac{L(C_i^t, C_i^{t-1})}{L(C^t, C^{t-1})} \cdot \ln\left(\frac{PS^t}{PS^{t-1}}\right)\right] \tag{6-4}$$

其中,$t$ 和 $t-1$ 表示相邻两期,$RC$ 表示二氧化碳排放总发展指数,$RC_{CI}$、$RC_{ES}$、$RC_{EI}$、$RC_{LP}$ 和 $RC_{PS}$ 则是分解而成的五个因子环比发展指数。由于本章计算二氧化碳排放时,八种能源的二氧化碳排放系数是固定不变的,因此方程右侧的 $RC_{CI}$ 实际上为 0,最终分解而成的只有四项。

终端化石燃料消费导致二氧化碳排放变化情况按照 LMDI 加法分解方法可以分解成为以下五个影响因子项:

$$\Delta C = C_t - C_0 = \Delta C_{CI} + \Delta C_{ES} + \Delta C_{EI} + \Delta C_{LP} + \Delta C_{IS} \tag{6-5}$$

其中,

$$\Delta C_{CI} = \sum_i L(C_i^t, C_i^0) \cdot \ln\left(\frac{CI_i^t}{CI_i^0}\right), \quad \Delta C_{ES} = \sum_i L(C_i^t, C_i^0) \cdot \ln\left(\frac{ES_i^t}{ES_i^0}\right)$$

$$\Delta C_{EI} = \sum_i L(C_i^t, C_i^0) \cdot \ln\left(\frac{EI^t}{EI^0}\right), \quad \Delta C_{LP} = \sum_i L(C_i^t, C_i^0) \cdot \ln\left(\frac{LP^t}{LP^0}\right)$$

$$\Delta C_{IS} = \sum_i L(C_i^t, C_i^0) \cdot \ln\left(\frac{PS^t}{PS^0}\right)$$

分析中国商业能源结构和发展程度等因素对二氧化碳排放的影响,故而利用 1985—2012 年中国商业的统计数据,从八种能源品种的角度对商业能源消费导致的二氧化碳排放进行分解的 LMDI 方法。按照 LMDI 分解方法,我们需要的原始数据包括:八种能源的消费量、商业产出数据和就业人数,并需要据此计算出二氧化碳排放数据。

(1) 商业能耗

按照前文的商业定义,结合《中国统计年鉴》和《中国能源统计年鉴》的数据,我们得到了 1985—2012 年中国商业的各能源品种的数据。其中电力煤耗是按照中国每年的单位电力煤耗进行折算出来,煤炭结构指标测算了煤炭消耗在商业能源消费总量中的占比,煤炭结构＝(煤炭＋焦炭＋电力)/能耗总量。

(2) 产出和人口人数

我们从统计年鉴中的批发零售贸易餐饮业和其他行业两项统计数据相加得到产出和就业人数数据。其中产出数据按照中国居民消费价格指数以 2000 年为基年进行平减。

(3) 二氧化碳排放

根据 2006 年联合国政府间气候变化专门委员会(IPCC)制定的国家温室气体清单指南(Guidelines for National Greenhouse Gas Inventories)提供的参考方法,二氧化碳排放总量可以用各种能源消费导致的二氧化碳排放量通过估算加和得到。具体公式如下:

$$C_t = \sum_{i=1}^{8} C_{i,t} = \sum_{i=1}^{8} E_{i,t} \cdot NCV_i \cdot CEF_i \cdot COF_i \cdot (44/12) \quad (6-6)$$

公式中的变量意义如下:$C$ 代表估算的二氧化碳排放量(单位为万吨),$i=1,2,3$ 分别代表三种一次能源(煤炭、原油和天然气);$E$ 代表各自消费量(单位为万吨标煤);$NCV$ 为平均低位发热量;$CEF$ 为 IPCC(2006)温室气体清单提供的二氧化碳排放系数;$COF$ 是碳氧化因子;44 和 12 分别为二氧化碳和碳的分子量。根据上述数据,笔者计算出中国商业消费的各能源品种二氧化碳排放量(见图 6-5)。

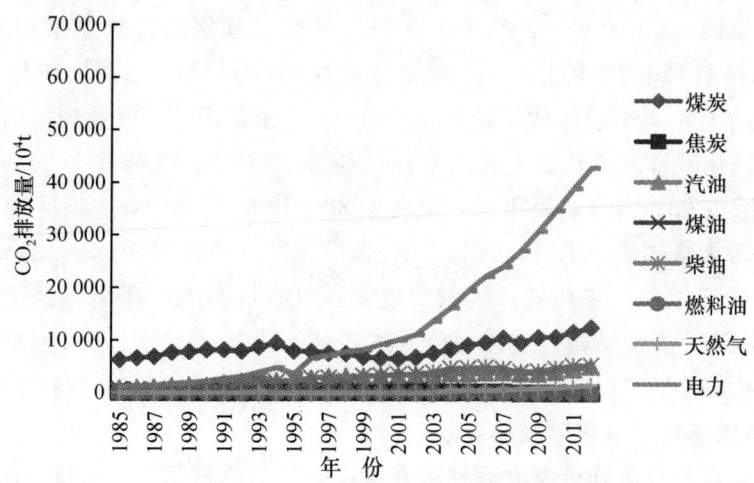

图 6-5　商业不同能源的二氧化碳排放

数据来源:历年《中国统计年鉴》。

从图 6-6 可见,中国商业从 1986 年到 2012 年,二氧化碳排放量的增量为 $587.00 \times 10^6$ t,由于能源结构变化导致的二氧化碳排放增量为 $4.66 \times 10^6$ t,占总排放增量的 0.79%,能源强度改善导致的二氧化碳排放量减少 $313.72 \times 10^6$ t,占

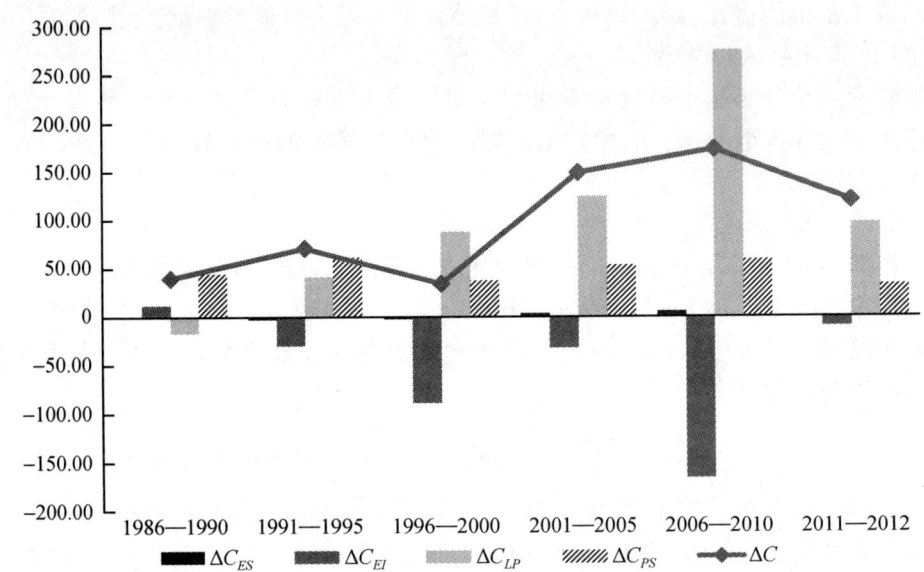

**图 6-6 中国商业二氧化碳指数及其 LMDI 因素分解跨期累积值（加法）**

注：EI 代表能源强度影响，ES 代表能源结构影响，LP 代表劳动生产率影响，PS 代表就业规模影响。

总排放增量的 $-53.45\%$，生产者效率提高导致二氧化碳排放量增加 $608.72\times10^6$ t，占总排放增量的 $103.70\%$，商业就业规模提高导致二氧化碳排放量增加 $287.33\times10^6$ t，相当于总排放增量的 $48.95\%$。一般情况下，就业规模的增长始终是导致二氧化碳排放增长的主要因素，而能源强度和生产者效率分别是促使二氧化碳排放减少和增加的主要因素，但在 1986—1990 年例外，这期间能源强度上升导致二氧化碳排放上升 $12.14\times10^6$ t，生产者效率下降导致二氧化碳排放下降了 $16.50\times10^6$ t；从二氧化碳排放的角度看，中国商业的能源结构处于先优化后恶化的过程中，能源结构的变化总体导致二氧化碳排放相对上升，但是该因素的贡献相对比较小。

### 6.3.2 中国商业二氧化碳减排建议

下面我们就具体分析以上五种因素对终端化石燃料二氧化碳排放的影响。

（1）能源结构效应

广义上煤炭是中国商业最重要的终端一次能源，平均占比达到 $70.69\%$，是造成商业二氧化碳排放的主要原因。在各种能源当中，煤炭的排放系数要高于石油和天然气，因此能源结构的变化对二氧化碳排放将会产生一定的影响。能源结构的变化将影响二氧化碳排放量的变化，当能源结构改善，煤炭占比下降的时候，将会导致二氧化碳排放量的下降;而能源架构恶化时,二氧化碳排放量将上升。

分段来看,1985—1990年,这段时间能源结构在不断改善,这对商业二氧化碳排放产生抑制作用;1991—2000年,商业能源结构处于不断波动的阶段,使得商业二氧化碳排放有增有减;2001—2010年,商业能源结构不断恶化,煤炭占比上升,进一步促进了商业二氧化碳排放增加。2004年,商业能源结构有了一次很大的改善,这是由于2004年,西气东输工程正式投产,当年的天然气消费量从2003年的$91\times10^4$ t标煤上升到2004年的$310\times10^4$ t标煤,对能源结构产生了正面冲击;"十二五"以来,商业能源结构保持相对稳定,能源结构效应趋于0。虽然从乘法的角度,能源结构效应为-0.61%,即对二氧化碳排放有抑制作用;但由于能源结构恶化的同时二氧化碳排放总量也急剧增大,因而从加法角度,能源结构效应为$4.66\times10^6$ t,促进了二氧化碳排放的增加。总的来说,能源结构在根本上受到能源资源禀赋的制约,而且各种能源种类之间二氧化碳排放系数也相差不大,所以能源结构对二氧化碳排放的影响总体上还是比较小的,不能作为商业二氧化碳减排的主要方向。目前中国的能源结构中仍然以煤炭为主,这种情况即使在煤炭消费达到峰值之后依旧长期无法改变。综上,商业减排不能完全寄希望于能源结构的改善。

(2) 能源强度效应

能源强度下降是抑制二氧化碳排放的主要因素。能源强度下降将导致二氧化碳排放量的下降,能源强度上升将导致二氧化碳排放上升。因为二氧化碳实质上是能源消费,能源强度下降将导致单位产出的能耗下降,也就是单位产出的二氧化碳下降。自1985年以来,中国的能源强度有了巨大的下降,从0.49吨标煤/万元下降到了目前0.17吨标煤/万元,下降了64.98%,这样显著地变化导致了能源结构对二氧化碳排放的效应也相对较大。

分段来看,1985—1990年,能源强度经历了先下降后上升的过程,最终从1985年0.49吨标煤/万元到1990年上升到了0.54吨标煤/万元,这也导致二氧化碳排放效应经历先改善后恶化的过程。80年代末期,中国商品经济开始逐渐发展,人民的商业意识逐步增强,再加上能源价格低廉,利用技术相对粗糙,商业的发展进入了相对盲目扩张的阶段,最终导致能源强度上升,二氧化碳排放增加。1991—2012年,能源强度开始逐步下降,中国商业经济逐步从粗放型走向集约型,能源利用技术和效率逐步增强,能源价格不断改革,成本也在不断上升。总的来说,能源强度从1991年0.49吨标煤/万元下降到2012年0.17吨标煤/万元导致了中国商业二氧化碳排放下降了$326\times10^4$ t。值得注意的是2004年,能源强度出现了一次反弹,当年商业增加值增长了10.59%,而能耗却增长了17.37%,这导致能源强度从 2003 年的 0.247 吨标煤/万元增长到 0.262 万吨标煤/万元,这主要是由于库存调整所导致的。2004 年之后,经济进入了新一轮的腾飞,2005—2007 年之后,商业增加值年均增长率达到 17.4%,商业的能耗仍保持平稳增加。2004 年的能源强度变化并不是技术上的原因导致的,而是库存的周期调整所引致的。

降低商业的能源强度,转变粗放型的生产方式向集约型转变。现代商业越来越互联网化,大数据等现代技术的发展,使得商家和消费者之间的层级越来越扁平,这有利于降低商业的整体能源强度。因而,碳减排在现代技术不断发展的情况下,情况将得到改善。

(3) 劳动生产率效应

劳动生产率的高速增长是中国经济发展的重要成果,1985 年到 2012 年,中国商业的劳动生产率从 10 117.95 万元/人增长到 60 472.99 万元/人,增长了 497.69%,取得了举世瞩目的成就。但王锋(2010)认为,劳动生产率大幅增长所代表的经济快速发展导致了能源的大量消费和 $CO_2$ 排放量的快速增长。从图 6-6 可以看出劳动生产率对终端化石燃料二氧化碳排放有正的影响,促进二氧化碳排放增加了 $608.72 \times 10^4$ t。这说明了中国的经济发展是伴随着高能耗高排放的。劳动生产率的提高,伴随着工业化的发展,在商业集中表现在信息化自动化系统对人工的替代,比如大型仓储型超市,金融跟信息技术的结合这些都提高了生产率但同时也增加了对电力等能源的需求,因而劳动生产率的提高是二氧化碳排放增加最主要的因素。

分段来看,1985—1990 年和 1991—1995 年,商业劳动生产率均经历了先上升后下降的过程,1990 年和 1995 年是下降较为明显的年份,这也导致二氧化碳排放增量经历先上升后下降的过程,其中 1990 年和 1995 年为明显的负值。主要原因是 80 年代末期,国家价格改革,逐步放开了商品价格,这导致居民消费价格指数急剧上升,影响了商业的发展,同样 1995 年也是价格急剧波动的时期,商业的发展跟居民的收入水平关系密切,在价格波动影响居民生活水平的情况下,商业的劳动生产率下降是必然的。1996—2012 年,该段时期,商业劳动生产率稳步上升,年均增长率达到 10%,这也导致劳动生产率效应引致的二氧化碳排放增量不断增加。这种增长在 2007 年金融危机之前达到的最高值,当年劳动者生产率增长率达到了 19.51%,而引致的二氧化碳排放增量达到了 $76.95 \times 10^6$ t,是当年商业二氧化碳排放增量 $25.63 \times 10^6$ t 的三倍。

但是,通过降低劳动生产率来实现商业减排这是不可取的。目前,虽然中国的 GDP 已经是世界第二,但人均 GDP 还处于很低的水平。为了减排降低劳动生产率的提高,很容易陷入中等收入陷阱。因而,必须将劳动生产率因素和其他因素,一同加以考虑。比如,同能源强度一起考虑,在提高劳动生产率的同时,更大程度的降低能源强度,使得商业经济生产不断绿色化,实现经济转型升级。

(4)劳动人口效应

从生产函数的角度来看,劳动的增加,必然会导致其他生产要素增加,这样才能达到最优。就业规模的增加会增加能源的消耗从而增加二氧化碳排放,从1985年到2012年,中国商业就业人数从$70.8\times10^6$人增长到$255.5\times10^6$人,增加了260.88%,这导致二氧化碳排放的增量为$287.33\times10^6$t。就业规模的变化,代表着商业在国家整体经济中地位的变化,就业人数越多,商业的摊子也就越大,由此消费的能源也会越大。

分段来看,1985—1989年,第三产业就业规模增速稳定,保持在5%左右,二氧化碳排放也比较稳定。1990—1995年,商业就业规模快速增长,导致二氧化碳排放增量也较快,1990年创了历史最高水平。1996—2012年,就业人口增长稳定,保持在5%以下。90年代后期,国家实行统一的流动人口就业证和暂住证制度,这将90年代初的就业规模快速增长的态势遏制住了。

同劳动生产率一样,劳动人口的增加代表着商业的不断繁荣发展。随着国家的经济转型,未来必然还会有越来越多的劳动人口进入商业,这也将给减排带来一定的挑战。但是,正如前文所讲,通过升级生产方式,推广清洁生产技术,推进互联网技术。促进商业越来越清洁化,我们仍能实现减排的目标。

# 附录1 协整分析

对于经典的线性回归模型来说,它具有统计的一致性和无偏性的前提有两个:一、随机扰动项的分布要求具有独立一致性;二、回归变量是平稳的时间序列。第二点尤为重要,如果当回归变量不是平稳时间序列的时候,线性回归模型的统计一致性和统计无偏性就会受到影响。

根据 Granger and Newbold(1974)的研究可知,即使回归中的变量是非平稳的序列,而且,在回归之后得到的残差序列也是非平稳的,这样的模型也有可能得到很高的拟合优度,相伴随的是一个相对低的 DW 统计量,并且模型中回归变量系数会呈现很好的显著性。所以如果一个模型的回归中用到了非平稳的时间序列数据,它也得到前面所说的回归结果,这个现象不能说明这两个变量之间真正存在显著的线性关系。它很有可能是一种"伪回归"(spurious regression)。

所谓"伪回归",就是指回归变量间原本是没有真正的相关关系,但是,因为回归变量都是趋势序列,所以才有虚假显著性关系存在。到目前为止,现有的理论文献表明,在序列非平稳的情况下,容易出现伪回归,而在伪回归的情况下,所进行的参数估计与相关统计量并不能反映真正可能存在的变量间关系,并且对有关变量的相关检验不具有实际的意义,即估计出的统计量不再具有正确的收敛性。因此,为了避免伪回归造成的错误,事先对有关变量需要进行整体的协整分析,或对单个序列进行平稳化处理。

协整的概念最早由 C.J. Granger 在 1983 年提出。"协整"最早的定义为:如果多经济变量的时间序列间存在长期均衡关系,即为协整关系。显然,只有当多个经济变量的时间序列单整阶相同时候,才可能协整。R. Engle 和 Granger 于 1987 年发表于《Econometrics》上的论文"*Cointegration and error-eorrection: representing estimation and test*",推动了协整理论的研究与应用。J. H. Stock 和 M. W. Watson(1988)用同趋势表述协整关系,而 Phillips(1991)从协整方程与变量的角度表述协整系统,为协整估计提供了基础。协整理论的核心是协整的检验与估计。Engle 和 Granger(1987)提出了两步检验法,也称为 EG 检验。对于多变量之间的协整关系,Johansen(1988)以及与 Juselius(1990)提出了一种用向量自回归模型进行检验的方法,通常称为 Johansen 检验或者 JJ 检验。这是目前广泛应用的协整检验方法。在协整检验和估计理论发展的过程中,Johansen 的贡献最为突出,他于1988年、1990年、1991年、1992年连续四年发表论文发展和完善了协整检验和协整向量的极大似然估计。标准协整理论的应用研究,几乎涉及经济学、金融学的各个领域以及其他许多相关领域,已经成为经济、金融实证研究的不可缺少的理论方法。

一般来说,协整定义一般的陈述形式为,如果两个或者多个一阶单整变量的线性组合是平稳时间序列,那么这些变量存在协整关系,而对应的刻画这种关系的系数向量称为协整向量。协整可以通过误差修正模型、Engle-Granger协整分析法和直接估计法等进行。

## 一、Engle-Granger 协整分析法

Engle-Granger协整分析法的思想是通过计量检验分析非平稳序列变量(具有单整性质的变量)之间是否具有协整关系,即检验非平稳变量之间的线性组合是否能够形成一个平稳的序列。该方法的具体步骤如下:

(1) 变量的(非)平稳性检验。一般考察变量的平稳性对应于变量整体的协整和单一变量的个体单整,同时变量的整体协整要求变量的单整阶数必须相同。因此检验变量的平稳性一般会采取单位根检验的方法,首先对个体进行平稳性考察,在确定个体单整阶数相同的情况下,继续考察整体是否存在线性组合关系,即协整检验。

(2) 假设第一步中的检验结果表明两个变量为同阶的非平稳序列。

(3) 利用特殊的检验临界值来检验残差序列是否为平稳序列。这一步是对上一步保存的残差序列进行单位根检验。例如,可以对残差序列进行ADF单位根检验等。

(4) 将单位根检验的结果与相关临界值进行比较以确定单一变量单整阶数。在(2)成立的情况下,将残差序列再次进行单位根检验,与临界值进行比较来确定整体协整关系的存在性。

## 二、误差修正模型

Davidson、Hendery、Srba和Yeo在1978年提出了误差修正模型(error correction model,ECM),当时也称DHSY模型,其基础为协整分析。但是事实上,ECM的出现要早于协整分析,协整理论的提出正是为了解释ECM。因此,从步骤上,一般要先进行协整分析,确定是否存在长期均衡关系,在协整关系存在的情况下,得到协整系数,并借助它对误差项进行修正,从而构建出短期模型,也即ECM模型。既然协整所隐含的是变量之间的长期稳定关系,那么,在"长期"中,可能会发生结构变化,研究结构变化的协整理论,成为该领域的前沿课题。1992年,Hansen提出了协整向量的结构变化(变化点未知)的检验方法,基于协整FM-OLS残差构造检验统计量,并导出了对应的分布函数。1993年,Andrews基于据

估计构造检验统计量,也得到了对应的分布函数。

误差修正模型对于非稳定时间序列,可通过差分的方法将其转化为稳定序列,然后才可以建立经典的回归分析模型。

误差修正模型的优点如下:

(1)避免虚假回归问题。一阶差分一定程度上消除了变量可能存在的趋势因素。

(2)减轻多重共线性隐患。一阶差分是一种有效的减轻多重共线性问题的方法。

(3)更全面的信息。误差修正项中包含有变量水平值的信息,这些信息往往在其他回归中被忽略。

(4)回归方法更加简便:由于误差修正项本身的平稳性并且所用方法维护了扰动项经典假设的成立性,使得该模型可以用经典的回归方法进行估计,尤其是模型中差分项可以使用通常的 $t$ 检验与 $F$ 检验来进行选取。

# 附录2 对数平均迪氏指数分解方法

自1980年以来,伴随全球气候变暖成为世界关注的中心问题,二氧化碳排放的分解分析,便成为热门的学术研究课题。在该方法的应用领域,有关工业能源利用和与能源相关的气体排放的研究也与日俱增(Ang 和 Zhang,2000)。指数分解分析(the Index Decomposition Analysis,IDA)的优势在于,其能够评估$CO_2$排放变化的驱动因素并阐述其对于$CO_2$减排的意义(Ang,2004)。在指数分解分析中,有一系列与Divisia指数(Ang 和 Pandiyan,1997;Choi 和 Ang,2001)、Laspeyres指数(Sun,1998)相关联的分解分析法。在Divisia指数中,对数平均迪氏指数(the Logarithmic Mean Divisia Index,LMDI)方法首先由Ang 和 Choi(1997)和Ang等(1998)引入;此方法易于应用到有关能源与环境问题的国家或地区的比较分析(Ang 和 Zhang,1999;Zhang 和 Ang,2001)。因此,此方法论由于其理论基础的深厚、强大的适应性、使用的便利性和清晰的结论说明,而被认为是较好的研究方法。Ang(2005)进一步提供了LMDI法使用的指南。2001年,Ang 和 Liu(2001)推出一个全新的能源分解方法——The Log-Mean Divisia Index Method I,LMDI I,并总结说明,该方法论具备完全分解和总量一致性的良好特性。在易于使用和灵活度方面,Ang等(2003)总结认为,LMDI法,尤其是LMDI I法,在能源环境的分析中,相对于其他完全分解分析法而言,具备更多的闪光点。为了处理LMDI方法中的零值,Ang 和 Liu(2007)对比了小值(the Small Value,SV)和分析极限(Analytical Limit,AL)策略,并且通过概括归纳LMDI分析的局限性,拓展了早期的研究。出于拓展研究的需要,Ang等(2009)分析了LMDI和LMDI Ⅰ间的关系,并进一步证明了Ang等(2003)提出的"LMDI方法更优于IDA方法"建议的合理性。

在大量早期的研究中,LMDI方法已经被应用于研究二氧化碳排放。通过运用LMDI方法,Wang等(2005)分析了1957—2000年期间,中国$CO_2$排放总量的变化。其结果表明,能源强度、燃料转换和可再生能源渗透(renewable energy penetration)对$CO_2$减排具有积极效应。Liu等(2007)分析了在1998—2005年期间,源自中国36个工业部门的二氧化碳排放的变化,并且表明,工业活动和能源强度对中国工业部门二氧化碳排放的改变起到主导作用。Ma 和 Stern(2008)研究了从20世纪90年代中叶起,中国二氧化碳排放的下降和再次增长。结果表明,人口增长对二氧化碳排放的积极影响在1971—2003年间已经呈现下降趋势。以七个亚洲太平洋国家和北美国家为案例，Malla(2009)检验了三个因素（发电量、发电结构和发电的能源强度）对于由于发电而导致的$CO_2$排放演进的作用。结果表明，发电量是导致$CO_2$排放增长的罪魁祸首，而能源强度的下降对1990—2005年期间$CO_2$的减排起主导作用。Zhao等(2010)解析了中国上海工业二氧化碳排放的影响因素。结果表明，工业产品产出是工业二氧化碳排放的主要驱动因素，而能源强度、能源转型和工业结构是工业二氧化碳排放下降的决定性因素。1991—2004年期间，Zha等(2010)研究了影响"与城乡居民能源消费相关的$CO_2$排放"的变化的因素。结果表明，能源强度和收入效应分别对中国城乡能源消费所导致的$CO_2$排放的减少和增加起主导作用。Oh等(2010)分析了在1990—2005年期间，韩国经济部门二氧化碳排放模式变化的特定趋势及其影响因素。结果表明，经济增长是制造业、服务业和居民部门$CO_2$排放增长的主导因素，而能源强度则是除了部分制造业子部门之外的，影响大多数制造业部门$CO_2$排放减少的重要驱动因素。Akbostanc1等(2011)分析了土耳其制造业部门$CO_2$排放的变化，并且发现，工业活动和能源强度是$CO_2$排放变化的最主要决定因素。

Zhang等(2011)利用GDP、经济结构、能源强度和燃料结构四个因素，分析了中国30个省份1995—2009年期间与能源相关的$CO_2$排放。结果表明，GDP和能源强度是推动$CO_2$排放变化的主导因素。Liu等(2012)探索了中国地区和经济部门温室气体(GHG)排放的驱动因素。结果表明，各地区科技水平的差异是中国$CO_2$减排的最大拦路虎。Hammond和Norman(2012)利用LMDI方法，区分产出、工业结构、能源强度、燃料结构和电力排放因子的变化，对于英国制造业与能源相关的二氧化碳排放降低的贡献。结果表明，能源强度的降低是1990—2007年期间，英国制造业二氧化碳排放减少的主要原因。Fujii等(2013)分析了1998—2009年间，中国工业部门对于全国三大主要污染气体变化的影响。Shao等(2013)分析了源自中国天津工业部门能源消费的二氧化碳排放。结果表明，能源利用效率的提高是实现工业有效节能和减排的最重要因素。依据现有的文献，本书从理论基础、适用性、简易性等方面出发，选用对数平均迪氏指数分解的方法分析中国各行业二氧化碳排放变动的影响因素。

为了简明地阐述本书所使用的方法论，以下符号的定义如下：

$TOE$＝能源消费总量

$GDP$＝国内生产总值

$POP$＝人口

$EFF$＝化石燃料的能源消费

(续表)

$CI$＝单位化石燃料消费所产生的 $CO_2$ 排放

$S$＝化石燃料占总能源消费的比值

$EI$＝单位工业增加值的能源消费量

$IA$＝人均工业增加值

$IS$＝行业雇佣人数

$IVA$＝行业工业增加值

有关化石燃料所导致的 $CO_2$ 排放的相关因素的解析,可以追溯到1980年的一系列研究,其研究重点主要关注单个工业化国家的 $CO_2$ 排放。Kaya 创建了 Kaya 恒等式,并将 $CO_2$ 排放分解为若干个有影响力的变量:

$$CO_2 = \frac{CO_2}{TOE} \times \frac{TOE}{GDP} \times \frac{GDP}{POP} \times POP \tag{1}$$

方程(1)建立了二氧化碳排放和二氧化碳排放变化的决定性因素(例如:单位能源消费的二氧化碳排放、能源利用效率、经济发展水平和污染)之间的相关关系。方程(1)随后被拓展为

$$CO_2^t = \frac{CO_2^t}{EFF^t} \times \frac{EFF^t}{TOE^t} \times \frac{TOE^t}{GDP^t} \times \frac{GDP^t}{POP^t} \times POP^t \tag{2}$$

方程(2)的恒等式,主要关注化石燃料燃烧所产生的二氧化碳排放。对一个特定的工业部门而言,以上方程式可以被重写为

$$CO_2^t = \frac{CO_2^t}{EFF^t} \times \frac{EFF^t}{TOE^t} \times \frac{TOE^t}{IVA^t} \times \frac{IVA^t}{IS^t} \times IS^t = CI \times S \times EI \times IA \times IS \tag{3}$$

本书采用 LMDI 方法来分析由于能源消费所产生的 $CO_2$ 排放的变化。在基年0年和末年 $T$ 年间,一个特定行业的 $CO_2$ 排放变化($\Delta CO_2$)可以被分解为以下效应:

(1) $CI$(单位化石燃料的二氧化碳排放,碳强度效应 $CI_{eff}$)变化的影响;

(2) $S$(化石燃料占据能源消费总量的比值,替代效应 $S_{eff}$)的变化;

(3) $EI$(单位工业增加值的能源消费量,能源强度效应 $EI_{eff}$)的变化;

(4) $IA$(单位人均增加值,工业活动效应 $IA_{eff}$)的变化;

(5) $IS$(雇佣人数,工业结构效应 $IS_{eff}$)的变化。

以上效应,进而也可利用 LMDI 法转换为以下形式:

$$CI_{eff} = \frac{CO_2(T) - CO_2(0)}{\ln[CO_2(T)/CO_2(0)]} \times \ln[CI(T)/CI(0)] \tag{4}$$

$$S_{eff} = \frac{CO_2(T) - CO_2(0)}{\ln[CO_2(T)/CO_2(0)]} \times \ln[S(T)/S(0)] \tag{5}$$

$$EI_{\text{eff}} = \frac{CO_2(T) - CO_2(0)}{\ln[CO_2(T)/CO_2(0)]} \times \ln[EI(T)/EI(0)] \quad (6)$$

$$IA_{\text{eff}} = \frac{CO_2(T) - CO_2(0)}{\ln[CO_2(T)/CO_2(0)]} \times \ln[IA(T)/IA(0)] \quad (7)$$

$$IS_{\text{eff}} = \frac{CO_2(T) - CO_2(0)}{\ln[CO_2(T)/CO_2(0)]} \times \ln[IS(T)/IS(0)] \quad (8)$$

为了估计与能源消费相关的 $CO_2$ 减排潜力，本书进一步构建了分解模型。根据方程(3)，如果在基年 0 年与目标年 $T$ 间，以下效应：单位化石燃料消费所导致的 $CO_2$ 排放（$CI_{\text{eff}}$）、燃料替代（$S_{\text{eff}}$）、能源强度（$EI_{\text{eff}}$）、工业活动（$EI_{\text{eff}}$）和工业规模（$IS_{\text{eff}}$），能够被估计，那么，在 $T$ 年的 $CO_2$ 排放也可以通过方程(9)进行预测：

$$CO_2(T) = CO_2(0) + CI_{\text{eff}} + S_{\text{eff}} + EI_{\text{eff}} + IA_{\text{eff}} + IS_{\text{eff}} \quad (9)$$

本书假设 $\alpha, \beta, \delta, \varphi$ 和 $\gamma$ 分别是 $CI$ 效应、$S$ 效应、$EI$ 效应、$IA$ 效应和 $IS$ 效应在基年 0 至目标年 $T$ 间的变化率。因此，

$$CI(T) = CI(0) \times (1+\alpha), \quad S(T) = S(0) \times (1+\beta),$$
$$EI(T) = EI(0) \times (1+\delta), \quad IA(T) = IA(0) \times (1+\varphi),$$
$$IS(T) = IS(0) \times (1+\gamma)$$

那么，

$$CI_{\text{eff}} = W \times \ln(1+\alpha) \quad (10)$$

$$S_{\text{eff}} = W \times \ln(1+\beta) \quad (11)$$

$$EI_{\text{eff}} = W \times \ln(1+\delta) \quad (12)$$

$$IA_{\text{eff}} = W \times \ln(1+\varphi) \quad (13)$$

$$IS_{\text{eff}} = W \times \ln(1+\gamma) \quad (14)$$

其中，

$$W = \frac{CO_2(0) \times [(1+\alpha) \times (1+\beta) \times (1+\delta) \times (1+\varphi) \times (1+\gamma) - 1]}{\ln[(1+\alpha) \times (1+\beta) \times (1+\delta) \times (1+\varphi) \times (1+\gamma)]}$$

$$(15)$$

依据以上模型，$CO_2$ 排放可以被进一步预测，并且各个因素的贡献亦可被量化。

# 附录3A 2014年国内能源大事记

(按时间排序)

**1. 长三角区域大气污染防治协作机制启动**

2014年1月7日,由长三角三省一市和国家八部委组成的长三角区域大气污染防治协作机制启动,并在上海召开第一次工作会议。这次会议明确了协作机制的五项具体职能以及近期要着重抓好的十个方面协作和联合行动。

**2. 环境保护部与31个省(区、市)签署《大气污染防治目标责任书》**

2014年1月8日,为贯彻落实《大气污染防治行动计划》,环境保护部与全国31个省(区、市)签署了《大气污染防治目标责任书》,明确了各地空气质量改善目标和重点工作任务,进一步落实了地方政府环境保护责任,为实现全国环境空气质量改善目标提供了坚实保障。

**3. 首部煤炭物流规划发布**

2014年1月10日,国家发改委官网发布了《煤炭物流发展规划》。这是中国首部煤炭物流专项规划,规划期为2013—2020年。"规划"提出六项主要任务:"完善煤炭物流通道;健全煤炭储备体系;培育大型煤炭物流企业;完善煤炭市场体系;推广应用先进物流技术;推进煤炭物流国际合作。"

**4. 全国能源工作会议在京召开**

2014年1月13日,国家能源局召开了全国能源工作会议。国家发展改革委主任徐绍史出席会议并讲话。国家发展改革委副主任、国家能源局局长吴新雄在会上作了题为"转方式调结构促改革 强监管保供给惠民生 扎实做好2014年能源工作"的报告。国家能源局局长吴新雄在会上部署了本年度能源工作方向与计划,并列出十大重点工作方面。

**5. 中国核电产业联盟成立**

2014年1月15日,由中国核工业集团公司、国家核电技术有限公司及中国广核集团有限公司等三家核电企业联合发起,核电技术开发、工程建设、运营管理、装备制造、工程咨询以及相关金融机构等14家单位参加,成立了中国核电技术装备"走出去"产业联盟。

### 6. 国家石油储备基地工作会议召开

2014年1月15日，国家石油储备基地工作会议在北京召开，主要任务是贯彻全国能源工作会议精神，总结交流国家石油储备基地工作管理经验，研究部署2014年重点工作任务，确保储备基地安全生产。

### 7. 天然气勘探获重大突破

2014年3月20日，中石油宣布，四川盆地天然气勘探获重大突破。按照美国证券交易委员会（SEC）油气经济可采储量评估准则，安岳气田龙王庙气藏新增天然气可采储量$1875\times10^8 m^3$，按照中国国土资源部审定标准，新增天然气探明地质储量$4403.85\times10^8 m^3$。这个气田的储量是西气东输气源克拉2气田的两倍多，也是目前中国发现的单体规模最大的整装气藏。

### 8. 发改委公布新规鼓励民资投资天然气基建

2014年3月20日，国家发改委公布《天然气基础设施建设与运营管理办法》（以下简称《办法》）。《办法》针对天然气、煤层气、页岩气和煤制气等作出了相应的规定，今后天然气可实行居民用气阶梯价格、季节性差价、可中断气价等差别性价格政策。除此之外，《办法》鼓励、支持各类资本参与投资建设纳入统一规划的天然气基础设施。

### 9. 多地实施民用气阶梯气价

2014年3月21日，国家发展改革委印发《关于建立健全居民生活用气阶梯价格制度的指导意见》，部署建立健全居民生活用气阶梯价格制度。《指导意见》指出，建立健全居民生活用气阶梯价格制度，在保障居民基本生活用气消费的前提下，充分发挥阶梯价格制度的调节作用，引导居民合理用气。

### 10. 三部委发布能源行业加强大气污染防治工作方案

2014年3月24日，国家发展改革委、国家能源局和环境保护部三部委联合发布《能源行业加强大气污染防治工作方案》，对能源领域大气污染防治工作进行全面部署，要求按照"远近结合、标本兼治、综合施策、限期完成"的原则，通过加快重点污染源治理、加强能源消费总量控制、着力保障清洁能源供应以及推动转变能源发展方式等多种措施，显著降低能源生产和使用对大气环境的负面影响，为全国空气质量改善目标的实现提供坚强保障。

### 11. 李克强主持召开新一届国家能源委员会首次会议

2014年4月18日，中共中央政治局常委、国务院总理李克强在北京主持召开新一届国家能源委员会首次会议，研究讨论了能源发展中的相关战略问题和重大项目。

### 12. 中国"海洋石油981"平台南海开钻

2012年5月9日，中国首座代表当今世界最先进水平的第六代半潜式深水钻

井平台"海洋石油981"的钻头在南海荔湾6-1区域1500米深的水下探入地层,这是中国石油公司首次独立进行深水油气勘探开发,标志着中国海洋石油工业的"深水战略"由此迈出了实质性的一步。

**13. 国内首座百万吨级LNG工厂投产成功**

2014年5月24日,中国自主建设的湖北日500万立方米LNG国产化示范工程引入天然气,历时6天系统调试,于5月31日11时流程全部打通,生产出LNG产品。这意味着国内首座百万吨级LNG工厂的一次性投产成功。

**14. 国务院办公厅印发能源发展战略行动计划(2014—2020年)**

2014年6月7日,国务院办公厅印发能源发展战略行动计划(2014—2020年)。明确了坚持"节约、清洁、安全"的战略方针,加快构建清洁、高效、安全、可持续的现代能源体系。行动计划提出,重点实施节约优先战略、立足国内战略、绿色低碳战略和创新驱动战略四大战略,到2020年基本形成统一开放竞争有序的现代能源市场体系。

**15. 习近平提出推进能源革命的五大内涵**

2014年6月13日,习近平主持召开中央财经领导小组第六次会议,研究中国能源安全战略。习近平就推动能源生产和消费革命提出5点要求。第一,推动能源消费革命,抑制不合理能源消费;第二,推动能源供给革命,建立多元供应体系;第三,推动能源技术革命,带动产业升级;第四,推动能源体制革命,打通能源发展快车道;第五,全方位加强国际合作,实现开放条件下能源安全。

**16. 全国"十三五"能源规划工作会议召开**

2014年6月23日,国家能源局在北京组织召开全国"十三五"能源规划工作会议,部署动员"十三五"能源规划编制工作。

**17. 国家规范煤制油煤制气项目**

2014年7月17日,国家能源局发布《关于规范煤制油、煤制天然气产业科学有序发展的通知》,规范煤制油煤制气项目,提出"不能停止发展、不宜过热发展,禁止违背规律无序建设"。

**18. 中国正式推出"华龙一号"自主三代核电品牌**

2014年8月21至22日,国家能源局、国家核安全局牵头,组织中国43位院士专家,对具有自主知识产权的三代核电"华龙一号"总体技术方案进行评审。专家组一致认为,"华龙一号"成熟性、安全性和经济性可满足三代核电技术要求,设计技术、设备制造和运行维护技术等领域的核心技术具有自主知识产权,是目前国内可以自主出口的核电机型。

**19. 中国在南海发现深水高产大气田**

2014年9月15日,中海油宣布"海洋石油981"钻井平台在南海发现深水高产大气田,这是中国海域自营深水勘探的第一个重大油气发现。此次发现的陵水17-2气田距海南岛150km,测试日产天然气$5650×10^4 ft^3$,相当于9400桶标准油。

**20. APEC能源部长会议发表《北京宣言》**

2014年9月2日,2014年亚太经合组织(APEC)第11届能源部长会议在北京圆满闭幕。会后,中国国家发展和改革委员会副主任、国家能源局局长吴新雄与亚太经合组织其他成员能源部长集体出席新闻发布会,介绍会议有关情况。吴新雄指出,会议围绕"携手通向未来的亚太可持续能源发展之路"主题,就加强能源安全和促进亚太地区能源投资和贸易、提高能源效率和发展可持续社区、促进清洁能源资源开发和化石能源的清洁化利用等四大议题广泛交换了意见,达成了一系列重要共识,并发表了《北京宣言》。

**21. 煤电升级改造**

2014年9月12日,国家发展改革委、环保部、国家能源局联合印发《煤电节能减排升级与改造行动计划》,对煤电行业全面落实"节约、清洁、安全"的能源战略方针、加快升级与改造、提升高效清洁发展水平等工作做出具体部署。

**22. 中国石化销售板块开启"混改"大幕**

2014年9月14日,中国石油化工股份有限公司发布公告,其全资子公司中国石化销售有限公司已与25家境内外投资者签署了增资协议,25家投资者以现金共计人民币1070.94亿元认购增资后销售公司29.99%的股权。这是中石化股份公司在2014年2月宣布率先启动油品销售业务引入社会和民营资本实现混合经营后取得的又一重大实质性进展,开国企混合制改革之先河。

**23. 能源监管新政**

2014年9月22日,国家能源局在北京召开能源监管工作会议。此次会议研究确定了能源监管"四方面重点任务":一要围绕党中央、国务院转变职能、简政放权的要求,根据取消和下放的审批事项确定能源监管重点任务;二要围绕建立健全中国特色社会主义能源市场体制机制,从解决市场公平公开透明着手确定能源监管重点任务;三要围绕能源发展面临的突出矛盾,结合能源局"三定"规定确定能源监管重点任务;四要围绕人民群众最迫切、反映最强烈的问题确定能源监管重点任务。

**24. 煤炭资源税改革具体措施落地**

2014年10月11日,由财政部、国家税务总局联合出台的《关于实施煤炭资源税改革的通知》正式公布,自2014年12月1日起在全国范围内实施煤炭资源税从价计征改革,税率幅度为2%～10%,同时清理相关收费基金。

**25. 中国页岩气开采关键技术取得突破**

2014年10月13日,中国页岩气开采核心技术近日取得重大突破,用于地下

水平井进行分段的"分割器"——桥塞商用成功,这使中国成为继美国和加拿大之后,第三个使用自主技术装备进行页岩气商业开采的国家。

**26. 海洋工程"国家队"吊装国内最大井口平台**

2014年10月19日,海洋石油工程股份有限公司旗下的"蓝鲸"号起重船在渤海油田成功将中国最大的海洋石油井口平台组块吊装就位。此次吊装重量约5300t,面积等同于半个足球场。完成此次海上吊装任务的"蓝鲸"号起重船,最大起重能力达7500t,相当于法国埃菲尔铁塔塔身钢结构总重量。

**27. 国内成品油迎来首次"八连跌"**

2014年以来,国际油价一直处于持续下滑的走势之中。国内成品油价格自6月23日调价窗口之后,开启了自新的定价机制确定以来史无前例的连续下滑。"五连跌""六连跌""七连跌"……直到11月14日,国家发展改革委发出通知,决定将汽、柴油价格每吨分别降低190元和180元,测算到零售价格90号汽油和0号柴油(全国平均)每升分别降低0.14元和0.15元,调价执行时间为11月14日24时。成品油价格迎来首次"八连跌"。

**28. 西藏能源开发提速**

2014年11月20日,川藏电力联网工程投运,3天后,藏木水电站1号机组投产。作为西藏首座大型电站,藏木电站的投产也标志着西藏水电跨入大规模开发时代。

**29. 证监会正式批准原油期货上市**

2014年12月12日,中国证监会正式批准能源中心开展原油期货交易。这意味着原油期货上市工作步入实质性推进阶段。证监会将根据准备情况,择机批准挂牌上市原油期货合约的日期。

**30. 两部门公布煤炭资源税费改革方案**

2014年10月9日,财政部、国家税务总局发布《关于实施煤炭资源税改革的通知》,自2014年12月1日起在全国范围内实施煤炭资源税从价计征改革,同时清理相关收费基金。

# 附录3 B 2014年国际能源大事记

（按时间排列）

**1. 德国煤炭发电量创新高**

2014年1月7日,德国能源协会统计数据显示,2013年德国煤炭发电量达到$1620\times10^8$(kW·h),创下1990年以来的最高纪录,较上年提高0.8%。2014年2月下旬,德国政府就能源转型改革方案达成一致,包括降低对新建可再生能源设施的补贴,但随后德国总理默克尔在2月23日强调,到2050年德国可再生能源发电比例达到80%的目标不会变。

**2. 沙特阿美计划增加1600亿桶石油储量**

2014年1月11日,沙特阿美总裁兼首席执行官哈利德·法利赫在达兰发表的一次演讲中表示,沙特阿美公司计划把本国的石油储量增加20%或1600亿桶,将超过美国、俄罗斯、中国、英国和巴西目前共同拥有的石油储量。

**3. 福岛第一核电站观测井放射性物质浓度再创新高**

2014年1月17日,日本东京电力公司宣布,从福岛第一核电站靠近大海一侧的观测井中,检测发现锶90等释放贝塔射线的放射性物质浓度达到每升270万贝克勒尔,创开始检测以来的最高值。

**4. 俄罗斯运载液化天然气列车脱轨引发火灾**

2014年2月5日,俄罗斯莫斯科一列运载液化天然气的列车发生脱轨侧翻,导致液化天然气泄漏并引发大火,所幸没有造成人员伤亡。

**5. 中海油获得冰岛海上许可证60%股权**

2014年2月12日,冰岛国家能源局授出了其位于冰岛海上Dreki地区的第3份油气勘探许可证。获得60%股权的中国海油冰岛公司将担任这份许可证的作业者,其合作伙伴分别是爱尔兰Eykon能源公司(拥有15%股权)和挪威Petoro冰岛公司(拥有25%股权)。

**6. 印度与孟加拉国合作开发油气资源**

2014年2月17日,油气资源较匮乏的孟加拉国与印度签订两项油气共同开发合约,承诺印方并允许印度国有公司在孟加拉湾的印度与孟加拉国边境板块开发油气资源。

### 7. 蒙古国将继续扩大煤炭生产规模及出口量

2014年2月20日,蒙古国总理阿勒坦呼亚格表示,蒙古国将继续扩大煤炭生产规模及出口量。2013年蒙古国煤炭出口总量为$1.8\times10^8$t,预计2014年出口量为$3.4\times10^8$t,煤炭在蒙古国国民经济结构中占据重要地位。未来蒙古国将致力于研究煤制气、煤制油等高附加值产品。

作为蒙古国煤炭消费的重要市场之一,中国与蒙古国签订了煤炭出口及加工协议,根据协议,未来20年内中国将从蒙古国进口$10\times10^8$t煤炭。

### 8. 美国提升燃油质量标准

2014年3月14日,为进一步减少由汽车尾气带来的空气污染,美国环保署出台汽车废气排放与燃油质量新标准,其中包括将汽油含硫量降低三分之二等目标。新标准将从2017年开始逐步实施。美国环保署表示,新规则考虑了环保组织、石油和石化企业、汽车生产厂商的意见,可以较低成本实现空气污染的明显减少。在燃油质量方面,新规则要求汽油含硫量从现在的百万分之三十降至百万分之十。在汽车尾气方面,要求可导致雾霾的挥发性有机化合物与氮氧化物排放降低80%,粉尘等颗粒物排放要降低70%,并实现基本消除汽油蒸气排放。此外,新规则还要求汽车尾气中的苯等有毒污染物排放量降低30%。

### 9. 美释放战略石油储备500万桶

2014年3月12日,美国能源部宣布为测试美国石油系统应对石油供应中断等突发事件的能力,美国决定释放战略石油储备500万桶,导致当天纽约商品交易所4月交货的轻质原油期货价格下跌超过2%。

### 10. 美国环保局解除对英国石油公司禁令

2014年3月13日,美国环保局表示已经与英国石油公司达成协议,解除所有涉及该公司及其附属公司参与美国联邦政府项目的禁令,该协议有效期为5年。

### 11. 美国准备向欧洲直接供应天然气

2014年3月26日,美国总统奥巴马在美国—欧盟峰会会后召开的记者会上表示,美国准备向欧洲直接供应天然气,以降低欧盟国家对俄罗斯天然气的依赖性。此外,奥巴马还表示美国打算继续对欧洲国家经济实施大规模直接投资。

### 12. 中缅天然气管道向国内供气逾10亿立方米

据中缅天然气管道"国门第一站"云南瑞丽站流量计显示,截至4月8日8时,中缅天然气管道2014年累计向国内输送天然气超过$10\times10^8$ $m^3$。中缅天然气管道起自缅甸西海岸皎漂,从云南瑞丽进入中国境内,终点为广西贵港,全长1726.8km。

### 13. 中国石油与壳牌签署全球合作协议

2014年4月8日,中国石油集团董事长周吉平在北京会见来访的壳牌集团首席执行官范伯登一行。双方共同签署《中国石油和壳牌集团全球合作协议》，约定在全球范围内，加强在非常规、深海、液化天然气（LNG）、上下游等油气领域的长期互利合作，并把软实力作为双方各领域合作的一个重要组成部分，推动战略合作伙伴关系迈上新台阶。西南油气田分公司与壳牌（中国）公司《2014年实施HSE改进方案的合作协议》同时签署。

### 14. 安倍政府告别零核电

2014年4月11日，日本政府在内阁会议上通过《能源基本计划》，将核电定位为"重要的基荷电源"并写明推动核电站重启的方针。这是东日本大地震与福岛核事故后政府制定的首份能源基本计划，该计划反映了安倍政府将核电纳入经济增长战略的政策，彻底告别民主党执政时提出的"零核电"方针。加快采用可再生能源也是计划的主要内容之一，而"核垃圾"处理问题同样未明确提及。

### 15. 委内瑞拉发现新石油资源

2014年4月24日，委内瑞拉石油巨头委内瑞拉石油公司称在该国三处地区发现了新的石油资源。委内瑞拉石油公司发表声明称2013年年底开始启动有效探井计划，目前已经探明1.85亿桶原油以及$1.1\times10^{12}$ ft³ 天然气。

### 16. BP预计2035年中国将成第二大页岩气产区

2014年4月28日，BP在京发布报告预计，到2035年，中国页岩气产量将占全球页岩气增量的13%，届时中国和美国将提供85%的全球页岩气产量。报告称，到2035年北美将占全球页岩气供应量的四分之三。但北美以外的页岩气产量将加速增长，中国是北美以外最有潜力的国家。根据报告，全球致密油可开采资源量为3400亿桶，页岩气可开采资源量为$7500\times10^{12}$ ft³。亚洲的资源最为丰富，北美紧随其后。

### 17. 中石油在土库曼斯坦天然气处理厂竣工投产

2014年5月7日，中石油在土库曼斯坦的巴格德雷合同区第二天然气处理厂举行竣工仪式，土库曼斯坦输往中国天然气再添新气源。该天然气处理厂于2011年12月13日破土动工，年天然气处理能力$90\times10^8$ m³。

### 18. 美国能源信息署调低蒙特利的可采储量

2014年5月25日，美国能源信息署（EIA）将页岩油重地蒙特利的可采储量预测值猛砍96%，将此前对美国蒙特利页岩油基地可采储量预测值从154亿桶调降至6亿桶。蒙特利位于美国加利福尼亚州，是美国规模最大的页岩油基地之一。2011年，EIA为美国能源部所作的一份调查显示，蒙特利页岩油基地储量占全美页岩油总储量的64%。

### 19. 美国白宫发布《全方位能源战略——通向可持续经济发展之路》报告

2014年5月29日美国白宫公开发布了《全方位能源战略——通向可持续经

济发展之路》报告,报告提出,将"促进经济增长和创造就业""增强能源安全"以及"发展低碳技术,为清洁能源未来发展奠基"作为放眼长远的战略支点,将保障能源安全作为立足当下的战术策略,将"国际领导力"作为战略的根本目标。

**20. 中俄建立全面能源合作伙伴关系**

2014年5月20日,中国与俄罗斯签署了《中俄关于全面战略协作伙伴关系新阶段的联合声明》,提出建立全面的能源合作伙伴关系。5月21日,中国石油天然气集团公司和俄罗斯天然气工业股份公司("俄气")在上海签署了《中俄东线供气购销合同》。双方商定,从2018年起,俄罗斯开始通过中俄天然气管道东线向中国供气,输气量逐年增长,最终达到每年 $380\times10^8 m^3$,累计30年。历时逾10年的中俄天然气谈判终于尘埃落定。

**21. 奥巴马政府对发电厂实施碳减排计划**

2014年6月2日,奥巴马政府公布了一项减排计划,历史上首次对现有发电厂进行二氧化碳排放限制:到2020年时,美国将削减电厂25%的二氧化碳排放;到2030年时减少30%,要实现这一目标,发电企业每年需要减少二氧化碳排放约 $5\times10^8 t$。

**22. 未来20年全球能源领域面临两大挑战**

2014年6月3日,国际能源署(IEA)在伦敦发布报告称,到2035年,全球能源领域投资要达到48万亿美元,才能满足世界能源消费。期间,公共政策和大规模融资将是能源领域面临的两大挑战。

**23. 中亚天然气管道C线投产**

2014年6月15日,新疆霍尔果斯计量站,来自中国石油天然气集团公司、哈萨克斯坦输气公司、霍尔果斯口岸委的嘉宾代表共同启动点火按钮,宣告中亚天然气管道C线开始向国内通气。

中亚天然气管道C线工程是中石油在已建成投运的A/B线基础上,为了进一步满足国内对清洁能源的消费,规划建设的又一条能源大动脉。线路总长度1830公里,设计年输气能力 $250\times10^8 m^3$。

**24. 英国将建全球最大近海风电场**

2014年6月18日,英国能源气候变化署已批准在该国的东英吉利地区建造发电规模为1200 MW近海风力发电场。建成后,该发电场将成为全球最大近海风力发电场。该风力发电场将于2017年动工,预计在2019年投入运营。

**25. 中俄初启跨国境水路运输液化石油气工程**

2014年7月8日,首批从俄罗斯下列宁斯阔耶口岸发出的3辆装载60t液化石油气罐式集装箱汽车由龙渡004船顺利运至同江哈鱼岛码头,这标志着黑龙江省利用水路运输俄罗斯能源入境拉开了帷幕。

### 26. 欧盟10亿欧元投向清洁能源

2014年7月8日,欧盟委员会宣布将向18个创新型可再生能源项目和一个碳捕集与封存项目投资10亿欧元,以期掌握更多应对气候变化的新手段。这些项目覆盖了生物能源、太阳能、碳捕集与储存等技术。其中碳捕集与封存项目是首次入选。

### 27. 中国委内瑞拉联合炼油厂前景光明

2014年7月22日,中国-委内瑞拉联合炼油工程在广东省沿海地区的惠来县开展,预计到2018年前开始运营。该工程是由中石油和委内瑞拉国家石油公司共同投资建设,自2012年起投资建设,年生产量将达$2000\times10^4$t,即40万桶/天,成为中国最大的炼油中心。

### 28. 调查称全球核电站将有200个反应堆报废

2014年7月29日,由法国、英国及日本组成的国际调查小组发表报告称,2013年全球核电站发电量比2006年的峰值降低了11.3%,停留在低水平。反应堆的运转时间平均仅达到28.5年。专家表示今后20年有超过200个反应堆将会报废。

### 29. 尼日利亚总统接管该国国家石油公司

2014年8月2日,尼日利亚总统古德勒克·乔纳森办公室发表声明称,总统乔纳森已顶替四位高管,接管了尼日利亚国家石油公司。尼日利亚国家石油公司是该国最有影响力的组织机构之一,本尼政府80%的收入都来源于此。

### 30. 墨西哥结束长达76年石油国有化垄断

2014年8月6日,墨西哥国通过了能源改革法案的附属法。始于1938年的石油国有化模式将走到尽头,向国外资本开放国内石油市场。

### 31. 中石油投建伊拉克米桑原油外输管道首输成功

2014年8月18日,米桑原油外输管道首次输油成功,目前已输送原油180万桶。由伊拉克米桑至法奥港的米桑原油外输管道长272km,年设计输油能力$5000\times10^4$t,是伊战后首条全自动化战略外输通道。这条管道的EPC总承包商为中国石油管道局。

### 32. 特斯拉联手中国联通年内建400个充电站

2014年8月29日,特斯拉汽车公司与中国联通签署战略合作协议,将在全国120个城市共同建设400个目的地充电站,同时在20个城市建设超级充电站。截至目前,特斯拉已经建设了11座超级充电站,在全国32个城市和地区建设了200多个目的地充电桩。

### 33. 中国和罗马尼亚签署核能合作框架协议

2014年9月1日,中国和罗马尼亚签署核合作框架协议,罗马尼亚寄期中国能够帮助其重振其老化的核电站。随着该中欧国家寻求减少对俄罗斯的能源依赖,更多的中国核能企业有望进入该国,并获得更大的市场份额。

### 34. 韩国 41 年来首次从美国进口石油

2014 年 9 月 11 日,装载 40 万桶美国凝析油的运输船抵达韩国全罗南道丽水港口,这是韩国 41 年来首次从美国进口原油。如果能够打开从美国进口凝析油的渠道,就能缓解目前韩国石油来源过度依赖中东所带来的风险。

### 35. 国际能源署《2014 可再生能源中期市场发展报告》发布

2014 年 9 月,国际能源署发布《2014 可再生能源中期市场发展报告》。报告指出,2013 年全球可再生能源发电量以年 5% 的增速增长到近 $5.07\times10^{12}(kW\cdot h)$,逼近天然气发电量,占全球总发电量的 22%。其中,水电和光伏发电增幅最大。由于中国和日本市场的快速发展,太阳能光伏发电呈爆发式增长,装机超过 $3900\times10^4 kW$。到 2020 年,全球可再生能源发电量预计增长 45%,总量将超过 $7.31\times10^{12}(kW\cdot h)$,陆上风电将占总增长量的 31%;可再生能源新增装机容量将由 2013 年的 $16.9\times10^8 kW$ 增加到 2020 年的 $25.55\times10^8 kW$(增长 50%)。

### 36. 匈牙利将从俄气进口更多天然气

2014 年 9 月 26 日,匈牙利政府总理奥班·维克多在布达佩斯表示,匈牙利当天签署了一项旨在从俄气增加天然气进口量的协议。而就在匈牙利与俄气签署增加天然气进口量协议的前一天,匈牙利管道运营商 FGSZ 停止了向乌克兰提供天然气。

### 37. 加拿大启用全球首座清洁煤电厂

2014 年 10 月 8 日,加拿大正式启用全球首座能够捕获自身二氧化碳气体排放的商用火力发电厂。这对"清洁燃煤"技术的发展有里程碑意义。煤炭的零二氧化碳排放技术又称碳捕获技术。为减少二氧化碳排放,很重要的方法就是捕获碳,然后将其深埋入地下,而非排放到大气中。

### 38. 中俄能源合作进一步深化

10 月 12 日至 14 日,中国国务院总理李克强对俄罗斯进行正式访问,这是其就任国务院总理后首次出访俄罗斯。中俄两国总理签署了《中俄总理第十九次定期会晤联合公报》,共同见证了经贸、能源、金融、高科技、人文等领域近 40 项重要合作文件的签署。

### 39. 塞内加尔首次发现重大石油资源

2014 年 10 月 16 日,报道称英国油气勘探商凯恩能源公司在塞内加尔沿海发现了石油资源,这是塞内加尔境内首次发现重大石油资源。

### 40. 丹麦节能减排任务进展顺利

2014 年 10 月 31 日,丹麦能源与气候部发布绿色转型年度报告,认为丹麦的节能减排任务进展顺利,到2020年温室气体排放量比1990年降低40%的目标,正在逐步变成现实。丹麦能源与气候大臣拉斯穆斯·赫维格·彼得森(Rasmus Helveg Petersen)表示,丹麦下一步的目标是在2050年之前完全摆脱化石燃料(煤、石油、天然气等)。

### 41. 中石油收购巴西能源秘鲁公司

2014年11月6日,中国石油天然气股份有限公司(中石油)与巴西国家石油公司6日在秘鲁首都利马顺利完成股权交割,中石油以26亿美元成功收购巴西能源秘鲁公司全部股份,此举标志着中国能源企业在秘鲁最大的收购案圆满落幕。

### 42. 国际能源署发布《世界能源展望2014》

2014年11月12日,国际能源署(IEA)在最新发布的《世界能源展望2014》报告中预计,短期能源供应充足不能掩盖长期内将面临的挑战。未来20年全球能源消费将大幅增长,但是许多关键产油地区的动荡局面以及形成正确能源政策的难度意味着,全世界可能无法用充足的供应来予以应对、无法实现气候变化相关目标。

### 43. 中美发表《中美气候变化联合声明》

2014年11月12日,中美两国发表《中美气候变化联合声明》。声明显示,中国计划在2030年左右二氧化碳排放达到峰值,并计划到2030年非化石能源占一次能源消费比重提高到20%左右;美国计划在2020年之后把二氧化碳减排速度提高一倍,到2025年实现在2005年基础上减排26%~28%;中美两国希望,现在宣布上述目标能够为2015年在巴黎举行的全球气候谈判注入动力。

### 44. 德国能源巨头意昂集团将一分为二

2014年11月30日,意昂集团宣布将拆分为两家公司。新成立的公司将负责接管运营目前意昂集团的核电、煤电、气电、水电等大型电站资产,此外还接管能源贸易业务,意昂公司将专门负责开展可再生能源、分布式能源、能效、数字技术等业务,主要面向居民和商业公司。换言之,"老公司"将保持和拥有新资产,而新公司将接管旧资产。意昂集团是德国一家国际性能源巨头。

### 45. 德国、日本将重点发展纯电动汽车等新能源汽车

2014年12月2日,德国政府在柏林召开媒体发布会表示,为应对将大幅收紧的欧盟排放法规且在新能源车技术上保持与世界同步或领先,今后德国将为电动车提供补贴政策,以满足到2020年实现100万辆电动车上路的目标。与此同时,日本汽车商日产和三菱宣布,将联合研制和生产每辆售价在150万日元左右的低价电动汽车,并于2016年正式投放市场,日本政府将进一步加大补贴力度,增强日本车企在新能源汽车领域的国际竞争力。

### 46. 中广核收购英国风电场

2014年12月15日,中广核欧洲能源公司与法国电力公司(EDF)下属的新能

源公司,在英国伦敦签署股权转让协议,完成了英国Clover风电项目80%股权的收购。据报道此次收购将支付逾1亿英镑(约合10亿元人民币)。今年6月30日,中广核在法国注册成立中广核欧洲能源公司,主要从事欧洲海上风电、陆上风电、太阳能等可再生能源项目的投资并购、开发建设等业务。此次收购的Clover风电项目位于英格兰东部,由三个在运风场组成,分别位于英国约克、纽卡斯尔和彼得伯勒附近,装机容量为72 MW。

### 47. 中非国家推出能源发展战略

2014年12月24日,为解决能源困难和消灭地区贫困,中部非洲国家经济货币共同体(CEMAC)和中部非洲国家经济共同体(CEEAC)联合推出了2014—2030年能源发展战略。该战略的目标是,到2030年以前,全面提高该地区各国的经济水平及家庭生活水平,促进中部非洲国家经济振兴。这项战略包括使大众享受现代化能源服务和享用先进能源设备等内容。在电力供应方面,计划于2014—2030年间将该地区供电率提高到54%,加强水力发电厂建设,使水电生产达到$3 \times 10^4$ MW。该战略需投资1408亿美元,将靠捐助、政府补贴和银行贷款等。

### 48. 巴基斯坦缓解能源危机:取消太阳能电池板进口关税

2014年12月,为缓解能源危机,巴基斯坦政府取消了太阳能电池板32.5%的进口关税,以降低电池板的安装成本,并推出了净计量电价(Net Metering)政策,允许拥有太阳能发电设施的消费者从电费账单上扣除向电网输送的电量。2014年年初,巴基斯坦政府出台了光伏发电上网补贴政策,北部地区的价格为0.17美元/(千瓦·时),南部地区0.162美元/(千瓦·时)。政府还在巴哈瓦尔布尔规划了一个1吉瓦的光伏工业园。

### 49. 埃及遇能源危机,欠国外巨资

2014年12月2日,以埃及国民银行为代表,包括阿布扎比国家银行和汇丰银行在内的三家银行发表联合声明,表示将共同为埃及石油总公司提供价值15亿美元的贷款,以偿还部分外国石油公司的欠款,并鼓励外国石油公司在埃及能源领域进行投资。埃及石油部于日前表示,他们希望可以在六个月内还清外国石油天然气公司的49亿美元债务。

### 50. 韩国在建核电站发生事故

2014年12月26日,韩国一座正在建设的核电站发生疑似氮气泄漏事故,造成3名工作人员死亡。据报道,当天下午5时许,位于韩国庆尚南道蔚山市蔚州郡的新古里核电站第三机组附属大楼发生气体泄漏事故,导致正在附属大楼地下进行安全巡逻的3名工作人员死亡。

# 参 考 文 献

[1] 国家发展改革委产业协调司.工业和信息化部消费品工业司.食品行业"十二五"发展规划（全文）.

[2] 国务院.能源发展"十二五"规划,2010.

[3] 国务院第六次全国人口普查领导小组办公室.中国人口平均预期寿命达到74.83岁,可参考:http://www.stats.gov.cn/tjsj/tjgb/rkpcgb/qgrkpcgb/201209/t20120921_30330.html.

[4] 何晓萍,刘希颖,林艳苹.中国城市化进程中的电力需求预测[J].经济研究,2009,(1):118—130.

[5] 李子奈,潘文卿.计量经济学(第三版)[M].北京:高等教育出版社,2010:273—274.

[6] 林伯强,蒋竺均,何晓萍.中国城市进程中的能源消费和消费结构预测.厦门大学能源经济研究中心工作论文.

[7] 林伯强.结构变化、效率改进与能源需求预测——以中国电力行业为例[J].经济研究,2003,(5):57—65.

[8] 林伯强.中国能源消费的经济计量分析[J].统计研究,2001,(10):34—39.

[9] 人民网.2015年政府工作报告(全文实录).可参考:http://www.people.com.cn/GB/n/2015/0305/c347407-26643598.html.

[10] 王晓莉,吴林海,童霞.基于碳减排的中国食品行业的生态效率考察[J].食品行业科技,2012,33(19):353—357.

[11] 新华网.国家粮食局局长:每年餐桌浪费粮食至少500亿斤.可参考:http://news.xinhuanet.com/food/2013-03/05/c_124415610.htm.

[12] 杨伟民."九五"期间产业结构变动展望[J].经济改革与发展,1996,(3):34—40.

[13] 中国食品行业协会.中国食品行业统计年鉴2010[Z].北京:中国统计出版社,2011.

[14] 中国新闻网.社科院:中国能源对外依存度六年内或升至26%.[EB/01].可参见:http://finance.chinanews.com/ny/2014/02-18/5853124.shtml.

[15] 中华人民共和国国家卫生和计划生育委员会.人口和计划生育事业发展"十二五"规划.可参考:http://www.moh.gov.cn/guihuaxxs/s3585u/201305/23926f9e356b4ecab62db7aeb895d0e6.shtml.

[16] Ang J B. $CO_2$ Emissions, Energy Consumption, and Output in France[J]. Energy Policy, 2007,35(10):772—4778.

[17] Auffhammer M, Carson R T. Forecasting the Path of China's $CO_2$ Emissions Using Province Level Information[J]. Journal of Environmental Economics and Management, 2008,55

(3): 229—247.

[18] B W Ang, H C Huang, A R Mu. Properties and linkages of some index decomposition analysis methods[J]. Energy Policy, 2009, 37(11): 24—32.

[19] B W Ang, N Liu. Handling zero values in the logarithmic mean Divisia index decomposition approach[J]. Energy Policy 2007,35(1):238—246.

[20] B W Ang. The LMDI approach to decomposition analysis: a practical guide. Energy Policy, 2005,33(7):867—871.

[21] B W Ang, F L Liu. A new energy decomposition method: perfect in decomposition and consistent in aggregation[J]. Energy, 2001,26(6): 537—548.

[22] Biesiot W, Moll H C. Reduction of $CO_2$ emissions by lifestyle changes. Final Report to the NRP Global Air Pollution and Climate Changes. IVEM on derzoeksrapport no. 80, Centre for Energy and Environmental Studies, University of Groningen, The Netherlands, 1995.

[23] CornillieJ,Fankhauser S. The Energy Intensity of Transition Countries[J]. Energy Economics,2004,26(3): 283—295.

[24] Engle R F, Granger C W J. Cointegration and Error Correction: Representation, Estimation and Testing[J]. Econometrica, 1987, 55: 251—276.

[25] Faist M, Kytzia S, Baccini P. The impact of household food consumption on resource and energy[J]. International Journal of Environment and Pollution,2001,15(2):183—199.

[26] Friedl B, Getzner M. Determinants of $CO_2$ emissions in a small open economy [J]. Ecological Economics, 2003, (45): 133—148.

[27] G FISHMAN. Monte Carlo: Concepts, Algorithms, and Applications [M]. Academic Publishers, 2003.

[28] Hang Leiming, Tu Meizeng. The Impacts of Energy Prices on Energy Intensity: Evidence from China [J]. Energy Policy,2007,35 (5):2978—2988.

[29] Johansen S. Likelihood-Based Inference in Cointegrated Vector Autoregressive Models [M]. Oxford University Press, 1995.

[30] Johansen S and Juselius K. Maximum Likelihood Estimation and Inferences on Cointegration with applications to the demand for money[J]. Oxford Bulletin of Economise and Statistics, 1990, 52, 169—210.

[31] John,Asafu-Adjaye. The Relationship between Energy Consumption, Energy Prices and Economic Growth: Time Series Evidence from Asian Developing Countries[J]. Energy Economics,2000,22:615—625.

[32] Kaufmann J, Chevrot F. The Environmental Impact of Household Food Consumption: The Case of the United States. Draft Report to the Organization for Economic Cooperation and Development. Massachusetts Institute of Technology——Center for Environmental Initiatives. Cambridge,2000.

[33] Kraft J and A Kraft. On the Relationship between Energy and GNP[J]. Journal of Energy

and Development,1978,22(2):615—625.

[34] KyonghwaJeonga, SuyiKimb. LMDI decomposition analysis of greenhouse gas emissions in the Korean manufacturing sector[J]. Energy Policy,2013,62:1245—1253.

[35] L Lantz V, Feng Q. Assessing Income, Population, and Technology Impacts on Emissions in Canada, Where's the EKC[J]. Ecological Economics, 2006, (57): 229—238.

[36] Lin B Q, Mohamed Moubarak. Decomposition analysis: Change of carbon dioxide emissions in the Chinese textile industry. Renewable and Sustainable[J]. Energy Reviews, 2013, (26): 389—396.

[37] Lin B Q, Ouyang X L. Decomposition of $CO_2$ emissions change from energy consumption in the Chinese non-metallic mineral products industry [J]. Energy, 2014, 65 (4): 688—697.

[38] Nobuo F, Hisaho N. Monte Carlo algorithm for the double exchange model optimized for parallel computations[J]. Computer Physics communications,2001,142 ( 3 ): 410—412.

[39] Richmond A K, Kaufmann R K. Is There A Turning Point in the Relationship between Income and Energy Use and/or Carbon Emissions? [J]. Ecological Economics, 2006, 56 (2): 176—189.

[40] Tadhg O' Mahony. Decomposition of Ireland's carbon dioxide emissions from 1990 to 2010: An extended Kaya identity [J]. Energy Policy, 2013,59:573—581.

[41] Yoichi Kaya. 1989, "Impact of Carbon Dioxide Emission on GNP Growth: Interpretation of Proposed Scenarios", Presentation to the Energy and Industry Subgroup, Response Strategies Working Group, IPCC, Paris.

[42] 刘畅,高铁梅等. 中国工业行业能源消费强度变动及影响因素的实证分析[J].资源科学,2008(9).

[43] 李波,张俊飚等. 中国农业二氧化碳排放时空特征及影响因素分解[J]. 中国人口资源与环境,2011(8).

[44] 潘雄锋,舒涛等. 中国制造业二氧化碳排放强度变动及其因素分解[J]. 中国人口资源与环境,2011(5).

[45] 王来力,吴雄英. 中国纺织服装行业能源消费二氧化碳排放因素分析[J].环境科学与技术,2013(5).

[46] 朱勤,彭希哲等. 中国能源消费二氧化碳排放变化的因素分解及实证分析[J].资源科学,2009(12).

[47] IEA. World Energy Outlook 2011. (WEO 2011). OECD/IEA: Paris; 2011.

[48] Phillips P C B and P Perron. Testing for a unit root in time series regression. Biometrica, 1988, 75(2):335—346.

[49] 林伯强,蒋竺均. 中国二氧化碳的环境库兹涅茨曲线预测及影响因素分析[J]. 管理世界,2009 (4): 27—36.

[50] 林伯强,魏巍贤,李丕东. 中国长期煤炭消费：影响与政策选择[J]. 经济研究,2007,2:

48—58.

[51] 彭慧芳,许学工. 部分国家碳减排方案及其基本依据[J]. 中国人口、资源与环境,2005,15(5):83—87.

[52] 王婉莹. 建筑施工低碳化研究[D]. 西安建筑科技大学,2013.

[53] 肖冲. 浅议建筑施工企业如何做好节能减排工作[J]. 铁道建筑技术,2011(4):79—82.

[54] 熊林. 建筑企业绿色施工可行性研究[J]. 四川建筑,2010(2):225—227.

[55] 建设部. 绿色施工导则[J]. 施工技术,2007,36(11):1—4.

[56] Eggleston H S, Buendia L, Miwa K, et al. IPCC guidelines for national greenhouse gas inventories[J]. Institute for Global Environmental Strategies, Hayama, Japan, 2006.

[57] Greenland S. Sensitivity analysis, Monte Carlo risk analysis, and Bayesian uncertainty assessment[J]. Risk Analysis, 2001, 21(4):579—584.

[58] Lin B, Li J. The rebound effect for heavy industry: Empirical evidence from China[J]. Energy Policy, 2014, 74:589—599.

[59] Lin B, Liu H. China's building energy efficiency and urbanization[J]. Energy and Buildings, 2015(86):356—365.

[60] Lin B, Xie C. Estimation on oil demand and oil saving potential of China's road transport sector[J]. Energy Policy, 2013, 61:472—482.

[61] 江亿. 中国建筑耗能状况及有效的节能途径. 暖通空调. 2005(05):30—40.

[62] Abosedra S, Dah A, Ghosh S. Electricity consumption and economic growth, the case of Lebanon. Applied Energy. 2009, 86(4):429—432.

[63] Al-Iriani M A. Energy—GDP relationship revisited: An example from GCC countries using panel causality. Energy Policy. 2006, 34(17):3342—3350.

[64] Apergis N, Payne J E. Energy consumption and economic growth in Central America: Evidence from a panel cointegration and error correction model. Energy Economics. 2009, 31(2):211—216.

[65] Belke A, Dobnik F, Dreger C. Energy consumption and economic growth: New insights into the cointegration relationship. Energy Economics. 2011,33(5):782—789.

[66] Dickey D A, Fuller W A. Distribution of the estimators for autoregressive time series with a unit root. Journal of the American statistical association. 1979,74(366a):427—431.

[67] El-Shazly A. Electricity demand analysis and forecasting: A panel cointegration approach. Energy Economics. 2013,40:251—258.

[68] Eltony M N, Al-Mutairi N H. Demand for gasoline in Kuwait: an empirical analysis using cointegration techniques. Energy Economics. 1995,17(3):249—253.

[69] Fouquet R, Pearson P, Hawdon D, Robinson C, Stevens P. The future of UK final user energy demand. Energy Policy. 1997,25(2):231—240.

[70] Fouquet R. The growth of the cointegration technique in UK energy demand modelling and its relationship to dynamic econometrics. The UK Energy Experience: Model or Warning.

1996.

[71] Ghosh S. Future demand of petroleum products in India. Energy Policy. 2006,34(15): 2032—2037.

[72] Glasure Y U. Energy and national income in Korea: further evidence on the role of omitted variables. Energy Economics. 2002,24(4):355—365.

[73] Greening L A, Boyd G, Roop J M. Modeling of industrial energy consumption: An introduction and context. Energy Economics, 2007,29(4):599—608.

[74] Hondroyiannis G, Lolos S, Papapetrou E. Energy consumption and economic growth: assessing the evidence from Greece. Energy Economics. 2002,24(4):319—336.

[75] Inglesi R. Aggregate electricity demand in South Africa: Conditional forecasts to 2030. Applied Energy, 2010,87(1):197—204.

[76] Jamil F, Ahmad E. Income and price elasticities of electricity demand: Aggregate and sector-wise analyses. Energy Policy, 2011,39(9):5519—5527.

[77] Kulshreshtha M, Parikh J K. Modeling demand for coal in India: vector autoregressive models with cointegrated variables. Energy, 2000,25(2):149—168.

[78] Lai T M, To W M, Lo W C, Choy Y S, Lam K H. The causal relationship between electricity consumption and economic growth in a Gaming and Tourism Center: The case of Macao SAR, the People's Republic of China. Energy. 2011,36(2):1134—1142.

[79] Lee C C, Chang C P. Structural breaks, energy consumption, and economic growth revisited: Evidence from Taiwan. Energy Economics, 2005,27(6):857—872.

[80] Li W. An Analysis of the Economic Consequences of Lagged Urbanization. Social Sciences in China, 2001(04):64—75.

[81] Liao H, Wei Y-M. China's energy consumption: A perspective from Divisia aggregation approach. Energy, 2010,35(1):28—34.

[82] Lin B, Zhang L, Wu Y. Evaluation of electricity saving potential in China's chemical industry based on cointegration. Energy Policy, 2012,44:320—330.

[83] Lin B Q, Moubarak M. Estimation of energy saving potential in China's paper industry. Energy, 2014,65:182—189.

[84] Lin B Q, Ouyang X L. Energy demand in China: Comparison of characteristics between the US and China in rapid urbanization stage. Energy Conversion And Management, 2014, 79:128—139.

[85] Lin B Q, Wu Y, Zhang L. Electricity saving potential of the power generation industry in China. Energy, 2012,40(1):307—316.

[86] Lin B Q, Wu Y, Zhang L. Estimates of the potential for energy conservation in the Chinese steel industry. Energy Policy, 2011,39(6):3680—3689.

[87] Lin B Q, Zhang G L. Estimates of electricity saving potential in Chinese nonferrous metals industry. Energy Policy, 2013,60:558—568.

[88] Lise W, Van Montfort K. Energy consumption and GDP in Turkey: Is there a co-integration relationship? Energy Economics, 2007,29(6):1166—1178.

[89] Liu Y. Exploring the relationship between urbanization and energy consumption in China using ARDL (autoregressive distributed lag) and FDM (factor decomposition model). Energy, 2009,34(11):1846—1854.

[90] Mandal S K, Madheswaran S. Energy use efficiency of Indian cement companies: a data envelopment analysis. Energy Efficiency, 2011,4(1):57—73.

[91] Masih AMM, Masih R. Energy consumption, real income and temporal causality: Results from a multi-country study based on cointegration and error-correction modelling techniques. Energy Economics, 1996,18(3):165—183.

[92] Mukherjee K. Energy use efficiency in the Indian manufacturing sector: An interstate analysis. Energy Policy, 2008,36(2):662—672.

[93] Narayan P K, Smyth R. A panel cointegration analysis of the demand for oil in the Middle East. Energy Policy, 2007,35(12):6258—6265.

[94] Nasr G E, Badr E A, Dibeh G. Econometric modeling of electricity consumption in postwar Lebanon. Energy Economics, 2000,22(6):627—640.

[95] Odhiambo N M. Energy consumption and economic growth nexus in Tanzania: An ARDL bounds testing approach. Energy Policy, 2009,37(2):617—622.

[96] Pourazarm E, Cooray A. Estimating and forecasting residential electricity demand in Iran. Economic Modelling, 2013,35:546—558.

[97] Ramanathan R. Short-and long-run elasticities of gasoline demand in India: An empirical analysis using cointegration techniques. Energy Economics, 1999,21(4):321—330.

[98] Sadorsky P. Renewable energy consumption and income in emerging economies. Energy Policy, 2009,37(10):4021—4028.

[99] Sadorsky P. Renewable energy consumption, CO(2) emissions and oil prices in the G7 countries. Energy Economics, 2009,31(3):456—462.

[100] Schurr S H. Energy efficiency and economic efficiency: an historical perspective. Energy, Productivity and Economic Growth, Schurr, Sonebulum and Wood, edsOelgeschlager, gunn and Hain Publishers. 1983.

[101] Silk J I, Joutz F L. Short and long-run elasticities in US residential electricity demand: a co-integration approach. Energy Economics, 1997,19(4):493—513.

[102] Smith C, Hall S, Mabey N. Econometric modelling of international carbon tax regimes. Energy Economics, 1995,17(2):133—146.

[103] Suganthi L, Samuel A A. Energy models for demand forecasting-A review. Renewable & Sustainable Energy Reviews, 2012,16(2):1223—1240.

[104] Yuan C Q, Liu S F, Wu J L. The relationship among energy prices and energy consumption in China. Energy Policy, 2010,38(1):197—207.

[105] Yuan J, Zhao C, Yu S, Hu Z. Electricity consumption and economic growth in China: Cointegration and co-feature analysis. Energy Economics, 2007, 29(6): 1179—1191.

[106] Yuan J-H, Kang J-G, Zhao C-H, Hu Z-G. Energy consumption and economic growth: Evidence from China at both aggregated and disaggregated levels. Energy Economics, 2008, 30(6): 3077—3094.

[107] Zachariadis T, Pashourtidou N. An empirical analysis of electricity consumption in Cyprus. Energy Economics, 2007, 29(2): 183—198.

[108] Zhang C, Xu J. Retesting the causality between energy consumption and GDP in China: Evidence from sectoral and regional analyses using dynamic panel data. Energy Economics, 2012, 34(6): 1782—1789.

[109] Zhao X, Wu Y. Determinants of China's energy imports: An empirical analysis. Energy Policy, 2007, 35(8): 4235—4246.

[110] Ziramba E. Price and income elasticities of crude oil import demand in South Africa: A cointegration analysis. Energy Policy, 2010, 38(12): 7844—7849.

[111] Zou G, Chau K W. Short-and long-run effects between oil consumption and economic growth in China. Energy Policy, 2006, 34(18): 3644—3655.

[112] 顾阿伦等.中国水泥行业节能减排的潜力与成本分析[J].中国人口资源与环境,2012(8).

[113] 何晓萍.中国工业的节能潜力及影响因素[J].金融研究,2011(10).

[114] 史丹.中国能源效率的地区差异和节能潜力分析[J].中国工业经济,2006(10).

[115] 汪臻.中国居民消费二氧化碳排放的测算及影响因素研究[J].北京:中国科学技术大学,2012.

[116] 徐盈之,徐康宁等.中国制造业二氧化碳排放的驱动因素及脱钩效应[J].统计研究,2011(7).

[117] Richard Silberglitt, Anders Hove, Peter Shulman. Analysis of US energy scenarios: Meta-scenarios, pathways, and policy implications. Technological Forecasting & Social Change, 2003, 70(4): 297—315.

[118] 陈诗一.中国工业分行业统计数据估算:1980—2008.经济学(季刊),2011年4月,第10卷第3期,735—776.

[119] 涂正革,肖耿.中国工业增长模式的转变.管理世界,2006年第10期,57—68.

[120] 王秋彬,工业行业能源效率与工业结构优化升级.数量经济技术经济研究,2010年第10期.

[121] 杭雷鸣,屠梅曾.能源价格对能源强度的影响——以国内制造业为例,数量经济技术经济研究,2006(12),93—100.

[122] 何建坤,张希良.中国"十一五"期间能源强度下降趋势分析——如何实现能源强度下降20%的目标.中国软科学 2006(4),33—38.

[123] 王群伟,周德群,张柳婷,影响中国能源强度变动的因素探析,统计与决策 2008(8),

72—74.

[124] 杨洋,王非,李国平. 能源价格、产业结构、技术进步与中国能源强度的实证检验. 统计与决策,2008(11),103—105.

[125] Blumstein C, Stoft S E, 1995. Technical efficiency, production functions and conservation supply curves. Energy Policy, 23: 765—768.

[126] Belloumi M. Energy consumption and GDP in Tunisia: cointegration and causality analysis. Energy Policy,2009, 37(7): 2745—2753.

[127] Karen Fisher-Vanden, Gary H. Jefferson, Hongmei Liu, Quan Tao. What is driving China's decline in energy intensity? Resource and Energy Economics, 2004, 26: 77—97.

[128] Reinhard Haasa, Lee Schipper, 1998. Residential energy demand in OECD-countries and the role of irreversibleefficiency improvements. Energy Economics, 1998,20:421—442.

[129] Trink T, Schmid C, Schinko T, Steininger K W. Regional economic impacts of biomass based energy service use: A comparison across crops and technologies for East Styria, Austria. Energy Policy, 2010, 38(10): 5912—5926.

[130] Tveit T M. A simulation model of a sulphuric acid production process as an integrated part of an energy system. Simulation Modelling Practice and Theory,2003, 11(7—8): 585—596.

[131] Pacudan R, Guzman E D. Impact of energy efficiency policy to productive efficiency of electricity distribution industry in Philippines. Energy Economics,2002, 24: 41—54.

[132] Pao H T. Forecast of electricity consumption and economic growth in Taiwan by state space modeling. Energy,2009, 34: 1779—1791.

[133] 27. Sabuhoro J B, Larue B. The Market efficiency hypothesis: the case of coffee and cocoa futures, Agricultural Economics,1997, 16: 171—184.

[134] Yuan C Q, Liu S F, Wu J L. Research on energy-saving effect of technological progress based on Cobb——Douglas production function,Energy Policy,2009,37.

[135] Amarawickrama H A, Hunt L. Electricity demand for Sri Lanka: a time series analysis. Energy, 2008, 33(5): 724—739.

[136] Ang B W. Is the energy intensity a less useful indicator than the carbon factor in the study of climate change?. Energy Policy, 1999, 27(15):943—946.

[137] Ates S A, Durakbasa N M. Evaluation of corporate energy management practices of energy intensive industries in Turkey. Energy,2012, 45(1):81—91.

[138] Bazilian M, Nussbaumer P, Rogner H H, Brew-Hammond A, Foster V, Pachauri S, Williams E, Howells M, Niyongabo P, Musaba L, Gallachóir B, Mark Radka, Kammen D M. Energy access scenarios to 2030 for the power sector in sub-Saharan Africa. Utilities Policy, 2012, 20(1): 1—16.

[139] ChouaÁbi N, Abdessalem T. A macroeconomic analysis of electricity consumption in Tunisia: energy policy implications. Environment and Sustainable Development, 2011, 10

(4): 396—416.

[140] EIA. International Energy Statistics[DB]. EIA, 2013 http://www.eia.gov/cfapps/ipdb-project/iedindex3.cfm? tid=2&pid=2&aid=2&cid=regions&syid=1980&eyid=2010&unit=BKWH.

[141] EIA. EIA international energy outlook 2013. EIA, 2013. http://www.eia.gov/forecasts/ieo/pdf/0484(2013).pdf.

[142] Fog M H, Nadkarni K. Energy efficiency and fuel substitution in the cement industry with emphasis on developing countries (Vol. 2). World Bank. 1983.

[143] He J, Deng J, Su M. $CO_2$ emission from China's energy sector and strategy for its control. Energy, 2010, 35(11): 4494—4498.

[144] Huss W R. A move toward scenario analysis. International Journal of Forecasting, 1988, 4(3): 377—388.

[145] Lin B, Yang F, Liu X. A study of the rebound effect on China's current energy conservation and emissions reduction: Measures and policy choices. Energy, 2013, (58): 330—339.

[146] Lund H. Renewable energy strategies for sustainable development. Energy, 2007, 32(6): 912—919.

[147] MacKinnon J G, Haug A A, Michelis L. Numerical distribution functions of likelihood ratio tests for cointegration. Journal of Applied Econometrics, 1999, (14): 563—577.

[148] Madlool N A, Saidur R, Hossain M S, Rahim N A. A critical review on energy use and savings in the cement industries. Renewable and Sustainable. Energy Reviews, 2011, 15(4): 2042—2060.

[149] Swart R J, Raskin P, Robinson J. The problem of the future: sustainability science and scenario analysis. Global environmental change, 2004, 4(2): 137—146.

[150] Tang C F, Tan E C. Exploring the nexus of electricity consumption, economic growth, energy prices and technology innovation in Malaysia. Applied Energy, 2013, (104): 297—305.

[151] Wang J, Dai Y, Gao L. Energy analyses and parametric optimizations for different cogeneration power plants in cement industry. Applied Energy, 2009, (86): 941—948.

[152] Zhao X L, Lyon T P, Wang F, Song C. Why do electricity utilities cooperate with coal suppliers? A theoretical and empirical analysis from China[J]. Energy Policy, 2012, (46): 520—529.

[153] Ali Hasanbeigi, Lynn Price, Hongyou Lu, Wang Lan. Analysis of energy efficiency opportunities for the cement industry in Shandong Province, China: a case study of 16 cement plants. Energy, 2010, 35(8): 3461—3473.

[154] Blomberg J, Henriksson E, Lundmark R. Energy efficiency and policy in Swedish pulp and paper mills: a data envelopment analysis approach. Energy Policy, 2012, 42(0):

569—579.

[155] Birol F, Keppler J H. Prices, technology development and the rebound effect. Energy Policy, 2000,28(67):457—469.

[156] Cheng-Lang Y, Lin H-P, Chang C-H. Linear and nonlinear causality between sectoral electricity consumption and economic growth: evidence from Taiwan. Energy Policy, 2010,38(11):6570—6573.

[157] Hojjati B, Wade S H. U. S. household energy consumption and intensity trends: decomposition approach. Energy Policy, 2012,48(0):304—314.

[158] Hu J-L, Kao C-H. Efficient energy-saving targets for APEC economies. Energy Policy, 2007,35(1):373—382.

[159] Inglesi-Lotz R, Blignaut J N. South Africa's electricity consumption: a sectoral decomposition analysis. Appl Energy, 2011,88(12):4779—4784.

[160] Jin-Hua Xu, Tobias Fleiter, Wolfgang Eichhammer, Ying Fan. Energyonsumptionnd $CO_2$ emissions in China's cement industry: a perspective from LMDI decomposition analysis. Energy Policy, 2012,50(0):821—832.

[161] Kumar A. Energy intensity: a quantitative exploration for Indianmanufacturing. Working paper. Mumbai: Indira Gandhi Institute of Development Research, 2003.

[162] McKane A, Hasanbeigi A. Motor systems energy efficiency supply curves: amethodology for assessing the energy efficiency potential of industrial motorsystems. Energy Policy, 2011,39(10):6595—6607.

[163] Narayan P K, Smyth R. Electricity consumption, employment and real incomein Australia evidence from multivariate Granger causality tests. Energy Policy, 2005, 33 (9): 1109—1116.

[164] Ozturk I, Acaravci A. The long-run and causal analysis of energy, growth, penness and financial development on carbon emissions in Turkey. Energy Economics, 2012,36:262—267.

[165] Rogan F, Cahill C J, Gallachóir BPó. Decomposition analysis of gasconsumptionin the residential sector in Ireland. Energy Policy 2012;42(0):19—36[8] Shahiduzzaman M, Alam K. Cointegration and causal relationships betweenenergy consumption and output: assessing the evidence from Australia. Energy Economics, 2012;34(6):2182—2188.

[166] Tobiasleitera, Daniel Fehrenbachb, Ernst Worrellc, Wolfgang Eichhammera. Energy efficiency in the German pulp and paper industry e a model-basedassessment of saving potentials. Energy, 2012,40(1):84—99.

[167] Varun Grover, James Teng, Albert H Segars, Kirk Fiedler. The influence of information technology diffusion and business process change on perceived productivity: the IS executive's perspective. Inf Manage, 1998,34(3):141—159.

[168] Zhou P, Ang B W. Decomposition of aggregate $CO_2$ emissions: aproduction theoretical

approach. Energy Economics, 2008;30(3):1054—1067.

[169] Zhao X, Li N, Ma C. Residential energy consumption in urban China: adecomposition analysis. Energy Policy, 2012,41(0):644—653.

[170] 梁巧梅, 魏一鸣, 范英等. 中国能源消费和能源强度预测的情景分析模型及其应用[J]. 管理学报, 2004, 1(1): 62—66.

[171] 杨红亮, 史丹, 肖洁. 自然环境因素对能源效率的影响——中国各地区的理论节能潜力和实际节能潜力分析[J]. 中国工业经济, 2009 (4): 73—84.

[172] 陈诗一. 节能减排与中国工业的双赢发展:2009—2049[J]. 经济研究, 2010, 45(3): 129—143.

[173] 蔡昉, 都阳, 王美艳. 经济发展方式转变与节能减排内在动力[J]. 经济研究, 2008 (6): 4—11.

[174] 林伯强, 姚昕, 刘希颖. 节能和二氧化碳排放约束下的中国能源结构战略调整[J]. 中国社会科学, 2010, 1: 58—71.

[175] 陈诗一. 能源消费, 二氧化碳排放与中国工业的可持续发展[J]. 经济研究, 2009, 4: 41—55.

[176] 樊纲, 苏铭, 曹静. 最终消费与碳减排责任的经济学分析[J]. 经济研究, 2010, 1: 4—14.

[177] 林伯强, 孙传旺. 如何在保障中国经济增长前提下完成碳减排目标[J]. 中国社会科学, 2011 (1): 64—76.

[178] 余泳泽. 中国节能减排潜力, 治理效率与实施路径研究[J]. 中国工业经济, 2011 (5): 58—68.

[179] 陈诗一. 边际减排成本与中国环境税改革[J]. 中国社会科学, 2011 (3): 85—100.

[180] Jiang Z, Lin B. China's energy demand and its characteristics in the industrialization and urbanization process. Energy Policy, 2012, 49: 608—615.

[181] Smulders S, De Nooij M. The impact of energy conservation on technology and economic growth. Resource and Energy Economics, 2003, 25(1): 59—79.

[182] Sutherland R J. The economics of energy conservation policy. Energy Policy, 1996, 24 (4): 361—370.

[183] Lin B, Sun C. Evaluating carbon dioxide emissions in international trade of China. Energy Policy, 2010, 38(1): 613—621.

[184] Lin B, Li X. The effect of carbon tax on per capita $CO_2$ emissions. Energy Policy, 2011, 39(9): 5137—5146.

[185] Lin B, Li A. Impacts of carbon motivated border tax adjustments on competitiveness across regions in China. Energy, 2011, 36(8): 5111—5118.

[186] Li A, Lin B. Comparing climate policies to reduce carbon emissions in China. Energy Policy, 2013, 60: 667—674.

[187] Liu W, Lund H, Mathiesen B V. Modelling the transport system in China and evaluating

the current strategies towards the sustainable transport development. Energy Policy, 2013, 58: 347—357.

[188] Lardic S, Mignon V. Oil prices and economic activity: an asymmetric cointegration approach. Energy Economics, 2008, 30(3): 847—855.

[189] Harvey L. Global climate-oriented transportation scenarios. Energy Policy, 2013, 54: 87—103.

[190] 蔡凤田,刘莉,韩立波.公路运输能源消费现状及其节能降耗对策[J].交通节能与环保,2006,3:29—32.

[191] 高有景.影响公路运输能耗的因素和节能途径[J].平原大学学报,2007,24(4):11—12.

[192] Kaya Y. Impact of carbon dioxide emission control on GNP growth: interpretation of proposed scenarios [J]. IPCC energy and industry subgroup, response strategies working group, Paris, 1990, 76.

[193] Bacon R W. Growth and $CO_2$ emissions: how do different countries fare? [M]. World Bank, 2007.

[194] Ang B. Decomposition analysis for policymaking in energy: which is the preferred method? [J]. Energy Policy, 2004, 32(9): 1131—1139.

[195] 刘北桦.提高农业资源利用效率促进现代农业发展.中国农业资源与区划,2012,33(6):1—3.

[196] 蒋金荷.中国二氧化碳排放量测算及影响因素分析[J].资源科学,2011,33(4):597—604.

[197] 林伯强,刘希颖.中国城市化阶段的二氧化碳排放:影响因素和减排策略[J].经济研究,2010,(8):66—78.

[198] 徐国泉,刘则渊,姜照华.中国城市化阶段的二氧化碳排放析:1995—2004.中国人口资源与环境,2006,16(6):158—161.

[199] 宋德勇,卢忠宝.中国二氧化碳排放影响因素分解及其周期性波动[J].中国人口资源与环境,2009,19(3):18—24.

[200] 王峰,吴丽华,杨超.中国经济发展中二氧化碳排放增长的驱动因素研究,经济研究,2010年第2期.

[201] 漆雁斌,毛婷婷,殷凌霄.能源紧张情况下的低碳农业发展问题分析[J].农业技术经济,2010(3):106—115.

[202] 陈莉.中国农业机械化与经济增长的计量解析[J].农业机械学报,2006(11):74—79.

[203] 田云,张俊飚,李波.基于投入角度的农业二氧化碳排放时空特征及因素分解研究——以湖北省为例[J].农业现代化研究,2011,32(6):752—755.

[204] Grossman G M, Krueger A B. Environmental impacts of the North American Free Trade Agreement. NBER. Working Paper, 1991:3914.

[205] Joseph Fargione, Jason Hill, David Tilman et al. Land clearing and the biofuel carbon

debt. Science,2008,319(5867): 1235—1238.

[206] Wu L,Kaneko S,Matsuoka S. Dynamics of energy-related $CO_2$ emissions in China during 1980 to 2002: The relative importance of energy supply -side and demand -side effects. Energy Policy,2006,34:3549—3572.

[207] Wang C,Chen J,Zou J. Decomposition of energy-related $CO_2$ emissions in China: 1957 — 2000. Energy,2005,30:73—80.

[208] IPCC Climate change 2007: the fourth assessment report of the intergovmental panel on climate change Cambridge University Press, 2007.

[209] Ang B W,Zhang F Q,Choi K H. Factorizing changes in energy and engvironmental indicators through decomposition [J]. Energy,1998,23(6):489—495.

[210] Kaygusuz K. Energy and environmental issues relating to greenhouse gas emissions for sustainable development in Turkey [J]. Renewable and Sustainable Energy Reviews, 2009,13(1):253—270.

[211] Cutler J. Cleveland (1995). Resource degradation, technical change, and the productivity of energy use in U. S. agriculture. Ecological Economics,1995,13: 185—201.

[212] Galindo L M. Short-and long-run demand for energy in Mexico: a co-integration approach. Energy Policy,2005, 33:1179—1185.

[213] Lin B Q, Liu J H, 2011. Principles, effects and problems of differential power pricing policy for energy intensive industries in China. Energy,2011, 36(1): 111—118.

[214] Lin B Q, Jiang Z J, 2011. Estimates of energy subsidies in China and impact of energy subsidy reform. Energy Economics,2011, 33(2): 273—283.

[215] Lin B Q, Wang T. Forecasting natural gas supply in China: production peak and import trends. Energy Policy. 2012, 49: 225—233.

[216] Osman K Z. D A regression analysis of the effect of energy use in agriculture. Energy Policy, 2006,34: 3796—3800.

[217] Park S Y, Zhao G. An estimation of US gasoline demand: a smooth timevarying cointegration approach. Energy Economics,2010, 32: 110—120.

[218] Ryozo N,Takahiro S. Consideration of energy consumption and energy efficiency in mechanized rice production system by Using inventory analysis. Agricultural information research,2008, 17(1): 20—30.

[219] Rozakis S, Sourie J-C. Micro-economic modelling of biofuel system in France to determine tax exemption policy under uncertainty. Energy Policy,2005, 33(2): 171—182.

[220] Spinney P J, Watkins G C. Monte Carlo simulation techniques and electric utility resource decisions. Energy Policy,1996, 24(2): 155—163.

[221] Türkekul B, Unakıtan G. A co-integration analysis of the price and income elasticities of energy demand in Turkish agriculture. Energy Policy,2011, 39(5):2416—2423.

[222] Vithayasrichareon P, MacGill F I. A Monte Carlo based decision-support tool for assess-

ing generation portfolios in future carbon constrained electricity industries. Energy Policy, 2012, 41: 374—392.

[223] Wolde-Rufael Y. Bounds test approach to cointegration and causality between nuclear energy consumption and economic growth in India. Energy Policy, 2010, 38(1): 52—58.

[224] Grossman G M, Krueger A B. Environmental impacts of the North American Free Trade Agreement. NBER [Z]. Working Paper, 1991: 3914.

[225] 国务院. 轻工业调整和振兴规划[EB/01]. http://finance.jrj.com.cn/2009/05/1813195030544.shtml, 2009.

[226] 轻工业发展战略研究中心. 中国轻工业年鉴2013[M]. 北京: 中国轻工业年鉴社, 2013.

[227] Gale A Boyd, Joseph X Pang. Estimating the linkage between energy efficiency and productivity [J]. Energy Policy, 2000, 28: 289—296.

[228] Yuan J, Zhao C, Yu S, Hu Z. Electricity consumption and economic growth in China: cointegration and co-feature analysis [J]. Energy Economics. 2007, 29(6), 1179—1191.

[229] Lin Boqiang, Wang Ailun. Estimating energy conservation potential in China's commercial sector [J]. Energy, 2015, 82: 147—156.